과학의 여러 얼굴

레슬리 스티븐슨
Leslie Stevenson

헨리 바이얼리
Henry Byerly

지음

이상원
옮김

과학의 여러 얼굴

과학자, 가치, 사회 입문

The Many Faces of Science

An Introduction to Scientists, Values, and Society

한울
아카데미

▪ 일러두기

1. 이 책에 쓰인 모든 외래어와 외국어는 한글 어문 규범의 외래어 표기법에 따르지 않고 원음에 가깝게 표기했습니다.
2. 이 책의 모든 본문 주, 참고문헌은 원서와 동일한 형식으로 표기했습니다.
3. 이 책에서는 직접 인용, 강조 등을 따로 구분하지 않고 원서와 동일하게 큰따옴표(" ")로 표기했습니다.

THE MANY FACES OF SCIENCE: An Introduction to Scientists, Values, and Society (second edition)
by LESLIE STEVENSON, HENRY BYERLY

Copyright ⓒ 2000 by Taylor & Francis
Korean translation copyright ⓒ 2021 by HanulMPlus Inc.

Korean edition is published by arrangement with Taylor & Francis through Duran Kim Agency, Seoul.

소니아Sonia와 리디아Lydia,
소니아Sonya와 타니아Tanya에게

차례

옮긴이의 말

『과학의 여러 얼굴: 과학자, 가치, 사회 입문』은 다음 책의 완역본이다.

Leslie Stevenson and Henry Byerly, *THE MANY FACES OF SCIENCE: An Introduction to Scientists, Values, and Society*, second edition(Taylor & Francis, 2000).

초판은 1995년에 웨스트뷰Westview 출판사에서 나왔으나, 회사 인수, 합병으로 2판은 테일러앤프랜시스Taylor & Francis에서 나오고 있다. 2판은 초판의 장의 일부를 수정했다. 예를 들면 연구 윤리 위배와 관련된 6장의 볼티모어David Baltimore 사건에 관한 논의가 증보되었다. 5장에서는 에이즈AIDS에 관한 논의가 추가되었다. 그뿐만 아니라 더 주목할 만한 것으로, 2판은 새로운 장들을 추가했다. 그 변화 내용은 2판 서문에 잘 나타난다. 한 예로 프로이트Sigmund Freud와 스키너Burrhus Frederick Skinner의 심리학을 중심으로 행동과학behavioral sciences의 과학성을 논의하고 있다.

　이 책은 과학학science studies 책이다. 과학철학, 과학사, 과학윤리학, 과학사회학 등의 내용을 두루 포함한다. 책의 부제는 "과학자, 가치, 사회 입문"이다. 이 부제는 예를 들면 "진리, 객관성, 사실 입문"과 같은 가상적 부제와 대비되는 것으로 보인다. 일견 이 책의 부제는 과학의 내부적 성격보다는 외부적 성격을 다루는 것으로 보일 수 있다. 하지만 이 책은 과학의 내부적 성격과 외부적 성격을 균형 있게 논의한다. 그것이 이 책의 장점 중 하나다. 과학의 객관성은 물론, 돈, 평판, 명성, 정치, 이데올로기, 전쟁, 환경-생태 운동 등을 포함하는 과학의 가치중립성 문제를 취급하고 있다.

책의 서문, 2판 서문, 목차에 다루는 내용이 잘 드러나 있는데, 그 외 이 책의 몇 가지 특징을 기술할 수 있다. 두 저자는 남녀평등적 혹은 여성주의적 용어를 사용한다. 예를 들면, "그는 또는 그녀는he or she"과 같은 표현 말이다. 어떤 경우, 사람들이 보통 "그는he"을 쓰는 곳에서 이들은 아예 "그녀는she"이라는 용어를 쓰기도 한다. 표현뿐만 아니라, 여성 과학자에 대한 강조도 눈에 띈다. 예를 들면, 6장에서 벨Jocelyn Bell에 관한 논의가 나타난다. 특히 2판에서 뇌터Emmy Amalie Noether(4장)와 머클린톡Barbara McCintock(5장)에 관한 논의가 추가되었다.

훌륭한 과학적 업적을 남겼으나 덜 알려진 인물, 예를 들면 기브스Josiah Willard Gibbs(4장)와 같은 이에 관해 논의한다. 헨리Joseph Henry(6장)도 그러하다. 백인이 아닌 과학자가 이야기된다. 예를 들면, 아프리카계 미국인 과학자도 등장한다. 7장의 카버George Washington Carver가 그렇다. 유럽권 이외의 인물도 다루는데, 라만Chandrasekhara Venkata Raman 같은 경우다.

스티븐슨Leslie Stevenson은 영국 세인트앤드루스 대학교 철학 명예교수다. 윤리학자이며 저서로 『인간 본성에 관한 일곱 가지 이론Seven Theories of Human Nature』 등이 있다. 바이얼리Henry Byerly는 미국 애리조나 대학교 철학 명예 교수로 있다가 2016년 사망했다. 과학철학자이며 저서로『논리학 초급서A Primer of Logic』가 있다.

개인적으로 "매우" 만족스러운 책이다. 농담 한마디 하자면, 내용은 놔두고 참고문헌 및 각 장 뒤 더 읽기 제안의 문헌 목록만으로도 책값은 빠질 것 같다는 게 옮긴이의 생각이다. 책의 범위와 수준이 여러 독자에게 호소력을 지닐 것으로 예상하나, 물론 판단은 독자의 몫이다. 인공지능을 중심으로 한 과학과 가치에 관한 이중원 선생과의 대화가 번역에 도움이 되었다. 앞서 이 책은 과학학 책이라고 했는데, 과학학이라는 개념의 국내 도입 및 그 제도화에는 송상용, 장회익, 김영식 선생 등의 기여가 컸다. 이 책의 다양한 내용을 번역하면서 이분들에게 배우던 시절이 환기되었다. 즐거운 장면은 잘 바래지 않는다.

서문

이 같은 책을 향한 초기 착상이 스코틀랜드의 세인트앤드루스 대학교University of St. Andrews 이학부에서 학생들을 위해 "과학의 선용과 오용"이라는 소형 강좌를 설계하고 가르쳤던 레슬리 스티븐슨Leslie Stevenson에게 일어났다. 1990년 한 학기의 연구 휴가(세인트앤드루스 대학교에 감사한다)가 그로 하여금 이 책의 초고를 쓸 수 있게 해주었다. 이 기간을 그는 호주 시드니의 머쿼리 대학교Macquarie University에서 보냈으며 거기에서 받은 호의와 지적 피드백에 마땅히 감사해야 한다. 그렇지만 이 프로젝트를 위해 쓸 수 있었던 교육과 연구시간의 일부만 가지고, 혼자서 이 일을 완성에 이르게 하기는 어렵다고 L. S.는 보았다.

한편, 헨리 바이얼리Henry Byerly는 몇 년 동안 투손Tucson에 있는 애리조나 대학교University of Arizona에서 여타 과학사 및 과학철학 강의는 물론 "과학, 기술, 가치"라는 이름의 강의를 가르쳐왔다. 웨스트뷰Westview 출판사의 스펜서 카Spencer Carr는 우리가 서로 접촉하게 해주었고, 우리는 매력 있어야 할 공동 저술 프로젝트를 위한 접근의 충분한 공통성 및 전문 지식의 상보성을 재빠르게 알아냈다. 우리는 1993년 강도 있고 자극을 주는 2주의 공동 작업을 위해 세인트앤드루스 대학교에서 만났으며 다시 1994년 (세인트앤드루스의 철학-인류학 대학원에서 나온 연구 및 여행 기금으로 원조받은) 투손의 보다 따스한 환경에서 만났다.

우리의 협력은 이 책의 모든 절로 확대되었다. L. S.는 사례 연구와 철학적 토론의 약 2/3를 초고로 썼으며, H. B.는 더 많은 사례 연구와 사료를 더했다. 그러나 모든 문장은 둘의 공동 작업을 거쳤다(그리고 그 과정에서 몇 가지 컴퓨터

시스템을 통과했다!). 우리는 이렇게 해서 혼자서는 우리 둘 다 해내지 못했을 무언가를 함께 성취했다.

과학은 여러 얼굴을 보여주는데—그것은 영웅적 개인들의 커다란 다양성과 진화하는 과학자 사회의 작업인 것이다. 과학과 그 업적은 희망과 두려움을, 무한한 감탄과 깊은 혐오를 일으킨다. 『자유 사회 속 과학Science in a Free Society』(1978)에서, 파울 파이어아벤트Paul Feyerabend는 "과학이 뭐가 그리 대단한 것이냐"(73)라고 냉소적으로 물었다. 그의 도전은 과학적 방법의 추정된 특별한 권위를, 즉 종교, 민간전승, 문화적 믿음과 같은 여타 "전통"보다 이성적 믿음에 대해 더 가치가 있게끔 만들어주는 권위의 정당성을 확인하려던 것이었다. 그는 어떤 좋은 대답도 발견할 수 없다고 주장했다. 우리는 그에 대해 덜 비관적이지만(이 책의 1.1과 3.1을 볼 것), 그의 질문이 야기한 철학적 쟁점을 모두 처리하려 하지 않는다. 우리는 대신에 실제적 측면에, 즉 모든 사항을 검토해, (순수 및 기술에 적용된 것으로서) 과학이 과연 인류에게 좋은 것이었는지 그리고 계속해서 좋을지의 여부에 중점을 둔다. 우리는 이 질문에 꽤 긍정적인 해답을 제공한다. 올리버 크롬웰Oliver Cromwell이 초상화를 그려달라고 하면서 화가에게 의뢰했던 요청에 공감해, 우리는 과학을, 그 종사자들을, 있는 그대로의 그것의 적용, 흠 및 모두를 묘사하고자 한다. 그러나 흠에도 불구하고, 과학이라는 전체적 기획에는 "대단한" 뭔가가 있으며, 이것이 17세기 이래로 우리의 믿음과 삶의 아주 많은 것을 변환시켰던 것이다.

과학이 야기한 모든 철학적 쟁점을 처리할 수는 없더라도, 우리는 질문이 생겨나는 사례를 연구함으로써 몇몇 질문을 제기하고 몇몇 관점을 제시한다. 역사적, 사회적, 재정적, 정치적 맥락 속 다양한 특정 과학자를 제시함으로써, 과학, 기술, 가치에 관련된 중요 쟁점을 구체화하고 생생하게 만드는 정책을 채택했다. 일반적 이론화보다 사례 연구에의 이러한 집중에 대한 지지는 다름 아닌 이론가인 18세기 위대한 철학자 이마누엘 칸트Immanuel Kant에게서 찾을 수 있다. 그는 『실천이성 비판Critique of Practical Reason』(1956)의 "방법론" 절에서 다음과 같이 썼다.

다른 경우라면 이론적 질문 속의 미묘하고 자잘한 모든 것이 재미없고 짜증스럽다
고 보는 이들[칸트는 도덕철학 이론에 대해 이야기하고 있었다]이, 열거되는 선행
이나 악행의 도덕적 의미에 관한 질문이라면 곧 참여한다. …… 왜 젊은이를 가르
치는 이들은 오랫동안 그들 앞에 놓인 실제적 질문에 관한 가장 미묘한 조사로 기
꺼이 들어가려는 이성의 이런 경향을 활용하지 않았는지, 그리고 왜, 순수 도덕적
교리 문답의 기초를 놓은 후에 그들이 만들어놓은 의무의 손쉬운 사례를 가지려는
목적과 함께 고대와 근대의 전기(傳記)들을 추적하지 않았는지 모르겠는데, 그랬
더라면 다양한 상황에서 나타나는 비슷한 반응을 비교함으로써, 행동의 더 큰 또
는 더 적은 도덕적 의미를 표시해 내는 일에서 학생들의 도덕적 판단을 훈련시키
기 시작할 수 있었을 것이다(153-154).

잘했든 못했든, 우리 시간의 대부분 동안에 우리 둘 다 "젊은이 교육자"였다.
독자가 알게 될 것처럼, 우리는 정말로 과학자가 당면하는 딜레마, 도덕, 기
타 등등의 생생한 예를 위해 "고대와 현대의 전기를 추적해" 왔다. "순수 도
덕적 교리 문답의 기초를 놓으려고" 별로 시도하지 않았음에도 불구하고(아
마도 우리는 이것에 의해 칸트의 불인정을 각오해야 할 것이다!), 우리는 교육적이
고 도덕적 목적을 마음에 두고 있는데—학생과 여타 독자가 과학의 실천과
응용에서 일어나는 가치 질문을 비판적으로 고려하도록 자극하려는 것이다.
　　우리는 역사학자도 아니고, 과학자도 확실히 아닌, 철학자다. 그러나 우리
가 희망컨대, 시작하는 학생들은 이 책을 통해 기초 과학, 역사, 정치를 배울
수 있고 과학과 연관되는 것으로서 철학적 쟁점들과 친숙해질 수 있을 것이다.
우리의 목표는 개론 수준에서 방대한 양의 과학적 자료를 되도록 넓게 포괄하
려는 것이었다. 그래서, 우리는 무엇을 포함시키고 무엇을 삭제해야 할지에
관한 어려운 선택에 직면했다. 우리는 대부분 과학 이론과 그 응용에 대한 비

전문적 논문, 과학사, 개별 과학자의 전기와 같은 2차 자료에 의존해야 했다. ≪인콰이어리Inquiry≫ 32(1989)에 실린 레슬리 스티븐슨의 「과학 연구는 가치 중립적인가?Is Scientific Research Value-Neutral?」의 일부 재료를 10장에서 재활용했다.

우리는 웨스트뷰 출판사에 제출했던 원고의 초기 버전을 봐준 두 비평자와, 특히 (근래의 편집자로는 통상적이지 않게) 전체 원고 내용을 스스로 통독하려 시간을 내준 스펜서 카에게도 감사한다. 이 셋은 광범위하게 도움이 되는 비평을 해주었으며, 우리는 그 비평을 잘 이용하고자 했다. 또한 하나의 워드프로세싱 시스템에서 다른 것으로 번역하는 데 도움을 준 세인트앤드루스 대학교의 줄리언 크로우Julian Crowe와 투손의 로브 커민스Rob Cummins와 앤 힉먼Ann Hickman에게 감사해야 한다.

레슬리 스티븐슨

헨리 바이얼리

2판 서문

비평자들의 요청에 반응해, 상당한 소재가 추가되었는데, 이에 대해서는 두 번째 저자에게 일차적으로 책임이 있다. 초판의 모든 사례 연구는 유지되었다. 몇몇 절이, 특히 10장, "과학자와 공공 정책"에서 갱신되었다. 데이빗 볼티모어David Baltimore 사례는 그 사건에 대한 뒤이은 탐구에 비추어 확장된 수정을 필요로 했다. 우리는 프로이트Freud와 스키너Skinner에 관한 사례 연구와 함께하는 심리학에 관한 장을 추가했다. 그 장에서, 우리는 사회과학의 특수 성격에 관한 몇몇 어려운 질문을 제기하는데, 이것은 어떤 이에게 실제 과학보다는 좀 더 철학 또는 예술처럼 보일 것이다. 이전의 4장 "지적 호기심과 실험"은 사례의 추가와 더불어 2개의 장으로 나뉘었다. 우리는 오늘날 과학과 기술 사이의 더욱 밀접한 유대를, 그리고 정부와 대기업에 의해 자금 지원을 받은 대형 연구 집단을 갖는 현행 과학이 고전적 과학과 어떻게 다른지를 강조했다. "위인" 이미지는 고전적 과학과 꽤 잘 부합하지만, 최근 과학은 구조와 기능에서 더 복잡하다. 과학 안에서 몇몇 선도자를 뽑아내기란 그리고 사회와의 내밀한 관계 속에서 과학 연구의 다양한 동기 부여를 평가하기란 오늘날 더 어렵다. 우리는 후천성 면역 결핍증AIDS에 맞서는 과학 연구에 관한 질문을 추가했고 인간 유전체 프로젝트Human Genome Project에 관한 토의를 확장했다. 마지막 장 "과학과 가치"는 과학 연구 속 정치적, 경제적, 윤리적 관심사의 상호 작용을 반영하기 위해 다시 쓰였다.

오늘날 세계에서 정보의 가속화된 성장 및 유포와 함께, 우리는 무엇이 과학을 추동하느냐를 넓은 관점에서 보는 것이 점증적으로 중요하다고 믿는다. 우리가, 물론, 과학의 전개 및 실천과 같은 광대하고 복잡한 주제에 대해 완벽함을 열망할 수는 없다. 우리는 과학이 전개되어 온 길, 그것의 몇몇 위협과 기약, 현대 사회 속 과학 지식 및 과학 실천의 위치에 관한 논쟁들을 예화하기 위해 사례 연구에서 과학자의 다양한 동기 부여에 초점을 두었다.

L. S.

H. B.

도입

거의 모든 이는 과학 지식이 커다란 진보를 이루었음에 동의하는데—별의 탄생과 원자 구조의 이해로부터 지구 위 생명의 진화에 관한 설명과 유전 부호의 생화학에 관한 해명에 이르기까지 말이다. 그러나 과학과 기술은 우리의 지식에 부가시킨 것과 별도로, 인간의 조건을 개선했는가? 대부분의 사람은 아마도 그럴 것이라고 여전히 대답할 텐데, 그럼에도 불구하고 전반적 편익이 비용보다 큰지에 대해서 근년에 의혹이 증가했다. 확실히 우리는 300년 전에 그랬던 것보다 지금 더 많은 부와 더 나은 건강을 지니고 있는데—적어도, 서양 선진국에서는 말이다. 과학의 응용 몇몇은 환상적 성공담으로 읽힌다. 현대 의학의 "기적"을 고려해 보라. 항생 물질, 천연두의 박멸, 유아 사망률의 지속적 감소, 평균 수명의 연장 말이다. 또한 우리가 지금은 당연시하는 라디오와 TV에서 CD에 이르는, 증기 기관에서 제트기와 달까지 간 로켓에 이르기까지의 기술을 고려해 보라.

그러나 과학과 기술의 크게 칭찬받은 편익에 대해서 여러 해 동안 의혹이 또한 자라났는데, 특히 금세기에 그러하다. 우리는 과학적 발견이 군대의 손안에 넣어준 거대한 파괴력을 너무도 생생히 기억하게 되었다. 다이너마이트와 독가스로부터 인간 문명을 여러 차례 파괴하기에 충분한, 아마도 심지어 지구상 대부분의 생명을 전멸시키기에 충분할 수소 폭탄이 탑재된 미사일에 이르기까지 말이다. 과학에 기반을 둔 산업의 부작용에서 나오는 더 심각한 위험이 광범위한 우려를 일으킨다. 환경 오염, 수천 년 위험하게 남아 있을 방사능 부산물, 오존층 파괴, 지구 온난화 말이다. 생명과 건강에 대한 위험 외에도, 사람을 통제하기 위한 과학 지식과 기술의 힘 안에, 그리고 유전공학이 우리에게 주는 새롭고 어려운 선택 안에 잠재된 미묘한 윤리적 문제에 대한 우려가 많다. 20세기가 끝나가면서, 모든 것을 고려해 볼 때 과학적 기획이 이로움보다 해를 더 많이 끼치고 있을 수도 있다고 미심쩍어 하는 비관적 목소리가 들려올 수 있다.

현대는 과학적 진보의 시대이며 또한 불안의 시대라고 불려왔다. 과학과 기술의 가속화된 팽창은 우려와 낙담은 물론 진보와 희망의 주요 원천도 제공했다. 지난 몇 세기에 걸친 과학 혁명의 전반적 결과는 무엇인가? 과학과 기술은 기회와 위협, 편익과 비용을 가져왔다. 우리는 진보가 계속되리라고 기대할 수 있을까? 과학이 자연 안에서 발견하고 통제할 수 있는 것에 한계가 있을까? 누가 그리고 무엇이 과학이 어떻게 사용되느냐를 결정하는가? 과학이 그토록 종종 받는 두려움을 느낀 존경과 칭송을 그것은 받을 만한가? 그것이 때때로 일으키는 공포와 불안은 그럴 가치가 있는가? 이런 질문을 던지고 그에 대한 몇몇 잠정적 해답을 제공하면서, 우리는 우리 모두에게 어느 정도 나타나는, 과거에 많은 과학자에게 영감을 주었던 타고난 호기심, 즉 이해하려는, 연결을 보려는, 설명하려는 호기심에 호소하기를 희망한다. 우선, 우리는 과학의 전개와 사회 속 그것의 역할에 대한 몇몇 역사적 관점을 제공하고자 한다(1-3장). 그리고 나서 우리는 과학사 속의 다양한 매혹적이며 교육적인 에피소드들을 살펴볼 것이다(4-11장). 과학자들의 전기와 최근 과학 저널리즘에서 과학 연구에 연루되는 다양한 동기와 영향, 그리고 과학적 발견과 그 응용에 의해 제기되는 문제와 딜레마에 관한 생생한 사례를 선별했다. 우리는 과학과 가치의 관계에 대한 보다 철학적인 토론으로 책의 결론을 내린다(12장).

우리는 이 책이 과학적 기획의 본성과 함의를 밝혀주기를 그리고 과학이 과거에 무엇이었고, 현재 무엇이며, 미래에 무엇이 될 수도 있을지에 관한 몇몇 이해를 제공하기를 희망한다. 우리는 그리하여 폴 데이비스Paul Davies가 과학이 종종 교육되는 방식에 대해 얘기했던 기준을 충족시키기를 희망한다. "인격은 거의 들어오지 않는다. …… 과학은 일군의 수용된 사실로서 제시되

는데, 고뇌, 불화, 의심, 명랑, 기벽은 빠트리는 것이다"(1993, 68). 우리의 희
망은 (때로 과학이 지루하다고 보는) 학생들이 과학을 추구하면서 실질적으로
연루되는 흥분과 신비, 경쟁과 협동, 모험과 좌절에 반응하도록 하는 것이다.

이 책 전반에 걸친 우리의 목표는 모든 우리의 독자—적어도 특히 미래에 과
학자, 기술자, 행정가 사이에 있게 될 과학도—로 하여금 과학의 실천에서 생겨나
는 여러 중대한 쟁점에 대해 스스로 신중하고 비판적으로 사고하도록 자극하
는 것이다.

L. S.
H. B.

우리가 아는 것으로서 과학은 어떻게 전개되어 왔는가

과학science이란 용어는 광범위하고 조금 모호한 의미로 자주 사용된다. 제품을 옹호하는 주장의 신뢰 가능성을 지지하기 위해, 광고는 "과학"이 보여준 바 또는 "과학자들"이 말한 바에 관해 이야기한다. 이들 단어는, **과학적**scientific 이라는 형용사와 함께, 이제 지적 권위를 표현하는 그리고 믿음을 정당화하는 몇몇 특히 신뢰성 있는 방식을 지시하는 영예로운 용어로서 일반적으로 사용된다. 요즘에는 우리 모두가 이를 받아들이리라 기대받는데, 과학의 이론과 실천을 거의 모를지라도 말이다. 가끔, 그리고 아마도 점점 더, 모든 것이 정통 과학과 잘 부합되는 것은 아니며 정통 과학이 초능력(ESP)과 대체 의학 같은 중요하고 흥미로운 현상을 무시하거나 그에 대해 완전하게 객관적이지 못하며, 예를 들어, 환경 오염을 연구하면서 대기업의 이익에 종속된다고 제안하는 목소리가 들린다. 그리고 오랫동안, 몇몇 사람은 과학이 본성상 인간의 일정한 살아 있는 관심사(예를 들면, 사적 관계, 도덕적 가치, 종교적 신념)를 다룰 수 없다는 그럴듯한 견해를 주장해 왔다. 그러나 대체로 과학자, 과학 이론, 과학적 방법은 우리 문화 속에서 특수한 권위를 유지하고 있다.

그것의 특수한 지적 권위의 본성을 조사하고 때로 그것에 질문을 던지는 과학의 인식론에 대해 많이 쓰여왔다(Feyerabend[1978], Bloor[1976], Woolgar[1988]와 같은 일정한 급진적 철학자와 과학사회학자를 볼 것). 오히려 더 자주, 과학철학자들은 신뢰 가능성에 관한 그것의 특권적 지위를 옹호해 왔는데(예를 들어, Popper[1963], Hempel[1966] 그리고 Newton-Smith[1981]), 그들이 정확하고 일반적인 철학적 설명을 명료화하는 일이 힘든 과제라고 인정함에도 불구하고 말이다. 이 책은 이 잘 다져진 지반을 한 번 더 밟으려고 시도하지는 않을 것이지만, 과학이 서로 다른 사회적 맥락 속 다양한 과학자에 의해 어떻게 추구되어 왔고 과학이 어떻게 응용되어 왔는지를 계속해서 탐구하기 전에, 우리가 과학이라 여기는 것이 어떻게 전개되어 왔는지에 관해 서두에서 무언가를 말하는 일을 우리는 피할 수 없다.

1.1 과학이란 무엇인가?

과학의 목표는 무엇인가? 한 가지 짧은 답은 "진리^{truth}"이다. 그러나 과학자들은 무슨 종류의 진리를 추구하며, 어떻게 그리고 왜 그것을 추구하는가? 무엇이 과학인지를 보다 명백히 하기 위해서, 그것이 무엇은 **아닌지**로부터 시작하기로 한다. 과학이 단순히 기술인 것은 아니다. 과학은 20세기가 우리에게 가져다준 것, 즉 라디오, TV, VCR, 컴퓨터, 비행기, 항생제, 레이저, CAT 촬영, 핵무기와 같은 장치의 발명에 있는 것이 아니다. **기술**^{technology}(techn$\bar{e}$, 즉 "솜씨^{craft}"에서 온)이란 원래 유리 불기나 도예 작업과 같은 솜씨에 관한 체계적 지식을 의미했다. 즉 사물을 만들고 인간에게 유용한 결과를 얻는 실제적 목적을 향한 지식의 응용이다. 하이테크는 과학 지식을 응용하며 과학 연구를 함에 있어 점점 더 중요한 역할을 한다. 그러나 넓은 의미에서, 기술은 불과 돌도끼의 사용을 포함하며 그러므로 과학에 앞서 있다. 더욱이 과학과는 달리, 기술은 이제껏 존재했던 모든 인간 문화에 몇몇 형태로 공통적이다. 19세기 말에 이르러서야 기술은 과학과 밀접하게 묶이게 되었다. 요즘에는 그것들이 아주 밀접하게 연합되어서 종종 사람들이 과학기술$^{science-and-}$ ^{technology}이라고 단숨에 얘기하게 되었다.

과학의 전통적 관심은 기술지식인 "어떻게 하는지를 알기$^{knowing\ how}$", 즉 기법에 대한 지식과는 반대되는 "그것을 알기$^{knowing\ that}$", 즉 진리에 대한 지식이다. 인정되듯이, 특히 최근에 이 두 유형의 지식이 더 밀접히 연결되었다. 초기 과학에서, 특히 전쟁 기술을 위한 기술적 필요가 과학적 탐구에 박차를 가했다. 오늘날 이론적 지식은 많은 기술을 위한 필수적 기초이다. 기술은 과학을 필요로 하고 과학은 기술을 필요로 한다. 연구 과학자는 실험적 노하우를 필요로 하고 정교하고 값비싼 기술을 그들의 이론을 시험하기 위해 종종 사용한다. 그럼에도 불구하고, 우리는 여전히 "순수" 과학의 목적─세계의 몇몇 측면을 **이해하는** 일을 겨냥하는─을 "응용" 과학의 그것─인간에게 이롭게 세상을 **변화시키는** 데 사용되는─과 구별할 수 있다. 물론, 몇몇 과학자는 서로 다른 시기에 그 두 종류 모두를 추구할 수가 있거나 단일 프로젝트에서 두 목표 모두를 염두에 둘 수조차 있다(우리가 나중에 알게 될 것처럼).

그렇다면, 순수 과학은 무슨 종류의 진리를 추구하는가? 과학은 단지 관찰 결과나 자료의 모음이 아니다. 그것은 자료를 해석하고 설명하는 가설, 이론, 모형의 개발과 시험이다. 오늘날 우리가 인식하게 되었듯이, 과학은 주로 일반적 이론을 수단으로 자연의 작용을 이해하려는 기도이다. 보통 매우 크거나, 매우 작거나, 또는 단지 인간의 감각 기관이 감지할 수 있는 종류의 사물이 아닌 것(아득히 멀리 떨어진 은하, 우주의 빅뱅 기원, 분자, 원자, 원자 이하 입자, 자기장, 유전자, 종의 진화 등등)이기 때문에 원리적으로 지각 불가능할 수도 있는 관찰되지 않은 존재자entities나 과정에 관한 가설을 과학 이론은 포함한다. 그런 것에 관한 이론들은 우리가 보다 직접적으로 관찰**할 수 있는** 것을 설명하려 목표하며 그것들은 그렇게 하는 데서의 성공에 따라 입증되든지 입증되지 않든지 해야 한다.

역사적으로, 이 특징들은 우선 17세기 물리학에서 명백히 인식될 수 있는데, 아이적 뉴튼Isaac Newton의 역학 이론이 그 패러다임이다. **근대 과학**modern science이라는 용어는 그때 이래의 과학을 가리키는 데 종종 사용된다. 그리고 과학은 역동적 과정이라는 점이 강조되어야 한다. 이론들은 언제나 거부되고, 수정되거나, 확장될 수 있기 때문이다. 그러므로 이론들의 정적인 모음은 죽은 과학일 것이다. 그래서 "과학이라는 게임"을 이해하려 시도하면서, 우리는 특정 결과—특정 시대에 과학자들이 수용한 이론들—에 아주 많이 초점을 맞추는 것이 아니라, 게임이 운영되는 방식, 그것이 지배하는 규칙, 목표가 되는 것, 어떤 귀결이 기대될 수 있는지에 초점을 맞추어야 한다. 우리는 과학을 사실의 모음 또는 확립된 믿음의 모음으로 생각하기보다는, 명제를 시험하고 지식을 얻으려는 비판적 태도로서 과학적 접근을 조사하게 될 것이다.

과학적 태도는 거의 모든 이가 언젠가—아마도 특히 우리가 끈덕지게 "왜?" 그리고 "어떻게?"라고 묻는 때인 어린 시절 동안에—취하는 것이다. 그러나 문제점에 대한 확고하고 끈기 있는 접근 방법으로서, 비판적인 과학적 접근이 공통적인 것은 아닌데, 사실, 그것은 심지어 인간 심리학의 문제로서는 전적으로 자연스럽지 않은 것으로 보이기까지 한다. 미국 철학자 찰스 퍼스Charles Peirce(1839-1914)는 의심이 과학적 마음가짐에 중요한 부분을 차지하고 있는 반면, 의심은 안정적이지 않고, 심지어 고통스럽기까지 하기 때문에 대부분의 사람은 보통 그것을 피하려 한다고 논의한다. 「믿음의 고정The Fixation of Belief」(1877)에서, 사람들이 "고집의 방식the way of tenacity"(이미 형성된 믿음에 들러붙는)이나 "권위의 방식the way of authority"(자신의 확고한 믿음을 다른 사람에게 떠넘기는)을 따르는 경향이 있다고 썼다. 종교적이고, 정치적이고, 고전적인 학문의 권위자가 구술해 놓은 원리들에 대한 반란은 근대 과학 발흥의 중요한 요소였다.

영국 철학자 버트런드 러셀Bertrand Russell(1872-1970)은 과학에 관한 그의 여러 저작에서 과학자를 구별시키는 것은 그가 **무엇**을 믿느냐가 아니라 그가 **왜** 그것을 믿느냐이다라고 강조했다. 과학적 주장은 (여하튼) 권위와는 반대로 증거에 기초해 있다. 과학의 이런 비판적 태도는 칼 포퍼Karl Popper의 구절인 "추측과 논박conjectures and refutations"에 압축되어 있다. 과학자는 가설을 만들고, 이어 이것은 관찰적 또는 실험적 시험하기라는 형식으로 엄중한 비판을 만나야 한다. 논리적으로, 과학 이론의 일반성, 즉 보편적 법칙을 진술하려는 그것의 목표는 원리적으로 그것을 심지어 단 하나의 반례counterinstance에 의해서조차 반증falsification에 열려 있게끔 만든다. (실제로, 이론의 반입증discon-firmation은 복잡한 사안이다.) 이와 마찬가지로, 과학적 주장은 그것을 쉽게 시험 가능하게 해야 하고 그래서 반증 가능하게 해야 한다는 정량적 엄밀성의 기준을 충족시켜야 한다. 특정 규모magnitude의 지진이 2005년 1월 1일에 로스앤젤레스를 칠 것이라고 예측하는 일은 지진이 10년 후 캘리포니아의 어느 지역을 칠 것이라고 예측하는 일보다 더 강한 시험인 것이다. 그리고 다음 주가 결정을 내리기에 좋은 주라는 점쟁이의 모호한 예언을 무엇이 **어떻게든** 반증할 수도 있을는지는 분명치가 않으므로, 그런 주장은 아무런 과학적 지위를 갖지 않는다.

어떤 주장이 단순히 참임에 의해 과학적인 것이 되지는 않는다. 별자리와 그 별자리에서 태어난 사람들의 특성 사이의 몇몇 의도된 점성술적 상관관계가 탐구를 통해 붙들리게 되더라도, 하늘의 현상과 인간 현상 사이의 인과적 원인에 관한 그 중심적인 이론적 주장들이 또한 비판적 검토에 놓이게 되지 않는다면 점성술은 그것에 의해 과학이 될 수 없을 것이다. 아무리 정확하다 하더라도, 관찰된 자료의 단순한 요약은 과학 이론이 아니다. 거꾸로, 우리가 이제는 받아들이지 않는, 그 일부를 그 당시의 증거에 의해 잘 정당화된 것으로 우리가 아직은 존중할 수도 있을 과거의 많은 과학 이론이 있다. 물론 어떤 이론이 지금 거짓이라고 생각한다면 우리는 더 이상 그것을 지식으로 묘사할 수 없다. 그러나 원래의 가설이 정식화되고 시험되었던 방식은 좋은 과학 실천의 예로 남아 있을 수 있다(프톨레마이오스 천문학—4장을 볼 것—이나 플로기스톤 연소 이론phlogiston theory—5.3을 볼 것—의 예처럼).

통제된 실험controlled experiment이라는 바로 그 개념을 생각해 내는 데에는 특별한 종류의 사고 과정이 요구되는데, 이는 과학 연구에 아주 기본적인 것이다. 다음의 일화가 이를 잘 예증한다.

사원에 걸려 있는, 난파선에서 탈출하면서 신에게 절을 했던 사람들에 관한 그림을 그들이 어떤 이에게 보여줄 때, 그리고 그들이 지금은 신의 힘을 인정하지 않느냐의 여부에 대해 그로 하여금 말하게 했을 때, 그가 "그럼요"라고 했던 것은 훌륭한 대답이었는데, 그는 "그런데 절을 한 후에 익사한 사람들은 어디에다 그렸죠?"라고 다시 물었다. 그리고 점성술에서든, 꿈, 흉조, 신성한 판단 등등의 어디에서든 간에 모든 미신적인 것의 방식이 그와 같다(Bacon 1870, vol. 4, 56).

물론 요점은, 일정한 행동에 뒤이어진 많은 성공도 많은 실패와 비교되지 않는 한 어떠한 것을 증명하지 않는다는 것이다. 일정한 요법이 많은 사람에게 명백히 작동했다면, 우리는 쉽게 감화되며 얼마나 많은 사람이 어떤 치료도 전혀 받지 않고서 또는 다른 치료법으로 그 상태에서 회복되었는지, 또는 진정 얼마나 많은 사람이 문제의 방법으로 더 악화되어 왔었는지 묻는 걸 잊어버리는 경향이 있다. "통제" 집단만 살펴보는 것은 덜 당연하게 보이고, 이 단계는 쉽게 무시된다. 인간이 가설을 반증하기보다는 입증하려고 하는 경향을 보인다는 것을 보이기 위해 심리학자들은 미묘한 시험들을 고안해 왔다. 잘 훈련된 과학자들조차 직관적으로, 반성 없이 반응할 때 그런 편향이 유지되며, 그들은 그것을 막아내야 한다. 예를 들면, 초감각적 지각이나 요구된 의학적 치료의 성공률을 탐구하면서 ("과학적" 치료든 "대안적" 치료든 간에) 관찰자가 자신이 긍정적 결과를 찾으려는 강한 희망을 가질 수도 있을 때 이것은 특히 중요하다. 이는 제안된 새 약품을 조심스럽게 시험하는 일을 위한 근본적 원리가 된다.

때로 보다 신빙성 있게 보이려고 "과학적"이라는 딱지를 이용하는데, 예를 들면, 과학적 창조론이나 과학적 점성술처럼 말이다. 과학을 사이비 과학과 구별하는 법을 이해하는 것은 지극히 중요하다. 물리학자 폴 데이비스Paul Davies는, "유령과 비행접시 같은 보통 사람들이 항상 보는 직접적인 것보다 소산(消散)하는 블랙홀과 보이지 않는 우주 물질을 믿는 것이 비교적 쉽다"는 점을 발견했느냐고 질문받았을 때, 질문에 두 가지 기초적 기준을 제공했다. (1) 과학자들은 괴짜들과는 달리 그들의 연구를 기존 과학과 연관 지으려 한다. (2) 만일 한 이론이 받아들여진 견해와 다르면, 과학자는 그들의 가설이 관찰적으로 시험될 수 있도록 새로운 예측을 연역해 내고자 한다(1993, 68). 정통 과학은 오류 불가능한 것이 아니며 결코 완성될 수가 없지만, 어떤 부가나 삭제는 궁극적으로 관찰에 의해 정당화되어야 한다.

과학자는 알기를 그리고 진실로 알기를 진실로 원한다. 인정되듯이, 그들은 선가정, 이론적 관념, 심지어 직관 없이는 작업할 수 없다. 그들은 질문을 형성하고 재형성한다. 그러나 과학자의 질문에 대한 답을 궁극적으로 "자연이 결정하게 하는" 자발성을 가져야 한다. 과학자가 제안하지만, 자연이 처분한다. 과학철학 속의 최근 연구가 풍부하게 예증하듯, 이것이 세부적으로 어떻게 작동하느냐—그것에 대한 논리학, 방법론, 인식론 모두—는 매우 복잡하다고 판명 나며 논란이 많은 것으로 남아 있다. (이 장의 끝에 있는 더 읽기 제안을 볼 것)

1.2 근대 과학의 발흥

근대 과학의 발흥은 그것이 출발하는 데 요구되었던 것으로 보이는 요인의 복합체를 우리가 고려할 때 기적과 같은 어떤 것으로 나타난다. 기술과 달리, 과학은 인류사의 모든 단계에, 또는 모든 문화 전통 속에 나타나 왔던 것은 아니다. 중국 문명은, 예를 들어, 여러 영역의 노력 속에서 풍부한 역사를 지녀왔다. 중국의 기술은 몇몇 관점에서 16세기까지는 유럽의 그것보다 더 높게 발달되었으며, 그 이래로 세계의 나머지에 대한 유럽 지배의 몇몇 열쇠를 제공했는데, 화약, 나침반, 인쇄 종이가 그것이다. 그러나 과학은 그것이 서유럽에서 중국으로 도입되기까지 중국에서 결코 제대로 발전되지 않았다. 왜 과학이 중국이 아니라 서양에서 발전했느냐는 질문에 응답하는 한 유명한 편지에서 아인슈타인은 다음과 같이 진술했다. "과학이 다른 문명에서 발생하지 않았다는 점은 놀랍지 않다. 어쨌거나 과학이 발생했다는 점이 놀라운 것이다"(Price 1962, 15에서 인용).

과학적 전통의 시작은 탈레스Thales(기원전 600년경)에서 출발하는 고대 그리스의 자연 철학자들로 거슬러 올라갈 수 있다. 그러나 과학은, 17세기 서유럽에서 새 물리학의 발흥과 더불어서만 번성했다고 얘기하는 것이 공정하다고 보는데, 갈릴레오 갈릴레이와 요하네스 케플러에서 시작해 뉴튼 역학과 함께 만개했던 것이다. 과학적 전통의 이런 출현은 역사가들의 **근대적**modern이라는 용어에 대한 역사가의 감각 속에서 근대 시기의 주성분이다. 과학의 본성과 그것의 문화와의 관계에 대한 몇몇 통찰을 얻기 위해, 17세기의 근대 과학의 발흥으로 이끈 그 시대의 몇몇 역사적 특징을 고려해 보기로 한다. 과학의 발흥에 관해 제시되어 왔던 주요 원인에 대한 간략한 스케치조차도 이 발전의 복잡성을 보여준다. 역사적 영향들은 서로 매우 뒤얽혀서 우선성을 부여하기가 어렵다. 기술 진보가 과학 이론의 발달을 자극했는지 또는 신기술의 발명을 처음으로 불꽃이 튀게 한 것이 과학이었는지에 대한 논쟁은 역사가들 사이에서 계속된다. 사실, 복잡한 상호 작용이 과학과 기술 간에 양방향으로 있어왔던 것 같다. 우리는 다음 여섯 가지의 주요소를 목록화할 수 있는데, 요소 중 어느 하나가 근대 과학 발흥의 "기초적 원인"이라고 지적함이 없이도 말이다.

1. **그리스 문화의 부활.** 1453년 터키인에 의한 콘스탄티노플(지금은 이스탄불로 알려진)의 함락이 르네상스의 전환점으로 종종 인용된다. 이탈리아로 망명한 많은 학자의 쇄도가 거의 2000년 앞서 고대 그리스인이 저술했던 철학, 수학, 천문학에 대한 많은 저서를 유럽으로 가져왔다. 에우클레이데스와 아르키메데스의 지식과 지금까지 알려지지 않은 아리스토텔레스와 플라톤의 작품들로 인해 "자연철학natural philosophy"(당시에 과학적 탐구가 칭해졌던 것으로서)의 재탄생을 자극했다. 아랍 학자들 특히 스페인에서 기독교 세계와 회교 세계의 경계에서 연구하던 이들 역시 고대 세계 작품들의 서양에 의한 회복

을 위한 생명력 있는 원천이었다.

2. **인쇄기의 발명.** 요하네스 구텐베르크Johannes Gutenberg의 라틴어판 성경이 1455년에 나타났다. 인쇄는 15세기 말에 빠르게 퍼져, 과학의 급속한 전진에 요구된 의사소통을 가능하게 했다. 인쇄업자는 초기 자본주의의 원형이었다. 즉 인쇄는 대량 생산의 첫 번째 예의 하나이며 효과적 인쇄소는 상당한 자본 지출을 요구했다. 초기 인쇄기의 필요한 조건은 표음 문자phonetic alphabet였는데, 이는 왜 과학이 중국에서 먼저 발달하지 못했던가를 설명하는 데 도움이 될 수도 있다. 문화 비평가인 마셜 맥루언Marshall Mcluhan(1962)은 심지어 표음 문자가 "기계론적" 과학의 궁극적 원천이라고 주장했다.

3. **자본주의의 발흥.** 과학과 자본주의의 한 가지 연결은 회계에 필요한 계산과 같은 상업의 필요에 봉사하기 위한 수학의 발전이었다. 우리가 오늘날 사용하는 산술 표기—분수, 소수점, 마이너스 기호—가 16세기에 도입되었다. 자본주의적 기업들이 새로운 중산층으로 부상했는데, 여기에는 새로운 과학적 발전에 대해 수용적이었던 무역상, 변호사, 의사의 대부분을 포함했다. 내세에서의 구원보다는 현세의 성공에 초점을 두는 것과 함께 사회의 세속화에 기여함으로써, 자본주의는 자연환경을 이해하고 지배하려는 기도를 장려했다.

4. **아메리카의 발견.** 세계 무역의 증가는 특히 1492년 크리스토퍼 콜럼버스Christopher Columbus에 의해 시작된 신세계로의 항해 후 새로운 식물, 동물, 문화를 발견함으로써 연구를 자극했다. 유럽의 대외 무역은 17세기에 세 배로 늘어났으며, 대양 항해의 증가는 더 정확한 시계와 천문 계산의 필요를 불러일으켰다.

5. **일신론.** 우주의 창조주는 하나라는 개념(유대교, 기독교, 이슬람교에 공통

되는 관념)은 자연의 신성한 설계를 탐구하는 데 인간 이성을 사용하는 과학적 기획을 지지한다고 생각될 수가 있다. 그러나 이런 지지는 올바른 역사적 조건을 기다려야 했다. 유대교나 종교개혁 이전의 기독교에서 과학적 탐구가 장려되어 온 것으로 보이지는 않는다. 몇몇 종교적 정신의 유형에 대해, 인간의 이성으로 신의 지식과 그 창조물을 탐구한다는 것이 주제넘고 심지어 우상 숭배적이었던 것이다. 앞서 주목했듯이 그리스의 전통을 유지시켰으며 발전시켜, 그럼으로써 과학, 수학, 의학의 초창기 발달에 초기 자극을 가한 것은 오히려 이슬람 학식이었다. 유명한 이름 몇몇으로 아비케나^Avicenna(980-1037)와 아베로에스^Averrhoës(1126-1198)를 들 수 있다. 우리가 사용하는 수학 용어인 "대수^algebra"와 "알고리즘^algorithm"도 아라비아어에서 왔다. 초기 이슬람 종교 전통이 문어(文語)를 통해 전달된 지식의 습득에 몰두했는데, 후기 중세 서양에서 새로워진 학문을 고무했던 것이다.

6. **종교개혁.** 16세기 로마 가톨릭으로부터의 개신교적 단절은 가톨릭의 획일적 권위를 끝냈으며 개인적 탐구를 격려했다. 그러고 나서, 교회가 매개한 "계시" 신학^"revealed" theology에서 "자연" 신학^"revealed" theology으로 전환이 있었는데, 자연 신학은 자연에서 창조주의 설계를 보여주는 증거를 찾아냄으로써 신의 영광을 칭송했다. 종교개혁은 민족 국가 형성을 지지함으로써 근대 과학의 발전에 간접적으로 이바지했는데, 이는 세속화를 후원했던 것이다. 개신교적 윤리는 자본주의의 출현과 자연과학의 배양 둘 다와 연합되었다(Merton 1949).

다른 요소들이 인용될 수 있다. 중요한 한 가지 기술 진보는 1600년경 네덜란드에서 발명된 망원경이었다. 갈릴레오는 이 새로운 도구에 대해 들었고 스스로 하나를 제작했다. 역사가이자 과학자인 J. D. 버널^Bernal(1965, 292)이 다음과 같이 말했듯이, 이것이 그로 하여금 "하늘을 땅으로 데려오도록" 허락했다. "천체를 관측하기 시작한 지 처음 며칠 안에 갈릴레오는 망원경으로 아리스토텔레스적 구도 전체를 깨뜨리기에 충분할 만큼 보았다." 달 표면의 충돌구, 태양의 흑점, 금성의 위상, 코페르니쿠스의 태양 중심설의 가시적 모형으로서 목성의 위성들의 선회. 갈릴레오와 그의 망원경을 사용하는 관찰로 하늘을 땅으로 데려온 것은 실제로는 그렇게 단순한 일은 아니었다. 스티븐 제이 굴드Stephen Jay Gould가 《자연사Natural History》 속 "생명에 관한 이 견해"라는 그의 매혹적 연구에서 강조했듯이, 과학적 기술description은 감각적 보고에 더해 해석을 포함한다. 갈릴레오는 토성을 삼연성triple star으로 잘못 보았다. 그는 토성을 "좋은 눈으로 그리고 그 당시 최고의 망원경으로, 그러나 천구 둘레의 고리에 관한 **아무런** 범주도 품고 있지 않았던 마음을 통해"(1998, 73) 관찰했다.

과학은 처음에는 우리가 사이비 과학이라고 불렀던 것과 날카롭게 구별되지 않았고, 동일인이 둘 다에서 활동할 수 있었다. 케플러(4장을 볼 것)는 점성술사로서 공식적으로 채용되었는데, 그럼에도 불구하고 그의 점성술 활동은 그의 물리학 및 천문학 연구와 분리되었다. 마찬가지로, 뉴튼(4장을 볼 것)은 연금술 연구에 많은 시간을 보냈는데, 연금술은 비금속 원소를 금으로 변환시키는 일을 주요 목표로 삼았다. 그는 오묘한 힘을 숙달하려는 위대한 마술사의 마지막이라고 일컬어졌다. 그는 종교적이고, 형이상학적인 사변에 대해 수백만 단어를 썼지만, 실제 출간된 그의 모든 연구는 우리가 지금 인지하듯 물리학을 탐구했다.

과학은 철학과도 분명히 구별되지 않았다. 르네 데카르트René Descartes(1596-1650)는 근대 철학의 아버지로서 만큼이나 똑같이 유명한 과학 혁명의 한 기여자이다. 데카르트는 그의 체계를 그 줄기는 형이상학이고 그 가지는 과학인 나무로 보았다. 뉴튼의 위대한 『프린키피아Principia』는 수학적 원리로 자연을 설명하려는 그의 전체 기획에 필수적이되 오늘날 물리학보다는 과학철학으로 분류될 방법론의 토론을 포함한다.

그 무렵 과학의 초창기에, 연구는 그것에 대한 흥미, 시간, 수단을 갖고 있던 사람들에 의해 추구되었다. 가용의 어떤 전문 직업적 자리는 거의 없었다. 뉴튼은 운이 좋아 20대에 영국 케임브리지 대학의 종신 수학 교수직(그리고 보수가 좋은 특별 연구원의 지위)에 선출되었다. 그러나 그의 선배인 갈릴레오는 17세기 초 이탈리아에서 지방정부와 개인 귀족 후원자의 눈에 들기 위해 책략을 짜야 했는데, 그로 인해 8.1에서 보게 될 것처럼 파국적 결말을 맞았다. **과학자**scientist라는 용어가 아직 사용되지 않았다—**자연철학자**natural philosopher 가 가장 근접한 표현이었다—는 사실은 당시의 과학 속 제한적 직업 기회를 강조하는 것이다.

우리가 2.1에서 보게 될 것처럼, 프랜시스 베이컨Fransis Bacon은, 그의 시각을 제도화하도록 당시 권력들을 설득하는 데 성공하지 못했던, 과학 연구 및 과학의 인간 이익을 위한 응용 둘 다의 예언자였다. 그러나 그의 사후에 실험적 철학의 대학college of experimental philosophy이라는 아이디어는 영국 지성인들이 "볼 수 없는 대학Invisible College"을 형성하는 데 영감을 주었다. 수학자 존 월리스John Wallis(1616-1703)는 이 "대학"을 "자연철학과 인간의 배움의 여타 부분, 특히 새로운 철학이나 실험적 철학으로 불리어온 것에 질문을 던지는 다양하고 훌륭한 사람들의 모임"(Hall 1962, 193)이라고 묘사했다. 이 집단은 유명한 왕립학회Royal Society로 발전했다. 1662년 국왕 찰스 2세는 자연 지식 개선을 위한 런던 왕립학회Royal Society of London for Improving Natural Knowledge 허가장을 주었으며, 이것은 17세기 말 유럽에서 생긴 첫 과학 학회 또는 과학 아카데미가 되었다(곧 프랑스 아카데미Academie가 뒤따랐다). 왕립학회는 농업과 식물학에서 화학과 천문학에 이르는 다양한 분야에서 과학적 탐구를 격려했으며 추정된 마녀의 처형과 같은 미신의 사악함에 대항해 싸웠다.

항해의 필요가 새로운 과학의 더 나아간 발전을 장려하는 데 중요했다. 처음으로 국가 재정 지원을 받은 과학 기관인 프랑스 왕립 관측소Observatoire Royal 는 1672년 이 목적으로 설립되었으며, 3년 후 그리니치 소재 왕립 관측소 Royal Observatory가 완성되었다. 중심 문제는 경도의 결정이었다. 지역 태양시를 한 알려진 경도에서 그리니치 표준시로 정해진 시계의 시간과 비교해, 지역 경도를 계산할 수 있었다. 하지만, 무선 통신이 도래하기 전에는 그리니치 표준시를 결정하는 방법이 두 가지밖에 없었다. 즉 정확한 시계를 손에 갖고 있거나 아니면 대체물로 결과적으로 하늘의 시계라 할 수 있는 천체의 규칙적 움직임(예를 들어 달의 움직임, 또는 갈릴레오가 제시했던 것으로 목성 위성들의 움직임)을 관찰하는 것이다. 초기 왕립학회의 많은 탐구들은 경도를 결정하는 것과 관련되었다. 그 문제는 18세기에 모든 조건의 바다에서 정확한 시간을 유지하는 크로노미터chronometer의 발명에 의해 과학적이기보다는 기술적으로 해결되었다.

항해라는 중요한 예외와 더불어, 17세기 초기에 꽃을 피우기 시작한 대부분의 과학 연구는 유용성을 직접 목표로 하지는 않았다. 인류에 대한 이익, 이윤, 권력보다는 지적 호기심이 주요 동기 부여 요인이었다. 1700년에 이르러 지식의 진보를 위해 실험하기와 사실 수집하기가 영국에서 지성인들 사이에 상당한 유행이었다.

1.3 과학의 전문 직업화

어떤 이의 책에서 뉴튼은 명백히 과학자로 간주되지만, 1687년에 그의 역학이라는 새로운 과학이 『자연철학의 수학적 원리Mathematical Principles of Natural Philosophy』(라틴어 제목에서 번역된)에 출간되었다. **과학**science이라는 단어는 단순히 "지식"을 의미하는 라틴어 **스키엔티아**scientia에서 유래되었다. 오늘날, 과학이라는 개념은 더 제한적이다. 그것은 역사적 지식을 다루지 않으며 순수 과학은 그것이 물질세계를 직접 다루지 않기 때문에 제대로 된 의미의 본래의 과학으로 여겨지지 않을 때가 많다. 우리가 12장에서 보게 될 것처럼, 모든 진정한 인간 지식이 어느 과학의 종류가 될지 또는 과학적 방법으로 접근할 수 없는 지식의 종류가 있는지의 여부는 열띤 철학적 논쟁인 것이다.

오늘날 과학이라고 부르는 것이 200년가량 번성해 온 이후에, **과학자**scientist 라는 용어의 최초의 기록된 사용은 영국의 철학자-과학자인 윌리엄 휴얼 William Whewell(1794-1866)에 의해서 이루어졌다. 휴얼은 1833년 영국과학진흥 협회the British Association for the Advancement of Science의 모임에서 예술art과 예술 가artist의 관계를 유추해 과학의 실행자를 과학자scientist로 언급하자고 제안 했다. 과학자라는 바로 그 개념은 역사적으로 진화해 왔으며 우리 시대에도 여전히 변화하고 있을 수도 있다. 영국에서 근대 과학의 시초에, 누가 유명한 자연철학자로 당시에 여겨졌는지 알려면 왕립학회에 등록된 회원의 명단을 들여다볼 수 있었을 것이다. 하지만, 17, 18세기 동안 과학 아카데미들은 활 동적이지 않은 과학 종사자였던 이도 등록시켰다. 왕립학회 초기 회원들은 현저히 다양한 사회적 그리고 교육적 배경(주교, 건축가, 시인, 신사 계층)을 갖 고 있었지만, 그 시기의 계급 분화가 주어졌을 때, 그들이 유능했었을지라도 후원 없이 과학에서 그들의 자국을 만들어내기란 어려웠을 것이다.

19세기에서라야 과학은 주로 대학에서 표준적인 전문직으로 출현하기 시 작했다. 심지어 거기에서도, 과학은 중세 이래 가르쳐온 전통 교양 과목과 나 란히 학술적 주제로 수용되기 위해 투쟁해야 했지만 독일 대학 조직화의 선 도를 따라 이 변화의 한줄기는 사태가 되었다. 이 전문 직업화의 한 예시는 왕 립학회 회원의 기준이 1850년경 개정되어 인정받은 과학적 능력을 지닌 사람 만 입회가 허가되었다는 점이다.

이리하여, 19세기 말에 이르러 과학자로 인정받은 사람의 다수가 대학이 나 국립과학아카데미나 박물관의 관리와 같은 전문 직업적 위치를 가졌다. 그러나 여전히 그들의 작업을 하는 데 대해 보수를 받지 않은 "신사gentleman" 과학자들—물론 그들은 사실상 모두 남자였다—이 있었으며, 그것을 돈보다는 애 호로 했다는 의미에서 아마추어들이었는데, 그럼에도 불구하고 그들의 기여 는 매우 유능하다는 의미에서 높게 전문 직업적이었을 수도 있다. 찰스 다윈 Charles Darwin이 그 일순위 예이다. 그는 시골 신사로 살기에 충분한 사적 수단을 갖고 있었지만, 생물학과 지질학의 여타 주도적 과학자들과 계속 접촉하면서 스스로 모든 시간을 연구에 바쳤다(8.1을 볼 것).

여러 과학의 싹트는 전문성과 그것들 안에서 지식의 계속적 발전 때문에, 어떤 이가 특정 과학 안에서 전 시간 훈련 및 채용 없이는 과학적 결과를 얻어 그것을 인정받는다는 것이 점점 어려워졌다. 오늘날, 인정받는 과학자가 되려면 박사 학위를 받고 돈을 지불받는 자리를 잡는 것이 사실상 필수이다. 지식의 방대한 축적 때문에, 이제 학생들은 어떤 주어진 과학 분야에서 이미 이루어져 온 것에 관해 그들이 알아야 할 필요가 있는 것을 흡수하는 데에 여러 해를 보내야 한다. (토머스 쿤Thomas Kuhn은 상당히 영향력 있는 작품 『과학 혁명의 구조The Structure of Scientific Revolutions』[1962]에서, 과학의 발전에 대한 단순한 누적 모형을 옳게 부정했지만, 이론 개정 과정이 아무리 구불구불할지라도 과학 지식의 양은 확실히 증가해 왔다.)

박사 학위가 없는 적은 수의 사람이 권위 있는 과학 잡지에 논문을 발표하려고 시도하며, 더 적은 수의 사람이 성공한다. 1905년 ≪물리학 연보Annalen der Physik≫에 세 개의 논문을 게재 승인받아 물리학계를 놀라게 했던 스위스 특허사무소의 당시 알려지지 않았던 직원 알베르트 아인슈타인Albert Einstein의 경우는 당시에조차 예외적이었으며 지금은 더 가망성이 없을 것이다. 오늘날에는 과학에서 명민한 학생들조차 한때 흔했던 만큼이나 빠르게 지도적 위치로 승진하는 것이 더욱 어렵다. 케플러, 뉴튼, 제임스 클럭 맥스웰, 윌리엄 톰슨(켈빈 경)과 조사이어 기브스 같은 과거의 다수 위대한 과학자들은 26세에 이르러 정교수가 되었다.

지식에 대한 큰 영역의 기여가 어떤 이로 하여금 과학자로 여겨지도록 자격을 부여할 수도 있다. 과학자 전기 사전은 때로 발명가들, 토머스 에디슨Thomas Edison과 같은 특히 저명한 이들을 포함한다. 그렇지만 아주 적은 수의 사전이 할리웃 여배우 헤디 라마Heddy Lamarr를 포함하는데, 그럼에도 불구하고 그녀는 "진동수 도약frequence-hopping" 라디오 기술에 기여했고, 이것은 제

2차 대전 때 연합군 잠수함에 사용하려 의도되었으며 지금은 휴대전화 의사소통에 사용된다. 몇몇 사전은 사회과학자들을 빠트리며, 그럼에도 프로이트Freud는 보통 포함하는데, 그렇다 해도 여하튼 그가 정말로 과학자인지는 질문으로 남아 있다(11.2를 볼 것). 기묘하게도, 그의 관념이 좋든 나쁘든 경제학에 그토록 기념비적인 영향을 준 칼 마르크스Karl Marx는 드물게 과학자 목록에 들어 있는데, 그럼에도 불구하고 경제학은 오늘날 일반적으로 과학으로 여겨진다.

주어진 학제에서 인정받은 과학자를 파악하는 일은 그 학제의 학술지를 훑어보면 대략 성취되지만, 그럼에도 많은 학술지가 증식하고 큰 연구 프로젝트의 기고자 명단이 길어짐에 따라 이 방법은 점증적으로 문제시되고 있다. 후자 중에서, 개인들의 비교적 소수의 핵심이 정말로 혁신적 연구를 한다. 한 가지 대략적 추정에 따르면, 한 분야를 연구하는 과학자 중 10%가 과학 출간물의 반 이상을 기고하며 아마도 그 출간물의 적은 비율만이 의미 있는 새로운 업적을 나타낼 것이다.

1.4 과학의 산업화

"산업화된 과학industrialized science"의 새로운 시대는 적어도 19세기 말과 20세기 초 독일에서 과학 기반의 화학 산업이 생겨난 때로 거슬러 올라갈 수 있다. 이 과학 안에서 프리츠 하버Fritz Haber가 전형적 인물(7.2를 볼 것)이었으며, 연구를 위한 카이저 빌헬름 연구소Kaiser Wilhelm Gesellschaft의 설립에 의해 속도를 내게 되었는데, 이 기관은 독일 은행과 사업 관련자들에 의해 자금을 지원받았다. 이 조직은 또한 제1차 대전 중 독일의 노력에 동원되었다. 미국에서, 과학의 산업화는 제2차 대전에서 제때에 첫 번째 원자 폭탄을 생산하기 위해 엄청난 경제적 규모의 국가적 노력으로 표시되었다(10.1을 볼 것). 그리고 이 추세는 그 이래로 여러 과학 영역에서 훨씬 더 명백해졌다.

요즘의 많은 과학 연구는 유관 기술 및 그에 따른 전문 기술자들에도 묵직하게 의존하는 어떤 분야에서 많은 과학적 진보를 이루어내는 하이테크—전자 현미경, 초원심 분리기, 분자 가속기와 충돌기, 위성 탑재용 망원경 등등—를 포함한다. 이 모두가 일반 대학의 재정 지원 능력이 미치지 못하는 막대한 비용을 요하며, 따라서 자금 조달은 종종 국가적인, 심지어 국제적인 수준에서 추구되어야 한다. 하지만, 정부와 산업은 보답받는 어떤 것 없이는 "거대과학Big Science"을 재정 지원하기 위해 큰돈을 내놓지 않을 것인데, 그것이 이윤, 의학적 이익, 국가 안보, 또는 그 밖의 어떤 것이든 말이다. 과학 자금 조달은 이렇게 해서 국가 정책적 문제가 된다. 필연적으로, 이런 종류의 과학은 사기업이 그들 자신의 목적을 위해 연구 계획을 추진한다는 점에서 꽤 문자 그대로, 또는 공적으로 자금 조달이 이루어질지라도 그것은 특수화된 장치로 연구하는 사람들의 커다란 팀과 함께 산업적 규모로 조직화되고 계획된다는 점에서 더 은유적으로 산업화에 복속된다.

그래서 과학의 "순수" 영역에서조차도, 결과는 종종 퍼즐을 푸는 데 한 조각씩 기여하는 각 구성원이 함께하는 커다란 팀의 산물이다. 과학 논문이 이제는 전형적으로 결과를 성취하는 데 도와준 연구팀 내의 전원을 포함하는 여러 개인의 이름으로 출간된다. 몇몇 노벨상 수상자의 사례처럼, 특수한 개인들의 연구가 가끔씩 두드러지기도 하지만, 이런 많은 동시대적 기여의 상호 의존은 더 앞선 시기의 과학 연구 과정과 대조된다. 그것의 성격상, 과학 지식은 초기 과학 영웅들의 업적으로 다시 되돌아 거슬러 올라갈 수 있는 이전의 발견에 의존한다. 과학 활동과 기술 활동의 점증적으로 빠르고 복잡한 성장은 오늘날 지적, 기술적, 경제적, 정치적 관계의 매우 복잡한 그물을 나타내는 기획을 귀결시켰다. 우리는 4장에서 11장까지 이런 것을 예화하는 사례 연구를 조사하게 될 것이다.

▪ 더 읽기 제안

과학과 사회에 관해:

Conant, J. B. 1951. *On Understanding Science.*

Feyerabend, P. K. 1978. *Science in a Free Society.*

Merton, R. K. 1957. *Social Theory and Social Structure.*

Price, D. de Solla. 1963. *Little Science, Big Science.*

Ravetz, J. 1971. *Scientific Knowledge and Its Social Problems.*

과학적 방법에 관해:

Chalmers, A. F. 1982. *What Is This Thing Called Science?*

Hempel, C. G. 1966. *Philosophy of Natural Science.*

Newton-Smith, W. 1981. *The Rationality of Science.*

Popper, K. R. 1963. *Conjectures and Refutations.*

Salmon, W. C. 1975. *The Foundations of Scientific Inference.*

과학사에 관해:

Bernal, J. D. 1965. *Science in History.*

Burke, J. 1978. *Connections.*

Butterfield, H. 1957. *The Origins of Modern Science.*

Feuer, L. S. 1992. *The Scientific Intellectual: The Psychological & Sociological Origins of Modern Science.*

Hall, A. R. 1962. *The Scientific Revolution, 1500-1800.*

McClennan, J. E., and H. Dorn. 1999. *Science and Technology in World History.*

Price, D. de Solla. 1962. *Science Since Babylon.*

Sarton, G. 1936. *The Study of the History of Science.*

Shapin, S. 1996. *The Scientific Revolution.*

2 과학의 이미지

과학의 기획에 관한 다양한 견해, 즉 그것의 비용과 편익, 그것의 인간 사회 및 문화의 나머지와의 관계, 그것의 인간성에 대한 전반적 가치에 관한 다양한 견해가 취해져 왔고 지금도 취해지고 있다. 이 장에서 우리는 과학의 이미지의 가장 영향력 있는 몇몇을 개관할 것이다. 이들 다양한 견해에 관한 비판적 평가는, 대부분, 마지막 장까지 유보된다.

2.1 베이컨적 시각:
풍부한 것으로서 과학

고대 세계의 사람들은 우리가 생각하는 것으로서 진보에 대해 별로 기대하지 않았다. 그들은 소위 황금시대를 되돌아보는 경향이 있었으며 순환적 역사관을 선호했다. 심지어 변화를 퇴보라고 보는 전통도 있었는데, 이런 사고는 플라톤이 최고로 쳤다. 진보에 대한 믿음의 유일한 암시는 아르키메데스 같은 사상가에게서 왔는데, 그는 자기가 도달한 지식에 더해주는 후계자들을 그려보았다. 태초의 낙원에서 추락한 아담에 대한 교리를 생각할 때, 유대-기독교적 전통 역시 개선보다는 타락을 기대하는 경향이 있다. 기독교에게는 단 하나의 참된 종류의 진보, 구원을 향한 진보가 존재할 수 있었을 것이다. 인간의 노력이 아니라 신이 역사의 경로를 형성한다고 믿었다. 그러나 (17세기에 시작된) 근대는 인간 진보에 대한 믿음으로 특징지어진다. 19세기에, 영국 수학자이며 과학 저술가인 W. K. 클리퍼드Clifford가 "과학적 사고는 인간 진보의 수반물이 아니라 인간 진보 그 자체이다"(1888)라고 선언한 데서 표현되듯, 과학에 대한 믿음은 고점에 달했다.

프랜시스 베이컨Francis Bacon(1561-1621)은 새로운 과학의, 즉 자연 지식에 대한 새로운 접근의 응용을 통해 진보에 대한 이 믿음을 선언한 최초이며 영향력 있는 사상가의 하나였다. 그는 제임스 1세 때 영국의 대법관의 자리에 올랐던 법률가이자 정치가였지만, 뇌물 수수 확정으로 60세에 불명예스럽게 면직되었다. 베이컨은 대단한 과학자는 아니었는데, 그럼에도 불구하고 닭의 예방력을 시험하려 닭 속에 눈을 채워 넣다가 걸린 기관지염으로 쓰러진 후에 실험 과학에 봉사하다가 세상을 떠났다고 이야기되어 왔다! 그리고 그의 과학적 방법에 대한 가르침은 그가 영감을 준 뉴튼과 같은 사람에게조차 받아들여지지 않았다. 베이컨은 과학에서 수학의 역할을 저평가했는데, 이것은 아마도 니콜라우스 코페르니쿠스와 케플러의 천문학 이론에 대한 그의 거부를 설명해 줄 것이다. 하지만, 이것에도 불구하고, 그는 현대 과학 정신의 선구자라고 보일 수 있다. 그는 스스로 "나는 기지를 불러 모으는 종을 울렸다"(Edwards 1967, 239에서 인용)라고 말했다.

베이컨은 새로운 과학을 향한 그의 계획을 "위대한 부흥"이라고 불렀는데, 이는 인간종이 자연에 대한 지배를 복원시키는 지식의 갱신이다. 그러나 그가 제안한 바는 꽤 새로운 어떤 것이었다. "적당한 토대 위에 올려진 과학, 예술, 모든 인간 지식의 전체적 재구성"(1870, vol. 4, 8). 그가 논의하기로, 전통 철학만으로는 이 목적에 봉사하지 못할 텐데, 왜냐하면 "식자들의 모든 논란이 전에 알려지지 않은 자연의 한 가지 효과도 결코 밝혀낸 적이 없기 때문이다"(vol. 1, 123). (과학적 방법을 위해 더 수학적인 프로그램을 발전시켰지만 실용적 응용을 별로 강조하지 않았던 그의 동시대 프랑스 학자 데카르트는 "[철학의] 영역 안에 논란 중이지 않은 한 가지 문제도 없다"[1955, 86]라고 그와 비슷한 불평을 했다.)

이와 대조적으로, 역학적 기술은 시행착오를 통해 (느리긴 하지만) 계속적 진보를 이루어왔다. 중세에 기술의 수많은 창조적 진전은 개량된 쟁기, 풍차,

물레, 기계식 시계(중국에서 처음으로 발명된)와 같은 혁신으로 이끌었다. 베이컨이 보았기로, 필요했던 것은 "머리와 손"을 결합시키는 것, 즉 학자의 체계적 사고 및 사변적 이론을 장인의 관찰 및 경험과 관련시키며 따라서 "빛"과 "열매" 사이의 균형을 이루어내는 것이었다. "자체로 놓여 있던 도움을 받지 못한 손 및 지식은 얼마 안 되는 힘을 가질 뿐이다"라고, 그렇지만 "지식과 인간의 힘은 동의어이다"[1870, vol. 4, 47]라고 베이컨은 단언했다.

베이컨에 따르면, 과학은 우리에게 "새로운 발견 및 힘"을 인허하게 될 "자연에 관한 지식을 얻고 응용해 인간 삶의 조건을 변환"시킬 수 있고 변환시켜야 한다(vol. 4, 79). "자연을 환히 밝히는 데 성공할 수 있고" 그럼으로써 "우리의 현재 지식이라는 원 위의 경계 영역을 비추는 데 성공할 수 있는" 그 누구나 "우주를 지배하는 인간 제국의 포교자, 자유의 승리자, 원하는 것의 정복자이며 복속자"(Farrington 1969, 40에서 인용)가 될 것이다. 새로운 아틀란티스라는 신비의 섬에서 유토피아 사회를 발견하는 여행자들에 관한 이야기 속에서 그는 미래에 대한 그의 희망에 관해 쓴다. 그들은 살로몬의 집the House of Salomon을 방문하는 것으로 여겨지는데, 그것은 사실상 잘 조직화된 과학 연구이고 그것의 목적은 베이컨의 웅변과 야망의 전형인 종종 인용되는 문구에 묘사된다. "우리 재단의 목적은 원인에 대한, 그리고 사물의 비밀 운동에 대한 지식과, 인간 제국의 영역의 판도를 가능한 모든 사물에 효과를 미치는 데까지 확대시키는 것이다"(1870, vol. 3, 156). 이는 과학 진보에 관한 베이컨적 시각이라는 주제를 생생하게 표현한다. 지식이 힘이다. 즉 그것은 사람들에게 공통의 이익을 위해서 온갖 방식의 좋은 것을 산출하는 능력을 준다. 어떤 이도 그가 목표를 높이 잡지 않았다고 말할 수 없다!

베이컨의 낙관주의는 그 시대에 흔했던 인류 및 자연에 대한 우울한 견해와 날카롭게 대조된다. 시인 존 던John Donne(베이컨과 동시대 사람)은, 세상과 그 거주자들이 아담의 추방 이후 최후 심판일을 기다리며 붕괴해 오고 있었다는 전통적 기독교 시각을 표현했다. 그러나 베이컨은 인간의 타락 이후 역사의 방향을 되돌리기를 그리고 우리가 지상 낙원을 위해 일하도록 격려하는 일을 희망했다. 그는 역사를 향한 새로운 태도, 즉 구약에 나오는 전도서book of Ecclesiastes가 꽤나 잘못되었다고 주장하는 태도를 주창했다. 즉 실제로 해 아래 새로운 것이 있게 될 것이다. 인간 정신 해방시키기로서 과학적 지식이 라는 관념은, "너희는 진리를 알게 될 것이며 진리가 너희를 자유롭게 하리 라"(요한복음 8:32 NAS)라는 성경의 약속에 새로운 비틂을 제공했다. 먼 바닷 가의 탐험가처럼 과학자도 지식의 새로운 전선을 정복하기 위해 탐구하는 모 험가이다. 베이컨의 『노붐 오르가눔Novum Organum』(1620)—"과학적 방법의 새 로운 도구"—의 권두화는 이 모험 정신을 나타냈다. 콜럼버스 이전 관념인 저 너머에는 아무것도 없다non plus ultra를 대체시키면서 저 너머에 더 많은 것이 있다plus ultra는 모토와 함께 지브롤터해협을 보여준다.

새로 출현하는 과학관의 대변자로서, 베이컨은 현저히 효과적이었다. 오 늘날까지 종종 인용된 그의 웅변적 수사는 뒤이은 세대들에 큰 영향을 끼쳤 다. 그는 도래해 존재할 신세계를 보았다. 정말로, 그토록 많은 그의 이상이 그 이래로 다가와 통과해 갔다는 것은 인상적이다. 그러나 과학적 진보의 아 주 많은 사도들이 인용하길 애호했던 그의 이 모든 낙관적 웅변에 더해 최근 페미니스트와 생태학자들이 우리의 주목을 끌게 해준 베이컨의 말에는 어두 운 면이 있다(특히 Merchant 1980, 7장을 볼 것). 베이컨은 과학과 기술을 자연 (여성으로 나타낸)에 대한 심문과 이용이라고 나타내고 있으며, 그의 언어는 현 저히 폭력적이고 성적이어서 과학적 "종교 재판"에 놓인 자연을 고문받으며 심문당하는 범죄 용의자에 비유하는 데까지 나아갔다. "왜냐하면 마치 남자 의 성향은 그가 방해당할 때까지 결코 잘 알려지거나 증명되지 않듯이 …… 그 렇게 자연도 그녀 스스로 내버려 두었을 때보다 기술(즉, 기계 장치)의 시련과 애태움 아래서 더 명백히 그녀 스스로를 나타낸다"(298). (베이컨은 그가 영향을 끼치고 싶었던 군주인 제임스 1세가 더 큰 가혹성을 마녀 재판에서 장려하던 시기에 이 글을 썼다.) 자연에 대한 인간의 지배라는 그가 선호하던 주제는 다음의 예에서처럼 종종 성적으로 암시해 주는 표현으로 제시되었다. "인간의 기술과 손에 의해…… 자연은 강제로 그녀의 자연적 상태 바깥으로 나올 수 있게 되고 쥐어짜일 수 있게 되고 주조될 수 있다"(29). 하지만, 때로 그는 과학의 남성성이라는 그가 선호하는 은유의 더 평화로운, 가정용 적용을 이뤄냈다. "내가 목적하는 바는 순결하고, 성스럽고, 법적 혼인으로 당신을 사물들 자체와 하나가 되게 하는 것이다. 그리고 이 연합에 의해, 보통 혼인의 모든 희망과 기도를 넘어서는 증진을, 즉 인간종의 헤아릴 수 없는 무능과 가난을 극복해 줄 영웅이나 초인이라는 축복받은 종족을 확보할 것이다"(Farrington 1966, 72에서 인용). 그러나 베이컨의 더 폭력적인 언어가(10.3을 볼 것) "자연 강간"—현 세기에 점점 두드러지고 있는 생태학적 황폐화—을 너무도 극명하게 미리 형상화한다는 점은 인정되어야 한다.

이 모든 흠에도 불구하고, 그는 체계적 과학 연구와 천연 자원의 개발에서 과학 지식의 응용으로 커다란 이익을 얻을 수 있다고 예견했다. 그는 인간의 상황만 통제될 수 있다면, 인류 자체가 완벽해질 수 있다는 희망에 대한 초기의 표현을 부여했다. 종종 계몽의 시대로 불린 18세기에, 베이컨적 시각이 서구 사상을 지배했다. 프랑스 경제학자 안-로베르-자크 튀르고Anne-Robert-Jacques Turgot(1727-1781)는 인류가 "느리긴 하지만, 더 큰 완벽을 향해 항상 행진한다"(Wiener, 1973, 639에서 인용)라고 포고했다. 새로운 과학의 정신은 미국 혁명의 지도자들 사이에 두드러졌다. 다재다능한 사람 토머스 제퍼슨Thomas Jefferson (1743-1846)—독립 선언서 작성자이며 그의 시대에 과학에 박식했던 발명가—은 "의심할 여지없이 세계가 이제껏 산출한 가장 위대한 세 사람"이라고 주장한 개인들의 초상화를 가지고 있었다. 베이컨, 뉴튼, 존 로크인데, 그들은 제퍼슨에게 각각 이성, 과학, 자유의 중요한 사도였다(Wernick 1993, 82). 전기에 관한 그의 연구가 그에게 과학의 중요한 위치를 차지하게 해주었던 벤저민 프랭클린Benjamin Franklin(1706-1790)은 1780년 영국 화학자 조지프 프리스틀리Joseph Priestley에게 보낸 편지에서 과학적 진보에 대한 믿음을 다음과 같이 표현했다.

참된 과학이 이루어내고 있는 급속한 진보는 때로 내가 너무 일찍 태어났다는 나의 유감을 야기한다. 1000년 안에 물질에 대한 인간의 힘이 수행될 수 있을 높이를 상상하기란 불가능할 것이고 …… 심지어 과거의 병도 빠트리지 않고 모든 질병은 확실한 수단으로 예방되거나 치료될 수도 있을 것이며 …… 도덕과학 역시 개선의 훌륭한 방식 속에 있었고, 인간은 서로에게 늑대가 되기를 그만두게 될 것이며, 인류는 마침내 그들이 인간성이라고 부적절하게 부르는 바를 배우게 될 것이다.

베이컨의 낙관적 시각은 "우리 문명의 위대한 진보는 우리 문화 속 과학의 심성과 직접적으로 관련된다"와 같은 진술 속에 그리고 그보다 훨씬 더 강한 주장을 했던 과학사학자 조지 사튼George Sarton의 "과학 활동은 분명히 그리고 의심할 여지없이 누적되고 진보하는 유일한 것이다"(1962, 10)와 같은 학식 있는 판단 속에 오늘날 계속 살아 있다. 1969년 발명가, 작가, 연사였던 R. 벅민스터 풀러Buckminster Fuller(1895-1983)는 과학이 여전히 미래에 대해 제시한다는 위대한 전망에 관해 베이컨식 기분으로 열광적으로 이야기했다. "방대하고, 생명력이 없고, 무진장의 에너지 자원에 대한 인류의 정복 그리고 얼마 안 되는 바다, 하늘, 우주 기술로 가속화된 더 많은 행함은 맬서스Malthus(2.2를 볼 것)가 틀렸음을 증명했다. 인류를 위한 포괄적인 물질적이고 경제적인 성공은 이제 사반세기 만에 성취될 수도 있다"(1969, 340).

어떤 면에서, 오늘날의 대학, 정부, 산업체의 실험실에서 행해지는 20세기 과학이 베이컨 사후에 곧바로 번영하기 시작했던 과학보다 훨씬 더 베이컨의 시각을 완성시킨다. 그러나 그가 희망했던 유토피아, 즉 그 안에서 모든 인류의 이익을 위해 자연이 이용될 유토피아가 아주 분명하게 다가와 통과해 가게 되지는 않았다.

2.2 프랑켄슈타인적 악몽:
악마 같은 것으로서 과학

과학이 우리 구세주가 되리라고 또는 심지어 인류의 이익 전반을 위한 힘이라고 모든 이가 믿는 것은 아니다. 정당화되었든 안 되었든, 과학과 기술을 통한 진보에 대한 믿음의 널리 퍼진 손상이 일어났다. 이 시대가 과학의 시대라면, 그 결실은 무엇인가? 대체로, 오늘날 정말로 비참함이 덜한가? 20세기의 인간 조건을 헤아려보면, 우리가 유토피아적 진보에 대한 어떤 꿈들을 산산이 부숴버리는 것을 많이 발견한다. 큰 규모로, 지구적 전쟁이 두 번 있었다. 제1차 대전은 지속적 평화, 번영, 과학적 진보가 닥쳤다는 19세기 말의 자기만족적 믿음을 흔들었다. 그리고 이어 제2차 대전 중 나치주의 아래서 과학 분야의 선진국 중 하나인 독일은 저속한 군국주의와 집단 수용소의 공포로 퇴행했다. 한편 소련에서는 소위 마르크스주의라는 추정적으로 "과학적인" 이론의 추종자들이 그들의 수백만 동포 시민을 굶기고 노예화했다.

미국과 소련 사이 핵무기 경쟁과 함께 냉전의 고조로, 문명—아마도 인간종 자체—이 휩쓸려 갈 수도 있다는 진정한 공포가 있었다. 밝고 새로운 미래는 잊으라고 사람들은 생각했고—미래가 전혀 없을 수도 있다! 소련의 붕괴와 함께, 핵전쟁의 위협이 이제는 더 국지적인 갈등으로 옮겨갔지만, 세계 도처에서 증식하는 핵, 화학, 생물학 무기의 잠재력은 여전히 미래에 어두운 장막을 던진다. 이 문제를 생각하는 것은 사람을 진지하게 한다. 만일 수소 폭탄의 제조가 언제든 문명이나 모든 인간 삶의 파괴를 초래해야 한다면, 근대 과학의 전반적 발달이 가치가 있었던 것이었나? 미국 역사학자 헨리 애덤스 Henry Adams는 1862년에 글을 쓰면서 잠재적 재앙을 예견하는 데 현저한 선견지명이 있었다. "인간은 과학이라는 말에 올라타서 이제 멀리 함께 달린다. 몇 세기 더 가기 전에, 과학은 인간의 주인이 될 것이라고 나는 굳게 믿는다. …… 언젠가 과학이 인류의 실존을 그 힘 안에 둘 수가 있으며, 인간종이 세계를 폭발시켜 자살하게 할 수가 있다"(Marx 1964, 350에서 인용).

　핵 대량 살상 위협이 수그러들고 있음에도(당분간), 문제들은 충분히 남아 있다. 세계 여러 부분의 빈곤과 기근, 개인적이고 집단적인 분별없는 폭력이 그것인데, TV 뉴스에서 우리가 매일 이를 폭격 맞는다. 과학은 박차가 가해지는 성장 속 바로 그것의 성공—생산, 자원 소비, 인구 증대의—안에 또한 재앙의 씨를 뿌려왔다는 확산된 비관주의가 존재한다. 명백히, **몇몇** 지점에서 성장의 끝은 있어야 한다. 영국 경제학자 토머스 맬서스^{Thomas Malthus}(1766-1834)는 식량 공급은 산술적으로(선형적으로)만 성장할 수 있으므로 자연은 기근을 통해 인구의 잠재적으로 기하학적인 증가를 제한할 수 있다고 논의했다. 인구의 잠재적 증가에 대해서 그가 옳았다. 사실, 그가 살았던 시대 이래로, 그것은 그가 가능하다고 생각했던 것보다 엄청나게 더 성장해 왔으며, 그것도 가장 빈곤한 지역에서 가장 빨리 증가했다. 그러나 그는 농업에의 기술의 응용 없이 셈했는데, 그것은 (지금까지) 식량 공급을 증가하도록 도와 인구 성장과 근사적 보조를 유지하도록 했다. 그러나 기본적 결론은 불가피할 수 있다. 이렇든 저렇든, 지수적 인구 성장은 결국 그쳐야 한다.

　자연의 비밀에 관한 지식 찾기의 귀결에 대한 전조들이 다양한 고대 신화 속에 나타난다. 프로메테우스^{Prometheus}("먼저 사유하는 자^{Forethinker}")에 관한 그리스의 전설은 하늘에서 신성한 불꽃을 훔쳐서 인간의 이익을 위해 지상으로 갖고 내려온 거인에 대해 얘기한다. 이것이 신들의 아버지인 제우스를 분노케 해서, 그는 여자로 가장한 악마들을 내려보내 인간종을 벌하기로 마음먹는다. 그는 진흙으로 판도라^{Pandora}("모든 선물^{All Gifts}")라는 여자를 만들어서 프로메테우스의 동생인 에피메테우스^{Epimetheus}("나중에 사유하는 자^{Afterthinker}")에게 내려보내는데, 그는 프로메테우스의 경고와 반대로 분별없이 그 여자를 받아들인다. 판도라는 일군의 해악이 담겨 있는 단지의 뚜껑을 제거해 희망만 빼고 세상으로 그것들을 내보낸다. 희망 역시 악으로 여겨졌는지는 분명하지 않다. 그것은 세계에 대한 운명론적 견해 속에서 궁극적으로 기만적인 것으로 받아들여져 왔을 수가 있다. 그의 희망을 저버리는 행동을 한 데 대해, 제우스는 프로메테우스를 독수리가 매일 낮에 간을 찢는 산 위에다 묶어놓아 벌주는데 더 있을 고문을 위해 간이 밤에는 스스로 다시 돋아난다.

이 전설에는 많은 주제가 있다. 프로메테우스는 예술과 과학 둘 다의 상징적 영웅, 즉 인류를 원시적 무지 상태에서 끌어낸 영웅으로 종종 여겨진다. 그는 폭정과 반대되는 자유와 지식의 정신을 대표한다. 그러나 신성한 지식을 나눠 가지려 상상하는 사람들("신을 연기하는")은 새로운 기술의 위험한 귀결로 벌을 받게 될 거라는 위협과 더불어서 말이다. 그리고 나서 이 이야기는 이런 진술로 전형화되듯이 계속해서 우리의 심금을 울린다. "프로메테우스들 [근대 과학자들]은 이전에 그렇게 용감해 본 적이 없었다. 에피메테우스들이 이전에 그렇게 경솔해 본 적이 없었으며 판도라의 단지도 위협으로 꽉 채워진 적이 없었다"(de Ropp 1972, ii). 거칠게 보아, 이 이야기의 교훈은 "불장난을 하지 말라!"로 읽힐 수가 있을 것이다.

성경 속 인간의 타락에 관한 이야기도 금지된 지식은 위험하다는 경고로 읽혀왔다. 신은 아담에게 "선악과는 따 먹지 말라. 그것을 먹는 날에는 반드시 죽으리라"(창세기 2:17 RSV)라고 경고했다. 하지만, 이브는 뱀에게 유혹되었고, 그것은 "너희는 죽지 않으리라. 너희가 그것을 먹는 날에는 너희의 눈이 열리고 너희가 신들과 같이 되어서 선과 악을 알게 되는 줄을 하나님께서 아심이라"(3:4-5)라고 말했다. 그렇게 이브는 금단의 열매를 따 먹고 아담에게도 약간 주었다. 그들의 불복종에 대해, 신은 "너로 인하여 땅은 저주를 받고 …… 네가 땅으로 돌아갈 때까지 네 얼굴에 땀을 흘려야 빵을 먹으리니, 이는 네가 땅에서 취해졌음이라. 너는 흙이니 흙으로 돌아갈 것이니라"(3:17-19)라고 선언했다. 지식은 얻었지만 그들의 순수를 잃은 남자와 여자는 에덴동산이라는 천국에서 쫓겨났다.

매리 월스톤크래프트 셸리Mary Wollstonecraft Shelley(1797-1851)의 고딕풍 공포 이야기인 『프랑켄슈타인, 또는 근대의 프로메테우스Frankenstein, or Modern Prometheus』는 과학의 교묘함―단지 과학 지식의 오용이 아닌, 과학 연구 그 자체의 절차―이 우리를 어디로 이끌 수가 있을지에 관한 공포의 고전적 명료화이다. 셸리와 바이런 경 사이의 유령 이야기 경쟁에의 한 기고로서 1816년에 쓰인 그 책은 여러 가지 영화 버전으로 대중화되었다. 셸리는 숨겨지고 잠재적으로 위험한 지식을 얻기로 결정한 한 과학자의 이미지를 표현했다. 빅토르 프랑켄슈타인은 그의 연구 과제에 너무도 집착해서 자연을 이해하고 통제할 수 있는 그의 능력을 최대한 시험하기 위해 자신의 안전과 그가 속한 전체 사회의 안전마저 위태롭게 할 준비가 되었다. 그는 생명의 본성에 대한 연구의 시초에 진술한다. "아주 많은 것이 이루어졌다 …… 나는 많은, 훨씬 더 많은 것을 성취할 것이다. 이미 표시된 단계를 밟아가면서, 나는 새로운 방식을 개척할 것이며, 미지의 힘을 탐구하고, 창조의 가장 깊은 신비를 세상에 펼쳐 보일 것이다"(Shelly 1994, 40).

빅토르 프랑켄슈타인은 "자연 현상의 원인을 탐구하면서 기뻐"(27)했다. "숨겨진 자연법칙을 배우려는" 호기심으로 추동되어, 그는 세계를 "[그개 간파하고자 했던 비밀"(27)로 간주했다. 그는 연금술을 공부해, 철학자의 돌(기저 금속을 금으로 변환시키는 마법적 힘을 갖는다고 추정된)을 찾고 있었다. 이 연구에 실패하면서, 그는 뉴튼의 과학으로 돌아선다. 베이컨의 의견에 뇌동해, 프랑켄슈타인은 "자연의 깊숙한 곳을 관통하고, 그녀의 은신처에서 그녀가 어떻게 작동하는지를 보여주는"(40) 힘을 과학 속에서 본다. 그는 2년 동안 거대한 살아 있는 인간을 구성해 내려고 밤늦게 묘지를 방문해 재료를 모으며 노동한다. 이런 일이 역겨움을 앎에도 불구하고 프랑켄슈타인은 혼잣말을 한다.

긴장되고 숨 못 쉬는 열정으로 자연을 그녀의 은신처까지 추적했다. …… 저항할 수 없고 거의 광적인 충동이 나를 앞으로 재촉해 갔다. 나는 이런 탐구만을 빼고 모든 영혼 또는 지각을 잃었던 것으로 보였다. …… 말하자면, 나의 본성의 모든 습관을 삼켜버린 그 위대한 대상이 완성되어야 할 때까지, 나는 나의 사랑의 감정과 관계된 모든 것을 지연시키기를 희망했다(48-49).

그가 마침내 "생식과 생명의 원인을 발견"했으며 스스로를 "생명이 없는 물질에 생기를 불어넣을 수"(45-46) 있게 했을 때, 프랑켄슈타인은 인간의 감정과 이성을 가졌지만 어울리지 않는 부품들로 조립되어서 모습은 기괴한 생명체를 창조한다. 그가 만들어낸 괴물에 놀라서 그는 달아난다. 사랑받지 못하고 분개한 그 괴물은 통제에서 벗어나서 마침내는 그의 창조자가 가장 친애하는 사람들을 죽이고 만다. 프랑켄슈타인이 그것을 죽이겠다고 협박하자, 괴물은 응답한다. "나는 인정 많고 착했다. 비참함이 나를 마귀로 만들었다. 나를 행복하게 하라, 그러면 다시 나는 고결해질 것이다"(101). 프랑켄슈타인은 그러고 나서 그의 창조물을 보살피겠다고 결심하고 그를 위해 아내를 만들어내겠다고 생각하지만, 여성 창조물에 생명을 막 불어넣기 전에, 그는 인류를 파괴할 수 있는 괴물들의 종족을 출발시켰을 수도 있다는 두려움에 휩싸인다. 그는 괴물에게 말한다. "나는 너 자신과 닮은, 보기 흉함과 사악함에서 똑같은 또 다른 것을 결코 만들어내지 않을 것이다." 괴물은 응답하기를, "노예여, 내가 전에는 너를 설득하려 했지만, 너는 너 자신이 나의 겸손에 어울리지 않음을 증명해 보였다. 나에게 힘이 있음을 기억하라. 너 자신이 비참하다고 믿겠지만, 나는 너를 너무도 비참하게 하여 일광이 네게 싫어지도록 만들 수 있다. 너는 나의 창조자이지만 나는 너의 주인이다. 복종하라!"(178-179). 이 모든 끔찍한 사건들 이후, 임종 시 프랑켄슈타인은 여전히 두 길로 찢겨, 말한다. "평온 속에서 행복을 찾고 야망을 피하라, 비록 그것이 과학과 발견에서 너 스스로를 구별시키는 순수한 것이라 하더라도 말이다. 하지만 나는 왜 이 이야기를 하는가? 이런 희망들 속에서 나 자신은 산산이 부서졌지만, 또 다른 것이 이어질 수도 있다"(236).

요즈음, 많은 사람은 그와 같은 신비적이고 낭만적인 예감들이 금세기에 널리 정당화되었음을 알게 된다. 핵폭탄을 완성하는 데 바쳐져 온 엄청난 양의 과학적 전문 지식과 자원, 생화학 무기에 대한 계속적 연구, 새로운 종류의 식물과 동물을 생산해 내고 아마도 인간 유전자를 조작할 유전공학의 가능성을 생각할 때, 그렇다면 집착적이고 위험한 과학 연구라는 프랑켄슈타인적 이미지가 흰 실험복을 걸친 순수와 선행의 이미지보다 더 적절해 보일 수도 있다.

몇몇 사람은 이른바 과학과 기술의 진보의 많은 것 뒤에 수동적, 여성적 자연의 가장 내부적인 비밀을 지배하고, 꿰뚫고, 이용케 하는 남성적, 공격적 충동이 뚜렷하게 잠복해 있다고 주장한다. (앞 절에서 우리는 베이컨 언어 속 그런 경향에 주목했다.) 브라이언 이슬리Brian Easlea는 그러한 마초macho 충동의 관점에서 원자 폭탄과 수소 폭탄의 생산을 해석해 왔다. "핵무기 경쟁의 주요 추동력은 희소한 물질적 자원—그것의 중요함에도 불구하고—이라는 잔인한 사실이 아니라, 남성적 동기, 즉 본질적으로 다른 인간과 비인간 자연을 지배하고, 이어 위험한 세계에 남자답게 대면해야 한다는 강박적 욕망인 것이다"(1983, 165). 이슬리는 그가 생각하기에 아주 많은 현대 과학 활동 및 기술 활동에서 전형적인 기술적 지배라는 강박에 관한 통찰로 가득 찬, 매리 셸리의 프랑켄슈타인 이야기를 발견한다. 위험은 그런 비인간적 경향이 통상적 인간의 애정 및 염려에 대한 억압을 연루시킬 수 있어, 그것이 재앙을 초래할 수 있다는 점이다.

다소 비슷한 이유에서, 미국 환경활동가 제러미 리프킨Jeremy Rifkin은 우리 시대의 두 가지 가장 강력한 기술(핵무기와 유전공학)이 더 이상 사용되어서는 안 된다고 주장한다. 그는 주로 그 기술들이 기본적으로 우리의 인간성과 반대로 가면서 "안전" 또는 "효율" 또는 심지어 "건강"이라는 이름으로 인류를 통제하고 조작하려는 성향을 고무하기 때문에 그것들에 반대할 수 있다고 평결한다(사람들이 "인간성이라고 부적절하게 부른" 바에 관한 2.1의 벤저민 프랭클린의 비평을 상기하라).

우리 정신을 기술에 대한 낡은 사고방식에서 벗어나 자유롭게 하기란 쉽지 않을 것이다. 그것은 우리 쪽에서 몇몇 기술은 어떤 상황에 사용되어서는 안 됨을 인정해야 할 것인데, 왜냐하면 그것들이 하는 바가 생명의 신성한 성질 또는 생존 가능성을 위협하기 때문이다. 일정한 기술들은 기술의 단순한 사용 속에서 내재적으로 상당히 강력해, 우리는 우리 자신과 우리 환경에 해를 주는 것이다(1985, 93).

리프킨의 견해로, 유일 공동체에 살고 있고, 공유 생태계에 거주하고 있는, 유일 지구에 둘러싸인, 유일 가족으로서 정의되는 세계 속에 핵무기나 유전공학이 승인될 자리란 없다.

리프킨은 깊이 비관적이어서 일정한 기술은 아무 쓸모도 없다고 본다. 더구나, 단지 과학의 일정한 응용에 대해서만이 아니라 과학 자체가 실행되는 방법에 대해서 걱정한다. 그럼에도 불구하고, 그는 과학과 그것의 사용에 대한 우리의 태도를 변화시킬 수 있다는 희망을 표현해 왔다. 그는 베이컨적 전통 속에서 우리 환경을 조작함으로써 힘을 얻고자 지식을 더 이상 추구하지 말고 오히려 그것에 공감함으로써, 우리가 급진적인 다른 방식으로 사고하는 것이 가능하다고 믿는다. 그는 동물행동학과 생태학 같은 과학을 마음에 두고 있는 것으로 보이는데, 그것들은 무엇이 자연 속 전체 환경 체계의 작은 구성 요소를 움직이게 하는지 알아내려고 생명과 물질을 나눠서 취하기보다는 그것의 전체적 작동을 연구한다(10.3을 볼 것). 그는 또한 풍력과 수력처럼 자연의 사건을 급진적으로 교란하지 않고도 그것들을 이용할 수 있는 기술(그러나 이 조건을 만족시키려면 그런 연구 과제들은 규모에서 작아야 한다)을 채택하도록 권유했다. 리프킨은 법정을 이용해 생물기술 속 연구와 생산을 차단하는 데 매우 성공적이었는데, 이는 ≪타임Time≫이 그에게 "과학 분야에서 가장 미움받는 남자"일 뿐만 아니라 "환경 경시와 유전공학에 대한 최전선 반대자"(Thompson 1989, 102)라는 딱지를 붙이게 한 원인이 되었다. 그는 과학 비관주의의 현대의 가장 큰 목소리의 하나를 대표한다. 1996년 스코틀랜드에서

"돌리Dolly"라는 양의 복제 선언 이후에, 리프킨은 인간 복제 금지를 불러냈다. "누군가에 대한 복사물을 만드는 것은 무서운 범죄다. 처음으로, 산업적 설계 의 원리—품질 관리, 예측 가능성—를 취했으며 그것들을 인간종에 적용했 다"(Kluger 1997, 70). 유전 결정론의 한 표현인, 그의 폭발이 일란성 쌍둥이를 자연 범죄로 만들어버린 것으로 보일 수가 있음에 주목하라.

과학 속 인간의 동기에 대한 의심스러운 태도의 이유들이 무엇이든지 간에— 지나치게 공격적인 남성성, 오만, 명성, 권력, 돈에 대한 열망 등 어느 것으로 해석되건 관계없이—요즘 불신은 확실히 많다. 에덴동산에 관한 성경 이야기를 상기하 면서, 몇몇 사람은 우리가 모르는 게 더 낫다는 데 진실이 있지 않겠냐고 생각 할 수도 있겠다. 분명히, 우리는 이제 순진한 베이컨적 낙관주의에 만족해 있 을 수는 없다. 우리는 과학과 기술의 어두운 가능성들과 씨름할 방법을 찾아 야 한다.

2.3 기본적 인간 가치를 손상하는 것으로서 과학

현대 과학과 기술의 파괴적 또는 악의적 경향에 대한 우려에 더해, 과학적 이해가 연루시키는 전반적 철학 또는 세계관에 대한 다른 종류의 염려가 일 어났다. 많은 사람은 그것을 모든 인간의 가치관에 대한 위협으로 본다. 과 학이 가리키고 있는 것으로 보일 수가 있듯이, 우리는 우리가 우리의 관심사 에는 총체적으로 무관심한 광대한 우주 속 먼지 알갱이일 뿐임을 받아들여 야만 하는가?

자연의 이 새로운 이미지와 함께하는 당황에 관한 초기 표현은, 당시 새로 운 철학이라고, 즉 세계에 대한 과학 지식으로의 17세기 접근이라고 불렸던 바에 대한 존 던John Donne의 시이다.

그리고 새로운 철학은 모든 것을 의심 속으로 부른다.

불 원소는 완전히 꺼진다.

태양도, 지구도 사라지고 어떤 인간의 기지도

어디에서 그것을 찾아야 할지 그에게 제대로 가리키지 못한다.

(「세계의 해부An Anatomy of the World」, 제1주년, 1611)

목성 주위를 선회하는 네 개의 달을 그의 망원경을 통해 보는 갈릴레오의 관찰 보고에, 즉 모든 것이 지구를 순회하는 게 아니라는 사실을 보여주는 코페르니쿠스적 우주론을 지지하는 관찰에 던이 반응하고 있었다. 던이 목소리를 낸 우려는 인간은 이에 의해 우주 중심의 전통적 위치를 잃고, 말하자면 정처 없이 우주를 표류하게 내버려졌다는 것이었다. 그 스스로 젊은 시절 과학 탐구에 활동적이었던 프랑스의 수학자이며 종교사상가인 블래즈 파스칼Blaise Pascal(1623-1662)도 새로운 우주관이 나타낸 그림으로 골치가 아팠는데, 그의 유명한 『팡세Pensées』("사유들")에서 "이들 무한한 우주의 영원한 침묵이 나를 겁나게 한다"(1954, iii.206)라고 말하고 있다. 인간 종족은 더 이상 문자 그대로이건 비유적이건 간에 우주적 드라마의 중심에 있는 것으로 보이지 않았는데, 왜냐하면 갈릴레오와 뉴튼의 새로운 물리학은 우주가 인간의 열망 또는 목적을 고려하지 않는 역학적 법칙에 따라 작동하는 것으로 기술하기 때문이다. 과학과 과학적 태도에 대한 적대성의 주요 원천은 자연의 신비를 이해하려는 바로 그 과정에서 과학이 우리를 자연과 이혼시킨다는 이 두려움 때문이었던 것이다.

이른바 계몽시대에는 존 드라이든John Dryden과 알렉산더 포프Alexander Pope 같은 시인들이 있었는데, 그들은 새로운 물리학과 그것의 우주적 조화에 대한 비전을 환영했다. (드라이든 자신이 왕립학회Royal Society의 회원이었다.) 그러나 18세기 말 동안 낭만주의적 반동이 강하게 자리 잡았는데, 그것이 반계몽counterenlightenment이라고 불려왔듯이 말이다. 낭만주의적 사상가들은 그들이 과학적 방법이라는 절개 및 합리적 분석에 의한 자연의 탈마법화로 보았던 바에 의해 반발당했다. 영국 시인, 판화가, 신비주의자인 윌리엄 블레이크 William Blake(1757-1827)는 영국 초기 산업혁명의 추악한 결과들에 경악했으며, 그는 이것들을 뉴튼 역학과 연합시켰다. 이런 태도는 1827년에 써진 그의 시 「예루살렘Jerusalem」에서의 이 발췌문에 잘 예시되어 있다.

> 나는 유럽의 학교와 대학으로 눈을 돌린다
> 그리고 거기 그 씨줄이 무시무시하게 격노하는 로크의 베틀이 있음을 보라,
> 뉴튼의 물레방아 바퀴에 씻겨, 천은 검게 물들고
> 모든 국가에서 육중한 화환을 겹치고
> 숱한 바퀴 중에서 나는 본다, 바퀴 없는 바퀴를, 톱니바퀴의 이들과 함께,
> 서로 강제로 움직이는 제멋대로 맞물리는 것을, 이 잔인한 작품들은 에덴의 그것
> 들과는 다른데,
> 거기서는 바퀴 내부의 바퀴에서 돌고, 자유롭게 조화롭게 그리고 평화롭게 회전한다!

블레이크는 새로운 과학이 자유로운 인간의 정신을 노예화하려 위협했다고 느꼈다. 그는 정확히 제퍼슨의 "위대한 세 인물"(2.1을 볼 것)이라고 생각했던 "베이컨, 로크, 뉴튼을 벗어던지라"(Blake 1969, 818)라고 우리에게 경고했다. 퉁명스럽게 제시된 블레이크의 메시지는 "예술은 삶의 나무이며, 과학은 죽음의 나무"(「기억할 만한 환상A Memorable Fancy」)라는 것이다.

문학에서 반복되는 주제는 과학이 그것의 환원적 분석 속에서 자연의 아름다움과 신비를 파괴한다는 것이다. 이런 믿음에 관한 종종 인용되는 표현은 영국 시인 존 키츠John Keats(1795-1821)의 시 「마녀Lamia」에 나오는 다음 구절인데, 이는 뉴튼의 스펙트럼 분석이 무지개의 아름다움에 대한 우리의 평가에 끼친 영향에 반대하는 저항인 것이다.

모든 매력을 날리지 말라

냉정한 철학[즉, 과학]의 단순한 건드림에 말이다?

하늘엔 한때 두려운 무지개가 있었다.

우린 그녀의 베틀과 직물을 안다. 그녀는

흔한 것들의 지루한 목록 속에 주어진다.

철학은 천사의 날개를 자르고,

자와 선으로 모든 불가사의를 정복하고,

귀신이 출몰하는 공기와 도깨비 가득한 광산을 비우고—

무지개를 푼다⋯⋯.

미국 시인 E. E. 커밍스Cummings(1894-1962)는 과학 혐오에 대한 더 동시대적인 표현을 제공했다.

오 달콤하고 자발적인

지구여 얼마나 자주

그 음란한 철학자들의

노망한

손가락이

그대를

꼬집고

과학의

버릇없는

엄지가

그대의 아름다움을

찔렀던가

(「오 달콤하고 자발적인O sweet spontaneous」, 커밍스 1991, 58)

그대와 나는 입술이 있고 목소리가 있는데

그건 입 맞추고 함께 노래하기 위한 것이지

어떤 암캐 년의 애꾸 자식이

봄을 측정할 도구를 발명하건 말건 누구 신경 써?

(「목소리에 목소리, 입술에 입술^{voices to voices, lip to lip}」, 262)

난 차라리 한 마리 새에게 노래하는 법을 배울 거야

만 개의 별에게 춤추지 않는 법을 가르치기보다는

(「당신은 무엇보다도 기쁘고 젊게 될 거야^{you shall above all things be glad and young}」,
484)

과학에 반대하는 이들 열정적 부르짖음의 원천은 무엇인가? 이들을 위한
어떤 실질적 정당화가 있는가? 자연에 대한 냉혹한 과학적 견해를 찾기 위해
우리가 불신과 혐오(그리고 종종 무지)로 과학과 기술에 반응하는 낭만적 인문
주의자들만 볼 필요는 없다. 많은 과학자와 과학적 정신을 가진 철학자가 그
것을 스스로 표현해 왔다. 과학이 우리의 일상 세계를 산산조각 낼 수도 있다
는 믿음은 17세기 새로운 물리학의 바로 그 기초로 거슬러 올라갈 수 있다.

고대의 아리스토텔레스적 전통은 운동을 "자연적", 그리고 "격렬한", 즉 비
자연적 범주로 양분했다. 자연적 운동에서는, 변화의 원인이 물체 내에 있으
며, 격렬한 운동에서는 원인이 외부적이다. 돌이 땅에 떨어질 때, 그 운동은
자연스럽다. 돌 낙하의 "최종" 원인은 그것의 목표이다. 땅이 자연적 위치이
며, 돌이 그곳으로 끌리고, 그것이 "집"에 가까워지면서 그것은 더 빠르게, 더
"기뻐하며" 움직인다. 그런 목적론적 설명 대신에, 갈릴레오는 물체의 운동을
공간과 시간의 수학적 관계로 기술했다. 그는 운동에 관한 질문을 목적의 "왜
why"에서 수학적 관계의 "어떻게how"로 변화시키면서, 자연 운동의 원인 또는
설명으로서 목적들을 추방했다.

측정 가능한 수학적 양이 대상들의 속성들이고 대상들의 운동은 그것들의 속성들에 의거해 이제는 설명되어야 하므로, 정성적인 감성적 성질들은 세계에 대한 새로운 과학적 기술에서 궁극적으로 실재적인 것으로 생각되지 않는다. 「시금자The Assayer」(1623)의 유명한 구절에서, 갈릴레오는 열의 본성에 대한 탐구를 이렇게 결론지었다. "사람들은 일반적으로 이에 대해 진리와 아주 동떨어진 관념을 갖고 있다. 왜냐하면 그들은 열은 우리 스스로 따뜻하다고 느끼는 물질 안에 존재하는 진짜 현상, 또는 속성, 또는 성질이라고 믿고 있기 때문이다"(Galileo 1957, 274). 갈릴레오는 색깔, 맛, 냄새, 소리도 마찬가지로 물질의 진짜 일부가 아니라 단지 감지자 마음속에 감각으로(또는 보다 정확하게는, 인간에게 지각을 일으키는 입자의 작은 모양, 크기, 운동으로)만 존재한다고 주장했다.

우리에게 맛, 냄새, 소리를 자극하기 위해, 모양, 숫자, 느리거나 빠른 운동을 제외한 어떤 것도 외적 물체 속에서 요구되지 않는다고 나는 믿는다. …… 만일 귀, 혀, 코가 제거되더라도, 모양, 숫자, 운동은 남겠지만 냄새 또는 맛 또는 소리는 그렇지 않을 것으로 생각한다. 후자는 내가 믿기로, 살아 있는 존재에서 분리되었을 때의 이름일 뿐이며, 이는 마치 간지러움이 코와 겨드랑이 같은 것이 없는 이름뿐인 것과 마찬가지이다(276-277).

이런 식으로, 갈릴레오는 물체에 진짜로 나타나는 성질을 인간 감각의 단지 주관적인 성질과 분리하기 위해 새로운 물리학에 이끌려 갔다. "1차"와 "2차" 성질 사이의 이 구별은 오늘날까지도 과학과 철학에 남아 사용되어 왔다.

많은 사람에게, 과학의 함의는 "외부의 정말로 중요한 세계는 단단하고, 차갑고, 색이 없고, 침묵의, 죽은 세계, 즉 양(量)의 세계"(Burtt 1932, 239)를 의미하는 것 같다. 또는 그것을 다르게 표현하면, "소리 없고, 냄새 없고, 색깔 없는 지루한 사안, 즉 끝없이, 의미 없이 물질의 움직임일"(Whitehead 1925, 55)

뿐인 것으로 보였다. 뉴튼 역학과 연합된 원자론은 모든 사물의 궁극적 부분들은 원자들―공간 속의 운동을 제외하고는 나눌 수 없고 변치 않는 미세한 입자들―이라고 가정했다. 고대 그리스 철학자 데모크리토스Democritus(기원전 460-357년경)는 모든 현상을 진공 속을 움직이는 원자들로 환원시키는 원자론적 견해를 제안했다. 원자론과 결합된, 새로운 물리학은 17세기에 "미립자 철학corpuscular philosophy"으로 알려졌다. "그 견해가 널리 알려져서 자연의 모든 작동은, 창조된 우주의 모든 짜임은 이 입자들의 운동으로 환원될 수 있으며, 인간 경험에 그 자체를 나타내는 모든 다양성은 이들 입자의 크기, 배치, 운동, 위치, 병치의 문제로 용해될 수 있다"(Butterfield 1957, 132).

시인과 과학자 둘 다가 되려고 했던 독일 문학의 한 위대한 인물 요한 괴테 Johann Goethe(1749-1832)는 계몽주의 과학에 강하게 반대했다. 그는 그의 책 『색깔 이론Theory of Colors』에서, 하얀 빛이 스펙트럼의 여러 색깔로 구성되어 있다는 뉴튼의 주장을 논박하며 보낸 여러 해의 연구를 기술했다. 뉴튼의 분석은 괴테에게 단순성과 순수의 상징으로서 하얀색을 더럽히는 것으로 보였다. 그는 우리가 보는 하얀색은 단순한 것이지 구성적인 것이 아님을 그가 **알수도 있다**고, 그러므로 우리의 지각 경험은 어떤 과학적 분석도 정당화할 수 없는 성질들을 포함한다고 주장했다. (감각 작용이 가시광선 진동수들의 집합에 의해 일으켜짐에도 불구하고, 우리는 하얀색을 색깔의 부재로 감지한다.) 철학자들은 색깔과 같은 2차 성질의 특성에 대해 계속해서 논쟁하지만, 정성적 과학을 확립하려는 괴테의 노력은 물질세계를 수학적으로 측정할 수 있는 양으로 설명하려고 탐구 중이던 주류 과학에 거의 충격을 주지 못했다. 정말로, 전자기적 양들―빛의 바닥에 놓여 있는 본성으로서―이 1차 성질의 원조 17세기 목록에 추가되었던 것이다.

과학은 그리하여 자연에 대한 우리의 이해를 두 이미지로, 즉 과학적으로 기술되는 물질세계와 감각 경험에 나타나는 것으로서 세계로, 양분하는 것으로 보여왔다. 스스로 과학적 접근 방법의 바로 그 챔피언이었던 버트런드 러셀Bertrand Russell은 과학이 드러내 보이는 세계 속 인류의 위치에 대해 다음과 같은 으스스한 구절을 한때 펜으로 썼다.

그런 인간은 그들이 성취하고 있었던 종말에 대한 아무런 선견지명도 갖지 못했던 원인들의 산물이다. 그런 그의 기원, 성장, 희망, 공포, 사랑, 믿음은 원자들의 단지 우연한 배열의 결과물일 뿐이다. 어떤 불, 어떤 영웅주의, 어떤 사고와 감정의 강도도 무덤 너머의 개인적 삶을 보존시킬 수 없다. 모든 세월의 고통, 모든 헌신, 모든 영감, 대낮의 밝은 인간 천재성도 태양계의 광대한 죽음 속 소멸로 운명지어져 있다. …… 이 모든 것은, 논의의 여지가 전혀 없진 않지만, 그럼에도 불구하고 그렇게 거의 확실해서 그들을 거부하는 어떤 철학도 버티려 희망할 수 없다. …… 그렇게 개략적이되 훨씬 더 목적이 없고, 의미가 더 공허한 그런 것이 과학이 우리의 믿음에 대해 보여주는 세계인 것이다(1917, 56-57).

많은 과학자도 이와 비슷한 황폐한 용어로 과학의 이미지를 기술했다. 프랑스 분자 생물학자 자크 모노Jacques Monod는 다음과 같이 썼다.

과학이 가치들을 범한다는 것은 완벽한 참이다. 직접적으로는 아니지만, 과학이 그것들에 관한 재판관이 아니며 그것들을 무시해야 하므로 그러하다. 그러나 그것은 정령 숭배적 전통이…… 모든 윤리로 하여금 그 위에 얹혀 있게 했던 것을 전복한다. …… 이제 인간은 집시처럼 외계의 경계부에 살고 있음을 마침내 깨닫는다. 인간의 고통 또는 범죄에 대해 무관심한 것처럼 인간의 희망과 관심사에도 귀 기울이지 않는 바로 그런, 그의 음악에 귀머거리인 세계(1971, 172-173).

줄리언 헉슬리Julian Huxley는 과학이 "섬뜩할 만한 광대함, 섬뜩할 만한 연대, 섬뜩할 만한 무의미의 우주"(Otto 1940, 242)를 제시한다고 썼다. 물리학자 스티븐 와인버그Steven Weinberg는 "우주를 이해하면 할수록, 그것은 또한 더 요점이 없어 보인다"(1977, 144)라고 생각에 잠긴다.

우리는 이 책에서 이런 과학의 이미지에 의해 제기된 깊은 철학적 쟁점들을 모두 탐구할 수는 없지만, 우리가 결론 내리는 12장에서 그것들에 대해 조금 더 이야기하게 될 것이다. 당장은 그것이 제공되고 있는 유일한 견해가 아님에 우리가 주목해야 한다. 대안들 속에는 우리가 다음에 고려하는 과학의 이미지들이 존재한다.

2.4 유토피아와 반유토피아:
과학과 인간사

18세기에, 천문학과 역학 속 새로운 과학의 성공으로 고무된 다양한 유토피아적 사상가들은 인간 행동도 연구하고 통제하기 위해 과학적 방법의 응용을 제안했다. 생리학적 심리학의 선구자 중 하나인 피에르 카바니Pierre Cabanis (1757-1808)가 프랑스 혁명 이후 단두대에서 처형된 이들이 머리가 잘린 뒤에 의식이 있는지의 여부를 결정하라고 요청받았다. 그는 그들이 그렇지는 않다고 결론 내렸는데, 뇌는 의식의 기관이므로 말이다. 그의 악명 높은 진단은 "간이 담즙을 분비하듯이 뇌는 사고를 분비한다"(Boring 1950, 215)라는 것이었다. 프랑스 계몽주의 사상가 바론 돌바흐Baron d'Holbach(1723-1789)는 그의 책 『자연 체계The System of Nature』에서 기계론적 철학에 대해 순전한 버전을 제시했다. 그는 전 세기에 갈릴레오와 데카르트가 예고했던 세계관을 따라가고 있었다. 돌바흐는 뉴튼 역학으로 가능해진 자연에 대한 새로운 인식의 귀결로 유물론과 결정론을 끌어안았다. 그는 자연을 커다란 기계로, 인간 정신을 단지 뇌의 수정으로 보았다. 돌바흐는 자유는 환상이라고 논의했다. "인간이 스스로가 자유롭다고 믿는다면, 그는 위험한 망상과 지적 약함을 드러내고 있는 것일 뿐이다. 그를 형성하는 것은 바로 원자의 구조이며 그들의 운동이 그를 앞으로 추진시킨다"(1868). 자유 없이는, 도덕적 비난에 대한 감각이 있을 수 없다. 범죄는 그러므로 일종의 질병이다. 하지만 충분히 진기하게 돌바흐는 행복을 위한 처방을 제시했다. 이성과 일치해 사는 법을 배워라!

19세기 초 프랑스 사상가 콩트 드 생시몽Comte de Saint-Simon(1760-1825)과 오귀스 콩트Auguste Comte(1798-1857)는 그들의 "실증철학" 안에서 모든 질문에 대한 과학적 접근을 추천했다. 이상한 야심을 소유했던 그들은 인간 사회 전체를 이성적, 과학적 기초 위에 재건할 수 있다고 믿었다. 생시몽은 "모든 물리적 현상과 도덕적 현상의 유일한 원인"으로서 만유인력과 더불어 이제는 뉴튼 종교의 토대 구축의 꽤나 우스운 구도로 보이는 것을 제안했다. 사회, 정치, 일반적 인간 삶은 모두 중력으로 환원될 수 있다고 믿었던 것으로 보인다. 대중을 교육시키기 위한 "뉴튼 최고평의회Supreme Council of Newton"를 통해 운영되는 과학의 새로운 종교에 의해, 인간종은 사회를 완전하게 할 수도 그리고 새로운 황금시대에 다다를 수도 있을 것이다. 여기에 과학의 인간 모습으로의 육화로서 그리스도와 같은 역할을 하는 신격화된 뉴튼과 더불어 과학에 대한 명백히 종교적인 믿음이 있었다!

많은 사람은 과학적 진보를 향한 열광자들의 이성적 관념론이 인간 본성의 어두운 면을 무시한다고 느꼈다. 러시아 소설가 표도르 도스토예프스키Fyodor Dostoevsky(1821-1881)는 소설 『지하 생활자의 수기Notes from Underground』에서 이런 공포에 대한 왜곡된 표현을 제시했는데, 그 속에서 비참한 주인공은 새로운 산업적 산물에 관한 런던 전시회를 수용하기 위해 1851년에 건립된 거대한 구조물인 수정궁Crystal Palace을 용감한 새로운 사회의 상징으로서 취한다. 그 궁전은 자체가 건축에서 신기술의 승리였으나, 지하 인간은 궁전과 그 내용물이 아주 끔찍할 정도로 지루함을 알아챈다. 그의 주요 관심사는 행동을 예측할 수 있는 과학적 이론의 잠재력인데, 그는 이것이 우리들 각자를 "인간에서 오르간의 음전Organ stop"으로 변환시킬 것을 두려워한다(1960, 24).

어떤 이는 과학 진보에 따른 또 다른 추정적 귀결에 대해 걱정할 수도 있다. 만일 과학 지식이 우리의 자유를 증진한다면, 우리의 부담도 고조시킨다.

실존 철학의 한 주제는 그런 부담스러운 자유로 야기된 불안이다. 즉 선택이 더 커질수록 불안도 더 커진다. 새로운 과학 정보 및 기술의 새로운 기법과 장치의 홍수가 "미래 충격", 즉 과학과 기술이 우리에게 제공하는 많은 새로운 선택에 적응하는 어려움을 야기할 수 있다. 전도서book of Ecclesiastes의 말씀에 "지혜가 많으면 번뇌도 많으니, 지식을 더하는 자는 근심을 더한다"(1:18 RSV)라고 되어 있다. 우리가 많이 알수록, "신의 행위"라 부를 수 있는 것은 더 적어진다(인간의 통제를 넘어서 있는 자연재해).

초연함과 객관성이라는 과학 정신과, 과학의 효율성과 통제라는 가치와 함께하는 "기술적 합리성"이 많은 해악 때문에 비난을 받아왔다. 우리의 문화에 대한 과학과 기술의 해로운 영향에 관한 탄원들이 종종 암송된다. 몇몇 사람은 과학이 우리를 자연과 이혼시켰으며 노동을 편제화하고 일상화시켜 노동자로 하여금 인체의 자연스러운 리듬을 기계의 무자비한 보조에 맞추게 만든다고 믿는다. 예를 들어, 프리트리히 윙어Friedrich Juenger는 "과학적 사고에 의한 자연의 분해"(1956, 107)와 과학적 기술에 의한 인간의 "기계적, 생명 없는 시간"(48)에의 복종에 대해 불평했다. 헤르베르트 마르쿠제Herbert Marcuse는 현실이 기술적 "합리성"의 억압하에 어떻게 김빠지고 황량하게 되는지에 관해 썼다(1964).

이런 것이 예브게니 자미아틴Yevgeny Zamyatin의 『우리We』와 올더스 헉슬리 Aldous Huxley의 『용감한 신세계Brave New World』, 오웰George Orwell의 『1984』 같은 기술적 반유토피아anti-utopias(또는 **디스토피아**dystopias)를 묘사하는 작품에서 구현된 종류의 공포이다. 이들 디스토피아는 공통적으로 개인 자유를 억압하는 중앙 정치 통제를 갖고 있다. 헉슬리의 세계에서처럼 힘에 의하거나 더 미묘하게 심리적 조건화에 의해 통제된 행동과 함께, 삶은 편제화되고, 기계화되고, "부자연스럽다". 그런 사회에서 궁극적 목표는 통제하는 이에 의한 권력의 안정성 및 유지인 것으로 보인다. 그러나 과학의 사회적 역할에 대한 더 긍정적인 대안적 견해가 있는데, 이는 다음에서 고려해야 하는 견해이다.

2.5 두 문화:
인간화로서 과학?

찰스 퍼시 스노Charles Percy Snow 경은 1959년에 행한 리드 강연Rede Lecture "두 문화Two Cultures"에서 과학적 이해와 인문적 이해의 관계에 대한 흥미 있는 논쟁을 불러일으켰다. 그의 주장에 따르면 "전체 서구 사회의 지적 삶이 점점 더 양극 집단으로 쪼개지고 있다. …… 한 극에는 문학적 지식인이 있고…… 다른 극에는 과학자가 있다. …… 두 집단 간에 상호 몰이해라는 커다란 간격이 있다. 때로 (특히 젊은이들 사이에서) 적의와 혐오까지 품고 있지만 무엇보다도 이해가 결여되어 있다"(1959, 4). 스노는 그가 아주 극적으로 구별한 이들 문화의 틈에 양다리를 걸칠 수 있다고 생각했다. 그는 자신을 "훈련상 나는 과학자였지만, 직업상 나는 [소설] 작가였다"(1959, 1)라고 설명했다. 우리 사회 내부에서 발산하는 두 문화에 관한 그의 평가에 행복해하는 사람은 별로 없었다. 그러나 그가 야기한 많은 논쟁의 양은 그가 신경을 건드렸음을 보여주며 그의 "두 문화"라는 구절은 널리 사용되어 왔다.

스노의 구분은 부분적으로 영국 교육의 전통을 반영했는데, 그것은 최근까지 인문학, 특히 라틴어 및 그리스어 고전에 의해 지배된 교과 과정을 승인했다. 중세에 전통적 교양 과목에 포함된 과학들은 수학과 천문학뿐이었다. 나머지는 19세기 대학에서 인정받기 위해 투쟁해야만 했다(1.3을 볼 것). 우선순위의 이런 양분에 의해 야기된 흥미로운 문제는 상이한 문화들에 관한 것이 아니라 과학을 향한 개인적 태도의 차이에 관한 것인데, 이는 꽤 일관성 있는 이분법 안으로 떨어지는 것으로 보인다. 과학사학자인 조지 사튼George Sarton 은 "우리 시대의 가장 불길한 충돌은 한편으로 문학자, 역사학자, 철학자, 즉 소위 인문주의자들과 다른 한편으로 과학자들 사이의 견해, 조망의 차이이다"(1936, 54)라고 주목했다. 그리하여, 스노의 두 문화는 개체들의 집합(과학자 집단 대 인문주의자 집단)으로서보다는 한 개인이 서로 다른 맥락에서 느낄

수 있는 대조적 차이들로서 더 잘 보일 수 있다. 야코프 브로노브스키^{Jacob}

Bronowski(1965)가 올바로 저항했던 것처럼, 우리는 몇몇 사람들을 순수 사상

가로 다른 사람들을 순수 "감각자"로 범주화할 수는 없다.

다음은 판에 박은 과학자와 전통적 문학인, 예술인, 낭만적 인간을 구분할

수 있는 특성들이다.

이성	감성
추상적	구체적
일반적	특수적
제한적	자발적
결정된	자유로운
논리적	직관적
마음이 단순한	머리가 복잡한
분석적	종합적
원자적	전체적
실재	외양
낙관적	비관적
남성적	여성적
양	음
좌뇌	우뇌

이런 흑백논리식 대조를 너무 심각하게 받아들여서는 안 되지만—특정 경

우들에는 그것들이 적용되지 않는 경향이 있다—스테레오타입들은 오히려 분명

하게 두드러진다. (이와 비슷한 양극 대립물의 집단이 로버트 퍼시그^{Robert Pirsig}의

『선과 모터사이클 관리의 기예^{Zen and the Art of Motorcycle Maintenance}』[1974]에서 제시

되었는데, 이 책은 고전적 견해와 낭만적 견해를 화해시키려 한다.) 이런 양극성은

사회 속 과학의 역할에 대한 토론에 널리 퍼져 있는 주제이며 여러 모습으로 표현된다. 예를 들어, 과학 문화가 "좌뇌적/기술적/숫자 처리적/논리적 재료는 너무 많이 갖고 있고 특이한/직관적/창조적/감정적/운 좋은/우뇌적 조각은 충분하지 않게 갖고 있다는 불만을 고려해 보라. 그것이 우리의 현재 문제의 근원이다"(Kinsman 1993, 56). 이들 두 세계관 사이의 다음 대조도 고려해 보라.

> 서구 문화는 실재에 관한 양립할 수 없는 두 구도—하나는 '과학적인' 모습이며 다른 하나는 어떤 면에서는 '영적인' 모습이다—에 기초를 둔 사회를 유지하려고 오랫동안 시도해 왔다. …… 과학적 세계관은 현대 사회의 정치적, 경제적, 산업적 제도에 강력한 영향을 미쳤으며 미치고 있다. 하지만, 사람들은 또 다른 것인 그와 경쟁하는 세계관으로 그들의 삶을 살려는, 그리고 사회는 그 세계관에서 가치를 끌어내려는 경향이 있다(Harman 1993, 140).

스노는 전형적인 문학적 지식인은 과학에 관해 많이 몰랐으며, 그보다 더욱 나쁜 것은 그의 무지의 깊이를 깨닫지 못했던 점이라고 불평했다. 스노의 주장을 지지하는 한 예는 영국계 프랑스 작가이며 시인 일라르 벨록^{Hillare Belloc}의 문구인데, 그는 과학이 어떻게 작용하는지에 관한 소박한 풍자화를 의도 없이 제공했다.

> 흔한 정신적 그리고 신체적 건강을 지닌 사람은 누구나 과학 연구를 실행할 수 있다. …… 누구나 안내하는 실험으로 이런저런 물질을 몇몇 다른 물질과 이런저런 조건에서 이런저런 비율로 혼합시키면 어떻게 될지를 시험해 볼 수 있다. 누구든 어떤 여러 가지 방식으로 실험을 다양화할 수 있다. 이런 양식으로 뭔가 참신한 것 또는 쓸모 있는 것을 적중시킨 사람은 명성을 얻을 것이다. …… 그 명성은 운과 근면의 산물일 것이다. 그것이 특별한 재능의 산물은 아닐 것이다(1931, 226).

추정컨대, 벨록은 문학 작품을 산출하는 데 필요했던 특별한 재능과는 반대로, 과학에서 성공은 그저 인내와 행운이 요구된다고 믿었을 것이다. 충분히 진실하게도, 과학적 발견은 일반적으로 인내하는 실험과 어떤 경우에는 약간의 행운을 연루시킨다. 그러나 과학에는 그것 이상이 있다. 어떤 이는 상상력과 영감을 지녀야 한다. 그리고 다작의 미국 발명가 토머스 에디슨Thomas Edison(1847-1931)이 과학적 발견에 대한 영예의 99%를 인내에 돌리는 것과 비교되는 것으로서 영예의 1%만을 영감에 돌리고 있음에도 불구하고, 과학사 실례에의 일별은 1%가 얼마나 그다지도 결정적인지를 증명한다.

2.2에서 2.4까지 고찰한 과학에 대한 비관주의적 이미지의 주창자들과는 선명히 대조적으로, 스노는 과학 문화 및 태도에 대해 뚜렷이 더 긍정적이다. 그의 전반적 견해는 미래가 과학에 속한다는 것이었으며(즉 인류가 어떠한 미래를 갖든지 간에), 과학에 기초한 산업화는 "가난한 자들을 위한 유일한 희망"(1959, 27)인데, 왜냐하면 "건강, 식량, 교육, 산업혁명만이 그런 것들을 가난한 사람들에게까지 내려가 보급시킬 수 있기"에 그러하다. "이런 것들이 주요 이득이지만—물론, 손실도 있다. …… 그러나 이득은 남아 있다. 그것들이 우리의 사회적 희망의 기초이다"(1959, 29).

다른 사상가 역시 과학적 태도에서 미래에 대한 희망을 발견한다. 몇몇 사람은 과학자 사회가 민주적 자유와 협동의 좋은 모형을 제공한다고 보고 있다. 로버트 코언Robert Cohen은 과학자 사회의 윤리는 "협동 공화국cooperative republic의 민주적 윤리"(1974, 141)이며 과학의 전통이 "의무와 반란의 독특한 융합"(140), 즉 경쟁과 그렇지만 협동의 독특한 융합을 이루었다고 제시했다. 과학은 과학 연구 결과를 공적으로 만들고 반대 견해를 억압하지 않을 의무와 함께 관념의 민주적 포럼을 후원하는 경향이 있다. 물론, 우리의 몇몇 사례 연구에서 증명된 것처럼, 그런 이상이 언제나 충족되어 온 것은 아니다. 그러나 과학은 그것의 전통적 가치들이 인정되는 곳에서 번영해 왔으며 과학은 아마도 자유, 관용, 독립, 인내, 독창성, 진실성, 국제적 우애와 같은 가치들에 대한 인정에 기여하고 있을 것이다. 어떤 다른 제도가 실제로 인간 행동의 더 나은 모형을 보여줘 왔는가? J. 로버트 오펜하이머Robert Oppenheimer는 "모든 지적 활동 중에서 …… 과학만이 인간들 사이에 시대가 요구하는 보편성을 가지고 있다고 판명이 났다"라고 "어떤 이가 과거 역사를 돌이켜 보면, 이성의 형태 중 하나로서 과학은 그 모든 형태에 영양을 공급할 것이라는 희망에 관한 몇몇 격려를 유도할 수도 있을 것이다"(1986, 208-209)라고 낙관적으로 논의했다.

최근에, 유명한 생화학자 막스 페루츠Max Perutz가 2.1에서 자세히 다루었던 베이컨적 정신뿐만 아니라 과학의 인간화 사명이라는 스노의 낙관적 사상에도 공명했다. "암흑기와 중세를 통해 기독교인은 이 명령[예수의 산상 수훈]을 인간이 현세에서 더 나은 몫을 얻으려고 애쓸 것이 아니라 내세에 대비해야 함을 의미한다고 해석해 왔던 것으로 보인다. 과학은 인간에게 이 세상에서 그 자신의 삶과 동포의 삶의 조건을 향상시키는 것은 그의 힘에 놓여 있다고 설득함으로써 이 가치들을 뒤엎었다"(1989, 216). 페루츠는 과학이 우리에게 우리 이익을 위해 이용할 수 있는 자연 세계에 관한 지식을 준 것만이 아니고, 더 나은 것을 위해 인간 태도를 변화시키는 데 근본적 영향을 미쳤다고 주장했다. 과학은 여기서 문명화하는 또는 인간화하는 효과를 갖는다고 신뢰를 받았는데, 이는 강건하게 실제적이고 차안(此岸)적인 관심사에 의한 비현실적 종교 가치의 치환인 것이다. 이것은 정말로 과학을 위한 선교사적 열망이다!

2.6 과학의 가치중립성 논제

과학은 우리에게 가치에 관한 질문에 객관적 답을 줄 수 있는가? 과학이 어떻게 가치와 관련되는가에 대한 전체적 질문에의 흔한 반응은 그것이 근본적으로 그리고 엄격히 가치중립적이라는 것이다. 그래서 이 논증이 진행되기로, 과학은 모든 인간 가치를 무효화하지도 않고(2.3에서 제시되었듯이) 특정 가치관을 지지하지도 않는데, 그것이 "좋든", "나쁘든" 말이다(2.2와 2.5에서 제시되었듯이). 이런 견해에 따르면, 과학은 가치보다는 사실만을, 목표보다는 기법만을, 목적보다는 수단만을 다룰 수 있다. 과학적 이해가 우리에게 주는 힘을 우리는 어떻게 사용할 것인가라는 질문, 즉 세상을 변화시키기 위해 과학이 우리에게 제공하는 새로운 기법들을 어떤 목적에 적용할 것인가는 완전히 우리에게 달려 있다. 흔히 사용되는 어구에 호소하자면, 그런 질문들을 모두 "사회가 결정하게" 하는 것이다. 과학 중립성의 이런 이미지의 일부로 다음 세 가지 주장을 구별할 수 있다.

1: 과학은 세상이 어떻게 작동하는지에 대해 그리고 그 안에서 다양한 개입의 결과에 대해 객관적 지식을 제공하지만, 인간이 어떤 특정한 개입을 **해야 하는지**의 여부에 대해 그런 지식은 존재할 수 없다. 여기서 사실과 가치 사이의 날카로운 구별은 후자에 대한 어떤 지식을 배제하기 위해 가정되며 따라서 목표와 정책의 채택은 그저 "주관적" 사견의 문제로 보인다. 가치로부터 사실의 이 분리는 스코틀랜드 철학자 데이빗 흄David Hume(1711-1776)이 말했듯이, "이다is"에서 "이어야 한다ought"를 이끌어내는 것의 불가능성에서 따라 나오는 것으로 보이는데, 이는 가치 판단이 가치 평가 가정들에서만 유도될 수 있을 뿐이라는 결론이다. 그래서 잘 알려진 과학철학자 칼 헴펠Carl Hempel 은 "만일 청산가리 5mg을 이 아기에게 주사한다면, 그 아기는 죽을 것이다"와 같은 가설적 판단이 과학적 사실을 나타내고 있더라도, "아기를 죽이는 일은 사악하다"와 같은 범주적 가치 판단은 "과학적 시험과 입증 또는 반입증에 복종할 의무는 없다"(1960, 45)라고 주장했다. 이 견해에 따르면, 과학은 수단("도구적" 가치)은 제공하지만 궁극적 목적은 결코 제시하지 않는다. 독일 경제학자/사회학자인 막스 베버Max Weber(1864-1920)가 진술했듯이, 과학은 여러 장소에 도달하는 방법은 알려줄 수 있지만, 가야 할 곳은 보여줄 수 없는 지도와 같다.

2: 고전적 이상에 따르면, 과학자에 의해 그런 것으로서 인정받는 유일한 가치, 즉 실제로 과학을 행하는 데 연루되는 유일한 가치는 그 자체를 위한 지식이다. 그녀는 그의 연구의 유용한 적용 가능성을 환영할 수도 있겠으나, 과학자로서 그녀는 목적 그 자체로서 인간의 지식 영역의 확장에 순수하고 단순하게 헌신한 것이다. 이런 점에서, 그녀는 자신의 연구가 어떤 실제적 방식으로 그것의 유용성의 전망이 없을지라도 새로운 지식과 이해의 성취를 기뻐하는 산스크리트Sanskrit 문헌학자, 중세 역사가, 순수 수학자인 대학 동료들과 그저 똑같다. 이런 견해에 관한 19세기의 웅변적 표현으로, 물리학자 헤르만 폰 헬름홀츠Hermann von Helmholtz의 이 구절을 고려해 보라.

> 과학을 추구하면서, 즉각적인 실제적 효용을 추구하는 사람은 누구나 그가 헛된 것을 추구한다는 것을 일반적으로 확신할 수가 있을 것이다. 과학이 성취할 수 있는 모든 것은 자연적 힘과 도덕적 힘의 작용에 대한 완전한 지식과 완전한 이해이다. 학생 각각은 다루기 어려운 문제에 관한 정신의 승리처럼 새로운 발견에 기뻐하는 일에서 그의 보상을 찾는 데 만족해야 하거나, 모든 세부 사항들의 연결과 파생이 그 안에서 정신에 대해 분명한, 잘 질서 잡힌 지식 분야의 미학적 아름다움을 즐기는 데 만족해야 하며, 지성에 적대적인 모든 힘들에 대한 인간의 지배가 그 위에서 휴식하는 지식의 점증적 축적에 그 역시 뭔가 기여했다는 의식에 그는 만족하고 쉬어야 한다(Helmholtz 1893, Ravetz 1971, 39에서 인용).

3: 과학 지식의 응용은 "사회"가 결정하게 되어 있다. 응용과학자나 기술자는 다른 사람들의 종으로서 그의 전문적 기술을 개인이나 기관이 선택하는 목적에 그 목적이 무엇이든 간에 사용한다. 몇몇 사람은 인간이 살아가는 올바른 길에 대한 지식과 같은 그런 것이 있다고 믿는데―그것이 태고의 사회적 전통, 성스러운 책, 권위적 교회, 물라mullah의 신정(神政), 지배 정당의 이데올로기, 또는 영감을 받은 지도자에게서 유래되었든 어쨌든 간에 말이다.

이들 모든 상이한 믿는 이들은 인류의 삶을 더욱 풍요롭게 하는 것에 대한 그들의 다양한 (그리고 아마도 상충하는) 전망을 위해 과학 지식을 똑같이 적용할 수 있다. 가치에 관한 **지식**의 가능성에 더 회의적인 사람들은, 전형적으로 이 시점에서 과학 지식이 적용되어야 하는 목적은 개인적, 주관적 의견들의 덩어리에서 출현하는 사회적 결정을 허락하는 민주적 절차에 의해 결정되어야 한다고 제안할 것이다. 10.1에서 보게 될 미국 물리학자 에드워드 텔러Edward Teller는 이 견해를 다음과 같이 표현하고 있다.

> 과학자의 책임은 자연에 대해 그가 할 수 있는 것을 찾아내는 일이다. 자연에 대해 인간의 힘을 확장하기 위해 새로운 지식을 이용하는 것이 그의 책임이다. …… 과학자가 그가 배울 수 있는 것을 배웠고 그가 세울 수 있는 것을 세웠을 때 그의 일이 아직 다 끝난 것은 아니다. 그는 또한 명료한, 단순한, 이해 가능한 용어로 무엇을 발견했고 무엇을 구성했는지 설명해야 한다. 그래야 거기서 책임이 끝난다. 과학의 결과를 어떻게 사용할 것인가의 결정은 그의 것이 아니다. 결정을 내릴 권리와 책임은 사람들에게 속해 있다. …… 살아 있고, 역설적이며, 다채로운, 민주적 사회의 완전한 참여자가 될 때에만 과학자는 그 의무를 완전히 수행한 것이다(1960, 21-22).

이 모든 인용에는 화려하게 들리는 단어들이 있으며, 그것들은 우리 시대 대부분의 관례적 지식의 많은 것을 나타낸다. 하지만 과학의 가치중립성이라는 이 구도의 모든 세 요소는 질문에 열려 있다. 논제 1은 사실과 가치 사이의 뚜렷한 구분에 관한 논쟁의 여지가 있는 가정을 하며 그렇게 하면서 이 같은 개론서에서 깊이 탐구할 수 없는 심오한 철학적 문제를 제기한다. 하지만, 12장에서 과학과 가치가 어떤 연관성을 갖는지에 관한 문제를 더 체계적으로 조사할 것이다. 그리고 4-10장을 통해 인간 동기 및 그에 개입된 사회적 압력의 다양성을 나타내는 과학의 많은 사례사(史)를 개관하면서 논제 2와 3의 문제에 대한 다수의 이유를 찾게 될 것이다.

▪ 더 읽기 제안

Ben-David, H. 1971. *The Scientist's Role in Society.*

Berman, M. 1981. *The Reenchantment of the World.*

Burrt, E. A. 1932. *The Metaphysical Foundations of Modern Science.*

Cornelius, D. K., and E. St. Vincent. 1964. *Cultures in Conflict: Perspectives on the Snow-Leavis Controversy.*

Farrington, B. 1966. *The Philosophy of Francis Bacon.*

Gendron, B. 1977. *Technology and the Human Condition.*

Merchant, C., 1980. *The Death of Nature: Women, Ecology, and the Scientific Revolution.*

Passmore, J. 1978. *Science and Its Critics.*

Pirsig, R. 1974. *Zen and the Art of Motorcycle Maintenance: An Inquiry into Values.*

Rifkin, J. 1991. *Biosphere Politics: A New Consciousness for a New Century.*

Shelley, M. W. 1994. *Frankenstein, or the Modern Prometheus.*

3 무엇이 과학자에게 동기 부여하는가?

과학과 그 역사적 전개에 대한 더 자세한 관점을 얻기 위해, 이 장에서 우리는 선별된 몇몇 과학자의 업적을 다양한 역사적, 사회적, 정치적, 경제적 맥락에서 조사하게 될 것이다. 우리는 어떻게 순수한 과학적 호기심이, 즉 그 자체의 목적을 위해 가질 만한 값어치가 있는 것으로서 지식에의 가치 부여가 실제 세계에서 다른 동기, 가치, 압력과 상호 작용하는지 묻게 될 것이다. 우리는 몇몇 덜 유명한 인물은 물론 몇몇 유명한 (그리고 악명 높은) 예들을 보게 될 것이다. 일정한 위대한 과학자들의 친숙하지 않은 측면도 고려될 것이다. 우리는 그들이 살고 연구했던 환경에서 무엇이 그들에게 그들이 했던 것을 하도록 동기 부여했는지 질문하게 될 것이다. 이런 식으로, 우리는 실제로 과학 연구에 연루된 가치들을 밝혀내게, 그리고 그것들이 시간이 지나면서 어떻게 전개되고 변화했는지 제안하게 될 것이다. 우리의 사례 연구 선별 및 제시는 과학이 무엇이고 무엇이어야 하는지에 관한 우리 자신의 선가정presuppositions을 반영하게 되어 있다. 하지만, 우리가 제기하는 넓은 영역의 사례, 주제, 쟁점은 좁은 편향을 피하게 할 것이라는 점이 우리의 희망이다.

3.1 누가 과학자로 여겨지는가?

우리가 특정 과학자들에 초점을 맞추게 된다면, 우리는 우선 누가 과학자로 여겨지는가라는 문제를 제기할 필요가 있다. 모든 이가 갈릴레오, 뉴튼, 다윈, 아인슈타인과 같은 위대한 과학자에 관해 들어왔다. 그러나 우뚝 선 인물 외에도 분명히 과학자로 여겨지는 사람이 많이 있다. 수천의 사람이 현재 적으로 스스로를 어떤 식으로 과학자 사회의 일부라고 생각한다. 아인슈타인과 같은 급에는 좀처럼 속하지 못할지라도, 그중 몇몇은 과학 이론에 중요한 공헌을 했으나, 그들 중 다수는 그렇지 못했는데—**중요한**으로 우리가 "유관 학제에서 과학자들에 의해 유의미하다고 일반적으로 인정된"을 의미한다면 말이다.

이제껏 살아왔던 모든 과학자의 90% 이상이 현재 살아 있다고 주장되어 왔다. **과학자**의 정확한 정의가 무엇이건 이 단언은 우리 시대에 특별한 뭔가를 가리킨다. 이전 내내보다도 더욱 많은 사람이 과학의 몇몇 측면에 종사하고 있다는 것이다. 우리가 그들의 직업이 몇몇 방식으로 과학 연구를 사용해야 하는 그런 이들 모두—예를 들어 컴퓨터 기술자, 공학자, 의사, 실험실 연구자—를 과학자에 포함시킨다면, 미국 내 과학자만 수백만 명에 달할 수 있을 것이다. 그러나 공학자와 의사가 훈련의 일부로 과학을 공부하고, 연구에서 과학을 사용하고, 과학에 기여할 수가 있음에도 불구하고, 그들이 스스로를 과학자라고 부르지는 않는다. 마찬가지로, 국립과학재단 National Science Foundation 도 의사와 기술자 중 작은 비율만을 과학자로 분류한다. 그들이 기여하는 연구 뒤에 있는 이론들을 이해하도록 요구받을 수 있거나 받지 않을 수 있는 실험실 기술자들은 과학이라는 게임의 경기자이기보다는 옆쪽의 조수인 것이다. 많은 과학적 지식이 있지만 스스로 그런 지식을 더하려고 하지 않는 과학교사 역시 보통은 과학자로 여겨지지 않는다.

그러므로, 우리는 몇몇 방식으로 그들의 일이 과학과 연결된 많은 사람과 과학자인 사람들, 즉 과학적 지식과 과학적 이해를 확장하려는 연구를 향하는 사람들 사이의 구별을 기억해야 한다. 과학적으로 얻은 지식을 온축(미 국방성, 에너지성, 농무성의 데이터베이스와 같은)하고 사용하는 일은, 그것이 아무리 정확하고 유용할 수 있을지라도, 어떤 이를 과학자가 되게 하는 데 충분한 건 아니다. 1장에서 보았듯이, 과학자라는 바로 그 개념은 시간에 따라 진화해 왔고 계속 변화할 수가 있다. 과학의 산업화 및 과학과 기술의 더 밀접한 연합으로 오늘날 그 개념의 흐릿해짐에도 불구하고 우리는 항상 새로운 지식에 직접 기여한 연구 작업의 분명한 사례들을 뽑아낼 수 있다. 그래서 우리는 과학에서 창조적 연구를 하려 기도하는 이들로, 몇몇 방식으로 현존 과학 지식을 확장하려 하는 또는 개선하려 하는 이들로 기초("기본" 혹은 "연구") 과학자들을 구별해 낼 수 있다. 그러나 (근대과학의 초기에) 신사가 아니거나 남성이 아니거나 백인(적어도 최근까지)이 아닌 이가 과학자로 받아들여지는 데는 어려움이 있었다. 과학의 실행—그리고 과학자의 사회적 지위—은 더 넓은 사회적 영향 및 압력에 대해 결코 면역되지 않았다.

과학에 기여하려는 시도 없이 과학을 사용하는 이들 외에도, 과학자라고 **주장**할 수도 있지만 이 타이틀을 지닐 가치가 없는 이들이 있다. 사이비 과학 pseudoscience을 판정하는 일의 일차적 기준들이, 진품과 위조품을 구별시킬 수 있는 신호들이 과학의 논리 및 방법론과 관계된다. 어떠한 참신하고, 분명하게 반증 가능하며, 관찰 가능한 예측을 사이비 과학은 일반적으로 주지 못한다(1.1을 볼 것). 여타의 이차적 기준은 자칭 과학자들의 사회적 관계 및 그들의 활동 동기와 관계가 있어야 한다. 과학자 사회는 대부분 그들의 제도들—그들의 모임, 출간, 의사소통 네트워크—에 의해 정의되므로 과학자 사회와의 격리는 일정한 이론가를 사이비 과학자로 표시하는 경향이 있다. 그러나 그런 기준은 우리가 독립된 방식으로 진정한 과학자 사회를 골라내지 못한다면 순환적일 것이다(점성가들은 왜 그런 사회를 형성하지 않을까?). 다시 한번 우리는 자칭 과학자 사회의 구성원들이 그들의 이론을 관찰의 시험에 체계적으로 내어놓고 있는지 물어야 한다.

일종의 엄격한 정직성이 적절한 과학 탐구에 세워져 있다. 개별 과학자가 항상 이상을 따라 사는 것은 아니지만, 최소한 주류의 학문적 과학 안에서, 과학자의 정직성은 다른 전문직과 잘 비교된다. 그들이 생득적으로 더 뛰어난 인간은 아닐 수도 있겠지만, 과학적 탐구의 본성, 과학적 의사소통, 과학적 평판의 획득은 모든 실험적 주장이(어떤 이가 필수적 물질과 장비를 갖고 있다고 가정하면) 원리적으로 어디서 누구에 의해서든 재현 가능^{replicable}해야 함을 요구한다. 사기적 주장이 개별 과학자의 이력을 아주 오랫동안 진전시킬 가망은 없다. 그러나 이제 우리는 무엇이 사람들로 하여금 과학하는 데 연루된 엄중한 정신적 훈련에 종사하도록 동기 부여하는지 묻기로 한다.

3.2 과학자를 추동하는 동기의 다양성

존 자이먼^{John Ziman}은 유명한 『공적 지식^{Public Knowledge}』(1968)에서 과학적 삶에 대한 우리의 이미지는 "스스로 제기한 문제와 맞붙어 싸우는 고독하고, 헌신적인 인성으로" 그려져 있는 과학자와 더불어 "[영웅] 시대의 신화론으로 강하게 채색되었다"라고 주목했는데, 과학자는 내부 지향적이고 그 자신의 별을 따른다(82). 4장과 5장의 사례 연구가 보여줄 것처럼, 진실을 뒤좇는 지칠 줄 모르는 추구자로서 과학자에 대한 이 이미지가 과거의 많은 고전적 위대한 과학자의 표식에서 전적으로 벗어난 것은 아니다. 현시대의 과학은, 그렇지만 뒤에 나오는 장들이 보여줄 것처럼, 과학에 대한 위인관을 훨씬 덜 따른다. 오늘날 연구는 기업과 정부 기구가 후원하는 커다란 프로젝트에서 함께 일하는 지원 기술자와 더불어 과학 이론가들과 실험가들의 팀을 흔히 포함한다.

어린 소니아^{Sonia}가 "난 자라서 과학자가 되고 싶어요!"라고 말한다고 가정해 보라. 그녀는 과학자의 어떤 이미지에 끌렸을 것 같은가? 무엇이 젊은 남녀를 과학으로 끌어당길까? 많은 과학자는 그들의 흥미의 깊은 심금을 울린 위대한 발견에 관해 읽어서 그들이 영감받았다고 진술했다. 여타 다수의 가능한 동기 부여가 마음에 떠오른다. 인정받으려는, 위신 또는 명성을 얻으려는 욕망. 사람을 도우려는, 몇몇 방식으로 인간 조건을 개선하려는, 또는 유용하다고 인정받으려는 욕망. 물론, 오늘날 과학에 종사하는 이들의 일부만

이 자연의 비밀을 벗겨내려 추동된 과학자라는 고전적 상과 들어맞는다. 팀 프로젝트에서 과학적 자료를 모으고 처리하고 보조하는 이들의 다수는 단순히 돈 받고 고용되어 자신을 부양하기 위해 과학에 종사하려 동기를 부여받은 것이다. 그러나 그들의 동기 부여에 관한 여러 과학자 스스로의 해명에서 두드러지는 것은 어떻게 자연이 작동하는지를 알고 싶은 그리고 이전에 누구도 몰랐던 무언가를 발견하려는 호기심이다.

사람들의 동기는 우리가 그것을 더 조심스럽게 조사할수록 더 다양하고 복잡하게 나타나는 경향이 있다. 예를 들어 존스Jones 씨가 왜 그는 변호사, 사업가, 또는 정신요법가가 되었는지 우리에게 말한다면, 우리는 무엇이 그의 진짜 이유였는지, 무엇이 그의 동기였는지 궁금할 수도 있을 것이다. 프로이트 심리학자는 한 가지 종류의 동기를 제시할 수가 있을 것이다. 행동주의자behaviorist는 다른 설명을 제공할 것이다. 무엇이 첫 번째로 어떤 이를 과학 안으로 데려오며, 그가 또는 그녀가 실험실 또는 분야에서 일하면서 무엇이 어떤 주어진 순간에 과학자에게 실제로 동기를 부여할까? 한 수준에서 우리는 그 기획의 일반적 목적을 파악할 수 있다. 이론적 지식을 발전시키기 위해서 또는 다른 인류에게 유용한 발견을 이루기 위해서. 그러나 과학자들이 보고하는 즉각적, 단기적 동기는 특수한 현상에 대한 호기심, 실험실에서 만지작거림의 즐거움, 우두머리 또는 인사위원회에 감명을 주기 위해 논문을 끝낼 필요, 또는 연구비 지원 마감에 맞추려는 압력일 수도 있다.

어떤 직업을 선택하기 위해 마음에 떠오르는 동기의 몇몇은 그 일이 재미있거나 매력이 있다는 것, 그 일이 인간을 돕거나 부모의 기대를 만족시킨다는 것, 그것이 명성, 권력, 또는 돈을 기약한다는 것이다. J. G. 크로우더Crowther는 그의 선구적 저서『과학의 사회적 관계The Social Relations of Science』(1941)에서 과학자가 연구를 하는 데 관한 보통 인용되는 대부분의 동기를 포함하는 "개인적 동기" 다섯 가지의 목록을 제공했다.

가장 널리 알려져 있고, 과학자 스스로 가장 빈번히 표명하는 하나는 호기심 또는 그 자체의 목적을 위한 이해에 대한 욕망이다. 또 다른 강력하고 일반적인 동기는 富에 대한 욕망이다. 세 번째는 생계유지의 필요이다. 네 번째는 자신을 즐겁게 하려는 욕망, 다섯 번째는 인류에 봉사하려는 욕망이다. 실제로 이런 동기들의 상대적 비중을 밝히려 행해진 심리학 연구는 아주 적었다(511, 강조는 우리의 것임).

심리학 연구라는 타이틀로 영예가 될 수 있는 어떤 것을 제공하려는 기도 없이, 우리는 따라 나오는 장들에서 그 밖의 것은 물론 이들 동기를 예화하는 몇몇 사례 연구를 제시하게 될 것이다. 우리는 개인적 동기와 사회적 영향력이 과거에 과학을 어떻게 추동했는지, 그리고 몇몇 차이와 더불어 오늘날 그것들이 어떻게 연구를 계속 추동하는지를 평가하려 시도하게 될 것이다.

2.1에서 논의했던 과학에 대한 베이컨의 시각을 돌이켜 보면, 우리는 과학자의 동기 부여란 무엇**이어야 하는지**에 대한 아주 확실한 견해를 알게 된다. 베이컨의 견해에서, 지식—즉, 과학—은 "정신의 기쁨, 다른 이에 대한 주장 또는 우월성, 또는 이익, 또는 명성, 또는 권력, 또는 이들 열등한 것들의 어떤 것을 위해, 그러나 생활의 이익 및 사용을 위해"(1870, vol. 4, 21) 추구되어야 한다. 이 엄격한 판단 속에서, 베이컨은 인간 동기의 혼합된 성격에 대한 예민한 의식을 보여주었다. 그러나 현대의 독자에게 이상하게 들릴 수도 있는 것은 "정신의 기쁨", 즉 더 위엄 있는 용어로 자연의 작동을 이해하는 데서의 순수한 지적 만족을 기술할 수도 있을 이것을 **열등한** 동기로 함축한 점이다. 이것은 그 자체의 목적을 위한 이해를 향한 욕망에 오늘날 대부분의 과학자가 부여하는 일순위와 충돌한다.

그렇지만 효용에 대한 베이컨의 극단적 강조는 그것의 역사적 맥락에 비추어 취한다면, 더 이해 가능하다. 근대 과학 발흥의 문턱에서 글을 쓰고 있었던, 베이컨은 자연 지식의 추구가 이론적 사변을 위한 능력 및 여가가 있던 신사들에게만 적합했다는 널리 퍼져 있던 전통에 반대할 필요가 있다고 느꼈다. 요리법, 육아, 광업, 건축, 영농에 연루된 육체적 노동 같은 삶의 실제 내용들은 주로 고대 그리스 시대에 노예의 일이었고 베이컨 시대에 아내, 가정부, 하인, 일꾼의 작업이었다. 그러나 그는 자연에 대한 과학 지식은 엘리트만이 아니라 사회 속 만인의 생활 표준을 향상시키는 실제적 이익 배당을 지급할 것이라고 그의 독자들을 설득하길 소망했다. 그리고 그는 지식이 제한된 관찰자만이 지식을 실험할 수 있다고 주장하는 점성가, 연금술사, 마술사의 비밀 사회에의 입문자를 위해 비축되기보다는 공적으로 이용 가능하게 되길 원했다. 지식에 대한 주장은 자격을 갖춘 어떤 관찰자에 의한 시험에 열려 있어야 한다. 그리하여, 경제적 기회의 발흥하던 민주화에 맞추어, 베이컨은 적절한 목표를 "생활의 이익과 사용"에 초점을 맞췄다.

과학자 자신들 사이에서, 더 많은 강조가 보통 과학적 작업의 가장 순수하고 가장 고상한 동기 부여로서 그 자체의 목적을 위한 지식의 그리스적 이상에 부여되어 왔다. 아리스토텔레스는 "모든 인간은 천부적으로 알려는 욕망이 있다"(1984, 980a22)라고 선언했다. 베이컨 시대 이래, 순수한 호기심이 일차적—그리고 아마도 유일한—인 동기 부여이어야 한다는 것이 과학자 사이에서 표준적 견해가 되었다. 대부분의 과학자는 (적어도 최근까지) 아마 이 견해(2.6을 볼 것)에 대한 헬름홀츠의 표현과 프랑스 수학자이며 물리학자 앙리 푸앵카레Henri Poincare(1854-1912)의 유사한 견해에 동의할 텐데, 그는 "과학자가 자연을 연구하는 것은 그렇게 하는 게 유용하기 때문이 아니다. 그는 그 안에서 기쁨을 얻기 때문에 그것을 연구하며, 그것이 아름답기 때문에 그 안에서 그는 기쁨을 얻는다"(1952, 22)라고 주장했다. 이 방향의 또 다른 예가 노벨 화학상 수상자 글렌 시보그Glenn Seaborg의 주장에서도 나타난다. "그의 기초 연구에서, 동기 부여하는 힘은 공리적 목표가 아니다. 그것의 기조는 지적 호기심과 발견에 대한 욕망이다"(Love and Childers 1965, 33).

그럼에도 불구하고 과학 연구를 통한 많은 지식이 쓸모 있는 응용을 산출했다. 우리 자신의 시대에, 이론과학의 진전이 유용한 기술을 부산물로 산출시킬 것이라는 점은 상식적 기대이다. 하지만 그것들이 강하게 희망될지라도, 기본적 과학 연구의 부산물이 미리 확신 있게 예측될 수는 없다. 그러나 오늘날 비용이 많이 드는 연구 계획(허블 망원경 또는 초충돌기supercollider와 같은)을 위한 정부의 또는 산업체의 돈주머니 끈을 붙들고 있는 이들은 효용 또는 이윤에 의해 보통 동기 부여되므로, 오늘날 많은 과학자는 연구 자금을 확보하기 위해 그들의 연구의 가망성 있는 이용을 선전할 필요가 있다. 하지만, 대부분의 과학자는 몇몇 방식으로 자연에 대한 우리의 이해에 덧붙인다는 목표를 여전히 강조하는 경향이 있다.

아인슈타인은 모든 과학 안에서 물리적 우주의 가장 깊은 비밀에 관한 이해와 함께하는 순전한 지적 도취의 가장 순수한 예 중 하나였다. 과학의 실행에 관한 일차적 동기 부여에 대해 그의 표현은 다음의 두드러진 문구에서처럼 종종 종교적 색조를 띤다.

여러 종류의 사람이 스스로 과학에 헌신하며, 그 모두가 과학 그녀 자체의 목적을 위한 것은 아니다. 그것이 그들의 특별한 재능을 펼쳐 보일 기회를 제공하기 때문에 그녀의 신전에 들어오는 몇몇이 있다. 이런 부류의 사람에게 과학은 그들이 실행하며 기뻐 날뛰는 스포츠인데, 그의 근육의 용맹의 실행에서 기뻐 날뛰는 바로 그런 것처럼 말이다. 또 다른 부류의 사람은 유익한 보상을 확보하려는 희망에서 그들의 뇌를 제공하려 그 신전에 온다. 이런 사람은 직업 선택을 할 때 그 상황 자체가 제공하는 몇몇 상황의 기회에 의해서만 과학자가 된다. 만일 처한 환경이 달랐다면 그들은 정치인 또는 사업체의 수장이 될 수도 있었을 것이다. 내가 언급한 범주에 속하는 모든 이를 신의 천사가 내려와 과학의 신전에서 몰아내면, 그 신전이 거의 빌까 봐 나는 두렵다. 그러나 아직도 약간의 숭배자가 남아 있을 것이다. …… 천사의 호의를 찾은 이들을 응시하자. 대부분, 그들은 이상하고, 말이 없고, 외로운 친구들이다. …… 무엇이 그들로 하여금 그들의 삶을 과학 추구에 헌신하도록 이끌었을까? 개인적으로 사람을 예술이나 과학으로 이끄는 강한 동기 중 하나는 단조롭고 죽도록 따분한 일상의 삶에서 피난하려는, 그리하여 덧없는 욕망의 사슬을 벗겨내려는 충동이라는 생각에서 쇼펜하우어 의견에 동조하는 편이다. …… 그러나 이런 부정적 동기에 긍정적 동기가 부가되어야 한다. 인간 본성은 언제나 우리를 둘러싼 세계에 대한 단순하고 개관해 주는 이미지를 스스로를 위해 형성하려 해왔던 것이다(Planck 1936에 대한 서문에서).

아인슈타인은 계속 나아가 이론 물리학이 형성하는 특수한 종류의 세계관(**벨탄샤웅**Weltanschauung)과 왜 그것이 추구할 만한 가치가 있는지에 대해 묘사했다. 그는 이런 종류의 이해에 관한 욕망을 과학 연구를 하는 가장 근본적이고 경탄할 만한 동기로 여긴다는 점을 매우 명확히 하면서도, 명성 또는 이익에서 동기 부여받은 "많은 가치 있는 사람들"이 "과학의 신전에서 큰 부분"을 세웠음을 인정했다. 그가 과학 연구를 위한 베이컨의 최상 동기, 즉 실제적 유용성에 대한 희망에 관해 언급조차 하지 않은 것은 두드러진다. 이것이 유익한 보상에 관한 항목 아래로 떨어진다고 생각될 수도 있겠지만, 유용성은 재정적 보상과 구별 가능한데, 돈을 벌지 않고도 사람에게 이익을 주는 것(예를 들어, 비영리 자선), 또는 다른 이에게 이익을 주지 않으면서 돈을 버는 것(마약 거래처럼)이 가능하니 말이다. 7장에서 우리는 적어도 부분적으로 산업, 그들의 국가, 또는 인간에게 일반적으로 유용하게 하려는 욕망으로 동기를 부여받은 과학자의 예를 인용하게 될 것이다.

우리의 많은 사례 연구에서 나타날 한 가지 요소는 과학에서 어떤 실질적 성취를 이루는 데 요구되는 동기 부여의 강도이다. 왜 과학자들은 종종 좌절케 하고 탈진케 하는 노고—무엇을 성취하려고—를 고집하며 해온 것일까? 객관적이고 비열정적 지식 탐구로 가정되는 것을 열정적으로 추구하는 과학자들에게 명백히 역설이 존재한다. 그러나 과학 연구는 지적 능력과 훈련은 물론 감정적 돌진도 분명히 요구한다. 우리가 몇몇 역사적 세부 사항을 조사할 때, 되돌아보면 비교적 명백할 수도 있는 과학적 발견을 성취하는 것이 얼마나 어려웠던지가 두드러진다. 심장이 피를 순환시킨다는 것을 모든 이가 알고 있는데, 왜 윌리엄 하비^{William Harvey(1578-1637)}의 연구는 그렇게 길고 구불구불했을까?(7.1을 볼 것) 연소가 산화라는 것을 깨닫기는 왜 그리 어려웠을까?(5.1을 볼 것) 혹은 열을 에너지의 한 종류라고 보는 것은? 특히 현미경이 200년 넘게 사용 가능한 이래로, 박테리아가 많은 질병을 일으킨다는 것은 왜 19세기 말에 이르러서야만 널리 인식되었나?(7.1을 볼 것) 무엇이 일정한 사람들에게 그런 문제들을 풀기 위해 그토록 힘들게 투쟁하도록 동기 부여를 한 것일까?

과학자들이 실제로 무엇을 하는가? 마이클 패러데이^{Michael Faraday}는 과학자들의 일을 "연구하고, 완료하고, 출간하라"라고 덜 매혹적으로 요약했다(Mackay 1991, 56에서 인용). 올리버 라파지^{Oliver LaFarge}는 「과학자는 외로운 사람이다」라는 제목의 논문에서 과학자가 매일 하는 일의 많은 것과 들어맞는 묘사를 제공했다. "(그) 감정을 모르는 문외한에게, 과학자는 한 더미에 보탤 명백히 무의미하고 중요하지 않은 모래 알갱이 하나를 나르고자 커다란 노력을 내놓는 개미를 생각나게 하며, 많은 시간 그의 투쟁은 개미의 것만큼이나 요점이 없어 보인다"(Shapley et al. 1965, 35).

자신의 연구 활동에 대해, 라파지는 (언어고고학에서 난해한 문제를 풀려고) "나는 목록을 추출하며 죽도록 어려운 시간을 보냈다"(36)라고 비평했다. 성공한 과학자들은 일 중독자인 경향이 있다. 그들의 업적은 그들의 삶에서 가장 중요한 것이다. J. 로버트 오펜하이머^{Robert Oppenheimer}는 "모든 훌륭한 물리학자"에게 돌릴 수 있을 단 하나의 특질에 대해 생각할 수 있었다. "…… 그들은 모두 물리학에 많은 것을 준다. 그들은 그것에 관해 염려한다. 그들은 물리학을 산다. 그들은 물리학을 호흡한다. 그들은 물리학을 존경한다"(Love and Childers 1965, 44).

과학자의 근본 동기 부여에 관한 단서는 발견에의 그들의 반응에 관한 묘사에서 알려진다. 그 고전적 예는 "유레카!^{Eureka!}"("내가 알아냈다")라고 소리

치며 욕조에서 튀어나와 벌거벗은 채 거리를 지나 달려간 고대 그리스 수학자이며 발명가 아르키메데스Archimedes(4.1을 볼 것)에 관한 유명한 이야기이다. 그는 지금은 아르키메데스의 원리로 알려진 것에 우연히 부딪혔다. 유체에 잠긴 물체는 넘친 물 부피의 무게와 같은 무게를 잃는다. 그 뒤의 과학자들은 때로 과학적 탐색에서 맛보는 전율과 발견의 기쁨을 묘사하려 화려한 용어들을 썼다. 이탈리아 생리학자 루이기 갈바니Luigi Galvani(1737-1798)의 주목이 알레산드로 볼타Alessandro Volta(1745-1827)를 전지 발명으로 이끌었다. 전기 자극에서 개구리 다리 경련 현상에 이끌렸을 때, 그는 "나는 같은 것을 시험하고 그 안에 숨겨진 것을 밝히고자 믿을 수 없는 열중과 열망으로 타올랐다"(Magie 1963, 422)라고 적었다. 식물학자 제임스 보너James Bonner는 "가장 들뜬 기분의 순간들, 새로운 어떤 것, 이전까지 누구도 이제껏 몰랐던 어떤 것을 당신이 알아냈다는 점을 당신이 갑자기 발견할 때의 순간에 주목했는데, 이는 고된 일을 가치 있게 만든다"(Love and Childers 1965, 157). 조지 비들George Beadle(노벨 생리학 및 의학상 수상자)은 과학에서 자신의 최초 발견에 대해 "나는 몇 주 동안 구름을 탔다"라고 진술했으며—이는 "작은 알아냄, 즉 인디언 옥수수에서 염색체의 짝지음을 조절하는 유전자의 파악"(5) 때문이었다.

크로우더Crowther가 주목했듯이, 호기심은 과학자들 자신에 의해 인용된 과학과 연루되고 있는 일차적 동기이다. 과학적 호기심은 아주 특별한 종류이다. 그것은 자연이 어떻게 작동하는지를 이해하려 추구한다. 그것은 자연이 우리 개인의 필요에 맞추어 작동한다고 가정하지 않는다는 의미에서 "객관적"이거나 비개인적이다. 과학자들은 궁극적으로 자연이 "의미를 만든다"라고 자연의 작동 속에서 발견될 몇몇 종류의 질서가 존재한다고 당연하게 여긴다. 일종의 어린아이와 같은 경이가 흔히 과학자들을 추동하는데, 뉴튼의 흔히 인용되는 진술이 예화하듯 말이다. "세상에게 내가 어떻게 보일지는 나는 모른다. 하지만 나 스스로에게 나는 해변에서 노는 그리고 가끔 더 매끈한 조약돌이나 더 예쁜 조개껍질을 찾는 데 스스로 관심을 돌리는 어린애와 같기만 했던 것으로 보이는데, 한편 진리의 거대한 바다는 모두 발견되지 않은 채 내 앞에 놓여 있다"(Brewster 1965, vol. 2, ch. 27). 많은 위대한 과학자들이 영국 생물학자 T. H. 헉슬리Huxley(1825-1895)의 "사실 앞에 꼬마처럼 얌전히 앉아 있으라(L. Huxley 1900, 219)"라는 충고를 당연히 따라왔던 것으로 보인다.

과학 연구는 미지의 것을 탐구하기를 즐기는 사람들을 끌 수 있다. 모험은 불확실성에 있다. 과학자는 금광 채굴자나 다름없이 경이로운 무엇을 찾고자 희망한다. 행동 심리학자 B. F. 스키너Skinner는 과학 활동이 도박과 비슷한 것으로 설명될 수 있다고 심각하게 말했다. 강화reinforcement의 스케줄은 비교적 산발적인 경향이 있긴 하지만, 바로 그 임의성—그리고 그것이 일어날 때 높은 강화의 정도—이 과학자들로 하여금 그들의 탐구 속에서 참게 한다는 것이다. 과학적 호기심은 결코 전적으로 만족되지는 않는다. 언제나 발견될 새로운 것이 항상 있고, 또 다른 잭팟jackpot을 칠 희망이 항상 있다.

과학자 사이의 동기 부여에서 우리는 대략 세 범주를 구별할 수 있다. 순수한 개인적 동기, 과학자 사회를 더 낫게 만들려 지향하는 동기, 일반적으로 사회를 더 낫게 만들려 지향하는 동기이다. 우리가 보아왔듯이, 가장 기초적 동기—맨 처음 사람들을 과학으로 이끄는 동기—는 지적 호기심이다. 이것과 밀접한 관계에 있는 것은 과학을 하는 실제 활동에서 유도되는 기쁨인데, 이것이 종종 **즐길 만한 만지작거림**enjoyable tinkering이 된다. 이 의미에서, 과학자는 시계가 왜 째깍거리는지 알려고 뜯어보는 아이들과 다르지 않다. 두 번째 종류의 동기는 과학 발달에 결정적인데, 말하자면 **과학자 사회 내부에서 얻을 수 있는 평판과 영향력**reputation and influence within the scientific community에 대한 욕망이다. 이것은 세 번째 종류의 동기 부여와 구별할 수 있는데, 이는 세상에 더 폭넓은 **공적 유용성 또는 이익**public usefulness or benefit을 제공하려는 혹은 **명성, 영향력, 또는 권력**fame, influence, or power을 획득하려는 야심으로 연료를 채우며, 이는 엄격한 과학적 평판과는 아주 밀접한 관계가 없을 수도 있다.

일차적으로 과학자들의 관심을 끄는 평판이란 과학자 사회에서—또는 적어도 그들 학제 안에서—의 존중이다. 과학자들은 그들의 결과들을 그것들의 진가를 인정하는 사람들과 공유하길 좋아한다. 그들은 주장된 그들의 발견이 그렇게 인정받게 되기를, 그것들에게 영예가 부여되기를, 그래서 훌륭한 과학적 업적에 대한 평판을 얻기를 전형적으로 희망한다. 과학은 전문화되어 왔으므로, 과학자로 인정받는 일은 인정받은 과학 학술지에 어떤 이의 연구가 출간되도록 하는 일을 요구한다. 과학에서 성공의 한 가지 척도는 다른 과학자들이 얼마나 자주 어떤 이의 출간물을 인용하느냐이다. 이 사회적 요소—우리가 아는 것으로 과학 실행에 본질적인—가 주어지면, 순수한 호기심과 평판에 대한 자기중심적 욕망을 분명하게 구분하기는 어려워질 수 있다. 우리는 4, 5, 6장에서 이 문제를 예증하기 위해 몇몇 사례를 조사할 것이다.

전통적으로, 많은 과학자는, 과학자 동료 사이에서의 평판과 심지어 지배를 위해 탐하는 그리고 때로 원한에 사무친 그들의 투쟁과 대조적으로, 대중적 명성 또는 권력을 추구하지 않았다. (과학자들은 자연 앞에서 겸손하다고 주장할 수도 있지만, 그들의 동료들 앞에서 항상 그렇게 겸손한 것은 아니다.) 하지만, 우리 시대에, 과학과 기술의 사회에 대한 점증적 충격으로 야기된 책임의 감각을 종종 넘어, 과학자가 정치와 공공 정책에 관여하는 증가 중인 경향이 있어 왔다. 우리는 7, 9, 10장에서 몇몇 사례를 조사할 것이다. 오늘날 많은 과학자가 유용한 결과를 지향하는 응용 연구에 주로 연루되고 있다(7장을 볼 것). 몇몇 과학자는 대중적 명성을 향유했고(6.3을 볼 것), 몇몇은 공공 정책에 영향력을 행사하는데, 로비하는 그리고 자문하는 그 이면에서든 혹은 공개된 캠페인에서든 말이다(10장을 볼 것).

기금 찾기라는 필요가, 아주 많은 과학 연구의 증가된 비용으로, 20세기 동안 크게 증가했다. "생계 꾸리기"라는 필요조차 이제는 좀 다르다. 생활 기대 수준이 선진국에서 꽤 높다. 그리고 특히 생물공학bioengineering이라는 새로운 분야에서는, 과학적 혁신의 상업적 이용에서 큰 이윤을 얻으려는 유혹이 오늘날 엄청나게 더 크다. 우리는 8장에서 과학과 돈의 관계에 대한 몇몇 예를 보게 될 것이다. 저명한 과학자들은 때로 자신의 공적에 관한 대중 서적을 씀으로써 그들의 부와 명성을 둘 다 증가시킬 수 있다(6.1을 볼 것).

다음은 과학자들의 행동을 추동하는 동기와 영향력에 대한 우리의 세련화한 목록이며 크게 세 범주로 나누었다.

1. 과학 연구 과정에 대한 내적 동기:
   - 과학적 호기심
   - 연구하는 과정 속 기쁨

2. 과학자 사회를 지향하는 동기:
   - 과학적 평판에 대한 욕망
   - 과학 전문직 내부에서 영향력을 향한 욕망

3. 과학 연구 활동에 대한 외적 영향력:
   - 대중적 명성의 매료
   - 과학 지식의 쓸모 있는 응용을 찾으려는 욕망
   - 자금 조달의 필요성(과학을 하는 데 드는 돈 얻기)
   - 과학 연구의 응용에서 이윤을 만들려는 욕망(과학에서 돈을 만드는)
   - 공공 정책에 영향력을 미치려는 야심(막후 또는 공적 캠페인에서)

동기와 영향력에 대한 이 대략적 분류는 4장부터 11장에서 따라 나오는 예들의 우리의 제시를 형성하는 데 사용될 것이다. 우리는 과학과 사회에 관해 우리가 제기한 중대한 쟁점들을 철학, 사회학, 정치학, 역사학의 학술적 에세이라는 수단에 의해서가 아니라 중요한 주제들을 예증하려 선택된 일련의 사례 연구라는 수단으로 조명해 내길 바란다. 그러나 개별 과학자에 대한 실제적 동기 부여는 꽤 복잡할 수가 있고, 동시에 보통 여러 동기가 연루될 수가 있고, 상황에 따라 다양할 수도 있음을 강조해야 한다. 대부분의 과학자는 그들의 연구에서 생계를 마련해야 하며, 대부분의 사람처럼 그들은 보상에 매력을 느끼는데, 돈에 대해서든, 또는 평판에 대해서든, 지위에 대해서든 말이다. 때로 그들은 인류 복지에 기여하고자 희망할 수도 있다. 많은 과학자가 대학 학과나 정부 기관의 장, 실험실의 지도자, 연구 위원회 위원장, 또는 정부 고문과 같은 영향력 또는 권력의 자리를 또한 욕망한다.

그럼에도 불구하고, 과학적 호기심, 즉 자연을 이해하려는 욕망이 일차적이라는 분명한 의미가 존재한다. 아인슈타인이 주목했듯이, 우리가 인용했던 여타의 동기들은 사업, 운동경기, 예술에 종사하는 여타 많은 인간 활동에서 발견될 수 있다. 그리고 유용성, 명성, 권력, 이윤이라는 동기들은 과학 내부에서 특수한 형태를 취한다. 지적 호기심이 어떤 이를 과학자가 되게 하는 데 충분치 않을 수가 있다. 자연에 대한 모든 괴짜 이론가들이 과학자로 여겨지지는 않는다. 그 타이틀을 얻는 일은 과학자 사회에서 오는 비판에의 복종이라는 훈련을 요구한다. 지식을 발견하고 응용하기 위한 연구의 서로 다른 부분에서, 서로 다른 동기 부여가 전면에 나선다. 그러나 어떤 활동도 그것이 자연의 몇몇 측면에 대한 진리를 알고 이해하려는 뚜렷한 욕망에 답하지 않는 한 과학적이라고 여겨지지 않는다.

▪ 더 읽기 제안

Barnes, B. 1985. *About Science.*
Gillispie, C. C., ed. 1970-1980. *Dictionary of Scientific Biography.*
LaFollette, M. C. 1990. *Making Science Our Own: Public Images of Science 1910-1955.*
Latour, B., and S, Woolgar. 1979. *Laboratory Life: The Social Construction of Scientific Facts.*
Root-Bernstein, R. 1988. *Discovering.*
Ziman, J. 1968. *Public Knowledge: The Social Dimension of Science.*

4 지적 호기심: 자연 속 수학적 패턴

우리는 지적 호기심을 과학을 하는 일차적 동기로 인용해 왔으나, 그것은 다른 형태의 호기심과 어떻게 다를까? 인간은 다양한 방식으로 호기심에 어려 있다. 한 종류는 가십난, TV 토크쇼, 타블로이드판 신문에 의해 연루된 시시한 호색적 캐물음이다. 상품이 걸린 퀴즈쇼에서 필요한 지식, 어떤 유의 사실을, 말하자면 1923년 월드 시리즈에서 어느 팀이 이겼는가라는 것을 알고자 하는 단순한 호기심도 있는데—이런 종류의 지식은 퀴즈쇼에서 보상받는다. 그러나 우리가 관심 쏟는 뚜렷하게 **과학적인** 부류의 호기심은 자연을 이해하려는 욕망이다. 이것이 아인슈타인이 칭찬하고 예를 든(3.2를 볼 것) 준종교적 열정의 깊이로 항상 받아들여질 필요는 없다. 그의 것은 우리 대부분이, 적어도 어느 정도, 경험해 보았던 특히 극적이고 근본적 형태의 갈망이었다.

과학적 호기심은 사건들의 일반적 패턴 속 수학적 구조를 드러내려는 욕망으로 표현될 수가 있다. 과학을 위한 적성은 예를 들면 기하학에서 수학적 증명의 확실성에 의해 지적으로 흥분되는 어린이의 삶의 초기에 때로 판정될 수 있다. 이 장에서 우리는 일차적으로 이론가였던 몇몇 과학자를 보는데, 이들은 자연에 관한 근본적 이해를 성취하기 위한 열쇠로 수학을 사용한다.

자연의 구조에 관한 뚜렷한 과학적 호기심은 수학과 떼어내서 충분히 평가될 수 없다. 과학은 고대 그리스인에게서 단순한 믿음 또는 견해라기보다는 지식 또는 이해를 얻는다는 그것의 목표를 계승했다. 수학의 진리는 진정한 지식을 위한 기준을 제공했다. 갈릴레오 시대부터 현재까지, 수학은 기초 과학의 추론을 안내했다. 기초 수학이 때로 과학 자체로 여겨지는 경우도 있지만, 과학자들은 그것을 더 흔히 기초 연장으로 보는데―갈릴레오가 제기했듯이, 그것은 우리가 자연이라는 책을 읽는 언어이다. 정확히 어떻게 그리고 왜 수학이 세계를 표상하는 데 그토록 유용한 것인지는 깊은 철학적 문제이지만, 과학사는 그것이 그렇다는 것을 풍부하게 증명해 왔다.

그리스 수학과 과학의 심장은 기하학이었다. "땅의 측정"을 의미하는 **기하학**geometry은 땅을 측량하고 신전을 세우는 실제적 문제에 대한 고대 이집트인의 반응에서 유도된 것으로 추정된다. (거대한 피라미드는 많은 복잡한 기하학적 관계를 보여준다.) 그리스인은 논리적 분석 방법, 즉 추론만으로 수학적 정리를 **증명**proving한다는 바로 그 관념을 덧붙였다. 기하학에 관한 한 논고, 에우클레이데스Euclid의 『원론Elements』(기원전 300년경)은 세계 문헌 속 위대한 성공 이야기의 하나이다. 2000년이 넘었음에도, 고대 그리스에서 축적된 기하학 지식을 체계화한 이 텍스트는 몇몇 학교에서 아직도 교과서로 사용된다. (뉴턴이 오직 한 번 웃은 것이 관찰되었다고 이야기가 되는데―어떤 이가 에우클레이데스를 공부하면 무슨 실제적 유익이 있냐고 물었을 때 말이다.) 소년으로 기하학적 증명의 지적 엄격성에서 깊은 감명을 받았던 아인슈타인은 과학의 기원에 관한 이 논평에서 에우클레이데스 업적의 핵심적 중요성을 표현했다.

우리는 고대 그리스를 서양 과학의 요람으로 숭배한다. 여기서 세계는 처음으로 한 논리적 체계의 연역 명제 모두가 절대적으로 의심될 수 없을 그러한 엄밀성으로 단계에서 단계로 나아가는 논리적 체계―나는 에우클레이데스 기하학을 말한다―의 기적을 목격했다. 추론의 이 감탄할 만한 승리는 그것에 뒤이어질 성취를 위한 필수적 확신 자체를 인간 지력에 부여한 것이다. 만일 에우클레이데스가 당신의 젊은 열정에 불붙이는 데 실패했다면, 당신은 과학적 사유자로 태어나게 되어 있지 않았던 것이다(1954, 271).

만일 어떤 이가 과학의 전체 경로에 가장 많은 영향을 끼친 한 개인을 선택해야 한다면, 한 훌륭한 후보자는 **수학**mathematics이라는 바로 그 용어를 도입한 고대 그리스 철학자이며 수학자 피타고라스기원전 560-480년경일 것이다. "직각 삼각형의 빗변 길이의 제곱은 그것의 두 변의 제곱의 합과 같다"라는 피타고라스의 정리에서 모든 사람이 그의 이름을 알고 있다. 최초의 철학자/과학자로 종종 인용되는 탈레스기원전 624-546의 제자인 피타고라스는 이탈리아 남부에 정착해, 거기서 그는 문하생을 끌어모으고 비밀 사회를 형성했다. 피타고라스적 시각은 수들과 그것들의 관계로 해석될 수 있는 보편적 조화의 하나였다. 이 시각은 수금lyre 현 길이의 산술적 비라는 관점에서의 음계 속 음높이 분석에서 영감을 받았을 수가 있다. 플라톤은 그의 『티마이오스Timeus』에서 숫자와 기하학적 도형이 실재의 본질이라는 피타고라스적 논제에 기초한 우주론을 발전시켰다. 이 책은 르네상스 이전에 알려진(라틴어로 번역) 유일한 것이었기 때문에 플라톤의 대화편 중 중세 유럽에서 가장 큰 영향력이 있었다.

그리스적 전통은 손노동에 반대하는 것으로 지적 활동을 숭배했는데, 손노동은 노예나 장인에게만 적합했으며 그것은 지혜 애호자의 위엄 밑에 있다고 주장되었던 것이다. 피타고라스적 격언의 하나는 플라톤이 거의 2000년 동안의 학자적 전통에 대해 표현했던 순수한 세속적이지 않은 태도를 표현했다. "정리와 6펜스가 아니라, 정리와 한 걸음 전진." 나중에, 에우클레이데스는 "그런 제가 그것들을 배워서 무슨 이익을 얻을까요?"라고 묻는 한 학생에 대한 응답에서 이 태도를 나타냈다. 에우클레이데스는 한 노예에게 "그자는 그가 배운 것에서 이익을 남길 필요가 있으므로 그에게 3펜스를 주라"(Van der Waerden 1961, 196에서 인용)라고 말했다.

플라톤은 지각 경험에 기초한 "의견"의 전 영역을 강등시킴으로써 순수 이론이 실제적 문제들보다 더 높은 가치가 있다는 이 믿음을 위한 철학적 기초를 제공했다. 그의 대화편 『국가The Republic』에서, 진정한 지식은 우리가 본 유적으로 "기억하는" 마음의 눈, 개념, 심상으로만 보이는 초감각적이고 영원한 이데아Ideas 또는 형상Forms과만 관계한다고 이야기된다.

> 기하학적 도형을 다루는 기하학자들은 …… 비록 그들이 가시적 도형을 사용하고
> 그것들에 관해 논의함에도 불구하고 …… 그 형태들이 나타내는 것에 관해서가 아
> 니라 형태들에 관해서 사고하고 있는 것이다. 그러므로 그것은 그들의 논증의 제
> 재인 사각형 자체 그리고 직경 자체이지, 그것들이 그려내는 것이 아니다. 그림자
> 속에 혹은 물속에 그 자체가 상을 가질 수가 있는 대상들을 모형화하거나 그릴 때,
> 그들은 그것을 다시 상으로서 사용하는데, 생각을 통해서가 아닌 다른 식으로는
> 보일 수가 없는 그들 절대적 대상을 보려 노력한다(1961, vi.510).

아마도 최초의 과학자는 그 단어의 현대적 의미와 비슷한 어떤 의미에서,
아르키메데스Archimedes(기원전 287-212)였을 텐데, 그는 에우클레이데스 이후
의 세대를 살았다. 17세기가 될 때까지 되찾을 수 없었던 수학적 정치(精緻)함
의 정도를 보이는 그의 작업은 갈릴레오에게 영감이 되었다. 아르키메데스는
또한 그가 현대 공학의 실제적 태도를 갖고 있지는 않았던 점을 빼고, 최초의
위대한 공학자로 자격을 받을 수도 있다. 그는 과학 지식을 군대 기계에 응용
한 것으로 유명하지만, 플루타르크Plutarch에 따르면 그는 "공학과 관련된 전
체 교역을, 그리고 단순히 이용과 이윤에 자신을 맡기는 모든 종류의 예술을
야비하고 무시할 수 있는 것으로" 여겼고 그런 주제에 대해 쓴 어떤 논평이나
저술이 그의 사후에 남아 있도록 설계하지 않았을 텐데, 그는 그것들을 그저
"기하학의 놀이용 기분 전환"(1864, 378)으로 여겼다. 모래 위에 수학 도식을
그리다가 로마 병사의 손에 당한 아르키메데스의 죽음은 수학자이며 철학자
알프레드 노스 화이트헤드Alfred North Whitehead(1861-1947)가 "세계 변화……"라
고 묘사한 바를 상징하는 것으로 보여왔다. "로마인은 위대한 종족이었지만,
그들은 실제성을 섬기는 생식불능으로 저주받았다. 그들은 새로운 관점들에
도달할 만큼 몽상적이지 못했는데, 그것들은 자연의 힘에 대한 근본적 통제

를 부여했을 것이다. 어떤 로마인도 그가 수학 도식에의 주시에 흡수되어 있었기 때문에 생명을 잃지는 않았을 것이다"(Turnbull 1951, 26에서 인용).

지난 3세기에 걸친 과학의 발달을 돌아볼 때, 우리는 순수한 지적 호기심이라는 이상에 대한 몇몇 밀접한 근사물을 찾을 수 있다. 그 자체의 목적을 위한 지식을 추구하는 과학자에 대한 우리의 첫 번째 사례들은 근대에 시작된 과학 혁명의 두 주도적 인물에 초점을 맞춘다.

케플러: 하늘의 진짜 운동 발견하기

니콜라우스 코페르니쿠스Nicolaus Copernicus(1473-1543)는 1543년 그의 『천구의 회전에 대하여On the Revolution of the Heavenly Spheres』의 발표와 함께 천문학의 거대한 변화를 개시했는데, 그 책 안에서 그는 태양이 지구 둘레를 움직이는 것이 아니라 지구가 태양의 둘레를 움직인다고 제안했다. 그 이후의 케플러Kepler처럼, 코페르니쿠스는 태양의 중심적 역할에 대한 특별한 느낌은 물론 수학적 단순성과 대칭에 대한 사랑으로 고무되었다. 이집트 천문학자 프톨레마이오스Ptolemy(190-268년경)가 쓴 『알마게스트Almagest』는 하늘이 날마다 지구 둘레를 도는 표면적으로 분명한 관찰 내용을 유지하면서 고대의 천문학적 지식을 복잡한 **주전원**epicycles(원 내부의 원)의 체계를 수단으로 천체의 겉보기 운동을 기술해 일관성 있는 이론으로 체계화시켰다. 프톨레마이오스 체계에 관해서 코페르니쿠스를 스트레스받게 했던 것은 그것의 말끔하지 않은 수학적 면모였는데, 그는 그것을 비난받기 쉬운 흠으로 보았다. 그는 참된 하늘의 체계는 그 창조주에 적절한 미적으로 만족스러운 단일성과 완전함을 나타내야 한다고 가정했다. 사실, 그의 새로운 태양 중심 체계는 당시에 유용한 관찰 자료와 그것의 고대의 라이벌보다 더 잘 들어맞지는 않았고, 필요했던 주전원의 수를 제거함이 없이, 축소하는 데 성공했을 뿐이었다. 그렇지만 코페르니쿠스는 더 통일된 체계를 제공했고(프톨레마이오스의 주전원은 각 행성에 대해 독립적으로 고안되어야 했다), 그는 그리하여 자연의 수학적 이해에 유의미한 진전을 이루었다.

요하네스 케플러Johannes Kepler(1571-1630)는 과학사에서 주목할 만한 인물이다. 그는 지식 자체를 위한 지식의 가장 이상적인 탐색자의 하나였고, 모든 시대의 가장 열정적인 그리고 강하게 동기 부여된 과학자의 하나였는데, 그는 천체의 움직임을 이해하려는 욕망으로 불탔다. 케플러는 원래 그의 병약한 건강에 적합해 보였던 전문직인 성직자가 되려고 했었고—어린 시절의 천연두는 그에게 부분적 불구와 고장난 시력을 남겼다. 그렇지만 독일 튀빙엔Tuebingen 대학에서 그는 수학에 섬광을 보여주었고 한 피타고라스적 달인에 의해 새로운 코페르니쿠스 이론을 소개받았다. 1594년 그는 오스트리아 그라즈Graz 대학에서 가르치기 시작했다. 천문학 교수로서, 당시 기대되었던 것처럼, 그는 점성학 연구에 더 많은 그의 시간을 보냈다. 별점을 치는 일에 더해, 그는 점성학의 그리스적 전통을 연구했는데, 그것을 더 "과학적으로" 만들 방법을 찾고 있었다. 그는 점성학의 관념을 성경을 해석하는 데 이용했는데, 예를 들어, 세계 창조는 기원전 3992년에 발생했다고 결론 내리도록 이끌었다. 몇 년이 지나, 점성학에 대한 케플러의 관심은 사그라졌지만, 그는 그의 모든 연구에서 신비주의의 강한 기풍을 유지하고 있었는데, 이는 더 회의적이었던 갈릴레오로 하여금 더욱 그의 이론들에 대해 의심하도록 했던 특성이었다.

전적으로 현명하고, 전적으로 선하고, 전적으로 능력 있는 신성에 대한 독실한 믿음과 연합된 피타고라스적 신비주의에 영감을 받아, 케플러는 신의 설계가 수학의 엄격한 아름다움 속에 드러날 수 있다고 굳게 믿었다. 어떻게 천체가 작동해야 하는가에 관한 그의 최초의 형이상학적 시각에서, 그는 모든 면이 동일한, 다섯 개의 완벽한 플라톤 입체에 기초한 행성의 궤도 모형을 구성했다. 정사면체(피라미드), 정육면체, 정팔면체(면으로서 여덟 개의 등변 삼각형을 갖는), 정십이면체(12개의 오각형으로 구성된), 정이십면체(20개의 등변 삼각형으로 구성된), 예를 들어 지구 궤도의 구각spherical shell은 그 안에 금성의 궤도가 그려 넣어진 정이십면체를 에둘러야 한다고 가정되었다. 그 모형은 당시 알려진 행성들에 꽤 잘 작용했다. 케플러는 처음에 의기양양했으며 『우주 구조의 신비Mysterium Cosmographicum』의 머리말에서 그의 이론에 대해 논평했다.

> 그것은 내 가장 깊은 영혼 속에서 증명되었고, 나는 믿을 수 없고 황홀한 기쁨으로 그것의 아름다움을 관조한다. …… 그의 발견에서 받은 강한 기쁨은 결코 말로 이야기될 수 없다. 나는 낭비된 시간을 더 이상 후회하지 않았다. 나는 어떤 노동도 피곤해하지 않았다. 내 가설이 코페르니쿠스의 궤도와 일치하게 될 것인지 혹은 내 기쁨이 공기 속으로 사라지게 될 것인지 내가 알 수 있을 때까지, 나는 계산에 보낸 낮과 밤에 어떤 힘든 일도 피하지 않았다(1981).

그의 플라톤 입체 모형이 티코 브라헤Tycho Brahe의 관찰들과 꽤나 들어맞지 않기 때문에 그것을 포기해야 했을 때 그의 기쁨은 나중에 공기 속으로 사라지게 되어 있었다. 그것들은 망원경을 사용하지 않고 만들어져 왔음에도 불구하고 케플러가 언급한 당시의 "통속적 천문학의 덜 엄밀한 관찰들"이라 언급한 것보다 더 정확했다. 그는 논박을 받아들였지만 거기서 수학적 규칙성이 발견될 것이라는 피타고라스적 믿음을 포기하지 않았다. 그는 많은 이론적 관념 또는 "시각", 많은 자료, 자료와 이론을 종합하려는 상당량의 땀을 필요로 했다. 그의 연구는 위대한 과학에 요구된 특수한 심리를 분명하게 나타낸다. 그는 훌륭한 이론을 믿고 싶어 했고 미적으로 만족스러운 우주 모형들을 추구했으나, 그는 그것들이 가장 유용한 관찰의 정확성의 한계 내부에서 들어맞지 않는 한 그것들을 받아들이길 거부했다. 케플러는, 베이컨의 꿀벌로서 과학자에 대한 은유를 예시한다. 베이컨의 비유에 따르면 "단지 수집하고 이용하는" 개미와 같은 실험가, 또는 "그들 자신의 물질로 거미집을 짓는[짓기에] 거미를 닮은" 단순한 추론가와는 달리, 꿀벌은 "중간 경로를 취한다. 그것은 꽃에서 재료를 모아 …… [그리고] 그것을 자신의 힘으로 변환시키고 소화한다". 베이컨은 "두 능력, 실험적 능력과 합리적 능력을" 활용함으로써 "(이제껏 결코 이루어지지 않은 그런 것으로서) 많은 것이 소망될 수 있으리라" 예견했다(1870, vol. 4, 93).

과학에 대한 케플러의 가장 유명한 기여는 행성 운동을 지배하는 그의 세 법칙이다. 제1법칙은 지구를 포함한 행성의 궤도가 태양을 한 초점에 두는 타원이라고 진술한다. 제2법칙은 태양과 한 행성을 이은 반지름이 같은 시간 동안 같은 면적을 쓸고 지나간다고—그러므로 행성이 태양에 가까이 있을수록, 행성은 빠르게 움직인다고 진술한다. 제3법칙은 한 행성의 공전 주기(지구는 1년)의 제곱은 그 행성의 공전 궤도의 평균 반지름의 세제곱에 비례한다고 진술한다. 이 법칙들은 모든 행성을 하나의 체계 안에서 기능하는 것이라고 보여주는데, 이는 나중에 뉴턴이 만유인력의 법칙을 비롯한 전 우주를 지배하는 법칙들 아래로 가져올 수 있었던 수학적 규칙성에 순응하는 것이다.

케플러는 2000년 넘게 천문학을 지배해 왔던 천체가 완벽한 원으로 움직인다는 관념을 기꺼이 포기했다. 이와 대조적으로, 그의 위대한 선배 코페르니쿠스는 완벽한 원운동에 대한 이 믿음에서 벗어나려 결코 고려하지 않았다. 갈릴레오 역시 (피타고라스까지 추적 가능한) 이 관념을 결코 포기하지 않았다. 그의 관성의 법칙은 구속받지 않은 물체의 자연 운동은 원이라는 것이었다.

케플러는 플라톤주의 전통과 달리 실제 천체의 운동을 기술하려 목적하는 물질적 천문학의 창시자라는 타이틀을 강력하게 주장했다. 정확히 무엇이 그가 성취한 바인가? 19세기 미국 철학자 찰스 퍼스Charles Peirce는 그의 업적에서 "지금까지 행해진 귀추적 추론Retroductive Reasoning"(Wilson 1972, 92에서 인용)의 가장 위대한 조각으로 보았다. 케플러는 어떻게 행성이 원이 아니라 타원을 따라간다는 것을 발견하게 되었을까? 보통의 설명은 다음과 같다. 그가 화성의 궤도 모양을 결정하려는 일로 시작했는데—프톨레마이오스적 구도를 관찰 사실과 일치시키는 데서 가장 커다란 어려움을 야기했던 문제였다.

그는 위치의 이어짐을 얻으려, 삼각법을 사용해 브라헤의 관찰 결과를 도면에 나타냈다. 그러고 나서 그는 관찰된 위치에 대한 삼각법 계산으로 태양에서 화성까지의 다양한 거리를 계산했다. 마침내 완성된 자료의 좌표를 보고, 그는 그것이 타원에 들어맞는 것을 보았다.

그렇지만 더 자세한 들여다봄은 케플러의 제1법칙 발견을 오히려 다른 관점에 가져다 놓는다. 세심하게 문서화된 연구에서, 윌슨^{Wilson}(1972)은 자료로부터 케플러가 타원 궤도 발견에 도달한 것이 아니라 오히려 면적 및 시간과 연관된 그의 제2법칙을 먼저 가정함으로써 추론했다고 논의한다. 이것을 연구해 내는 일은 900쪽의 끔찍한 계산을 필요로 했다. 그가 불렀던 바 케플러의 "화성과의 전쟁"은 위대한 헌신과 인내의 4년을 소요했다. 그는 원 궤도가 추정했던, 코페르니쿠스적 이론의 관찰 불일치인 8분을 심각하게 여겼다(브라헤의 자료는 원호의 2분 이내로 정확하다고 평가되었다). 주어진 시간에 화성이 얼마나 멀리 움직였는지 계산해야 하게 되면서, 그는 뉴튼의 미적분법 안에 도입된 적분이라는 새로운 수학 기법으로 나중에 훨씬 단순해진 한 문제에 직면했다. 케플러는 그것을 많은 지루한 계산에 의한 힘든 방식으로 풀어야만 했다.

코페르니쿠스는 태양에 대한 행성의 원 궤도를 가정했다. 그는 태양을 적절한 우주의 중심으로 여겼는데, 왜냐하면 "그는 이 가장 아름다운 신전 안에서 그것이 동시에 전부를 비춰줄 수 있는 또 다른 장소에 혹은 그 장소보다 더 나은 곳에 이 램프[태양]를 위치시킬 수 있었기 때문이다". 그렇지만, 케플러에게 태양은 "램프 이상"이어야 했다. 그는 그것이 어떤 물리적 기능을 가져야 한다고 요구했다. 그는 태양이 몇몇 "덕"(즉 동력 또는 힘)으로 인해 행성 운동의 원인을 준다고, 태양까지의 거리에 따라 다양하게 행성은 태양의 인력을 느꼈다고 믿었다. 그는 『우주 구조의 신비』 제2판에서 "나는 행성의 운동에 책임이 있는 원인은 물어볼 것도 없이 영혼이라고 믿곤 했다"라고 진술했다. "그러나 내가 이 운동 원인이 거리가 멀수록 감소하고, 또 태양에서 멀수록 태양 빛도 줄어든다는 것을 알게 되었을 때, 나는 이 힘이 물질적인 어떤 것이라고 결론 내렸다"(1981).

그는 행성들이 **왜** 그것들이 움직였던 그 길을 움직였는지, 무엇이 그것들을 똑딱거리게 만드는지―혹은 무엇이 노래를 부르게 하는지 알고 싶어 했는데, 그것들이 실제로 음조를 만든다고 그가 믿었기에 그러했다. (그는 심지어 그의 제3법칙을 유도하는 데 음악의 유비를 사용했는데, 이는 잘못된 가정으로 올바른 결과를 유도해 낸 두드러진 예이다.) 그는 하늘에 발견되어야 하는 질서가 있다는 믿음을 결코 잃지 않았으나, 그는 외양을 단순히 "구제했던" 가설에 만족하지 않았다. 참된 물리적 원인을 찾으면서, 케플러는 코페르니쿠스보다 현대 과학으로의 이행을 더 심오하게 표시했다. 근대 과학 혁명은 태양 중심 모형으로 시작되었지만, 케플러는 새로운 어떤 것, 즉 하늘의 운동 뒤의 기제를 이해하려는 욕망을 보탰던 것이다.

뉴튼: 현대 과학자의 모범

아이적 뉴튼Isaac Newton(1643-1727)은 모든 이의 위대한 과학자 목록에서 정상 또는 거의 정상에 있다. 그는 역학 이론을 개발했고, 광학 연구를 수행했으며, 미적분학을 발명했는데―이들 성취 중 어느 하나만도 역사에서 그의 자리를 확실하게 해주었을 것이다. 그는 사실상 생존 시에 신성시된 인물이었다. 스코틀랜드 철학자 데이빗 흄David Hume(1711-1775)은 나중에 그가 "이제껏 생겨났던 가장 위대하고 가장 희귀한 천재"였다고 선언했다(1864, 481). 19세기 과학철학자 윌리엄 휴얼William Whewell은 뉴튼의 『프린키피아Principia』("『자연 철학의 수학적 원리Mathematical Principles of Natural Philosophy』")를 "이제껏 만들어진 논란의 여지가 없으며 가장 위대한 과학 연구"(1863, 414)라고 대담하게 진술했다. 더 최근에, 케임브리지 대학의 루카스 교수Lucasian Professor(뉴튼이 차지했던 자리) 스티븐 호킹Stephen Hawking은 뉴튼이 "과학사에서 필적되지 않는 거인"(Fauvel et al. 1988, 27에서 인용)이었다는 상식적 평가를 되풀이했다.

뉴튼은 고전적 과학자의 대중적 고정 관념의 몇몇에 들어맞는다. 그는 그 단어의 몇 가지 의미에서 진기했다. 그는 한 문제에 집중하고 있을 때 아주 멍한 상태가 될 수도 있었고 그의 일에 몰두할 때는 먹는 것을 잊었다고 이야기된다. 모든 위대한 과학자의 대부분처럼, 그는 연구할 때 스스로 한계까지 전력을 다했다. 1665년에서 1672년까지 기간에, 그는 "사실상 방해받지 않은 창조적 들뜸과 기진맥진 상태에 있었고, 아주 강력하게 연구하고, 숙고하고 있어서 기분 전환이나 잠을 별로 취하지 않았다"라고 보고되었다. 뉴튼은 그의 발견의 비밀은 고심하고 있던 문제가 무엇이건 간에 거기에 강한 집중을 바치는 것이었다고 주장했다. "나는 계속 그 주제를 내 앞에 두고 최초의 그림들이 확 트인 빛 속에서 조금씩 조금씩 열릴 때까지 기다린다"(Newman 1961, 121). 그는 그의 실험에서 관찰적 불일치를 설명하는 데 아주 정확하게 하고 있었다. 그의 광학 연구에서, 그가 사용하던 렌즈의 곡면에서 오차가 1/100인치보다 작았음에 주목하면서, 그는 오류의 원인을 그가 찾을 때까지 결코 쉬지 않았다. 고통을 받아들이는 그의 역량은 소수점 이하 무려 **55자리**에 달하는 급수 식의 항들을 더함으로써 곡선 아래 면적을 계산했던 공책에 예시되어 있다.

적절히 해석된다면, 사과의 낙하에서 처음으로 영감을 얻었다는 뉴튼의 만유인력에 대한 이야기는 그 안에 몇몇 진리를 갖고 있어 보인다. 말년에, 뉴튼은 그 일을 회상하며 이렇게 적고 있다. "내가 어떤 당김이 달을 궤도에 붙들어 두는지에 관해 생각하고 있을 때, 그것은 사과에 작용했던 것과 같이, 거리에 의해서 적당히 줄어드는 **똑같은** 중력적 당김일 수도 있겠다는 점을 내 머릿속에 내려놓았다"(More 1934, 44). 그때(1666년, 24세 때) 중력이라는 힘이 역제곱 법칙에 따른다는 그의 가설을 그가 출간하려 시도하지 않은 한 가지 이유는, 그것이 계산 결과와 정확하게 일치하지 않는 것으로 보였다는 점이었다(그의 오류는 선원들 사이에서 사용되던 위도 1도가 60마일에 대응한다는 거친 어림값을 사용하던 데 있었다). 더 정확한 위도의 척도와 함께, 그가 그의 계산을 수정하고 그의 초기 가설들을 입증했던 것은 여러 해 뒤였다.

코페르니쿠스, 케플러, 갈릴레오가 근대를 여는 위대한 과학 혁명을 개시했다면, 뉴튼은 물리학의 마지막 단어(우리가 아는 것으로서)를 가짐에 의해서가 아니라 과학이 행해지는 방식을 결정함으로써 본질적으로 그것을 완성했다. 운동에 관한 문제에 뉴튼의 해결책은 모든 과학이 무엇과 같아야 하는지의 기준(더 좋게든 더 나쁘게든)—오늘날에도 여전히 영향력 있는 한 패러다임—을 놓았다. 우주론자 헤르만 본디Hermann Bondi는 물리학 및 천문학의 사고의 철로는 여전히 아주 많이 뉴튼이 깔아놓은 철로인 경향이 있다고 주장했다(Fauvel et al. 1988, 244). 그는 나아가 불행히도 생물과학 또는 사회과학이 뉴튼이 태양계에서 아주 빛나게 성취했던 똑같은 종류의 해답을 목표로 하는 경향이 있다고 제안했다.

뉴튼은 그의 성취에 대해 겸손하지 않았다. 『프린키피아』 제3권에서, 그는 "나는 이제 세계라는 체계의 틀을 증명하겠다"(1962, 397)라고 선언했고, 바로 그것을 하려고 나아갔다. 그의 근저 목표는 훨씬 더 야심적이었다. 그것은 "신이 낸 수수께끼"를 읽고 신이 인간종에게 제공한 단서를 해독해 우주의 신비를 푼다는 것이었다. 학자들이 계속해서 신학, 연금술, 신플라톤주의적 마법에 관한 그의 방대한 미발표 글을 검토하면서, 뉴튼은 그가 지금까지 그래왔듯 일반적으로 그려지는 냉정한 합리적 과학자임은 물론 신비주의자였음도 판명되고 있다. 이 더 흔한 이미지의 더 극단적 표현은 19세기 영국 작가 찰스 램Charles Lamb의 진술인데, 그는 뉴튼을 "삼각형의 세 변처럼 분명한 것이 아니면 아무것도 믿지 않은 사람"(Fauvel et al. 1988, 6에서 인용)으로 보았다.

그의 출간물에서, 뉴튼은 자연철학에서 형이상학적 탐구들을 분리했으나, 그것들이 그의 동기 부여, 그의 전반적 목표와 연결되지 않은 것은 아니다. 그는 우리의 감각 경험의 외양 아래에 수학으로 노출할 수 있는 더 깊은 실재가 있다는 피타고라스적 믿음을 갖고 있었다. 그가 어떤 가설도 틀 지우지(또는 "꾸며내지") 않았다"hypothesis non fingo"는, 많이 토론된, 그의 주장은 **자연철학**
으로부터, 즉 과학으로부터, 특히 중력의 궁극적 원인에 대한 어떤 사변을 배
제한다는 것으로 설명될 수가 있겠다. 그는 모든 시대에 대해 자연의 수학적
이해의 위대한 패러다임들 중 하나를 우리에게 제시했다. 6.1에서 우리는 과
학자, 행정가, 공인 뉴턴의 덜 매력적인 쪽을 살펴보게 될 것이다.

아인슈타인: 우주에 대한 매료

알베르트 아인슈타인Albert Einstein(1879-1955)은 어떻게 보아도 뉴턴 이래 가장
위대한 물리학자이다. 심지어 학동으로서, 알베르트는 어린 시절부터 물리
적 우주의 기본 법칙을 이해하려 추구하는 계획을 형성했다. 5세에, 그는 나
침반 바늘의 신기한 행동에 도취되었다. 12세에, 그는 우연히 피타고라스 정
리의 증명을 조우해 기하학에 매료되었다. 그의 교육은 헝겊 조각을 기워 맞
춘 것 같았는데—그는 그 자신의 길을 가기로 결정한 내성적 소년이었던 것
으로 보인다. 취리히의 스위스 연방 공대에서 그는 많은 강의를 걸렀는데, 자
기 식으로 교재를 공부해 이론 물리학을 스스로 가르쳤다. 가족 부양을 위한
생계의 필요성으로, 교사가 되려고 했지만 성공하지 못했고 이어서 스위스
특허청에 채용되었다. 학문적 지위 없이, 이름난 과학자들과 접촉을 결여하
고, 특허 신청을 검토하는 그의 업무와 더불어, 그가 어떤 위대한 과학적 결과
를 산출하리라고 어떤 이는 기대하지 못할 것이다. 하지만 1905년에, 여전히 특
허 사무소에 근무하던 아인슈타인은 ≪물리학 연보Annalen der Physik≫ 제17권에
세 편의 중대한 논문을 출간했다(오늘날 이것 한 부에 수천 달러의 가치가 있다).
이 가운데 하나, 브라운 운동에 관한 토의는 분자의 물리적 존재에 대한 분명
한 논증을 제공했다. 다른 것, 광전 효과photoelectric effect에 대한 조사는 에너
지 양자 관념의 선구적 적용을 포함했다. 그러나 시간과 공간이라는 바로 그
개념에 혁명을 일으킨 것은 「움직이는 물체의 전기역학The Electrodynamics of
Moving Bodies」이라는 제목의 짧은 논문이었는데, 이는 그의 상대성 이론에 관

한 최초의 설명이었다.

　그를 천재라고 부르는 것은 단지 그 현상에 딱지를 붙이는 것이지 그것을 설명하는 것이 아니다. 그가 죽기 2년 전, 아인슈타인은 스스로 어떤 특별한 재능을 갖고 있음을 부인했는데, 그럼에도 불구하고 그는 나아가 위대한 과학 업적을 달성하는 데 필요한 몇 가지 자질을 인용했다. "자기비판과 결합된 호기심, 강박 관념, 집요한 인내력이 나를 나의 관념에 데려왔다"(1954). 그의 혁명적 논문들은 물리학에서 이미 알려진 바의 기초들에 스스로를 친숙케 한 일 없이 개념화될 수 없었을 것인데, 그것들은 그의 가설의 귀결을 연구해 내기 위한 그의 지칠 줄 모르는 노력으로 이어졌다. 명백히 그는 그의 참신한 관념들에 영감을 준 일종의 물리적 "직관" 형태로 천재성을 갖고 있었으나, 그의 관념들은 그것들이 엄밀하게 시험될 수 있는 그런 방식으로 정식화하는 결정력과 동맹하지 못했다면 성과적이지 못했을 것이다. 인간의 이해로부터 이전에는 숨겨져 있던 물리적 우주의 측면들을 이해하려는 타오르는 욕망 없이는, 특히 전일 고용되어 있고 가족생활의 책임을 진 누구도 그런 정신적 노동을 수행할 수 없을 것이다.

　아인슈타인은 그의 삶에 동기 부여하는 이 가장 기본적인 열정을 이런 말로 표현했다. "나는 많이 사교적이지 못하고, 나는 가정적이지 못하다. 나는 나의 평화를 원한다. 나는 신이 어떻게 이 세계를 창조했는지 알고 싶다. 나는 이 현상 또는 저 현상, 이 원소 또는 저 원소의 스펙트럼에 관심이 없다. 다만 신의 생각을 알고 싶다. 그 나머지는 세부 사항일 뿐이다"(Clark 1971, 18-19에서 인용). 여기서 신에 대한 언급은 한 개인의 신에 대한 믿음을 가리키는 것이 아니라 오히려 합리적으로 질서 지어진 자연이라는 관념을 가리키는 것이다. 아인슈타인은 버릇처럼 그의 과학에의 접근 방식을 그런 준종교적 용어로 표현하고자 했다. 1921년에 그의 상대성 이론에 대한 위협적 분규에 반응한 그의 유명한 진술 "선한 신은 미묘하지만 악의 있지는 않다"(Clark 1971, 390)ー 데릭 프라이스Derek Price에게 보낸 아인슈타인 자신의 번역에서 "신은 교묘하지만 비열하지는 않다"(Mackay 1991, 52)—는 많은 상상과 노고 이후에만, 인간 이성에 열린 것으로서 자연의 비밀에 관한 그의 개념화를 표현한다. 자연의 가장 일반적, 기본적인 측면을 이해하려는 충동은 결코 그를 떠나지 않았다. 우리가 보게 될 것처럼, 그것은 말년에 그의 길고 대체로 무익했던 이론적 투쟁처럼 꼭 그렇게 강하게 그에게 동기 부여했던 것이다. 그가 가정적인 사람이 아니었다는 그의 진술은 드러내는 바가 있다. 분명히 그의 삶에서 물리학에 대한 그의 열정은 그 밖의 모든 것에 우선했다. 1903년 그는 취리히 동기생 밀레바Mileva와 결혼했다. 최근 공개된, 그들의 서신 교환에서 그녀가 아인슈타인의 초창기 과학적 착상에 몇몇 영향을 준 것으로 암시되어 왔다. 밀레바는 두 아들을 두었지만, 그들은 11년 후 갈라섰다. 아인슈타인은 그리고 나서 사촌 엘자Elsa와 결혼했는데, 그녀는 그의 모든 가내의 그리고 실제적인 일들을 돌보는, 위대한 사색가를 세계로부터 보호하는 역할을 맡도록 준비되어 있었다.

아인슈타인의 1905년 논문은 그를 물리학계 중심으로 데려갔다. 그는 중요한 회합에 참석하고 그의 동료 물리학자들에게 인상을 주기 시작했다. 곧 그는 특허청을 나왔고 학문적 자리의 연쇄 속으로 들어갔는데—베른, 취리히, 프라하, 다시 한번 취리히, 그리고 나서 마침내 1914년 베를린에 새로이 설립된 카이저 빌헬름Kaiser Wilhelm 연구소가 그것이었다. 거기서 다른 이론 물리학자들의 존재로 가능해진 지적 자극에 대한 전망은, 심지어 학동으로서 그것의 군국주의 풍조를 혐오하기 시작했던 나라였던 독일로의 귀환에 대한 거리낌을 극복하게 해주었던 것으로 보인다. 그 이주는 과학적으로는 정말로 효과적인 것이었는데, 베를린에서(제1차 대전 동안) 아인슈타인은 그의 최상의 지적 성취, 즉 일반 상대성 이론을 완성할 수 있었기 때문이다. 뉴튼 역학에 대한 그의 상대성 이론의 우월함의 관찰적 입증(전쟁 직후 일식 동안 관찰된 태양 근처에서 빛의 휨에 의한 것)은 그에게 지속하는 세계적 명성을 얻어주었다. 그의 과학 경력을 나중에 반추하며, 그는 1921년 미국과학아카데미American Academy of Sciences의 한 연설에서 논평한다. "오랜 연구 후에 이 신비로운 우주의 아름다움의 무언가를 노출한다는 사고를 여러 해의 탐색 이후에 한 사람이 우연히 만났을 때 그는 그렇기 때문에 개인적으로 축하받아서는 안 된다. 그는 그 탐색과 발견의 경험으로 이미 충분히 보상받은 것이다."

그는 과학자 사회의 내부에서 사적 이익이나 권력을 추구하지 않았다. 그의 최고의 명성이 세계 여러 나라 대학에서 수많은 학문적 자리를 제공하도록 이끌었고, 그는 그가 좋아하는 거의 어느 곳이든, 자기 생각대로 갈 수 있었을 것이다. 그가 여러 번 망설였음에도 불구하고, 일차적 기준은 얼마나 많은 돈이 연루되느냐가 아니라(이때에 이르러 그는 이미 충분히 가족을 부양할 수 있었고, 그의 필요는 최소가 되었다) 그의 과학 연구를 위한 최상의 환경을 어느 장소가 제공할 수 있느냐였다. 이것이, 점증하는 반유대인 정서의 목표물이 되어가고 있음에도 불구하고, 1920년대까지 그를 베를린에 머물게 한 것으로 보인다.

히틀러Hitler가 1933년 정권을 잡았을 때, 아인슈타인은 미국을 방문 중이었고, 그는 독일로 돌아갈 길이 없었다. 그는 미국으로 망명한 많은 저명한 과학자 중 한 사람이 되었고, 거기서 그는 프린스턴 대학 고등연구소에서 영구 거처를 찾았다. 여생 동안, 그는 물리학의 기본 개념과 법칙들을 단일한 포괄적 진술로 함께 묶는 통일장 이론을 개발하려는 시도를 계속했으나 성공하지 못했다. 자연의 합리성에 대한 깊이 느낀 직관에 진실하게 남아 있으면서, 그는 양자역학의 악명 높은 비결정론이 단지 외견만의 것이라는, 그것이 바닥에 깔려 있는 결정론을 덮고 있다는 것을 보이려던 지는 투쟁을 계속했다. 당시에 이르러 모든 물리학자가 그 이론이 비환원적으로 확률적이라는 데 동의했지만, 아인슈타인만은 베르너 하이젠베르크Werner Heisenberg, 닐스 보어Niels Bohr의 불확정성 원리를 스스로는 결코 수용하도록 할 수가 없었다. 그는 끝까지 "신은 우주를 가지고 주사위 놀이를 하지는 않는다"(1926년 막스 보른Max Born에게 보낸 편지, Clark[1971, 340]에서 인용)라고 주장했다.

많은 과학자가 살아 있는 동안 그들의 월계관에 안주하고 있던 (그리고 누구도 아인슈타인 이상으로 그런 권리를 갖지 않았던) 때인 삶의 한 시점에서, 그는 죽어가는 날까지 물리학과 우주론의 가장 심원하고 어려운 문제를 풀기 위해 연구를 계속했다. 그는 이것들이 자신처럼 이미 이름을 날린, 정말로 그런 명성을 획득한, 차후의 실패가 그것을 좀처럼 떨어트릴 수 없을 누군가에게만 적당하다고 말했다. 그는 누구도 직면할 수 없는 문제를 걸고넘어지면서 물리학에 봉사할 것이라고 주장했다. 알베르트 아인슈타인은 비록 일반 인간 세계로부터의 확실한 동떨어짐과 결합되었을지라도, 물리적 직관, 가장 힘든 문제와 투쟁하려는 확고한 결정력, 인격과 정서의 고귀함의 장대한 결합이었다. 6.3에서 우리는 대중적 명성을 향한 그의 태도를 간단히 살펴보게 될 것이다.

기브스: 다수에게 알려지지 않은, 소수에게 존경받은

당신이 물리화학자에게 미국에서 태어난 가장 위대한 이가 누구냐고 묻게 된다면, 그는 또는 그녀는 아마도 조사이어 윌러드 기브스Josiah Willard Gibbs (1839-1903)를 거명할 것이다. 양자 물리학의 아버지 중 한 사람인 막스 플랑크Max Planck(9.1을 볼 것)는 기브스를 가장 훌륭한 이론 물리학자의 하나로 여겼다. 하지만 많은 사람이 그에 대해 전혀 들어본 적이 없고, 광범위의 미국 과학자 모음집의 한 가지에는 그가 언급조차 되지 않는다. 기브스는 열역학 분야에 중요한 연구를 했고 물리화학의 기초를 놓았는데, 물리화학은 후에 산업적 응용에 많이 기여했다. 그의 연구는 그에게 미국과학아카데미, 왕립 연구소Royal Institution의 럼퍼드Rumford 메달, 왕립학회의 코플리Copley 메달에서 영예를 얻게 했다. W. P. D. 와잇먼Wightman은 고전적 과학사에서 "기브스는 인간 지성의 가장 훌륭하고 영향력 있는 이들 중에 꼽혀야 한다"(1950, 296)라고 강조했다. 적어도 당시에 선별된 몇몇 사람 중에서 기브스는 아주 높은 과학적 평판을 얻었다.

그의 삶에 관련된 것이 많지 않다. 그는 젊은이로서 유럽에서 공부했던 3년을 제외하고 코네티컷주, 뉴헤이븐에서 살았다. 공학에의 초기 관심은 그를 수력 터빈과 개량된 열차 제동기를 발명하도록 이끌었다. 그는 예일 대학에서 미국 최초 물리학 박사 학위를 받았고, 거기에서 계속해 수리물리학 교수로 가르쳤다. 그는 평생 결혼하지 않았고 그의 누이 집의 한 방에서 단순하게 살았다. 그는 기이하게도 명성에 대한 야망이 없었다. 그의 위대성을 인정한 몇몇 유럽 물리학자가 그를 방문하려고 미국에 왔을 때, 예일 대학 총장은 그들이 당시 저명한 화학자 월컷 기브스Wolcott Gibbs를 찾고 있다고 생각했다는 이야기가 말해졌다.

그가 결코 대중적 명성을 얻지 못한 한 가지 이유는 그의 출간 업적이 고도로 이론적이었고 많은 이가 이해하기 어렵다고 본 수학적 정식화로 제시되어 있었다는 점이었다. 지금은 많이 이용된 그의 상규칙Phase rule(원래 1875년 쓴 논문에서 다섯 쪽의 수학 방정식으로 기술)조차 당시에는 인정을 받지 못했다. (하지만, 한 가지 초기 적용은 역사 진보의 동역학에 기브스의 상규칙을 적용하려는 1909년 헨리 애덤스의 기도에 의해서였다.) 상규칙은 성분 물질들로 소망했던 혼합물을 평형상태에서 얻기 위해 어떻게 다양한 물질의 농도를 결정하는지를 말해주는데, 어떤 상태에서는 그것들이 분리되지 않는다. 제1차 대전 중, 독일 화학자 하버Fritz Haber(7.2를 볼 것)는 폭약과 비료를 만드는 질산염의 원료로 봉사하는 암모니아 기체의 합성을 완벽하게 하는 데서 기브스 상규칙의 아주 실제적인 적용을 이뤄냈다.

그가 살던 시대로부터 1세기가 지난 오늘날 과학이 수행되는 방식과는 현저히 대조되게, 기브스는 실험실과 대학원생 조수가 없었다. 사실, 그가 예일 대학에서 가르쳤던 처음 9년 동안, 그는 어떤 보수도 전혀 받지 못했다. 그는 그에게 간소한 생활을 허락하기에 충분한 유산을 갖고 있었으므로, 월급은 불필요하다고 생각되었다. 단지 존스홉킨스 대학에서 교수직을 제안했던 이후에만, 예일 대학은 간소한 급료를 주었다. 그의 강의는 어려웠지만, 정말 헌신적인 학생들에 의해 그는 훌륭한 선생으로 여겨졌다. 기브스는 그의 과학 연구에 흡수되어 그의 인생을 보내는 것에 만족했다. 그의 동료 딸이며 절친한 친구인 H. A. 뉴튼Newton은 한때 그를 "그녀가 지금껏 알아온 가장 행복한 사람"(Wheeler 1962, 176)이라고 묘사했다. 그러나 예외적인 과학적 공로가 돈, 권력, 또는 명성의 측면에서 세속적 보상을 보장하지는 못한다.

뇌터: 우주 수학

에미 (아말리) 뇌터Emmy (Amalie) Noether(1882-1935)는 그녀의 추상 대수에 관한 기여로 수학자 가운데서 외경된다. 저명한 독일 수학자 헤르만 바일Hermann Weyl은, 통상적인 대수학적 수의 분야를 넘어가는 모든 단순한 대수 고리는 순환적이라는 뇌터의 증명이 "대수의 역사에서 높은 수표(水標)"였다고 진술했다. 그녀는 어떻게 보존 법칙이 시간과 공간 속에서 대칭과 연결되는지를 최초로 증명했던 뇌터 정리로 물리학자 사이에서 가장 잘 알려져 있다. 아인슈타인은 물리학의 원리들을 그와 같은 일반적인 수학적 관점에서 바라볼 수 있음에 "놀라움"을 표현했다(McGrayne 1998, 75). 대칭의 수학적 구조에 관한 그녀의 연구는 다양한 변화 속에서 양들의 불변을 나타내는데, 이러한 연구는 현대 물리학의 커다란 혁명—일반 상대성 이론, 양자역학, 끈 이론—의 많은 것에 토대를 놓아주었다.

그녀의 아버지가 수학자였지만, 그녀는 독일 수학에 대해 선도적 대학이었던 괴팅엔Göettingen 대학교에 가기로 좀 갑자기 결정을 내렸던 스물한 살의 나이까지 수학에 특별한 관심을 보이지 않았다. 그 당시 여자들은 정규 학생으로 입학 허가가 나지 않았기에, 그녀는 특별히 허가받아 과목을 청강할 수 있었을 뿐이었다. 그녀는 나중에 에어랑엔Erlangen에서 입학 허가를 받았고, 거기서 그녀의 아버지는 교수였는데, 그녀는 1907년에 박사 학위를 받았다. 그녀가 학문적 이력을 추구하면서 경험한 어려움들은 독일에서 여자 학자에 반대하는 극단적 편견을 보여준다. 1915년 대수적 불변량에 관한 뇌터의 연구에 인상을 받은 수학자 다비트 힐베르트David Hilbert는 그녀를 괴팅엔으로 초청했다. 그녀는 거기서 강의하도록 허가받았으나, 무급 조수로서 그랬을 뿐이었다. 아인슈타인은 그의 일반 상대성 이론을 위한 수학을 정식화하면서 그가 찾아낸 몇몇 문제를 괴팅엔의 힐베르트와 펠릭스 클라인^{Felix Klein}에게 가져갔다. 대칭에 관한 뇌터의 연구는 아인슈타인에게 에너지가 4차원 시공간에서 보존된다는 증명을 제공해 주었다. 힐베르트에게 쓴 편지에서 아인슈타인은 "뇌터 양이 내 프로젝트에서 계속 조언해 주고 있으며 그 주제에서 내가 능력을 갖게 된 것은 진정으로 그녀를 통해서이다"(McGrayne 1998, 72)라고 진술했다. 그러나 그 당시의 선도 대수학자로서 그녀의 커가는 탁월함과 힐베르트와 아인슈타인의 열렬한 추천에도 불구하고, 그녀는 여러 해 동안 교수직을 얻을 수 없었다. 그녀의 경우를 논의하면서, 힐베르트는 그의 동료들에게 "신사 여러분, 그녀의 성이 사강사^{Privatdozent}로 그녀가 임명되는 데에 반하는 논란이 되는 것인지 모르겠습니다. 결국 우리는 대학이지 공중목욕탕이 아닙니다"라고 진술했다. (당시에 수영장은 분리되어 있었다.) 훨씬 나중에라야 그녀는 마침내 비전임 부교수로 인정받았고 적은 봉급을 받았다. 그녀는 논문을 출간하려 친구를 통해 제출해야만 했고 독일의 한 주도적 수학 학술지의 편집인이 되었을 때 익명으로 봉사해야 했다.

1933년, 에미는 독일 전역의 여타 유대인 교수진과 더불어 나치 정권에 의해 해임되었다. 바일의 노력을 통해, 브린 모어^{Bryn Mawr} 칼리지에 방문 교수직을 얻었고, 미국으로 가는 배를 탔다. 그녀는 마침내 존경받을 만한 학문적 자리를 얻었으나 그것을 즐길 시간이 별로 없었는데, 왜냐하면 수술 후 감염으로 1935년 갑자기 죽었기 때문이다.

수학은 그녀의 삶이 되었고, 다른 관심이 별로 없었다. 그녀는 사람들에게 과학에 대한 그녀의 헌신이라는 순수 속에서 그리고 드레스와 예절이라는 통상적 규범에 대한 그녀의 관심 결여 속에서 아인슈타인을 상기시켰다. 그녀는 그녀가 공짜로 제공해 준 수학적 재능에서 이익을 얻은 많은 학도를 갖고 있었다. 그녀는 심지어 괴팅엔에서 유대인으로 해임된 시절에 젊은 나치 돌격대원에게 은밀한 개인 교습을 하고 있었다. 그녀의 조카는 수학은 "재미로 그리고 그것에 대한 지적 관심으로" 행해져야 한다는 그녀의 발언을 보고했다. 그녀는 "만일 그녀가 그녀의 수학이 오늘날 얼마나 유용하게 되었는지 안다면, 그녀가 무덤에서 벌떡 일어날 것이다"라고 짐작했다. ≪뉴욕타임스≫에서 그녀의 사망을 알게 되자, 아인슈타인은 "여자에 대한 고등 교육이 시작된 이래 이제껏 생산된 가장 유의미한 창의적 수학 천재"(McGrayne 1998, 88)로 그녀를 칭송했다.

모든 것의 이론을 위한 탐색

피타고라스의 정신은 현대 끈 이론string theories에 가장 많이 살아 있다. 우주의 궁극적 구성 물질을 아주 작은 탄성의 에너지띠로 여기면서, 끈 이론가들은 우리에게 자연의 모든 것은 "수학의 조각들 안에 단순한 방식으로 비춰진"(Davies and Brown 1988, 165) 것으로 보도록 명령했다. 많은 물리학자는 자연의 모든 힘, 공간, 시간, 기본 입자들의 모든 속성에 관한 통일된 기술을 제공하고 주장하는 이론이라는 관념에 흥분되었다.

끈 이론은 양성자protons와 중성자neutrons와 같은 강입자hadrons의 상호 작용을 지배하는 강한 핵력을 이해하려는 기도에서 유래되었다. 그 노력은 작동되지 않았으나, 그 수학(대칭과 대수적 불변량에 관한 에미 뇌터의 작업으로 거슬러 추적되는)은 중력을 기술하는 데 유용한 것으로 판명되었다. 공간의 차원이 없는 점을 끈으로 치환함으로써, 끈 이론은 현대 물리학의 그 근본 문제, 즉 일반 상대성 이론 안에서 기술되는 중력을 양자론과 화해시키는 일을 해결하라고 제안한다. 표준적 이론들 안에서, 중력은 여타 기본적 힘들과 일관되게 들어맞지 않는다. 실험들은 중력이 기본 입자에 영향을 주지 않음을 보여주나, 양자론과 상대성 이론을 함께 적용하려는 기도는 계산에서 다루기 힘든 무한들로 인도한다.

끈들은 그것들 안에 굽이쳐 있는 공간의 숨겨진 수학적 차원들을 갖는 미세한 일차원 루프들loops(전형적으로 원자핵 크기의 1/10의 1000/10억)로 그려진다. 초기의 끈 이론들—"초"대칭을 나타내는— 안에서, 마법의 수는 26차원(공간 24차원 더하기 시간 1차원 더하기 끈들에 대한 1차원)이었다. 최근에는 공간 9차원 더하기 시간으로 충분해 보인다. 끈들은 그것들이 바이올린 현과 몇몇 유비를 갖기에 그렇게 불리는데, 거기서 배음(倍音)은 장력에 따른 여러 상이한 진동수에서의 진동에 대응한다. 여러 종류의 운동을 실행시키는 단지 한 종류 현의 서로 다른 배음은 전자electrons, 광자photons, 중력자gravitons와 같은 상이한 기본 입자들에 대응한다고 추정된다.

"괴물 달빛monstrous moonshine"에 대한 그의 연구— 수학적 군 이론에서 수들을 근 이론의 대칭과 연결 짓는—로 리처드 보처즈Richard Borcherds는 수학의 최고 상 필즈 메달Fields Medal을 받았다. 이 메달은 "인류의 한계를 초월하고 우주를 파악하기 위해"(Gibbs 1998, 40)라는 기재 내용을 적절히 담고 있다. 일정한 타원 모듈러 함수elliptic modular function인 j함수는 일정한 토러스들tori—복소 평면을 구부려서 창조해 낸 도넛의 표면—의 모양을 복소수와 관련짓는다. j함수에 대한 급수 나열 속의 수는 꽤 놀랍게도 "괴물 단순군Monster simple group"의 특성표에 대응한다. 이 군은 몇몇 기하학적 대상의 대칭들을 나타내는데, 이는 그 군이 808,017,424,794,512,875,886,459,904,961,710,757,005,754,368,000, 000,000 개의 원소를 가지므로 "과도하게 대칭"인 것이어야 한다(Gibbs 1998, 41). (어떤 이는 왜 그것이 "괴물"이라 이름 붙여진 것인지를 알기 시작할 것이다.) 보처즈는 그 괴물이 26차원을 갖는 끈 이론의 모든 대칭의 군임을 보여주었다. 정육면체가 24개의 대칭(그것이 똑같게 보이도록 그것을 회전시키는 방식)을 갖고, 12면체는 60개의 대칭을 갖는 것처럼, 26차원으로 접힌 도넛은 808,017 …… 개의 대칭을 갖는다.

끈 이론은 물질세계 속의 모든 것에 관한 이론으로서 꽤나 젠체한다. 그것은 핵물리학의 기본 입자들의 전체 동물원의 모든 속성과 함께하는 근본 힘들—중력, 전자기력, 약한 핵력, 강한 핵력—을 단일 종류의 끈의 측면들로 환원한다고 주장한다. 모든 물리학자가 끈 이론이 늘 수용 가능한 물리 이론이 될 것으로 믿는 것은 아니다. 스스로가 양전자positrons를 시간 속에서 뒤쪽으로 움직이는 전자로 여기는 데서 수줍음을 느끼지 않았던 혁명적 이론가인 리처드 파인먼Richard Feynman은 이렇게 논평했다. "나는 이 모든 초끈superstring 재료가 미쳤다고 생각한다"(Davies and Brown 1988, 194).

그러나 많은 물리학자는 자연의 바닥에 놓여 있는 궁극적인 수학적 원리를 찾아내려는 오래 이어져 온 전망을 충족시킬 어떤 이론에 대한 매혹을 느낀다. 선구적 끈 이론가의 한 사람인 존 슈워츠John Schwarz는 매우 복잡한 끈 이론의 모형을 연구해 내려 여러 해를 보내도록 물리학자들에게 동기를 부여하는 것이 무엇인지를 다음과 같이 표현했다. "우리가 알아내고 있는 그 모든 놀라운 결과들의 바닥에 놓여 있는 아주 깊고 아름다운 수학적 구조가 존재한다는 점과 몇몇 매우 우아하고 심오한 원리가 거기서도 발견되리라는 점은 분명하다"(Davies and Brown 1988, 83).

▪ 더 읽기 제안

Cohen, I. B. 1985. *The Birth of a New Physics.*

Cole, K. C. 1998. *The Universe and the Teacup: The Mathematics of Truth and Beauty.*

Davis, P. C. W., and J. Brown. 1988. *Superstrings: A Theory of Everything?*

Greene, B. R. 1999. *The Elegant Universe: Superstrings, Hidden Dimensions, and the Quest for the Ultimate Theory.*

Koestler, A. 1960. *The Watershed: A Biography of Johannes Kepler.*

Koyre, A. 1973. *The Astronomical Revolution.*

McGrayne, S. B. 1998. *Nobel Prize Women in Science: Their Lives, Struggles, and Momentous Discoveries.*

Westfall, R. S. 1980. *Never at Rest: A Biography of Isaac Newton.*

Wheeler, L. P. 1962. *Josiah Willard Gibbs.*

White, M., and J. Gribbin. 1994. *Einstein: A Life in science.*

5 지적 호기심: 실험

과학적 호기심은 기제mechanisms에 대한, 사물이 이루어지고 작동하는 방식에 대한 관심의 형태를 취할 수가 있다. 이 관심은 구성 물질들과 원인들을 발견하려는 욕망 속에 전형적으로 표현된다. 이해하고 설명하는 능력과 개입하고 통제하는 능력은 종종 연결되어 있음에도 불구하고 항상 함께 오는 것은 아니다. 몇몇 과학자는 탁월한 이론가이지만 그들 자신의 이론에 대한 실험적 시험experimental testing을 포함하는 어떠한 실제적 솜씨에서는 악명 높게 서투르다. 다른 이들은 강한 실제적 기질을 갖고 있으나 이론에 관해서는 보통의 파악력을 갖고 있을 뿐이다. 대부분의 과학자는 다양한 정도로 이들 재능을 결합시킨다.

이 장에서 우리는 먼저 조심스러운 실험으로 그들의 이론적 기여를 지지했던 몇몇 과학자를 보게 될 것이고 그러고 나서 이론화 작업보다는 실험하기에 더 능했던 몇몇 이를 보게 될 것인데, 이들은 주로 그들의 실제적 숙련의 실행을 즐겼다.

5.1 이론적 통찰과 실험적 숙련

지금까지 우리는 일차적으로 이론가였던 과학자들을 살펴보았다. 뉴튼이 (프리즘으로 빛의 굴절에 관해) 몇몇 실험을 했지만, 케플러와 아인슈타인은 그렇지 않았다. 태양계와 전 우주의 시공간 구조가 그것들 스스로를 인간이 하는 실험에 맡겨두지 않지만, 진실은 케플러나 아인슈타인이 훌륭한 과학적 관찰가가 아니었다는 점이다. 그들은 그들의 이론의 검증을 위해 다른 이들의 숙련에 의존했다. 뉴튼처럼, 그들은 최상의 이론 물리학자였다. 우리는 이제 이론과 실험, 지적 호기심과 실제적 기술이 서로 밀접히 묶인 몇몇 사례를 조사할 것이다.

유전학에서 멘델의 고독한 돌파

순수한 (그리고 이 경우, 말 그대로 수도사적인) 과학자라는 이상의 한 좋은 예는 오스트리아 수도사 그레고르 요한 멘델Gregor Johann Mendel(1822-1884)이다. 그는 유전학이라는 20세기 과학의 창시자로—그러나 사후에야—유명해졌다. 1900년 그의 연구는 재발견되었고, 결국 그의 관념은 다윈의 자연 선택 이론theory of natural selection과 통합되어 오늘날 통상적으로 이해되는 것으로서 진화론의 형태를 갖추게 되었다. 유전의 기초에 관한 멘델의 선구적 실험과 이론은 또한 1950년대 DNA 분자 구조 유전학의 생화학적 기초 연구를 위한 토대를 놓았다(6.1을 볼 것).

모라비아Moravia(당시는 오스트리아-헝가리 제국의 일부, 지금은 체코 공화국의 일부)의 가난한 농민 가족으로 태어나, 멘델은 제대로 된 교육을 받기 위해 투쟁해야 했다. 그는 21세에 브룬Brunn의 아우구스티누스 교단 수도원에 들어갔다. 이곳은 당시 수학, 음악, 자연 과학 학습의 중심이었고, 멘델은 거기서 자신의 과학적 관심을 추구할 기회를 찾았다. 그렇지만 그는 고등학교 교사 자격시험에서 두 번 실패했다(그는 물리과학 부분은 통과했지만, 충분히 얄궂게도, 그는 자연사natural history에서 실패했다). 일찍부터 계속, 그는 자라는 것에의 애호 및 생명의 신비에 호기심을 보여주었다. "우리는 손을 떼버려야 하고 이 기본적 생명 과정 속 자연은 완전히 비합리적이거나 이해 불가능하다고 말해야 하는가?"라고 그는 물었다. 유전성에 대한 그의 발견을 이루기 전에, 그는 "여기에는 분명한 유전 법칙이 있다"(Sootin 1959, 116)는 그의 확신을 기록했다.

동물 사육은 멘델의 종교적 상급자들에게 그것이 성(性)을 가지고 노는 것과 연루된다고 보였기 때문에, 그들에 의해 금지되었지만, 수도원 정원에는 식물 재배 전통이 있었다. 식물의 생식은 외견상 충분히 순수한 것으로 여겨졌다! 길이 120피트 곱하기 폭 20피트 크기의 소박한 정원이 그의 실험실이었다. 집게, 낙타털 붓, 꽃가루 덮는 작은 종이봉투로 이루어진 그의 간단한 장비는 오늘날 비용이 많이 들고 기술적으로 복잡한 실험과 날카롭게 대조된다. 멘델의 꼼꼼한 연구는 커다란 인내를 필요로 했다. 그는 7년 동안 약 3만 개체의 완두콩 식물을 교잡하는 데 노력을 기울였다.

발표된 그의 논문들은 그가 오랜 시간 수고를 아끼지 않은 실험으로 증명하고자 했던 바에 관해 사전에 깊이 생각했음을 보여준다. 그는 성적으로 재생산된 유기체의 다양한 형질들이 각 개체의 부모에 의해 제공된 일정한 구별되는 인자들(후에 유전자로 판정된)의 임의적 조합으로 한 세대에서 다음 세대로 전달된다는 가설을 정식화했다. 그의 수학 훈련 때문에 그는 유전자 결합의 모든 가능한 대수적 모형을 정식화할 수 있었는데, 이는 명백한 이해를 진전시켰다. 그것은 또한 이어지는 세대 속의 다양한 형질에 대한 시험 가능한 정량적 예측을 인허해 주었다. 이 모든 것을 단순한 통계의 혁신적 적용과 결합함으로써, 멘델은 생물학에의 수학 적용을 선도했는데, 이는 20세기에 생물학 이론을 크게 진전시켰다.

살아 있는 유기체의 유전성에 관한 일반적 질문에 흥미를 느꼈음에도 불구하고, 멘델은 기민하게도 한 가지 특정 식물 종으로 더욱 철저히 시험하는 일에 착수했다. 멘델은 완두콩이 종자의 크기, 색깔, 모양에서 쉽게 구별되는 변종을 나타내기 때문에 그것을 선택했다. 만일 그가 훨씬 나중에 설명된 다른 식물로 시작했더라면, 복잡성은 그를 혼동으로 이끌었을 가망성이 있다. 많은 수의 다양한 "교배"(다른 형질의 두 개체의 육종—지금은 표준화된 방법론이나 당시에는 꽤 새로운)의 통계 분석을 사용해서, 멘델은 그의 가설에 대한 결정적 검증을 성취했다. 되돌아보면, 논문에 나타난 그의 자료가 실제로 발생할 가망성이 있는 것보다 얼마간 더 산뜻한 비율을 제시한 것에 대해 그가 양해받을 수도 있을 것이다. 통계학자 R. A. 피셔Fisher(1890-1962)는 "만일 멘델의 모든 실험이 멘델의 기대에 밀접히 조화되도록 날조된 것이 아니라면, 그 자료는 최대이다"(Fisher 1936, 115)라고 주장했다. 과학자들이 자신들의 이론적 가설의 관점에서 날통계 자료를 해석하려는 유혹은 늘 있다.

몇몇 방식으로, 멘델의 성취가 이해의 매우 인상적인 혁명으로 보이지 않을 수도 있다. 그 이전에 많은 사람이 교잡-육종 실험을 실시했고, 몇몇은 유전이 어떻게 작용하느냐에 대해 사변을 가했다. 그러나 가설화된 인과적 요소(유전자)에 관한 단순한 모형 안에서 유전의 패턴에 대한 수학적 관계를 유도해 냄으로써 유전학의 이론적 기초를 결집한 사람은 멘델이었다. 그는 그리하여 자연이 어떻게 작동하는지를 이해하려 추구하면서 이미 물리학이나 천문학 분야에서 성공해 왔던 수학적 패턴을 찾고, 원인을 가설화하고, 이어 그 모형에 대한 관찰적 예측을 시험하는 일을 따랐던 것이다.

멘델은 자연 과학을 위한 브룬 학회Brunn Society의 한 강의에서 그의 연구 결과를 발표했다. 그러나 그의 논문 「식물 교배에 대한 실험」은 청중에게 많은 열광을 자아내지 못했고, ≪모라비아 학회보Proceedings of the Moravian Society≫에의 출간도 주목을 끌지 못했다. 그는 논문의 사본을 다양한 과학 학회와 대학에―그리고 다윈에게 보냈는데, 다윈은 그의 연구를 주의 깊게 고찰했다. 다윈은 논문을 다 읽기는 했음에도, 그는 진화론에 대한 그것의 중요성을 감지하지는 못했다. 멘델은 한 번 더 과학 논문을 출간하게 되지만, 그가 당시 저명한 스위스 식물학자 칼 내글리Karl Naegeli(1817-1891)의 관심을 끌고자 했는데, 그 역시 그의 업적의 근본적 유의미성을 깨닫는 데 실패했다. 뒤이은 몇 해, 그는 다른 종의 식물과 벌로 더 나아간 실험을 했지만, 극복할 수 없었던 기술적 난관을 만났다. 만약 그가 다른 생물학자들과 더 가까이 접촉을 하고 있었다면 과학자 사회의 관심을 받았을 수도 있겠으나, 그러한 상호 교환이 바로 그가 결여한 바였다. 그래서 그는 훌륭한 과학자로 능력을 인정받지 못하고 죽었다.

우리가 앞서 말했듯이, 멘델은 비유라기보다는 오히려 문자 그대로 수도 사적 존재로 살았던 과학자였다. 수도원은 대학이 오늘날 과학자에게 하듯 이, 그에게 봉사해 주었는데, (검소한 수준에서) 재정적 안정성, 실험 시설, 연 구를 추구할 몇몇 시간을 주었다. 결혼은 물론 선택지가 아니었다. (사실, 초기 위대한 과학자들 다수가 독신이었다. 가족과 시간을 보내야 하는 요구에 직면해 있는 오늘날 몇몇 야망 있는 과학자는, 그 점에서 멘델을 그의 자유에 관해 간혹 부러워할 수 도 있겠다!) 그렇지만 1868년 수도원장으로 선출된 후, 그의 행정 의무는 그의 과학 연구를 제한했다. 그는 정부 고문과 은행장 같은, 뛰어난 실무 인간이 되었다. 즐겁고, 친절하며, 겸손한 사람이라고 일반적으로 묘사되었음에도, 그는 수도원에 대한 세금 부과와 관련된 논란에 연루되었다.

멘델은 인정 또는 명성에 대한 어떠한 욕망 없이, 단순히 진리를 알아내는 만족을 위해 (또는 신의 영광을 위해) 연구를 한 것일까? 완두콩 식물을 조직화 하고 기록한 그렇게 길고, 지루한 기간을 통해 충분히 보게 되듯, 그는 연구를 함으로써 상당한 충만을 유도해 냈어야 한다. 그러나 그가 내글리에게 보낸 편지는 그가 그의 과학적 착상을 소통하고 그에 대해 전문가 비평을 얻기를 바랐다는 사실을 알 수 있다. 그는 다른 이들이 그의 이론들을 심각하게 취해 다른 종에 대해 시험하리라는 희망을 표현했다. 그가 개인적 명성에 무관심 했을지라도, 그는 자연과학의 내재적으로 협력적인 본성을 인식했었고, 그는 유전학에서 그의 아름다운 연구가 어떻게 별로 인정받지 못했던가로 인해서 확실히 깊이 실망했어야 한다.

퀴리 부인의 결단력 있던
방사능 추구

우리는 이제 정상급 과학자가 된 최초 여성 그리고 노벨상을 두 번 수상한 최 초 인물, 퀴리 부인Madam Curie(1867-1934)으로 더 잘 알려진 마리 스클로도프 스카Marie Sklodowska에 관한 매혹적 이야기를 고려해 보기로 한다. 힘든 삶을 통과하게 유지시켜 준 강철 같은 결단력으로 연료를 공급받은, 그녀는 순수한 과학 탐구에의 사심 없는 헌신의 또 다른 예를 제공한다. 마리는 19세기 내내 러시아에 억압적으로 지배받은 폴란드의 일부에서 태어났다. 아버지의 물리 장치에 매료되어, 그녀는 학창 시절 과학에 끌린다고 느꼈지만 당시 바르샤바에서 과학 교육을 받을 희망은 없었다. 그녀는 폴란드 그 지역에 대한 러시아의 규칙으로 부과된 제한에도 불구하고 은밀히 운영되던 비공식적인 "떠다니는 대학Floating University"에서 몇몇 강의에 출석할 수 있었으나, 과학 훈련을 위한 그녀의 유일한 전망은 국외로 갈 수 있을 정도로 충분한 돈을 저축하는 것이었다. 이는 마리가 가정교사로 번 저축으로 재정 지원을 받아 그녀의 언니 브로냐Bronya를 파리로 의학 공부를 하러 가도록 설득하면서 가까스로 성취되었다. 약속은 브로냐가 돈을 벌기 시작했을 때, 마리가 프랑스로 가서 공부하도록 돈을 지불한다는 것이었다. 그리하여 몇 년 동안, 마리는 폴란드 귀족 가족 아이들을 돌보는 초라한 일을 하면서, 시간을 아껴 그녀가 찾을 수 있는 과학 서적에 대해 그것이 무엇이든 곰곰이 생각했다.

마침내 1891년 파리로 와서 소르본 대학에 입학할 기회가 왔을 때, 그녀는 열성적으로 그것을 붙잡았다. 열성적 헌신으로 공부하고, 난방도 되지 않는 다락방에 삶으로써 불충분한 자원에 물을 타 늘리며, 때로 배고픔과 탈진으로 기절했던—이 시절 그녀 생활은 자유분방한 학생들의 과장된 상투적 이야기로 보일 수도 있다. 그러나 마리 스클로도프스카는 풍자화가 아니었다. 그녀는 이완이나 연애를 위한 시간이 없는, 물리학과 화학에 관해 그녀가 할 수 있는 모든 것을 배우겠다고 결심한, 그리고 과학 지식에 기여하겠다는 야심을 가진 두드러진 젊은 폴란드 여자였다.

1893년 최우등으로 물리학 학사 학위를 받고 1894년 수학 석사 학위를 받은 후, 마리는 프랑스 물리학자 피에르 퀴리Pierre Curie를 만났는데, 과학에 대한 그의 헌신은 그녀 자신처럼 준엄하고 사심 없었다. 그들의 공통된 지적 헌신은 우정으로 이끌었고, 이는 급속히 사랑이 되었으며, 그들은 1895년 결혼했다. 그러나 마리는 자신의 과학적 이력을 방해하는 모성(두 딸을 낳았는데, 그중 한 명도 노벨상을 수상했다)과 어떤 병도 허락하지 않았다. 보모가 아이들을 위해 고용되었고, 실험실의 일상적 연구는 재개되었다.

그녀는 최근 앙리 베크렐Henri Becquerel(1852-1908)에 의해 발견된 우라늄염이 방출하는 신비스러운 방사를 그녀의 박사 연구 주제로 선택했다. 그러한 방사의 본성은 무엇일까? 무엇이 그 원인일까? 마리는 방사선의 강도가 조사중인 우라늄의 양에 비례하고, 더욱이 그것이 빛, 온도, 화학 결합과 독립적임을 알아내었다. 그녀는 방사가 원자 현상이어야 한다고 결론 내렸다. 그렇다면, 그것은 다른 물질에서는 나타날 수 없는 것인가? 그녀는 알려진 모든 원소를 시험했고 토륨이 유사한 방사를 냄을 알아냈는데, 이것을 그녀는 **방사능**radioactivity이라고 이름 붙였다. 그녀는 그러고 나서 나아가 이용할 수 있는 모든 광석을 조사했으며 결국 우라늄보다 훨씬 강력한 역청우라늄광pitchblende의 일정한 표본에서 강한 방사선의 근원을 알아냈다. 그녀는 처음에 이것이 실험적 오류에 기인한다고 생각했지만, 측정과 재측정 후에, 그녀는 역청우라늄광 속에 아주 소량으로 지금까지 알려지지 않았으나 강력한 방사능 원소가 나타날 수도 있다고 의혹했다. 그녀의 연구는 1898년 논문으로 보고되었지만, 과학계를 확신시키기 위해서, 새로운 가설적 물질의 순수한 표본을 마련할 필요가 있었다.

앞서 압전piezoelectricity(일정한 수정에 압력을 가할 때 결과하는)을 발견했던 피에르는 당시 수정에 관해 연구 중이었다. 그러나 그는 그 자신의 연구를 제쳐두고 아내의 연구에 합류했다. 그들의 결혼은 단일한 연구 계획에 대한 협력이 되었고, 이는 두 사람이 다 살아 있는 한 계속되었다. 퀴리 부부는 요즘의 과학자들이 기대하는 편의 시설과 같은 아무것도 없었다. 그의 탈속성과 전문 직업적 영향력의 결여 때문에, 피에르는 눅눅하고, 냉랭한 헛간을 제외하고는 그 자신의 것이라고 부를 수 있을 실험실이 없었다. (한때 피에르가 프랑스 정부가 레지옹 도뇌르 훈장을 받을 사람으로 그를 포함하고자 고려하고 있다는 얘기를 들었을 때, 그는 알맞은 실험실을 선호한다고 반응했다!) 이 꾀죄죄한 작업장에서, 유해 증기 사이에서, 그들은 길고 힘든 분리 작업으로 두 개의 새로운 원소를 얻어냈다. 첫 번째 것은 폴로늄polonium(마리의 조국 이름을 붙인) 그리고 강력한 방사능 물질로 불린 것으로, 마지막으로 라듐radium이었다.

거의 4년 동안, 마리는 날마다, 위험한 수준의 방사능과 연루된 것을 나중에 깨닫게 된 조건에서 수 톤의 역청우라늄광을 정제하는 반복적 과정에 대해 연구했다. 원료와 장비는 퀴리 부부 자신의 비용으로 지불되어야 했다. 원광에서 원소들을 추출해 내기 위한 방법의 고안이라는 지적 문제를 해결하는 것 외에, 그들은 그것들을 들어내는 육체적 고된 일과 싸워야 했다. 결혼에 의한 전통적 노동 분업이 그녀에게 "요리법" 임무를 주었던 것처럼, 마리는 후자에 집중하기를 선택했다. 피에르는 기꺼이 그 계획을 연기하려고 한 것으로 보이지만, 일을 시작한 마리는 그들 장비의 부적절성에도 불구하고 그것을 끝내기로 결심했다. 그녀의 꾸준한 수행이 그들을 성공적 결과로 데려갔다. 방사능에 관한 출간의 물줄기가 뒤따랐고, 이 쌍은 갑자기 그들 스스로가 세계의 과학적 주목의 중심에 있음을 알게 되었다. 명예가 따랐는데—그들은 왕립학회의 데이비Davy 메달을 받았고 베크렐과 함께 1903년에 노벨 물리학상을 수상했다. 후자의 상금이 퀴리 부부를 가난의 언저리에서 구했다.

피에르는 1906년 길거리 사고로 죽었다(그들 실험 작업의 유독성 효과가 그의 경계력을 축소시킨 것으로 보인다). 과학에 대한 마리의 집중적 수행만이 그녀를 계속 가게끔 했던 또 다른 계기가 있었다. 그녀는 피에르가 갖고 있던 소르본의 물리학 교수직을 맡는다. 자신의 과학적 사명감을 회복하기 위해 자신을 강철화하면서, 그녀는 그 위신 있는 제도에서 가르치는 최초 여성에게 듣고자 열망하는 호기심 어린 청중에 직면했고, 그녀는 고인이 된 남편이 그의 마지막 강의에 남겨둔 바로 그 논점에서 의도적으로 주제를 잡았다. 더 나아간 연구는 1911년 그녀의 두 번째 노벨 화학상으로 이끌었다.

1920년대에 이르러, 그녀의 명성은 세계적인 것이었고, 특별히 주목받는 최초 여성 과학자로서 그랬다. 그러나 명성이나 과찬은 그녀에게 영향을 미치지 않았다. 그녀는, 예를 들어, 그녀의 연구 중심인 퀴리 연구소^{Curie Institute}에 몇몇 이득이 있을까 봐 미국 여행에 착수하도록 설득될 수 있었을 뿐이었는데, 1921년 대통령 워린 하딩^{Warren Harding}으로부터 미국 여성들의 선물로서 1그램의 라듐을 전달받은 때처럼 말이다. 과학 장려금의 필요성에 관해 그녀가 쓴 말은 자신의 경력에 적용된다.

> 사회의 관심은 무엇인가? 과학적 사명감의 개발에는 호의를 보이지 말아야 하는가? 그렇다면 그것이 제공받은 것들을 희생할 정도로 충분히 풍요로운 것인가? 나는 차라리 진정한 과학적 사명감을 위해 요구되는 적성들의 수집이 한없이 소중하고 우아한 것, 희귀한 보물이라고 믿는데, 그것을 잃는 일은 범죄적이고 어리석은 것이며, 우리는 그것에 대해 모든 성취 기회를 줄 수 있도록 갈망을 가지고 지켜보아야 한다(Curie 1937, 340).

이 비범한 여성이 세상에 제시한 희귀한 보물은 "적성들의 수집"이었다. 그녀의 과학적 호기심을 추구하려는 확고한 결심, 즉 교육받기의, 가난의, 힘든 노동의, 모성 또는 과부 생활의 어려움에 굴하지 않는 목적의 고정성.

아인슈타인은 퀴리 부인을 그토록 두드러지게 만든 것에 대해 감동 어린 초상을 부여했다.

> 나는 내내 갈수록 커가는 등급으로 그녀의 인간적 위대함을 존경하게 되었다. 그녀의 강함, 의지의 순수함, 자신에 대한 엄격함, 객관성, 부패할 수 없는 판단력─이 모든 것들은 한 개체에서 좀처럼 찾아보기 드문 종류의 것들이다. 그녀는 매 순간 자신이 사회의 충실한 종임을 느꼈고 그녀의 심오한 겸양은 자기만족을 위한 어떤 여지도 남기지 않았다. …… 그녀가 일정한 길이 올바르다고 한번 인정하면, 그녀는 타협 없이 극단의 끈덕짐으로 그 길을 추구했다(1954, 77).

인도에서 라만의 색과 소리 연구

이론적 호기심과 실험적 숙련에 대한 우리의 세 번째 예는 인도 물리학자 찬드라세카라 벤카타 라만 경Sir Chandrasekhara Venkata Raman(1888-1970)인데, 빛의 산란에 관한 그의 연구가 그를 1930년 노벨 물리학상을 받게 했다. 이는 유럽과 미국 바깥에서 국제적으로 인정받는 과학에의 기여를 이룩한 어떤 이에 관한 최초 사례 중 하나였다.

라만은 마드라스Madras 대학 물리학과를 최우등으로 졸업했지만, 나쁜 건강이 그가 대학원 공부를 위해 영국으로 여행하는 것을 불가능하게 했다. 과학적 이력으로 가는 통로는 그에게 명백히 닫혀 있었고, 그는 인도 공무원 회계 감사 및 계정 부서에 들어갔다. 그는 이 보수가 좋은 전문직에 10년을 보냈고, 점증하는 책임을 맡았다. 그러나 그 연도들 동안에도 그는 어떻게든 시간을 찾아 과학 양성을 위한 인도협회의 실험실에서 진동, 소리, 악기 이론에 관한 연구를 수행했다. 물리학은 그의 삶의 가장 강한 사랑이었어야 한다. 그의 출간된 연구는 그에게 중요한 과학자라는 평판을 얻게 해주기 시작했다. 캘커타 대학이 그에게 물리학 교수직을 제의했을 때, 라만은 그럼으로써 돈이 되는 공직 경력을 포기하는 것임에도 불구하고, 주저하지 않고 수락했는데—세속적 동기보다 과학적 호기심을 더 무겁게 여긴 또 다른 사례이다.

음향학에 대한 라만의 더 나아간 연구는 국제적 인정으로 인도했고, 그는 1921년 옥스퍼드 대학 회의에서 캘커타 대학을 대표했으며 런던의 왕립학회에서 강연을 했다. 귀국 여행에서 지중해의 젖빛 푸른색에 감명을 받아, 그는 그런 색 효과에 대한 설명을 찾았다. 그는 빛이 물 분자들에 의해 일정한 구별되는 방식으로 산란됨을 보여줄 수 있었다. 그가 노벨상을 수상했던 연구는 물과 공기에 의해 산란된 빛의 2차 방사라는 이 새로운 유형의 발견이었다. 몇몇 입사광의 더 긴 파장 쪽으로의 전이는, 그 빛을 산란시키는 분자들에 의해 흡수되는 에너지에 기인하는 "라만 효과the Raman effect"로 알려졌다. 라만 분광학은 물질들이 산란시키는 빛에 따라 물질을 탐구하는 데 광범위하게 사용된 기술이 되었다. 라만의 스펙트럼은 분자 구조에 관한 기본 연구와 예를 들면 석유 산업 분야에서 일어나는 화학 분석의 실제적 문제 둘 다에 관한 정보를 제공한다.

그는 (당시에) 상업적, 군사적, 의학적 유관성이 없던 자신의 연구에 스스로 주력했다는 점에서 "순수한" 과학자였다. 그의 관심의 초점은 악기의 아름다운 소리와 꽃, 보석, 바다의 빛나는 색상에 대한 특별한 감식력과 더불어 인도 문화의 영향을 받은 것으로 보인다. 그는 분광기로 꽃들의 색을 체계적으로 연구한 첫 번째 사람이었다. 그의 말년에 색 지각에 흥미를 가졌고 그 주제에 관한 그의 새로운 이론을 제시하는 책을 썼다.

라만은 인도에서 과학 연구를 자극하는 데 지대한 영향력이 있었다. 정말로, 그는 그의 나라에서 지배적 종류의 전문 직업적 권력을 행사했다. 그는 거만의 지점에 달한 자긍심을 지닌 이로 묘사되지만, 그는 수백의 학생을 훈련시킨 탁월한 교사였다. 그는 한때 "과학인의 구세대의 주요 기능은 신세대의 재능과 소질을 발견해 내는 것이다"(Gillispie 1976, vol. 11, 267)라고 진술했다. 그는 ≪인도 물리학 회지Indian Journal of Physics≫와 인도과학아카데미Indian Academy of Science를 창설하고 대부분의 국립 과학 연구 조직의 건립에도 손을 썼다. 인도는 그 이래로 많은 저명한 과학자를 산출했다.

머클린톡: 유전학의 헌신적 선구자

바버라 머클린톡Barbara McClintock(1902-1992)은 "도약 유전자jumping genes"의 발견으로 가장 잘 알려져 있으며, 이에 대해 1983년 노벨 생리학 또는 의학상을 받았다. 그녀는 과학의 위인이라는 관념의 좋은 사례를 제공해 주는데, 물론 우리가 "사람man"을 모든 인류를 포함하는 것으로 읽는다고 가정하면 그러하다. 과학에 대한 그녀의 헌신의 순수는 좀처럼 대등한 것을 찾아내기가 쉽지 않았는데, 심지어 과학의 고전적인 위인 중에서도 그러했다. 그녀의 노벨상은 근년에 단지 한 개인에게 수여되었던 몇 안 되는 것 중 하나였다.

노벨 위원회는 그녀의 업적을 "유전학에서 우리 시대의 두 가지 위대한 발견 중 하나"라고 불렀다. (다른 하나는 DNA의 구조이다.)

과학 바깥의 머클린톡의 삶에 초점을 두는 전기는 짧을 것이다. 이블린 팍스 켈러Evelyn Fox Keller가 1978년 전기를 쓰려는 그녀의 기획과 함께 콜드 스프링 하버Cold Spring Harbor에 있는 그녀의 연구실로 그녀에게 접근했을 때, 머클린톡은 그녀의 착상을 기각해 버렸다. 누가 관심을 갖겠는가? 켈러는 "그녀의 이야기는 정확히 그것이 매우 비관례적이기 때문에 중요하다"(1983, 17)라고 지적함으로써 그녀를 다만 설득했다. 켈러는 그녀의 확실한 전기『유기체에 대한 느낌A Feeling for the Organism』의 제목에서 그녀의 정수의 몇몇을 포착한다.

머클린톡의 배경은 그녀가 그녀의 삶을 과학 연구에 바치리라고 지적해 주는 바가 별로 없었다. 그녀의 가족은 어린 시절 초기부터 그녀가 "달랐다"는 점을 주목했다. 그녀 자신은 "나는 가족에 속해 있지 않았지만 그 안에 있어서 즐거웠다. 나는 이상한 구성원이었다"(McGrayne 1998, 43)라고 말했다. 어린 시절 초기부터 그녀는 그녀의 직업을 과학자로 표시해 주었던 특성들인 엄격한 결정과 정신의 독립을 나타냈다. 그녀는 많은 여자가 그러하지 않았던 시절에 대학에 가야 한다고 결정했다. 1919년 그녀는 농대를 택해 코넬 대학교Cornell University에 등록했는데, 등록금은 무료였다. 그녀는 과학 쪽 직업을 가지려 결코 계획한 바 없었으나, 그것을 연구하는 "경이로운 시간을 그냥 갖고" 있었기 때문에 과학 안으로 떠내려갔다. 그녀는 계속 나아가서 1927년 박사 학위를 받았고 코넬 대학교의 식물학과 전임강사로 임명되었다.

1920년대의 멘델 유전학Mendelian genetics은 두 유기체, 콜럼비아 대학교 Columbia University T. H. 모건Morgan 실험실의 초파리(드로소필라Drosophila)와 코넬 대학교의 옥수수(또는 메이즈maize)에 초점을 두었다. 많은 연구가, 유전자 genes를 싣고 있으며 유전 가능한 속성과 연합된 요소로 가정되었던 염색체 chromosomes를 향해 있었다. 현미경 연구를 위한 새로운 염색 기법을 사용해,

머클린톡은 옥수수의 개별 유전자의 다양한 특성을 인지하는 것을 배웠다. 그녀의 연구는 그녀의 삶이 되었다. 그녀는 결코 결혼하지 않았고 그녀 실험실 바깥의 활동에 별로 참여하지 않았다.

그녀의 이력 초기에, 머클린톡은 그녀의 실험적 숙련과 그녀의 지력으로 칭송받았다. 1931년 그녀와 그녀의 조수 해리엇 크레이튼Harriet Creighton은 현대 생물학의 이정표 실험 중 하나를 기술하는 논문을 출간했다. 그것은 유전 정보의 교환을 옥수수 속 염색체 물질의 교환과 연결시켰다. 머클린톡은 가까스로 독일의 커트 스턴Curt Stern을 앞질러 특종을 낸 것인데, 그는 **드로소필라**의 유전자와 염색체를 연결 짓는 유사한 결과를 발견했다. 모건은 "나는 옥수수가 **드로소필라**를 이길 기회를 잡을 시간이 거의 되었다고 생각했기"(Keller 1983, 59) 때문에 머클린톡의 논문의 출간을 서둘렀던 것이다. 오늘날 멘델의 가설적 "인자"를 현미경 아래 세포 안에서 보이는 염색체 위 실제 구조와 연결 짓는 데 그토록 시간이 오래 걸렸다는 것을 상상하기란 어렵다.

머클린톡은 그녀의 연구 재능의 진가를 인정했던 몇몇 저명한 유전학자에 의해 지지되었음에도 불구하고, 그녀의 동료 다수는 그녀를 거친 착상을 지닌 독불장군으로 여겼다. 그녀의 논문들은 종종 이해하기가 쉽지 않았고—사람들은 그녀의 논변의 복잡한 사슬을 따라가기 위해 조금 영리한 정신이 되어야 했다. 분자 유전학이 유전자의 DNA 구조 발견과 함께 그 분야를 지배하게 되었을 때 그녀는 멘델 유전학의 방법으로 계속 연구했다. 그렇지만, 그녀의 착상은 훨씬 나중에라야 분자 생물학자들이 주목했던 DNA 기제를 실질적으로 가리켰다. 그녀는 유전학자 공동체의 존경받는 구성원이었지만, 그녀의 이력의 많은 부분에서 그녀는 다소간 선의의 무시 속에 남겨져 있었다.

해마다 계약하는 연구직—그리고 미주리 대학교University of Missouri에서 한 해의 즐겁지 않은 자리—에 의존하던 이후, 그녀는 뉴욕 주 롱 아일랜드Long Island에 있는 콜드 스프링 하버 실험실에서 1941년 마침내 적소를 찾게 되었다. 그녀는 그다음 50년간 그곳에 남아 있었고, 옥수수의 유전학을 연구했다. 특수한 식물에서 통상적이지 않은 여러 색을 가진 자리를 주목하고서, 그녀는 유전자 작동 속 조절과 통제라는 개념으로 그녀를 이끌었던 기제들에 관한 추론의 사슬을 출발시켰다. 1948년 머클린톡은 어떻게 염색체 속 한 요소가 그것의 원래 위치에서 방출되고 새로운 위치로 삽입되는지를 기술하기 위해 "전위transposition"라는 용어를 주조해 냈다. 유전자의 전위는 유전의 여러 기대치 않았던 패턴을 설명했다.

머클린톡의 연구는 염색체의 유전자 성분들이 본질적으로 안정적이라는 당시의 가정과는 반대로 갔기 때문에 그것은 잘 받아들여지지 않았다. 1970년대에 이르러서야, DNA의 자기 조직화에 관한 그녀의 연구의 의의가 과학자 사회에 의해 진가를 인정받았는데, 단지 세포 수준이 아닌, 분자 수준에서 유전자를 연구하는 것이 이때 가능해졌던 것이다. DNA가 어떻게 특성의 재생산과 표현에서 작동하는지에 관한 세부 사항은 복잡했는데, 아주 많이 그러해서 여타 유전학자들은 그녀의 논의를 따라가는 데 몇몇 어려움을 갖게 되었다. 그녀의 착상은 어떻게 동일한 세포들이 발생하는 배아embryo 안에서 피부, 뼈, 신경 등등으로서 특수화된 기능을 떠맡게 되느냐에 관한 오랫동안 무시되었던 질문을 설명하는 단초를 제공했는데, 이때 모든 세포가 DNA 안에 유전자들의 동일한 집합들을 포함한다. 그녀의 연구는 또한 종의 다양성이 진화되는 유전적 기제에 관해 빛을 던져줄 수도 있다.

행복하게도 머클린톡은 그녀에게 주어져야 할 인정의 몇몇을 경험할 수 있을 만큼 오래 살았다. 그녀가 70대였을 때, 많은 상을 받았고, 맥아더MacArthur 재단 연구 장학금을 포함하고 있었다. 이 상은 몇몇 대중적 주목을 그녀에게 가져다주었는데, 이것은 그녀를 불편하게 만들었을 뿐이다. "나는 대중성을 전혀 좋아하지 않아요"라고 그녀는 말했다. "내가 하고 싶은 모든 것은 실험실 속 조용한 자리로 은퇴하는 것이에요." 과학자 사회로부터의 그녀의 연구에 대한 인정 외에 그녀는 명성에 최소한의 관심도 갖지 않았던 것으로 보인다. "나에 관한 책으로 어떤 것도 하길 원치 않아요"라고 그녀는 말했다. 그녀는 은둔적이었지만 진정으로 은둔자는 아니었다. 그녀는 혼자서 일하는 게 더 효율적이었기에 혼자서 연구했던 것이다. 그녀는 늘 동료들과 의사소통을 하고 있었지만 그녀의 연구로부터 그녀를 빗나가게 할 활동을 피했다.

머클린톡은 위대한 과학자의 많은 고전적 특성들, 강한 집중, 세부 사항에 대한 주목, 고통스러운 작업에 대한 장시간의 인내, 자연의 비밀을 발견하기 위한 추동력 있는 호기심과 함께하는 자연에 대한 사랑을 나타냈다. 그녀의 연구에 대한 이해 결여에 직면해, 그녀는 여러 해의 외로운 노동을 고집하기 위한 올바른 재료를 갖고 있었다. 그녀는 그녀의 연구에 완전히 몰입할 수 있었는데, 그녀가 켈러에게 말해준 조금 믿기 어려운 이야기가 보여주듯이 말이다. 코넬 대학교 2학년 그녀는 지질학 강의의 마지막 시험을 마친 후에, 그녀는 이름을 잊어버렸기 때문에 그녀의 답안지를 제출할 수 없었다! 그녀는 시험에 그토록 몰입했기에 그 위에 이름을 쓸 수 있기 전에 20분이 걸렸던 것이다. (누군가에게 물어보는 일은 황당했을 것이라고 그녀가 진술했다.)

정부 또는 대형 자금 프로젝트 기업 스폰서로부터의 그녀 연구의 독립 때문에 그녀는 최근의 과학자들 사이에서 통상적이지가 않고—사실상 여성 과학자 사이에서 독특하다. 다양한 사회적 압력이 여성으로 하여금 과학에서 주도적 연구를 하는 것을 금했다. 현대 물리학 선구자의 한 사람인 막스 플랑크Max Planck는 과학을 연구하는 여자에 관한 전통적 견해를 표현했다. "자연 그녀 자체herself가 여자에게 그녀의 기능을 어머니와 주부로 처방했음은, 그리고 자연 법칙은 중대한 위험 없이는 어떤 상황에서도 무시될 수 없음은 충분히 강조될 수가 없다"(McGrayne 1998, 43에서 인용). 과학에서 학술 기관은 특별히 여자에게 제한적이었다. 최근까지, 여자 대학 밖에서, 여자는 교수직에서 주로 배제되어 왔다. 1921년, 켈러가 주목하기로, 남녀공학인 단과대학과 종합대학의 1000명의 교수 구성원 가운데 오직 1명이 여자였고 이들 중 대부분은 가정학과 체육교육 안에 있었다. 머클린톡의 초기 이력에서 참이었던 바가 여전히 주로 참이었다. 과학 속 여성은 여대에서 가르치는 일에, 연구 조수가 되는 일에, 또는 주도적 과학자와 결혼하고 그의 연구를 돕는 일에 효과적으로 제한되었다. 머클린톡은 드문 예외였으나, 그럼에도 불구하고 그것은 쉽지 않았다. 그녀는 위대한 남자 연구자들의 방식으로 과학을 추구하기 위해, 그녀가 원했던 바를 알고 있었으며, 그녀는 그녀의 독립을 유지하기 위해 꽤 적극적이었다.

자연이 그것의 경이를 어떻게 작동시키는지를 간파하는 일에 그녀를 안내하기 위해 그녀의 직관을 신뢰했으나, 그녀는 그럼에도 불구하고 자연의 기제를 합리적으로 증명하기 위해 과학의 요구에 기꺼이 복종했다. 그녀의 과학 방법은, 무엇이 가능하냐에 대한 전통적 제한에 속박되지 않고, 가설화하는 것이었으나, 그러고 나서 그녀의 추측들을 그것들이 자연이 실제로 작동하는 방식에 대응했는지를 알아보기 위해 시험하는 것이었다. 특수한 옥수숫대 외관의 세부 사항 또는 현미경 아래 염색체 외관의 약간의 차이는 그녀로 하여금 추측의 정교한 사슬을 출발시킬 수 있었다. 개별 유기체의 내밀한 세부 사항에 대한 그녀의 집중과 사물의 상호 연관에 대한 그녀의 자연주의자적 느낌은 유전의 기제들을 발견하는 데 잘 봉사했다. 자연이 하나임에 대한 그녀 진술의 몇몇에서 그녀는 우리가 사물 사이에 선을 긋고 하부 구분을 하지만 "그것들은 실재하는 것이 아니다"(Keller 1983, 204)라는 잠재적으로 신비적인 쪽을 보여주었다. 그러나 그녀는 "신비주의자"로 불리는 것을 싫어했다. 그녀는 단지 명확한 이해를 성취하기 전에 교조적으로 어떤 것을 믿기를 원치 않았던 것이다.

켈러는 머클린톡의 과학 연구 속에서 그녀의 동기를 표현하기 위해 아인슈타인Einstein을 인용하는 쪽으로 향했다. 그녀는 아인슈타인의 말에서 "이 세계 안에 노출된 이성의 어렴풋한 반사조차 이해해 보려는 깊은 동경"을 느꼈고 그녀는 생명 형태들의 신비의 몇몇을 풀어내는 데서 엄청난 즐거움을 발견했다. 아인슈타인은 이성과 논리가 과학을 하는 데 필수 불가결하지만, 그것들이 충분하지는 않다고 주장했다. 그가 선언하기로, 과학적 발견은 자연의 질서에 관한 "공감적 이해 위에 놓여 있는 직관"을 요구한다. 과학에서 "일상적 노력은 숙고한 의도 또는 프로그램에서가 아니라 가슴에서 직접 나온다"(Keller 1983, 201에서 인용).

머클린톡은 그녀가 가장 원했던 것은 자유로워지는 것, 그녀의 연구를 자유롭게 추구하는 것이었다고 말했다. 그녀는 결코 은퇴하지 않았고, 단지 90세에 가까워지자 연구실에서 하루 8시간이나 9시간을 보내는 것으로 감속했을 뿐이다. 노벨상을 받는 데 대한 그녀의 반응은 과학의 삶에 관한 그녀의 관념을 요약해 준다. "그토록 많이 즐거움을 가진 것에 대해 한 사람에게 보상하는 것은 공정하지 않고 …… 실험을 하는 것은 그런 즐거움이며, …… 나는 그런 좋은 시간을 가졌고 …… 나는 아주, 아주 만족스럽고 흥미진진한 삶을 가졌다"(≪뉴스위크Newsweek≫ 1983년 10월 28일)는 것을 그녀는 알아냈다.

5.2 즐길 만한 만지작거리기

과학 연구가 특별히 쾌락적 추구라고 흔히 생각되지는 않지만, 몇몇 과학자는, 아마도 명확한 결과가 성취되지 않을지라도, 실험실 속 실험하기 과정을 실제로 즐긴다. 정말로, 실험가들은 종종 그들 솜씨의 숙련된 실행에서 자긍심을 얻는다. 요즘, 우리는 과학 연구를 초원심 분리기나 전자 현미경, 수백만 달러짜리 망원경이나 거대 입자 가속기와 같은 고도 기술 장비를, 그것들을 작동시키기 위한 전문 기술자들의 팀과 함께, 연루시키는 것으로서 생각하는 경향이 있다. 그러나 금세기까지, 루이스 캐럴Lewis Carroll이 제시한 것처럼, 많은 과학자가 갈릴레오와 뉴튼의 전통 속에서 그들 자신의 장치를 이른바 '끈과 봉하는 밀납'에서 만들어냈다.

실험 솜씨에 대한 자긍심은 영국 물리학자 P.M.S. 블래킷P.M.S. Blackett(1897-1974)에 의해 1933년에 쓰인 『실험 물리학의 솜씨The Craft of Experimental Physics』라는 에세이에서 강경하게 정력적으로 표현되었다. 그는 과학자는 "어떤 실험이 할 가치가 있는 것인지를 아는 충분한 이론가여야 하고, 그것을 할 수 있는 충분한 장인이어야 한다"라고 적고 있다(Crowther 1941, 514에서 인용). 과학자는 일반적으로 유리를 불 수 있고, 금속을 굽힐 수 있고, 목공을 할 수 있고, 사진을 촬영할 수 있고 전기 회로에 배선을 할 수 있고, 간단한 장치의 숙달자가 되어야 하며—작업하는 하루 대부분에서 그런 일을 해야 한다. 이것을 그가 실제적 취미의 국가적 경향인 것으로 가정하는 바와 연결시켜, 블래킷은 영국 실험 물리학은 "성장하는 중간 계급이 그 번영의 여가를 카페에서 보다는 집에서 보내도록 이끈 사회 전통과 도덕적 원리에서 유도되었다"(514)라는 제안을 과감히 진술했는데—차고나 헛간에서 실제적 과업에 열중하는 대신 카페에서 관념을 토론하면서 그들의 시간을 보내는 신뢰할 수 없는 대륙인들에 대한 엄격한 혹평이었다! 블래킷은 계속 나아가 썼다. "그것은 그 특수한 매력을 실험가들의 솜씨에 부여하는 손과 정신 활동 사이의 친밀한 관계이다. …… 그의 정당한 활동 영역은 목공 일에서부터 역학에까지 이른다. 만들고 생각하는 일 둘 다가 그의 일이며 이들 즐거울 만한 둘 사이의 일치를 그가 보면서 그는 그의 시간을 양분할 수 있다"(515). 블래킷 자신은 안개상자cloud chamber에서 거의 50만 개의 알파 입자 궤적에 대한 약 2만 장의 사진을 찍은 끈질긴 실험가였다. 그는 알파 입자와 질소 분자 사이에 충돌을 보여준 여덟 개의 궤도를 가까스로 뽑아냈는데, 이것은 핵반응에 관한 최초 관찰로 표시되었다.

과학자이며 정치가인 워린 위버Warren Weaver는 그가 싹터가던 실험 과학자였던 초기 신호를 묘사했다. 일곱 살에 "사물들을 분리하고 그것들이 어떻게 구성되고, 그것들이 어떻게 작동하는지 알아내는 일은 흥분되고, 자극받고, 엄청나게 재미있었음은 [그에게] 완벽히 명백했다"(Love and Childers 1965, 267). 우리는 이제 그들에게 실험하기의 즐거움이 거의 결과에 관한 호기심만큼이나 강한 동기 부여였다고 보이는 두 사람의 예를 볼 것이다.

기체를 가지고 스스로 즐거워하는 프리스틀리

조지프 프리스틀리Joseph Priestley(1733-1804)는 화학 발전에 중요한 업적을 이룬 가난한 성직자(지배적이던 영국 국교회주의Anglicanism에 반대한, 유니태리언Unitarian 교도)였다. 실험하기를 좋아한 아마추어 과학자였던, 그는 화학에 관한 책을 읽었고 기체에 관한 그 자신의 연구를 하려는 충동을 느꼈는데, 그는 양조장 이웃에 살아서 크게 도움을 받았다. 그는 그의 자서전에 적었다.

> 나는, 처음에, 내가 발효 과정에서 이미 만들어져 있음을 알아낸 비활성 기체에 관해 실험하는 것을 스스로 즐거워했다. 내가 이들 실험을 시작했을 때 나는 화학에 대해 아는 것이 거의 없었다. …… 그러나 나는 전체적으로 이런 상황이 내게 불이익이었던 것은 아니라고 종종 생각했다. 이 상황에서 내가 내 특수한 관점에 적용된, 나 자신의 장치와 과정을 고안하도록 인도되었듯이 말이다. 한편 내가 만약 이전에 보통의 화학적 과정에 익숙해 있었다면, 나는 어떤 다른 것에 관해 그렇게 쉽게 생각하지 못했을 것이고, 새로운 양식의 조작 없이 나는 실질적으로 새로운 다른 어떤 것을 거의 발견하지 못했을 것이다(Huxley 1964, 13에서 인용).

그는 양조장에서 나온 무색의 기체가 큰 통에 떠 있던 불타는 조각을 꺼버리는 것을 관찰했다. 그 기체는 사실 우리가 지금 이산화탄소로 알고 있는 것이었다. 그는 그 기체가 "대단히 상쾌한 거품 나는 물"을 만드는 데 사용될 수 있음을 알아냈다. 프리스틀리는 그러므로 소다수를 발견한 공적을 인정받을 수 있다! (그는 이것으로 왕립학회로부터 코플리Copley 메달을 받았다.) 그의 집 실험실에서, 그는 암모니아를 포함한 다양한 기체를 계속해서 분리하고 연구하는 작업을 했다. 그러나 그는 산소 발견에 기여한 사람 중 하나로 가장 잘 알려져 있다.

쿤Kuhn(1962)이 강조했듯이, "누가 산소를 발견했는가?"라는 질문은 흥미로운 역사적이고 개념적인 쟁점을 제기한다. 프리스틀리에게 때로 공훈이 주어지는데, 그가 산화수은을 가열해 비교적 순수한 산소 기체의 표본을 모으는 데 성공한 첫 번째 사람 중 하나이니 말이다. 우연히 가까이에 촛불을 갖고 있던, 그는 그것을 무슨 일이 벌어지는지 단지 보려고 산소가 들어 있던 플라스크에 넣으려 했다. 그에게 놀랍게도, 그것이 밝게 타올랐다! 그는 그 기체를 "플로기스톤이 빠진 공기dephlogisticated air"라고 칭했는데, 이 묘사는 플로기스톤phlogiston 열 이론에 의해 제안된 것이었는데, 이 이론은 그 당시에 통상적으로 받아들여졌다. 플로기스톤은 물질이 탈 때 제거되는 물질로 생각되었고, 식물이 공기 속에서 플로기스톤을 제거한다고 생각되었다. 플로기스톤은 또한 음의 무게negative weight라는 신비한 속성을 지닌다고 가정되었는데, 그것은 타버린 사물의 측정 가능한 무게 증가를 설명해 주었다. 하지만 우리는 이제 연소를 산화─플로기스톤의 제거가 아니라 산소의 부가─로 이해하며, 또 우리는 식물이 산소를 내놓는다는 것 역시 알고 있다. 모든 이가 물론 산소를 들이마셔 왔지만, 누구도 그것을 공기의 성분으로 구별하지 않았다. 프리스틀리는 우리가 산소라고 알고 있는 것을 분리해 냈고 그 성질의 몇몇에 주목했지만, 그는 그것을 그릇된 이론의 눈으로 보았다. 프리스틀리와 동시대 프랑스인 앙트완-로랑 라부아지에Antoine-Laurent Lavoisier(8.1을 볼 것)는 산소(그가 그렇게 이름 붙인)의 진정한 발견자로서 더 강한 주장을 지니는데, 그가 오늘날 표준 화학에서 이해되듯이 그 기체가 화학 원소라는 것을 인식한 첫 인물이므로 그러하다.

프리스틀리의 프랑스 혁명에 대한 지지 때문에, 그는 그 시대 보수적 영국에서 의혹을, 심지어 증오를 불러일으켰고, 결국 1791년 "철학자는 필요 없다! 교회와 왕은 영원히!"라고 외치던 성난 군중이 그의 예배당과 집을 불살랐다. 그 후 런던으로 이사했다가 그는 급진적인 정치적 견해 때문에 왕립학회 회원들에게 회피당했다. 그는 결국 1794년 미국으로 이주했다. 그 전에 영국 방문 중 프리스틀리를 만난 적이 있는 벤저민 프랭클린Benjamin Franklin은 그를 환영했고, 그가 펜실베이니아 대학의 교수직을 맡도록 제안했다. 그러나 프리스틀리는 개인적 집필 활동과 연구를 계속하길 선호했다. 국외에 있는 동안, 그는 타고 있는 숯 위로 증기를 지나가게 해 일산화탄소를 만들어냈다(이 "가연성 공기"는, 그렇지만 당시에 수소와 혼동되었다). 그는 또한 나중에 마취제로 쓰였고 "웃음 기체laughing gas"로 불린 산화질소도 만들어냈다. 그러나 이들 기체를 현대적 명칭으로 부르지 않았는데, 왜냐하면 그는 라부아지에가 선도한 화학 이론과 명명법의 혁명을 결코 받아들이지 않았기 때문이었다. 프리스틀리의 숙련과 즐거움은 이론적 작업보다는 실험적 작업에서 명백히 더 강했다.

병균과 곰팡이를 가지고 논 플레밍

알렉산더 플레밍 경Sir Alexander Fleming(1881-1955)은 아마도 전적으로 그럴 자격이 있었던 것은 아니었음에도 불구하고 최초의 효과적 항생 물질, 페니실린의 발견자로서 세계적 명성을 얻었다. 그의 실험실 접시 중 하나에서 결정적 곰팡이의 성장은 통상적이지 않은 행운의 문제였고, 페니실린의 항생 잠재력은 그에 의해서가 아니라 하워드 플로리Howard Florey 옥스퍼드 대학 팀에 의해 약 12년 후 개발되었다. 그렇지만 플레밍의 실험과 날카로운 관찰력 없이, 병균을 죽이는 곰팡이의 잠재력은 결코 주목받지 못했을 수도 있다.

플레밍은 제1차 대전 중 무서운 전투 부상자들을 치료하려(별로 성공 못 한)하면서 프랑스 임시 병원에서 보낸 시간을 제외하고는 그의 전체 전문 직업 생활 동안 런던의 세인트 매리 병원St. Mary's Hospital에서 일했다. 그의 전쟁 경험은 환자 몸의 방어 백혈구를 파괴하지 않고도 전염성 세균을 죽일 살균제의 필요성을 그에게 보여주었다.

전후, 세인트 매리 병원으로 돌아와, 그는 그의 두 가지 중요한 발견 중 하나를 이룩했다. 그는 그의 더 깔끔한 동료들과 달리 마흔 또는 그 이상의 살아 있는 배양체를 그의 작업대에 계속 놓아두는 습관을 발전시켰는데, 이는 만일 이상한 어떤 것이 자라났는지를 알아보기 위해 그가 경계하게 될 것이었다. 한번은, 감기로 고생할 때, 그는 자신의 코에서 나온 몇몇 점액을 배양했다. 그는 2주 후 그 점액이 그것 가까이에 있는 박테리아를 죽이고 있는 것처럼 보이는 점을 관찰했다. 타액, 눈물, 계란 흰자도 유사한 효과를 지님을 알아내어, 그는 그 점액 속에 몇몇 항균체가 나타난다고 추론했다. 플레밍은 그의 연구를 「조직 및 분비물에서 발견한 주목할 만한 용균성 요소에 대하여」라는 논문으로 왕립학회에 보고했다. 그렇지만 일정한 희귀 박테리아만이 영향을 받음이 판명되었고, 그래서 나중에 분리되었으며 **라이소자임**lysozyme으로 불린 병균을 죽이는 물질에 대한 그의 발견은 아무런 치료적 응용을 갖지 않았다.

1928년, 플레밍은 그를 아찔한 높이의 명사로 결국 들어 올린 발견을 한다. 그는 병균 킬러에 대한 연구를 계속했고, 어느 날 그는 전염성 포도상구균 배양체에서 깨끗한 불규칙 반점에 주목했다. 플레밍은 몇몇 감염체에 의해 그 박테리아가 죽었다고 추론했고, 그 감염체를 그는 **푸른곰팡이 속 곰팡이** penicillium notatum라는 곰팡이로 추적해 갔다. 이 곰팡이는 플레밍이 **페니실린**이라 이름 붙인 액체를 분비한다. 그는 그의 관찰에 대해 해명을 출간했지만, 과학계는 별 주의를 기울이지 않았다.

플레밍의 발견은 일치의 두드러진 집합에 의존했다. 헤어Hare(1970)의 최근 과학 탐정 작품은 이 돌파가 보통 생각되는 것보다 훨씬 더 행운과 연루되었다고 제안한다. 헤어의 분석에 따르면, 플레밍의 배양에서 발전된 깨끗한 불규칙 반점에 대해 다음의 상황 조합이 필요했다.

1. 플레밍은 포도상구균을 접시에 넣었고, 다른 연구자가 열대성 곰팡이를 연구하고 있었던, 아래층 실험실에서 아마도 나왔을, 흔한 곰팡이의 아주 드문 변종의 포자가 떠다니다 그의 실험실로 들어왔을 때 우연히 그 접시를 오염시켰다. (플레밍은 사람들이 들를 수 있도록 문을 열어두기를 좋아했던 사교적 성격이었다.)

2. 몇몇 이유로, 플레밍은 보통처럼 접시를 데우지 않았다.

3. 그는 그가 휴가 간 동안에도 접시를 그의 작업대 위에 두었다.

4. 그 기간, 찬 날씨에 따뜻한 차례가 뒤따랐고, 이것이 먼저 페니실린을 생산하는 박테리아를 허락했고 그러고 나서 박테리아가 자라도록 했다. (페니실린은 활동적으로 분열하는 세포에 효과적일 뿐인 것으로 보인다.)

5. 플레밍이 돌아왔을 때, 그는 그 접시에 눈길을 던졌고, 이상한 아무것도 못 봤고, 그것을 치웠지만, 우연히 그 접시는 세척되지 않았다.

6. 누군가가 한담하려 불쑥 들어왔고, 플레밍은 그의 습관처럼 그의 작업대에 놓여 있는 접시들을 자랑해 보여주게 되었다.

7. 그는 우연히 문제의 접시를 들어 올렸고 아주 흥미로운 어떤 것에 주목했는데—병균이 곰팡이 근처 영역에서 죽어버렸다.

이는 그의 코를 그의 실험에서 떨어지도록 하기도 한, 온갖 곳에 세척하지 않은 접시를 놔둔, 그가 실험하고 있던 바를 제대로 계속 기록하지 않은 지저분한 실험실 습관을 지녔던 괴짜 스코틀랜드인에게는 전혀 공적을 받을 자격이 없다는 것처럼 들리게 만들 수도 있겠다. 그렇지만 플레밍의 실험 노트는 그가 정말로 꽤 질서 정연해 왔음을 보여준다. 그는 세균 성장에 연루된 요소들의 혼합의 미묘함을 의식하고 있었고 표준으로부터의 어떤 이탈을 계속 바라보고 있었다. 만일 그가 접시에서 자라게 한 폭넓게 다양한 배양체를 가지고 "놀았다"면, 이는—무슨 일이 일어날지를 보기 위한—의도적 정책이었다. 균을 죽인 희귀한 곰팡이의 그 산재하는 불규칙 반점은 덜 전문가인 실험자와 덜 날카로운 관찰자에 의해서는 주목되지 않았을 것이다. 플레밍은 물리학자에서 전환한 유전학자 막스 델브뤽Max Delbruck(1906-1981)에 의해 처음 발표된 실험하기에서 "제한된 부주의의 원리principle of limited sloppiness"의 좋은 예증이다. 기대치 않은 것이 나타날 만큼 충분히 깔끔치 못하라, 그러나 부주의해서 일어난 바를 분석하지 못할 만큼 그리고 그 현상을 반복되도록 하지 못할 만큼 그렇게 깔끔하지 못하지는 말라(Root-Bernstein 1989, 412에서 인용). 그러나 이제 우리는 왜 플레밍이 그다음 12년(1928-1940) 동안 페니실린의 항생 잠재력을 추구하지 않았느냐는 질문을 해야 한다.

어떤 양의 물질의 순수 표본을 얻는 데 기술적 어려움이 있었지만, 그는 제한된 양을 얻을 수 있었을 것이고 쥐와 같은 작은 동물에 치료법 시도를 수행할 수 있었을 것이다. 만일 그가 계속했다면, 그는 더 큰 페니실린 표본을 정제하도록 생화학자들을 설득하는 데 성공할 수 있었을 것이다. 그렇지만 플레밍은, 페니실린이 혈류 속에서 약 30분 안에 사라지므로, 그것이 항생제로서 혹은 국소적 살균제로서조차도 쓸모없으리라 생각할 몇몇 이유를 갖고 있었다. 그래서 그는 그 계획을 포기하고 다른 연구로 전환했던 것이다. 페니실린을 아주 많은 생명을 구해낸 유명한 항생제로 개발하는 일은 다른 사람들에게 남겨졌는데, 이 이야기는 6.3에서 우리가 계속하게 될 것이다.

많은 사람이 플레밍이 과학 영웅으로 기록되어야 하는 것을 이상하게 느끼는데, 그는 위대한 과학적 발견을 이루는 사람들과 보통 연합된 근면과 상상력이라는 특성을 결여했다고 보이기에 그러하다. 그는 실험실에서 하루에 여섯 시간을 일하고 나서 저녁때는 연회용의 첼시 클럽Chelsea club에 종종 가곤 했던 느긋한 성격이었다. 그의 주말은 시골 은신처에서 지나갔다. 그렇지만 그는 그의 실험 기법이라는 예술을 글자 그대로 이룬 그리고 실험실 접시에 자라난 배양체에 미묘하게 착색해 산출시킨 "병균 사진"을 자랑해 보여주면서 즐거워하던 고도로 유능한 세균학자였다. 그의 재능은 이론이나 실제적 응용보다는 실험과 관찰에 더 많이 놓여 있었다. 플레밍에게, 실험 작업을 행하는 기쁨은 적어도 이론적 호기심이나 의학적으로 유용하기를 기대하는 욕망만큼 강했던 것으로 보인다. 그가 페니실린의 의학적 잠재력에 대한 연구를 아주 단호하게 추구할 정도로 추동되지는 않았다. 그의 전기 작가 그윈 먹팔린Gwyn Macfarlane의 평가에서, "플레밍의 수준은 정말로 놀이였다. …… '나는 미생물들과 논다'—그의 연구에 대한 그의 종종 반복된 기술—는 문자 그대로 참이었다. 그의 대부분의 연구는 그에게 게임이었다"(1984, 263). 교훈은 여러 상이한 종류의 재능이, 그리고 때로 큰 덩어리의 행운이 과학적 성공에 기여할 수 있다는 것이다.

플레밍의 페니실린 발견에 요구된 엄청난 양의 행운과 뜻하지 않은 발견을 이룰 능력에도 불구하고, 질병 야기 원인 세균을 죽이기 위해 곰팡이를 이용한다는 착상은 예상되어 왔던 것이다. 용균 수술을 도입한 영국 외과의 조지프 리스터Joseph Lister(1827-1912)는 1871년 특정 곰팡이가 박테리아의 성장을 막는다는 점에 주목했다. 그가 몇몇 실험을 했지만, 그것들은 어떤 것에도 이르지 못했다. 플레밍의 발견에 대한 진정한 예고에 더 가까웠던 어떤 것은 프랑스 의대생 에르네스트 뒤셴Ernest Duchesne의 연구였다. 그는 파스퇴르를 읽어왔고 미생물 사이의 "생존을 위한 투쟁"에 호기심을 갖게 되었다. 그는 곰팡이의 단일 포자가 (그저 우연히 **페니실린을 만든 푸른곰팡이**Penicillin glaucan였던) 축축한 빵이나 여타 부패하는 음식에 떨어졌을 때, 그것은 자라지만 때로 몇몇 불규칙한 반점을 남기곤 한다는 점에 주목했다. 그는 곰팡이가 박테리아로 인해 죽었을 수가 있다고 추측했다. 이 가설을 시험하기 위한 그의 연구 과정 중, 그는 또한 그 역도 탐구했는데—곰팡이에 의해 박테리아가 죽을 수 있을까? 그는 기니피그에 전염성 장티푸스균을 주입하고 나서 그들 중 몇몇에게 페니실린 곰팡이로부터 나온 묽은 액체를 주사했다. 그는 치료받지 않은 쥐들은 죽은 반면, 곰팡이를 받은 쥐들은 모두 회복했다고 주장했다. 뒤셴은 그의 연구를 「미생물의 생존 투쟁에 관한 연구에의 기여: 곰팡이와 세균 사이의 적대」라는 박사 학위 논문으로 보고했다. 그러나 그의 연구는 완전히 무시되었고 1970년까지 재발견되지 않았다. 뒤셴이 페니실린의 발견자라는 공훈을 부여받아야 할까? 플레밍이 발견한 것은 통상적이지 않게 효과적이었다고 판명 난 그리고 대부분의 사람에게 잘 용인된 특수한 종족의 곰팡이(수백 가지 **페니실린** 속 중의)였다. 인정받지 못했던 과거 연구와 나중 연구 간의 연속성이 존재하지 않는 사례들에서, 과학자 사회는 앞서 있던 연구에 공적을 별로 수여하지 않는다.

▪ 더 읽기 제안

Curie, E. 1937. *Madame Curie*.

Gibbs, F. W. 1965. *Joseph Priestly: Adventures in Science and Champion of Truth*.

Gillispie, C. C.1970-1980. *Dictionary of Scientific Biography*.

Keller, E. F. 1983. *A Feeling for the Organism: The Life and Work of Barbara McClintock*.

Macfarlane, G. 1984. *Alexander Fleming: The Man and Myth*.

McGrayne, S. B. 1998. *Nobel Prize Women in Science: Their Lives, Struggles, and Momentous Discoveries*.

Schofield, R. E. 1966. A *Scientific Autobiography of Joseph Priestley, 1733-1804*.

Sootin, H. 1959. *Gregor Mendel: Father of the Science of Genetics*.

6 과학적 평판, 과학적 영향력, 대중적 명성

우리는 이제 과학자에게 그들의 전문 직업적 활동에서 동기 부여하는, 순수한 지적 호기심과 별도인, 몇몇 요인을 조사하게 될 것이다. 우리는 이 장을 과학 전문직에 대해 내적인 것인 것으로 묘사될 수 있는 두 가지와 함께 출발할 것이다. 과학적 평판에 대한 욕구, 즉 어떤 이가 이룬 업적에 대한 그의 동료의 존중, 그리고 과학 발전 및 그것이 실행되는 방식에 영향력을 행사하고자 하는 야심이 그것이다. 우리는 또한 여기서 이것들과 관련되지만, 구별 가능한, 여타 일반 대중의 눈에서 명성을 성취하려는 야심에 대해 고려할 것이다. 과학 전문직에 대해 외적인 것으로 묘사될 수가 있을 다른 요인은 이어지는 장들에서 조사된다.

6.1 과학적 평판

과학적 평판을 얻으려는 야심은 그 자체로 가치 없는 일은 아니며―정말로, 그것은 과학 진보의 중요한 요소이다. 과학 지식은 공적으로 의사소통되어야 한다. 한 보고된 현상의 실재를 확립하기 위한 기준은, 그 요구된 조건이 재생되었을 때 다른 사람에 의한 그것의 관찰 가능성이다. 한 이론이 과학적으로 타당하다고 인정받기 위해서는, 그 이론이 의문시되는 현상에 관한 최상의 쓸 수 있는 설명을 제공한다는 데 과학자 사회가 (합리적 토론에 의해) 동의하게 되어야 한다. 그러므로, 과학에 기여를 이루어내는 일은 한 주장이 다른 과학자에 의해 타당하다고 인정되도록 만드는 일을 요구한다. 아주 가끔, 고립되어 연구하던 과학자가 아주 중요한 발견을 할 수도 있다. 멘델이 이 종류의 드문 예의 하나지만, 멘델은 생물학에서 무슨 문제가 물을 만한 가치가 있느냐에 관한 몇몇 착상은 물론 과학적 방법에 대한 그의 이해를 다른 이에게서 획득했다. 누구도, 아무리 명민하게 태어났어도, 그 모든 것을 맨 처음부터 해낼 수는 없다.

과학 및 그 방법에 대한 우리의 현재적 관념은 수 세기 동안 많은 지성에 의해 이룩되었다. 근대 물리과학의 위대한 창시자들—코페르니쿠스, 케플러, 갈릴레오, 뉴튼—자신도 선행자들의 이론과 방법 안에서 교육받았다. 만일 어떤 이가 유능한 동료와의 토론이라는 혜택 없이 연구하고 그녀 스스로 중요한 발견을 했다고 생각한다면, 그녀는 이들 발견물을 글쓰기를 통해 (나중 세대에게 대해서만일지라도) 의사소통해야 하게 될 것이다. 아마 그러한 고립된 과학자는 그녀가 무언가를 발견했다는 사실로부터 개인적 만족을 느끼기 위해 그녀의 결과의 타당성에 관해 충분히 확신할 수 있었을 것이다. 생각해 보건대, 그녀는 또한 다른 이들이 그녀의 연구를 인정하느냐의 여부에 아주 많이 개의치 않을 만큼 그토록 자족적일 수도 있을 것이다. 멘델은 이 첫째 조건을 만족시키는 것으로 그러나 두 번째에 대해서는 그렇지 않은 것으로 보이는데, 왜냐하면 논문을 발표했고, 내글리와의 교신에서 피드백을 구했기 때문이다. 우리가 보게 될 것처럼, 뉴튼은 종종 공적 토론에서 꽁무니를 뺐는데, 한편 다른 때는 그가 그 자신의 평판에 대해 과도하게 신경 썼던 것으로 보인다.

고립과 자족은 즉각적, 전 세계적 전자 의사소통이라는 현재적 조건에서는 물론 극단적으로 가망성이 없다. 오늘날 과학 연구의 통상적 맥락은 주제의 기본 사항에 관한 철저한 조사인데, 어떤 새로운 결과의 신속한 출간 및 전 세계 관련 전문가에 의한 비판적 시험과 함께 몇몇 전문 영역에서 최근 연구에의 친숙으로 이끈다. 과학 분야 최전선에서 연구하는 이들은 누가 현재 가장 중요한 기여를 이루고 있는지 빨리 알게 된다.

하지만, 평판에 수반되는 하나의 특별한 면모는 과학이 실행되게 된 것으로서 그것의 특성인데—즉, **발견의 우선성**priority in discovery에 붙여진 커다란 중요성이다. 다른 몇 사람이 똑같은 문제를 연구해 왔고, 독립적으로 유사한 결론들에 도달했을 때, 아마도 그것들을 단지 짧은 시간 후에 출간했다고 하더라도, 첫 번째 사람이 모든 공적을 실질적으로 얻는다. 이것은 "승자가 모든 것을 갖는다"라는 사례이다. X에 대한 과학적으로 만족스러운 해명을 최초로 출간하는 그가 또는 그녀가 역사의 나머지에 대해 X의 그 발견자로 보통 알려지는 것이다.

과학사학자들이 나중에 과학 문헌에서 공적을 얻지 못한 이전의 발견 사례를 지적하면서 기록을 바로잡으려 시도할 수는 있다. 사실, 누가 정말로 발견을 이루었는지를 말하는 것이 항상 쉽지는 않다. 때로 그 당시에는 발전되지 못하는 나중의 이론에 대한 예고가 존재하는데, 지구가 태양의 둘레를 돈다고 말한 사모스의 아리스타르코스Aristarchus of Samos(기원전 260년경)가 그런 경우인데, 그리하여 코페르니쿠스의 태양 중심 가설의 전조가 되었다. 출간 지각이 다른 사람에게 영예가 넘어가도록 허락할 수가 있다(우리가 이 장 뒤에서 보게 될 것처럼, 조지프 헨리Joseph Henry는 이 사항에 맞는 한 경우이다). 스웨덴 화학자 칼 셸레Karl Scheele는 프리스틀리와 라부아지에보다 2년 먼저—그는 그것을 "불공기fireair"라 불렀다— 산소를 분리해 냈으나 먼저 출간하는 데 실패했다. 올바른 이론이 당시에 거부될 수도 있고, 그것이 추구되지 않는다면, 그것은 공적을 거의 또는 전혀 받지 못한다. 이 사항에 맞는 비극적 사례는 J. J. 워터스톤Waterston의 그것인데, 그는 1845년 왕립학회의 두 심사 위원에게 "단순한 넌센스"라고 거부당한 꽤 포괄적인 열 운동론을 연구해 냈다. 그 논문의 잠재적 가치는 겨우 1892년이 되어서야 존 레일리 경Lord John Rayleigh에 의해 주목되었고, 워터스톤이 죽은 지 그리고 다른 이들이 동일한 관념을 연구해 낸 지 오랜 뒤였다. 역으로, 1781년 천왕성 발견에 대해 공적은 항상 윌리엄 허셜William Herschel에게 부여되어 왔다. 그러나 이전에 적어도 17번의 관찰이 기록되어 왔는데, 그럼에도 불구하고 그것은 항성으로 여겨졌다(Kuhn 1977, 171).

그리고 허셜 자신은 처음에 러시아 천문학자 안더스 렉셀Anders Lexell (1740-1784)
이 그것은 일곱 번째 행성이라고 제안했을 때까지 혜성이라 생각했다. 더 최
근 예는 5.2에 언급된 플레밍의 페니실린 발견에 관한 예고였다.

　17세기에 과학이 나아가기 시작한 이래 줄곧, 많은 과학자는 발견의 우선
성에 대해 탐욕스럽게 경쟁해 왔는데, 우리가 보게 될 것처럼, 때로 쓰라린 논
쟁이 되어버렸다. 금세기에, 노벨상 수상에 붙여진 위신이 아마도 경향을 악
화시켰을 것이다. 이들 상의 수상 체계는(때로 공동 수상하기도 하지만 많아야 3명
사이에서다) 심사 위원이 공정하게 그렇게 하기가 어려운 곳에서 식별해 내도
록 요구한다. 이는, 자연의 비밀과 투쟁을 벌여서만이 아니라, 말하자면, 서
로 씨름해 그들의 훌륭한 솜씨를 보여주려고 경쟁하는 과학자들을 운동선수
의 경쟁성과 깔보듯이 비교했던 아인슈타인의 태도를 조장하는 경향이 있다
(3.2를 볼 것). 비록 승리의 격차가 1/100초 차이일 뿐일지라도, 경주에서 오직
한 사람의 승자가 존재하듯 바로 그렇게, 과학적 우선성이 해석되고 보상받
는 것도 그러하다.

　왜 과학적 인정이 "승자가 모든 것을 갖는다"라는 규칙을 따라야 하는가?
많은 실제적 결정은 전부가 아니면 전무의 유형이어야 하는데, 예를 들면, 결
혼, 직업 받아들이기, 또는 선거가 그것이다. 한 과학 분과에서, 한 시점에 하
나의 자리 또는 하나의 연구비에 대해 충분할 뿐인 돈이 있을 수가 있다. 그런
상황에서, 선택은 최소 폭의 차이에 기초해 이루어져야 할 수가 있다. 그러나
과학적 기여 및 평판을 평가하는 일과 같은 덜 즉각적인 실제적 결정에서, 우
리가 단일 승자가 있어야 한다고 기대해야 한다는 점은 명백하지 않다. 왜 무
언가를 하는 **첫 번째**가 되는 것에 그렇게 많은 강조가 놓여야 할까? 과학에서
발견에 대한 공적으로 상을 받는 방식은 공정한 보상에 대한 우리의 보통 관
념을 따르지 않는다. 생물학에서 우선성이 어떻게 상을 받아왔는가에 관한
연구에서 데이빗 헐David Hull은 "과학 수호성인들의 유용성은 지적 공정성 문
제에 의해 매우 강하게 영향받지는 않는다"라고 주목했다(1989, 124). 상을 받

는 것이 과학자(혹은 예술가, 음악가, 소설가)를 추동하는 유인은 아니지만, 그 것은 그들의 연구 속도를 높일 수가 있고, 그 경쟁적 요소를 악화시킬 수가 있 으며, 그것을 특정 방향으로 돌릴 수가 있다.

출간된 논문에 기초해 우선성을 수여받는 일은 과학자 사회의 주목을 모으 기 위한 방식으로 발전된 것으로 보인다. 이 기능은 다윈 이전 생물학자인 장-바티스트 드 라마르크Jean-Baptiste de Lamarck(1744-1829)에 의해 인식되었다. "이전에 알려지지 않았던 유용한 진리를 발견하고 입증하는 일로 충분치는 않으며 …… 또한 그것을 전파하고 인식되도록 하는 일이 필요한 방법이다" (『동물 철학Zoological Philosophy』, 1809에서), 다윈은 독일 자연학자 에른스트 해켈 Ernst Haeckel(1834-1919)이 1868년 진술했던 "개체 발생은…… 계통 발생의 짧 고 빠른 반복이다"(Hull 1989, 124)라는 관념에 대한 그 자신의 공적의 결여를 토의하면서 유사한 개념을 표현했다. 다윈이 1859년 출간한 그의 『종의 기원 The Origin of Species』에서 언급된 것으로서 이 관념에 대해 "아무런 주목을 받 지 못한" 것에 약간 실망한 것으로 읽혔지만, 그는 과학 에티켓의 요점을 양 보했다. "내가 나의 독자에게 인상을 주지 못한 것은 분명하다. 그리고 그렇 게 하는 데 성공하는 그가, 내 의견으로는, 모든 공적을 받을 자격이 있 다"(1899, 72). 우리가 나중에 계속 주목하듯이, 이는 왜 다윈이 알프레드 월리 스Alfred Wallace보다 자연 선택에 의한 진화의 "아버지"로 인정되는지에 대한 주요 이유를 표시해 준다.

대부분의 과학자는 그들의 과학 동료 사이에서 그들의 평판에 깊이 신경 쓴다. 많은 경탄할 만한 자질이 최고 수준의 과학 연구에서 성공하는 데 필요 한데—상상력, 결정력, 어떤 이 자신의 관념들을 그것들이 가치 있게 보이도 록 타당화하고자 노력할 만큼의 충분한 확신, 온갖 종류의 어려움(이론적, 실 험적, 재정적, 실제적, 개인적)을 이겨내는 인내력(많은 다른 문제에 대한 결과적 무 시와 함께하는), 그 일에 대한 단 하나의 목표를 지닌 집중이 그것이다. 그러나 이것들은 자만, 이기주의, 독단주의, 다른 이를 지배하고 폄훼하려는 의지와 같은 덜 경탄스러운 자질과 연합되거나 그쪽으로 빠질 수 있다. 평판 혹은 명성에 대한 관심은 비합리적 집착이 될 수 있다. 우리는 이제 다양한 과학적 평판의 추구를 예시하는 많은 예를 조사하기로 한다. 이야기가 매력적이지 않은 곳에서, 그 외에는 위대한 개인들의 결점을 드러내기 위해서가 아니라 과학자들의 동기들의 혼합이 다만 얼마나 미묘하며 어떻게 뒤집힐 수 있는지를 보여주기 위해서 우리는 예를 들어 그것을 말한다.

뉴튼의 쓰라린 우선성 논쟁

뉴튼은 아주 빨리 아주 높은 과학적 평판을 성취했다. 그러나 그의 위대한 기여를 인정받았음에도 불구하고, 그는 다른 과학자들과의 일련의 불결한 싸움에 연루되었는데, 그 자신의 지위가 확보되었을 때조차 우선성에 대한 논쟁을 벌였다. 그의 업적은 주로 자연의 내부적 작동에 관한 지식과 이해에 대한 순전한 욕망으로 추동되었음은 진실로 남아 있는데—이는 우리가 4.1에서 그를 묘사했던 방식이다. 그럼에도 불구하고, 뉴튼은 평판에 대한 과도한 관심을 보여주는 흥미롭고 다소 교란을 일으키는 사례를 우리에게 제시한다.

　케임브리지 트리니티 칼리지 학생으로서, 뉴튼은 조숙한 수학 재능을 급속히 발전시켰는데, 그의 교수들에게 인상을 주었고 스스로 17세기 새로운 수학과 과학 대부분의 대가가 되었다. 그는 곧 트리니티 칼리지의 특별 연구원으로 선발되었고 26세라는 이른 나이에 수학의 루카스 교수가 되었다. 그 당시부터 계속, 그는 그의 삶에서 영속적 정열이었던 연구를 하는 데 필요한 수입 및 여가를 확인받았다. 그는 우리가 그 성공한 과학자의 특성으로 보았던 단 하나의 목적을 위한 결심으로 그의 연구를 추구했다. 뉴튼은 국내 및 국외에서 쉽게 인정을 성취했다. 1672년 그는 왕립학회 회원이 되었고, 그는 후에 프랑스 아카데미의 외국인 회원 선출이라는 아주 드문 수훈을 얻었다. 그는 크리스잰 호이헨스Christian Huygens와 고트프리트 라이프니츠Gottfried Leibniz

와 같은 유럽에서 주도적 학자에 의해 인정받은 그의 탁월함과 함께 그의 삶의 나머지 동안 수학과 물리학 연구의 최전선에 남아 있었다.

뉴튼의 삶은 과학적 성취와 그의 전문 직업의 구성원들에 의한 인정에서 위대한 성공담이었고—우리가 6.3에서 보게 될 것처럼, 그의 삶의 끝을 향해 가면서, 대중적 명성에서조차도 그랬다. 하지만 뉴튼 역시 동료 과학자들과의 논쟁에서 골치 아픈 내적 심리를 드러냈다. 그의 개인적 감정을, 특히 이 시간의 이격에서, 드러내기는 어렵지만, 우리는 논쟁적 상황에서 그가 나타낸 이상한 태도에서 몇몇 단서를 얻을 수 있다. 과학의 새로운 착상들이 항상 즉각적 환호를 받는 것은 아니며, 그것들이 젊고 지금까지 알려지지 않은 인물들에게서 나올 때는 특히 그렇다. 오늘날 우리는 빈번히 만들어지고 있는 과학적 진보라는 관념에 더 익숙하지만, 뉴튼 시대에 그의 장엄한 성취들조차 수용을 위한 전투에 직면했다. 과학적 논쟁에 대한 그의 반응은 극에서 극을 달린 것으로 보인다. 1676년, 뉴튼이 빛에 관한 그의 몇몇 실험 결과를 두고 분명히 그것들의 재생을 시도하지 않고서 논쟁했던 벨기에 과학자 리누스 Linus에 회답하라고 압력받았을 때, 뉴튼은 역정을 내며 반응했다. "내가 리누스 씨의 용무에서 자유로워진다면, 나는 내 개인적 만족을 위해 하는 것을 제외하고, 그것들에서 단호하게 영원히 안녕을 고하거나, 내 뒤에 나오도록 남겨둘 것이다. 내가 보기에 사람은 새로운 어떤 것도 내놓지 않겠다고 결심하거나, 그것을 방어하는 노예가 되어야 하기 때문이다"(Andrade 1954, 64-65).

이 진술은 무능한 비판에 대해 다름 아닌, 격분을 표현한 것일 수도 있다. 그러나 따라오는 몇 쪽에 제시될 더 나아간 증거의 관점에서, 그것은 어떤 공적 토론에 연루되는 것에 대한 혐오를 가리키는 것으로 보인다. 뉴튼은 그의 연구 결과를 다른 이들이 확인할 필요를 느끼지 못했으며 전문 직업적 평판을 이루는 데 개의치 않았던 것 같다. 만약 그랬다면, 뉴튼은 정말로 아주 통상적이지 않은 과학자였다. 하지만 다른, 더 심각한 논쟁 사안에서 뉴튼은 반대 극단으로 갔는데, 그의 말년을 집착하게 했고 황폐하게 했던 오래 끈 논쟁과 사적 악감정을 불러일으키게 되었다.

뉴튼의 악명 높은 우선성 논쟁의 최초는 로버트 혹Robert Hooke(1635-1703)과 했던 것이었는데, 그는 초기 과학에 몇몇 광범위한 영역에 걸친 기여를 이룬 실험자였다. 혹은 왕립학회 조정관에 임명되어, 그들의 주간 회의에서 "그 학회에 서너 개의 고려할 만한 실험을 공급하는" 임무를 맡았다. 그의 1665년 논고『마이크로그래피아Micrographia』는 코르크 조직에서 관찰한 세포에 관한 최초의 묘사로 유명한데, 빛의 파동성에 관한 가설은 물론 빛에 대한 많은 실험 결과를 포함했다. 혹은 상상력이 풍부한 정신을 가졌으나, 주제들 중 어떤 것을 깊이 발전시키지 않고 한 주제에서 다른 것으로 건너뛰었다. 외견상 빛에 대한 앞서 언급한 뉴튼 연구의 명성을 시기해, 혹은 그 자신의 개념을 표절했다고 뉴튼을 고발했다. 뉴튼이 분쇄 논박으로 혐의를 격퇴했지만 그러고 나서 그는 혹이 이룩한 것이 무엇이었든 간에 그에 대한 어떠한 공적도 부여하길 거부했다. 다른 과학자의 기여를 인정하는 실행이 당시에는 지금 그런 것처럼 표준적이지 않았지만, 외교술이 그렇게 하도록 제안되었을 법했던 때조차도, 뉴튼은 혹에게 어떠한 양보도 하길 꺼렸다. 서로가 알고 지내던 친구들에 의해 화해가 시도되었지만, 감정이 양쪽 모두에서 격앙되었다. 불화에 대한 비난의 일부는 왕립학회 간사와 관련이 있는데, 그는 혹을 싫어했고 모든 기회에 둘 사이의 불일치를 고조시켰다. 뉴튼은 전체 사건에 아주 역겨움을 느끼게 되어서 그는 과학 문제에 대한 어떤 더 이상의 서신 교환에 참여하지 않기로 또는 연구 결과를 왕립학회에서 의사소통하지 않기로 결심했다. 그것이 그가『광학Opticks』을 혹이 죽은 뒤인, 1704년까지 출간하지 않은 이유이다. 여기 의사소통으로부터 스스로를 차단시킨 과학자에 관한 기이한 사례가 있는 것인데―그의 업적에 대한 토론을 동경했으나 고립되어 있던 과학자, 멘델(5.1을 볼 것)과는 꽤나 반대된다.

뉴튼은 그의 연구를 공공연하게 만드는 것을 마음 내키지 않아 했고 그의 획기적인『프린키피아』를 출간하도록 설득되어야 했다. 그는 일찍이 이 연구를 위한 수학적 기초를 놓았지만 당시 그것들을 한쪽에 치워두고 화학, 연금술, 역사, 신학에 은둔해 집중하면서 10년을 보냈다. (그는 연금술에 대한 약 65만 단어와 성서적 그리고 신학적 주제에 대한 100만이 넘는 단어를 남겼다.) 그의 수학적 천재성은 에드먼드 핼리Edmund Halley(후에 혜성에 그의 이름을 따다 붙인)에 의해 그에게 제시된 한 문제에 의해 더 새로워진 활성으로 점화되었는데, 그는 어떻게 케플러의 행성 운동 법칙이 인력의 역제곱에서 유도될 수 있는지 물었다. 뉴튼은 그의 "유율법method of fluxions"(뉴튼이 발명한 미분법)을 그 문제를 푸는 동역학 원리들에 적용했다.

『프린키피아』의 출간이 마침내 임박했을 때, 뉴튼은 훅의 또 다른 우선성 주장에 아주 격노해서 그가 결정적인 제3권을 철회하겠다고 위협했다. 한 소인배가 그를 부당하게 경멸했기 때문에 그는 자신의 걸작을 절단할 준비가 되어 있었다. 훅이 역제곱 법칙에서 타원형 행성 궤도를 연역하는 관념을 예상했던 것으로 보이지만, 그는 제대로 그것을 발전시키지 못했다. 1684년 왕립학회의 회합에서, 그는 궤도의 연역을 얻었다고 주장했으나 "다른 이들이 시도와 실패를 해가면서 그것을 어떻게 평가할지 알 수도 있도록 그것을 한동안 숨기게 될 것인데, 그때 그는 그것을 공표해야 한다"(Fauvel et al. 1988, 45). 뉴튼이 무언가를 발견했을 때마다 그가 이미 그것을 발견했었다는 훅의 유명한 자랑이 민감한 뉴튼을 아주 초조하게 만들어야 했다. 뉴튼의 위대한 성취였던 것은 만유인력의 법칙에서 케플러의 법칙들의 실제적 유도였다. 격노한 뉴튼을 설득해 결국 세상이 그의 업적을 보게끔 하기 위해 핼리의 모든 외교성이 필요했다.

뉴튼의 또 다른 다툼은 모든 과학 우선성 논쟁 중 가장 유명한 것의 하나가 되었는데, 그것은 오늘날 거의 모든 과학 분야에서 적용을 찾게 되는 물리학에서 필수불가결한 도구인 미적분법의 개발에 대한 그들 각각의 기여를 놓고 뉴튼과 라이프니츠 사이에서 있었다. 이 논쟁은 그 뿌리를 뉴튼의 초기 연구에 두었지만, 그것이 그의 삶의 말년에 공적으로, 심지어 국제적으로 엄숙한 대의가 되었을 때, 그에게 이전의 다툼들에서보다 훨씬 더 큰 분개를 일으켰다. 두 주역이 남긴 논문에 관한 조사는 뉴튼이 발견의 우선성을 가짐을 보여주었는데, 라이프니츠의 미분법의 독립적 발견보다 10년 일찍, 1666년에 이르러 그의 "유율법"에 도달했다.

두 사람 모두 엄청난 공적을 받을 가치가 있다. 그러나 그들은 그들의 발견에 아주 다른 태도를 취했다. 뉴튼은 그의 수학적 업적을 숨기는 경향이 있어서, 1704년까지 어떤 중요한 것을 출간하지 않았는데, 그때 그는 61세였다. 그의 저술을 통해 생계를 해결할 필요가 있었던, 라이프니츠는 뉴튼과의 몇몇 의사소통으로 이익을 거두었음에도, 빨리 출간했고 나뉘지 않은 공적을 얻으려 나중에 시도했다. 라이프니츠는 제대로 된 인정이 부여되지 않았다고 심지어 왕립학회에 불평했다. 1712년, 왕립학회 위원회는 그 논쟁을 조사했고 뉴튼을 편들어 보고했다. 뉴튼 자신이, 왕립학회 회장으로서, 추정상으로는 공정한 조사의 익명으로 출간된 보고서의 일부를 썼던 것이 여러 해가 지난 후에 발견되었을 뿐이다. 각국의 지지자에 의해 부추김을 받아, 이들 위대한 사람의 어느 쪽도 명성을 공유할 준비가 되어 있지 않았다.

헨리: 제때 발표하지 못하다

조지프 헨리Joseph Henry(1797-1878)는 19세기 미국의 위대한 실험 과학자였지만, 그의 생애 동안 스미스소니언 협회Smithsonian Institution의 유능한 관리자로 더 잘 알려졌다. 그는 사실 전자기 유도의 원리를 생각해 낸 첫 번째 사람이었지만, 위대한 영국 실험자 마이클 패러데이Michael Faraday (1791-1867)가 약간 나중에 똑같은 발견을 했으나 처음으로 출간을 했고 그래서 공적을 부여받았다.

헨리의 배경은 그의 더 유명한 동시대인의 그것과 좀 유사했다. 그는 가난한 가정 출신이었고, 학교를 거의 다니지 못했고 어린 나이에 일하러 갔다. 패러데이처럼, 과학에 대한 그의 잠재적 흥미는 그것을 불붙이는 데 작은 스파크만을 필요로 했다. 16세에, 그렇게 이야기는 진행되는데, 친척 농가를 방문하던 동안, 교회 기슭에서 애완용 토끼를 쫓았고 몇몇 느슨한 바닥 판자를 통해 안으로 들어가는 길을 찾았다. 내부에서 그는 자신이 마을 도서관에 있음을 알게 되었다. 거기에 몇 차례 돌아갔던 일이 그를 책에 흥미를 갖도록 했다. 나중에 그는 『실험적 철학, 천문학, 화학에 대한 강의Lectures on Experimental Philosophy Astronomy, and Chemistry』를 만났는데, 이것이 그의 과학적 호기심을 일깨웠고 그를 학교로 돌아가게 영감을 주었다. 그는 여가 시간에 전자석을 가지고 실험하기 시작했고, 결국 무게가 1톤이 넘는 철을 들어 올릴 수 있는 것을 만들었다. 여기에 부인의 비단 속치마를 절연체로 사용했다. 그의 전기 교환기 발명은 새뮤얼 모스Samuel Morse가 개발한 전신기 배후에 있는 원리였다. 1831년, 그는 전지로 가동되는 전기 모터를 세웠다. 그가 "철학 장난감 philosophic toy"이라 불렀던, 이 모터는 오늘날 사용되는 크게 다양한 숱한 전기 장치의 기초가 되었다(Coulson 1950, 70). 그는 과학 연구에서 이윤을 취해서는 안 된다고 믿었으므로, 헨리는 발명품들에 대해 특허를 신청하려 결코 시도하지 않았다. 1842년에, 그는 독일 물리학자 하인리히 헤르츠Heinrich Hertz (1857-1894)보다 무려 반세기 앞서 라디오파 송신을 효과적으로 증명했는데, 이 발견에 대한 그의 보고서는 그가 그것을 파동 현상으로 이해하고 있었음을 보여준다.

그렇지만 헨리가 가장 위대한 발견을 한 해는 1830년이었다. 전기 현상의 이전 탐구들은 꾸준한 전류가 꾸준한 자기장을 유도한다는 사실에 의해 잘못 인도되었다. 헨리는 전류를 유도하기 위해서는, 변화되는 자기장이 요구됨을 눈치챘다. 그는 어떻게 하나의 코일에 흐르는 전류가 그 자기장을 수단으로 또 다른 코일에 전류를 일으키는지를 기술하는 유도 원리를 정식화했다. 그러나 올버니 아카데미Albany Academy와 나중에 프린스턴 대학교에서 수학 및 과학을 가르치는 무거운 부담은 그가 바로 출간하도록 충분한 시간을 그에게 주지 않았다. 그 사이에, 그는 영국 학술지에서 패러데이가 똑같은 주요 실험을 한 것을 읽었는데―헨리보다 뒤였으나, 출간으로 그를 때렸다. 꽤 실망했음에도, 그는 결코 우선성을 다투지 않았다. 그가 적은 것처럼 말이다. "나는 출간했어야 했지만 시간이 거의 없었다. …… 나는 내 결과들을 훌륭한 형태로 내보내길 원했다"(Coulson 1950, 87). 그는 그가 우선성을 가졌던, 자기유도self-induction 원리를 포함하는, 그의 결과들을 쓰도록 어쨌든 설득되었다. 그의 업적이 많이 인정받지 못한 하나의 이유는 당시 미국 과학이 아주 높은 평판을 갖지 못했다는 점이었다. 그는 결국 인덕턴스inductance의 단위가 "헨리"로 딱지가 붙여졌을 때 몇몇 사후 명성을 성취했다.

다윈과 월리스: 우선성 문제

위대한 과학 혁명의 하나가 찰스 다윈Charles Darwin(1809-1882)에게서 그 이름을 취한다. 그가 진화론을 제안한 최초 인물은 아니었지만, 그의 방대한 저술은 자연 선택에 의한 진화론을 그 이후 생물과학의 토대에 필수적인 것으로 확립했다. 다윈 혁명의 시작은 1859년 『자연 선택에 의한 종의 기원The Origin of Species by Means of Natural Selection』의 출현에서 연원한다. 다윈은 영국 해군 탐사선인 비글Beagle호로 세계를 도는 그의 탐사 이래 내내 그의 관념을 발전시키고 있었다(8.1을 볼 것). 1836년 영국으로 귀환해, 그는, 그가 기술했듯이, "참된 베이컨적 원리 위에서on true Baconian principles" 사실을 수집함으로써 연구하면서, 공책을 계속 적어나가기 시작했다. 인구 압력이 생존 경쟁으로 이끈다는 영국 경제학자 토머스 맬서스Thomas Malthus(1766-1834)의 구절을 읽고 불꽃이 튀어서, 그는 그의 이론의 주요 관념을 생각해 냈다. 그는 그 모든 경이로운 적응을 지닌 살아 있는 자연의 다양성을 불러일으키는 데 자연 선택의 작용을 증명할 큰 "종 책Species Book"에 관한 작업을 시작했다.

　다윈은 부분적으로 대중적 반응을 두려워해, 진화론에 대한 그의 관념을 출간하는 일을 수년 동안 미루었는데, 그 문제는 신학에서 강하게 민감한 것이고(그리고 지금도 여전히 그렇고), 도덕과 정치에서 전복적인 것으로 생각되었다. 그는 공적인 논쟁에 대한 혐오를 뉴튼과 공유했다. 그렇지만 그의 친구, 선구적 지질학자 찰스 라이얼Charles Lyell(1797-1875)은 그의 관념이 예기되었던 것일 수도 있고 그가 출간하는 것이 낫겠다고 그에게 경고해 주었다. 진화적 관념은 19세기 영국에서 아주 많이 감돌고 있었다. 자연 선택의 일반적 관념은 이미 몇 사람의 작가에 의해 제안되어 왔지만, 만개한 진화론으로 발전되지는 않았다. 다윈은 "나는 우선성을 위한 저술이라는 관념은 싫어했지만, 어떤 이가 나보다 앞서 내 교의를 출간하지 않을까 애태워야 했다"(Irvine 1955, 98에서 인용)라고 고백했다. 그는 그의 이론의 윤곽을 그리기 시작하려 움직였지만 그의 논증의 전반적 노선을 압축하기는 어렵다고 알게 되었다. 1857년 또 다른 생물학자 알프레드 러셀 월리스Alfred Russel Wallace(1823-1913)에게서 온 편지를 받았는데, 그로 하여금 행위하도록 자극했다. 월리스는 진화의 기제로서 자연 선택에 독립적으로 도달했던 것이다. 다윈은 깜짝 놀랐고, 그는 라이얼에게 편지를 썼다.

> 당신의 말이 그대로 진실이 되어버렸습니다. …… 나는 더 충격적인 일치를 결코 못 보았습니다. 만일 내가 1842년에 쓴 원고의 스케치를 월리스가 가졌다면, 그가 더 나은 짧은 요약을 이루어내지 못했을 텐데요! …… 꼭 그 원고를 제게 돌려주시기 바라며, 그것을 내가 출간하기를 그가 바란다고 말하지 않지만, 나는 물론, 즉시 편지를 써서 어느 학술지에 보내라고 제의하게 될 것입니다. 그래서 내 모든 독창성은, 그것이 무엇이건 간에, 분쇄되겠지만, 그럼에도 불구하고 내 책이 어떤 가치를 어쨌든 인정받게 될 것이라면, 질이 떨어지게 되게 않을 것입니다. 모든 노고가 그 이론의 적용에 있듯이 말입니다(Darwin 1899, vol. 1, 473).

자연 선택의 관념은 월리스가 인도네시아에서 표본 수집을 위한 답사를 하는 동안 그에게 일어났다. 그는 다윈의 『비글호 여행기Beagle Journal』를 읽었고 종의 전환에 관한 의문을 곰곰이 생각해 오고 있었다. 한차례 열병을 앓던 동안, "통찰의 섬광 속에서" 그는 최적자가 살아남으리라는, 자연 선택의 관념을 생각해 냈다. 다윈처럼, 월리스는 맬서스의 인구론에 자극받아 왔는데, 그는 12년 전에 그것을 읽었던 일을 회상해 냈다. 그는 그가 다윈에게 보낸 짤막한 편지에서 그의 관념을 단숨에 써 내려갔는데, 다윈과 그는 전에 진화에 관해 서신 교환을 했었다. 다윈은 월리스가 인쇄를 서두르는 동안 그를 무시하든지 그를 지연시킨다는 유혹을 받아야 했지만, 그렇게 하지는 않게 되었다. 한 시점에서 양심적인 다윈은 월리스에게 유리하도록 물러서는 일을 고려하기조차 했는데, "내가 보잘것없는 정신으로 행동했다고 그나 어떤 다른 사람이 생각해야 하게 만드는 것보다는 차라리 내 전체 책을 불사르겠다"(Desmond and Moore 1991, 469)라고 외쳤다. 그러나 그는 20년 노고를 단념할 진정한 준비가 되어 있지 않았다. 그는 그 연구에 대해 잘 알고 있던 그의 친구인 라이얼과 식물학자 조지프 후커Joseph Hooker(1817-1911)에게 영예로운 해결책을 찾아달라고 호소했다. 그들은 1858년 린네학회Linnaean Society에서 다윈이 그의 연구의 요약을 월리스와 함께 발표하도록 주선했다. 독립적 발견에서 공적의 문제에 대한 이 해결책은 나중 사례들을 위한 본보기가 되었는데―이것들은 현저히 자주 나온다.

왜 그렇다면 우리가 지금 월리스와 다윈의 진화론이 아니라, 다윈의 진화론에 관해 말하는 것일까? 그들의 자연 선택 개념 간에 몇몇 미묘한 차이가 있지만, 이것이 다윈이 탁월함을 얻은 데 대한 이유는 아니다. 다윈이 월리스에 앞서 그 관념에 대해 생각했었지만, 출간 없이, 이것이 단독으로 과학에서 많은 중요성을 지니지는 않는다. 놀랍게도, 1858년의 논문들은 많은 관심을 일으키지 않았다. 자연 선택에 의한 진화론을 지지하는 세부적 증거들의 덩어리를 가진 큰 연구인 『종의 기원』이 출간된 그다음 해에서야, 대중과 과학계가 주목하기 시작했다. 월리스는 진화에 관해 몇몇 더 나아간 연구를 수행했으나, 자연 선택이 인간 정신을 설명할 수 있다는 관념으로부터의 나중의 퇴각은 다윈의 경멸을 얻었다. 월리스는 다윈이 과학적 공적을 갖도록 하는 것에 꽤 만족했던 것으로 보이며, 1889년, 그는 진화에 관한 그 자신의 대중적 설명에 『다윈주의Darwinism』라고 명칭을 달기까지 했다. 그 자신의 역할에 관해, 그는 다윈에게 "내가 주장하는 모든 공로는 당신이 즉시 집필하고 출간하도록 유도하기 위한 수단이 되어왔다는 것이었습니다"(Marchant 1916, 131)라고 썼다. 빅토리아 시대 많은 사람처럼, 월리스가 죽은 이와 의사소통을 기도해 강신술을 지지했을 때, 그는 과학자 사회에서 많은 이에게 경시당했다. 다윈은 신비주의로의 이 퇴락으로 스트레스를 받았지만, 그는 월리스가 정부 연금을 얻도록 결코 로비하지 않았는데, 그는 시험지 점수를 매기는 것으로 근근한 연명을 위해 돈을 벌어야 했다. 탄원서가 마침내 빅토리아 여왕에게 전달되었는데, 그녀는 적당한 연금을 인허했다.

웟슨: 생명의 부호를 해독하기 위한 경주

제임스 웟슨James Watson, 프랜시스 크릭Francis Crick, 모리스 윌킨스Maurice Wilkins는 "핵산의 분자 구조 및 생명 물질 속 정보 전달에 관한 그것의 중요성과 관련된 발견들discoveries concerning the molecular structure of nuclear acids and its significance for information transfer in living material"로 1962년 노벨 생리학상을 공동 수상했다. DNA 나선 구조의 발견은 그것이 생명의 바로 그 부호에 관한 우리의 이해를 결과시켰고 우리 삶에 근본적으로 영향을 미칠 것을 이제 약속하는—또는 위협하는—유전 공학 분야의 시작이었기 때문에, 20세기의 가장 위대한 과학적 돌파의 하나로 자리 잡고 있다. 그들의 연구는 유전자들, 즉 거의 1세기 전 멘델에 의해 가설화된 유전 인자들이 일종의 화학적 자물쇠 및 열쇠 기제에 의해 기능함을 보여주었다. 모든 사람들이 그 연구 결과의 중대한 본성에 동의함에도, 발견 그 자체의 과정은 논쟁으로 뿌연 상태에 있었다.

웟슨이 그 과정에 관해 현저하게 솔직한 설명을 써냄으로써 스스로에 대한 많은 비판을 초래했는데, 이는 현대 과학의 고도로 경쟁적인 본성을 드러낸다. 『이중 나선The Double Helix』(1968, 1980년 재발간)은 지식의 최첨단에서 과학 연구를 한다는 것이 무엇과 같은지에 대한 내부로부터 나온 몇 안 되는 묘사 중 하나이다. 윗슨은 결정적 문제에 대한 지적 매혹을, 강박 관념에 거의 가까운 흥분을 전달하는데―그럼에도 그는 테니스, 와인, 케임브리지의 예쁜 아가씨들과의 교제를 배제하지는 않고 있다(이 사람은 엄한 수도원 과학자가 아니다!). 그는 이 문제를 연구하는 다른 집단과의 경쟁 관계를 묘사했다. 정반대의 실험 결과, 신뢰할 수 없는 문서, 반항하는 실험 장비로 인한 좌절. 자금 조달과 실험실 책임자와의 그의 조화에 관한 우려. 어려운 동료들. 놀랍지 않게도, 그 책은 베스트셀러가 되었다.

윗슨은 열다섯 살에 대학에 들어갔으며, 스무 살에 인디아나 대학교에서 유전학 박사 학위를 받은 시카고 출신의 젊은 귀재였다. 박사후 연구원 자리가 그로 하여금 코펜하겐에서 그리고 이어 1951-1953년까지 영국 케임브리지에서 연구하는 것을 가능하게 해주었다. 더 차분한 몇몇 영국인에게, 그는 경솔한, 지적으로 거만한 카우보이처럼 보였다. 윗슨은 DNA(디옥시리보핵산 deoxyribonucleic acid)가 한 세대에서 다음 세대로 모든 형태의 생명에서 유전 정보 전달에 여하튼 연루되어 있어야 한다는 점이 명백해지고 있었던 때에 재빠르게 들어왔다. 1950년대 이전에, 대부분의 생물학자는 유전자가 작동하는 기제들이 발견되리라 기대하지 않았다. 하지만, 캘리포니아 대학교의 카리스마 있는 인물 라이너스 폴링Linus Pauling 같은 약간의 사람은 DNA의 구조를 풀어내는 일이 세포가 복제할 때 어떻게 정보가 전달되는지 드러낼 수도 있을 가능성을 깨닫고서, 돌파를 이뤄내려 경쟁하고 있었다. 런던 킹스 칼리지에서, 모리스 윌킨스Maurice Wilkins와 로절린드 프랭클린Rosalind Franklin은 DNA 분자의 X선 회절 무늬에 관한 세심한 실험적 연구를 해오고 있었다.

그때 영국에는 과학 연구에서 한 주제에 관한 연구를 시작한 사람들이 다른 이들이 그 문제에서 기회를 잡기 전에 진전을 이룰, 결과를 출간할, 공적을 얻을 합당한 기회를 허용받아야 한다는 일정한 비공식적 윤리 또는 에티켓이 있었다. 하지만, 다른 사람의 연구 주제에 비집고 들어가는 그의 부원(部員)에 관해 구식의, 고상하고 예의 바른 견해를 소유한, 케임브리지 대학교 캐번디시 연구소의 저명한 감독인 로런스 브래그 경Sir Lawrence Bragg의 불인정에 윗슨은 낙담할 사람이 아니었다. 결국, 누구도 그가 생각하는 것을 막을 수는 없었다! 이것 및 뒤이은 발견들에서 그의 생화학 이론의 재능이 결정적이었던, 약간 더 나이를 먹었지만, 아직 확실히 자리 잡지는 못한, 이전에 물리학자였던 크릭과의 열렬한 협력에서 윗슨은 도움을 받았다. 그러나 윗슨 스스로가 유전학의 심오하게 유의미한 질문들에 대한 날카로운 후각과 행정적, 재정적, 개인적 장애에도 불구하고 그것들을 추구하려는 결정력 둘 다를 명백히 갖고 있었다. 추정컨대 그가 연구비를 받고 있었을 다소 상이한 연구보다 오히려 DNA 문제에 그가 집중할 수 있도록 그의 박사후 연구 과정을 통제하는 규칙을 구부리는 일에서 그는 몇몇 빈틈없는 우회(다른 곳에서처럼, 과학에서 때로는 성공을 위해 필요한!)를 나타냈다. (그는 국립과학재단에 연구비를 신청했으나 거절당했는데, 이것이 아마도 중요한 연구의 예측할 수 없는 성격에 관해서 무언가를 이야기해 줄 것이다.)

윗슨과 크릭은 그들의 DNA 모형을 구성하려고 그리고 그럼으로써 출간 경쟁에서 이기려고, 로절린드 프랭클린이 힘들게 성취해 낸 X선 결정학의 결과들을 비윤리적으로 사용한 혐의로 고발당해 왔다. 윗슨은 그와 크릭 역시 그 문제를 연구하고 있다고 그녀에게 계속 알려주지 않은 채, DNA에 관한 최근 실험 증거를 뽑아내기 위해 런던에서 열린 그녀 세미나의 뒤쪽에 앉아 있었던 일에 관해 정말로 그의 책에 적었다. 그러나 그는 한 단계에서, 그의 젊은 자만심으로, 중요하다고 판명된 일정한 세부 사항에 적절히 주목하는 데 실패했다. 1951년, 윗슨은 프랭클린이 DNA의 X선 사진으로부터 인산기 군phosphate groups의 위치가 나선의 바깥쪽에 있다고 추론했던 강연에 참석했다. 윗슨과 크릭은 2년 동안 나선의 **안쪽**에 이들 군을 지닌 DNA를 모형화하려 시도했으나 실패했었다. 그들이 DNA 구조를 얻었다는 케임브리지 짝의 선언은 윗슨과 크릭이 고통스럽게 구성했던 모형을 조사하기 위해 런던에서 윌킨스와 프랭클린을 그다음 열차로 데려왔다. 그러나 런던 짝은 곧바로 실수를 지적할 수 있었다. 브래그는 당시에 그 자신의 견해가 입증되었다고—과학의 에티켓을 침범했음은 물론, 그들의 시간을 낭비해 왔다고—생각했고, 그는 그들이 그 주제에 관해 더 나아간 연구를 하는 것을 금지했다. (크릭은 그의 끝나지 않은 박사 과정 연구로 돌아가라고 단호하게 고지받았다.) 그러나 그들이 DNA에 관한 뜨거운 주제에 관해 서로 말하는 것을 금지당할 수는 없었고, 또 다른 15개월 후 그들은 이중 나선의 정확한 모형을 생각해 낸다. 네 종류의 뉴클레오티드 벽돌을 갖는 이중 나선. 뉴클레오티드들은 그들의 질소 염기에서 다르다. 아데닌(A), 구아닌(G), 티민(T), 시토신(C). 그 네 염기는 사다리의 가로대처럼 A는 T와, G는 C와 각각 쌍으로 묶인다. 윌킨스와 프랭클린이 모형의 검사를 위해 그다음 번에 케임브리지로 초대되었을 때, 그것은 미리 철저히 확인되었으며 그 실험자들은 그것의 올바름을 받아들였다. 그 직후인 1953년, 짧은 역사적 논문이 ≪네이처Nature≫에 출간되었다.

노벨상이 1962년 윗슨, 크릭, 윌킨스에게 수여되었다. 프랭클린은 그사이 암으로 죽었고 사후 수상을 허락하지 않는 노벨상의 규칙에 따라 그렇게 적격이 되지 않았다. 크릭의 뒤이은 평가에 따르면, 프랭클린이 살아 있었다면 프랭클린과 윌킨스가 두 번째 상을 공동 수상했을 것이다. 그러나 그 두 과학자 짝의 상대적 기여라는 문제는 논쟁거리로 남아 있는데, 특히 그것이 여성주의적 쟁점을 제기하기 때문이다. 앤 세이어Anne Sayer는 『로절린드 프랭클린과 DNARosalind Franklin and DNA』(1975)라는 책을 통해 직선적 기록에 착수했는데, 그 표지에 "특히 남성 전문 직업 분야에서 재능 있던 여성이 됨이 무엇과 같은지에 대한 생생한 견해"라고 기술되어 있다. 세이어는 로버트 프로스트Robert Frost의 시 「키티 혹Kitty Hawk」에서 "모든 범죄 중 최악은 / 영광을 훔치는 것이다"를 인용하면서, "프랭클린은 강탈당했다"(190)라고 퉁명스럽게 결론을 내렸다. 그녀는 또한 과학자들의 연구 결과에 대한 인정을 아이들에 대해 부모임을 주장하는 것과 유사하다고 비교했다. 세이어는, 그녀가 제시한 것으로, 다양한 기여를 정정당당히 나타내는 DNA에 관한 프랭클린의 한 공동 논문이 윗슨과 크릭이 영광을 과하게 차지했던 일보다 더 적절했으리라고 암시했다. 그녀는 또 그 사례가 나쁜 선례를 세웠다고 논의했다. 만일 연구 경쟁이 미개하고 제약되지 않으면, "그 외 누군가보다 먼저 출간하려는 돌진은 …… 성급하게 행해진 빈약한 연구가 장려되는 돌진이다"(195).

윗슨은 『이중 나선』에서 프랭클린에 대한 노골적인, 심지어 잔인한 초상을 제시했다. 그가 그녀를 부른 것으로서, "로지Rosy"는 세련되지 못하고, 심보 고약하며, 다루기 불가능했는데─적어도, 이것은 그녀가 당시 그에게 어떻게 보였던가를 나타냈다. 다른 남자들은 프랭클린이 "어려웠다"라고 회상했다. 윌킨스는 한때 그녀가 "당신이 알듯이, 아주 맹렬했다"(Bernstein 1978, 147)라고 진술했다. 그 문제의 일부는 어쨌든 과학에 들어가는 여성에 반대하는 영국에서 특히 강한 편견을 갖는, 남성 지배 분과에서 그녀가 유일한 여성이었던 점으로 보인다. 그 시대 동안, 여자는 런던 킹스 칼리지의 연구원 휴게실 접근이 금지되기까지 했다. 프랭클린은 독자적 수입이 있었고, 그러므로, 그녀의 삶에서 다른 많은 것을 할 기회가 있었으나, 가족의 조언에 반해서, 스스로를 과학 연구에 바쳤다.

윗슨과 크릭은 그들이 그녀의 동의 없이 그 결정적 자료를 사용했다는 의미에서 그것을 훔쳤다. 윗슨과 크릭이─그녀의 기여를 적절히 인용하는 데 실패함으로써─과학 에티켓을 침범했는가의 문제는 더 복잡하다. 대부분의 과학 연구에서 그렇듯, DNA 구조의 발견은 핵산에 관한 에르빈 샤르가프Erwin Chargaff의 업적을 포함해서, 많은 선행자에 의존했다. 케라틴keratin 단백질의 나선 구조에 관한 라이너스 폴링Linus Pauling의 1948년 연구는 DNA의 유사한 구조를 가설화하는 데 형성하는 기초를 제공했다. 윌킨스는 프랭클린이 킹스 칼리지로 연구하러 오기 전에 단일 나선 모형을 이미 시도했었다. 세이어는 X선 사진을 이용해 DNA의 나선 구조를 증명하려는 시도를 창시한 이가 프랭클린이라고 주장했다. 그녀와 그녀의 조교 레이먼드 고슬링Raymond Gosling은 윌킨스에 의해 시작된 연구를 계속했고, 그것을 윗슨과 크릭이 나중에 그들의 모형을 구성하는 데 사용했다. 그녀가 비록 같은 학과에 근무했지만, 서로 간의 의견 교환 결여로 윌킨스와 프랭클린 사이에 이미 분쟁이 있었다. 프랭클린과 고슬링은 1953년까지 DNA 구조에 관한 그들의 어떠한 연구를 출간하는 데 실패했는데, 그것을 단지 "사적이고 개인적인 자료로서"(Bernsein 1978, 154) 다루었다.

물리학자이며 작가 제러미 번스타인Jeremy Bernstein(1978)은 이 사실에 숨겨진 인물은 1952년에 DNA 구조를 들여다보기 시작했으나 그에게 가용한 더 오래되었던, 열등한 X선 자료만을 갖고 있었던 폴링이라고 제안했다. 프랭클린은 1952년 DNA 나선 구조에 관한 그녀의 초기 가설을 포기한 것으로 보이고, 이미 윗슨과 크릭이 그들의 이중 나선 모형을 구성한 후, 1953년 1월까지 올바른 관념으로 돌아가지 못했다. 그들이 한 시점에 킹스 칼리지 집단에 협력을 실질적으로 제안했지만, 프랭클린과 고슬링은 관심이 없었다. 적절한 인용에 대한 것으로, 윗슨과 크릭이 그들의 발견을 선언하는 ≪네이처 Nature≫에 실린 논문에 자료가 전혀 인용되지 않았는데─그 자료는 나중에 프랭클린과 윌킨스에 의해 출간되었다. 윗슨과 크릭이 "킹스 칼리지 M. H. E. 윌킨스 박사와 R. E. 프랭클린 박사, 그들의 공동 연구자들의 출간하지 않은 실험 결과 및 착상의 일반적 성격에 관한 지식에 의해 자극받았다"(Watson 1980, 241)라고 그들이 말하면서, 그들의 빚에 대한 약한 인정을 그들의 논문에 포함했다. 번스타인이 제안한, 최대 불공정은 런던 팀이 그들의 자료에 의해 만들어지고 있던 사용에 관해 고지받지 못했다는 점이었다. 그는 로절린드 프랭클린에 대한 윗슨과 크릭의 대우가 과학에서 단순히 흔한 일이었다고 보았다(남성의 장악에 주목하라). "연구하는 과학자에게, 출간되지 않은 것은 존재하지 않는 것으로 가정되어야 한다. 심각한 과학자의 일의 일부는 그가 믿는 바를 출간하는 것이다. 만일 그가 이를 행하는 데 실패하고 누군가가 나중에 그의 연구를 재발견한다면, 어떤 이는 먼젓번 사람의 천재성을 감탄할 수가 있겠지만, 대부분의 경우, 그는 행운은 없다"(1978, 161). 이것이 과학적 우선성의 통상적 "윤리"를 기술할지라도, 그것이 언제나 공정함을 나타내지는 않는다.

벨: 과학 속 성차별

그녀의 연구에 대해 마땅한 공적을 부여받지 못한 로절린드 프랭클린의 사례는 남성 지배적 과학 속 성차별의 패러다임적 예로 사용되어 왔다. 윗슨은 프랭클린에 관한 묘사에서 그리고 그녀의 자료의 중요성을 평가절하한 데서 아주 상당한 정도로 전형적 쇼뱅주의Chauvinism를 나타냈다. 그러나 DNA 구조 발견에 관한 그녀의 기여가 어떻게 평가받았어야 하는가의 문제는, 우리가 보았듯이, 복잡하며 성에 기반한 차별 문제 그 이상을 연루시킨다. 그런 차별의 오히려 더 확실한 사례는 펄서pulsars로 알려진 별 유형의 발견에서 조슬린 벨Jocelyn Bell에 대한 대우로부터 알려질 수 있다.

조슬린 벨(나중에 버넬Burnell 박사)은 아이로서 천문학에 관심을 갖게 되었다. 물리학을 공부한 후, 그녀는 광학optical 천문학과 대조적으로, 관찰하기 위해 밤늦게까지 남아 있어야 할 필요가 없었기 때문에, 전파radio 천문학을 그녀의 박사 학위를 위해 연구하기로 결정했다. 그녀는 1965년 영국 케임브리지 대학교 앤터니 휴이시Antony Hewish가 이끄는 천문학 집단에 합류했다. 휴이시는 태양풍(태양에서 오는 입자 방사)이 별의 전파 방사의 "깜빡임"에 미치는 영향을 연구하려 망원경을 설계했다. 이 전파 망원경은 4일마다 한차례씩 하늘을 휩쓸었는데, 수백 피트의 도표를 산출해 냈다. 벨은 지구의 원천으로부터 오는 전파 신호와 별들의 원천에서 오는 전파 신호를 구별해 내는 일을 맡게 되었다. 1967년 10월, 벨은 400피트 도표의 1/2인치 부분에서 특이한 신호에 주목했다. 그녀는 얼마 전에 하늘의 같은 부분에서 도표에 나타난 그녀가 "덜미scruff 부분"으로 묘사한 것과 비슷한 것을 보았다고 상기했다. 벨은 그 관찰들을 가지고 휴이시와 토론을 벌였고, 그들은 이것들을 더 연구하기로 결정했다.

한동안 더 이상의 그러한 덜미 부분들은 나타나지 않았고, 휴이시는 이것을 섬광성에서 온 배경 "소음" 혹은 기록이라고 기각할 무렵이었다. 그때 벨은 1.5초 간격으로 아주 규칙적으로 오는 펄스를 발견했는데—그것은 "별 시간star time"(24시간에 반대되는 것으로서 23시간 56분의 항성일)"을 유지하는 것을 제외하고, 인간적 원천을 암시했다. 그 12월, 벨이 (야간작업을 싫어함에도) 어느 날 저녁 도표를 분석하면서 연구하고 있었다. 그녀는 새벽 1시에 다시 통과해 지나가게 되어 있었던 하늘 부분에서 더 많은 "덜미 부분들"을 보았다. 옳은 덜미가 5분 동안 쭉 나타났다. 이제는 2.5초 간격인 일련의 펄스였다. 그녀는 이에 대한 쪽지를 휴이시에게 써두고 휴가를 떠났다. 그 이상한 신호에 관한 반복된 관찰을 두고, 벨과 휴이시는 그 원천이 우리와 교신하려 하고 있었던 어느 외계 문명의 "작은 녹색인Little Green Men"이라는 착상을 "농담 삼아" 환대했다(Judson 1980, 96). 그 최초의 펄서 전파원은 실제로 LGM-1이라고 언급되었다. 이 자료로부터, 휴이시는 그들이 급격히 회전하는 별을 다루고 있어야 한다고 마침내 결론 내렸다. 그는 후에 **펄서**로 이름 붙여진 이 별을 "맥동성pulsating star"이라고 불렀다.

많은 관찰자는 전파 망원경이 자기 점화와 같은 수많은 원천에서 나오는 교란에 매우 민감하므로 덜미를 잡음이라고 지나쳤을 것이다. (벨이 자료를 손으로 분석하고 있지 않았더라면—이는 오늘날 흔히 컴퓨터로 행해진다—그녀는 아마도 펄서 방사를 전혀 알아채지 못했을 것이다.) 벨은, 펄서 신호 인식에 앞선 몇 해 전에, 실제로 하나를 집어낸 한 전파 천문학자의 이야기를 말했다. 그는 펜이 가볍게 흔들리는 것을 보았으나 그것을 단순히 장비의 오작동이라 기각했다. 그가 테이블을 찼고, 펜은 흔들림을 멈추었다. 하지만, 벨은 그 이상한 신호를 더 나아가 조사했고, 전파의 명백한 패턴이 어떤 알려진 원천과 관계가 있는지 여부를 확인했다. 그녀는 그 덜미와 지구의 교란 사이의 상관관계를 찾을 수 없었고, 그 기록들은 알려진 어떠한 별 복사의 유형과도 맞지 않았다.

벨의 자료는 결국 직경 약 10마일의 작지만 밀도가 극도로 높은 중성자별, 펄서의 발견으로 이끌었는데—핀의 머리 크기의 펄서 물질의 부피가 100만 톤 이상의 질량을 갖고 있을 수도 있다. 펄서는 등대의 회전하는 빔과 같은 형태로 복사 빔을 보낸다. 중성자별의 존재는 일정 조건에서 중력 붕괴를 겪는 별의 결과라고 1930년대에 이론적 기반 위에 가정되어 있었다.

다섯 명의 저자 중 벨의 이름을 두 번째로 해, 펄서 신호를 묘사하는 논문이 ≪네이처≫에 출간되었다. 최초로 전파 망원경을 제작한 마틴 라일Martin Ryle과 함께, 휴이시는 그 발견으로 1974년 노벨 물리학상을 받았다. 조금 다른 문제를 향해 있던 프로젝트 안에서였을지라도, 그 발견으로 이끌었던 것은 변칙적 방사 자료를 따라갔던 그녀의 끈기였으므로, 벨이 그 상에 포함되어야 했다고 많은 천문학자가 항의했다. 천문학자 프레드 호일Fred Hoyle은 "벨의 성취는 과거의 모든 경험이 불가능하다고 보았던 현상을 심각한 가능성으로 심사숙고하려는 자발성에서 나왔다"라고 주목하면서, 벨이 제외된 그 수상은 "스캔들"이라고 말했다(Broad and Wade 1982, 48). 휴이시는 "조슬린은 명랑한 좋은 여학생이었지만, 그녀는 단지 그녀의 일을 하고 있었을 뿐이다. 그녀는 이 원천이 이것을 하고 있었음을 주목했다. 만일 그녀가 그것을 주목하지 못했다면, 그것은 태만이었을 것이다"라고 생색을 내며 반응했다.

이 사례에서 인정 결여가 얼마나 많이 성에 기인했는지 그리고 조수들의 기여에서 공적을 가져가는 과학 우위자들의 흔한 실행에 얼마나 많이 기인했는지 말하기는 어려울 수가 있다. 벨의 기여가 주로 관찰적 수준에 있었다는 점도 유관되어 있다. 이론적 혁신이 과학에서 관찰 솜씨보다 더 큰 위신을 획득하는 경향이 있다. 그러나 이 예는 "과학에 관해 추정된 능력주의가 권력 구조 위에 놓이고, 권력의 세도를 쥐고 있는 이들이 또한 보상과 공적의 할당을 통제하는 데 영향력이 있다"(149)라는 결론을 지지한다.

6.2 전문 직업적 권력 및 영향력

우리가 여기서 관계하고 있는 권력은 보통 특수한 전문 지식의 결과로서, 과학 전문 직업 안에서 실행되는 것이다. 여러 대학의 과학자들이 또한 연구팀의 지도자, 부서의 장, 연구위원회 의장 등등으로 영향력 있는 행정적 위치를 갖고 있다. 몇몇은 활동하는 과학자이길 그치는 지점에 이르기조차 하는데, 어떤 연구 이상으로 그들의 권력을 즐긴다. 또 마음 내키지 않는 의무감에서만 행정적 책임들을 맡는 이들이 있는데—그것들을 회피하려 그들의 바로 그 최선을 다하는 이들은 물론이고 말이다! 우리는 다양한 예를 조사하게될 것이다.

뉴튼의 파렴치한 권력 이용

이번에는 전문 직업 내부의 권력으로 이끄는 과학적 평판의 예로서, 다시 뉴튼을 보기로 한다. 어느 정도는, 누군가의 과학적 업적에 대한 존중이 높아질수록, 그의 견해, 추측, 의견이 더 심각하게 여겨질 것이므로, 전문 직업적 평판이 저절로 영향력을 부여한다. 그러나 제도적 위치를 잡는다는 의미에서 공식적 권력이 필연적으로 또는 즉시 따라오는 것은 아니다. 뉴튼의 경우그의 은밀하고 과민한 성격이 그의 동료 과학자들이 그에게 공무를 맡겨 신뢰하는 것을 주저했다. 어쨌든 뉴튼은 그의 반대자 로버트 훅이 죽은 후 그리고 그의 과학적 평판이 확립된 지 오랜 후인, 1703년까지 왕립학회의 회장이 되지 못했다. 뉴튼은 그러고 나서 그 자리를 그가 죽을 때까지 유지했는데, 위대한 엄숙과 존엄(과 철의 손)으로 학회를 통치했다.

　뉴튼이 과학계에서 그의 높은 지위를 사용한 일은 그의 삶에서 커다란 다툼의 또 다른 것에서 보였다. 이번 건은 새로이 확립된 왕실 천문학자 자리의첫 소유자, 존 플램스티드John Flamsteed와 연루되었다. 맨 처음부터 그리니치천문대를 설립하는 일에서 많은 어려움을 극복한, 플램스티드의 체계적인 관찰적 연구는 하늘의 별들에 대한 커다란 목록을 산출했다. 뉴튼과의 논쟁은 1680년에 관찰된 두 개의 천체 현상이 다른 혜성에 관한 것인지 아니면 같은 혜성에서 두 번 나타난 것인지의 작은 사항에서 최초로 일어났다. 뉴튼은 결국 이 주제에 관해 플램스티드의 견해에 동의해야 했고 그의 『프린키피아』에 이를 언급했지만, 플램스티드가 느꼈기로, 그의 연구에 대한 마땅한 인정은 없었다. 둘 사이의 개인적 차이는 이어서 뉴튼이 플램스티드의 관찰 자료의 출간에 대한 통제를 두고 긴 싸움으로 발전되었는데, 그것은 뉴튼 이론의 검증에 결정적이었다. 그 세부 사항은 상대방에 대한 공적을 별로 반영하지 않는다. 사안이 뉴튼 및 그의 지지자들에 의해 지배되던, 왕립학회 위원회에 의한 편집과 출간을 위해 플램스티드로 하여금 그의 재료를 제출하도록 요구하는 명령을 얻고자 뉴튼이 궁정에 그의 영향력을 행사하는 단계에 이르렀다는 점을 말하는 것으로 충분하다. 하지만, 플램스티드가 마지막에 웃었는데, 왜냐하면 앤 여왕의 사후, 그는 상황을 역전시킬 수 있었는데, 그가 느꼈기로, 그의 평생 업적을 잘못 나타낸 배포하지 않은 편집 사본을 압수해 불태웠고 그가 원했던 형식으로 (비록 자비로 했더라도) 재출간을 위해 정리했기 때문이다. 많은 사람이 그때 이르러 거의 신에 가까운 과학적 위치에다가 정치적 영향력까지 더했던, 전제적 뉴튼에 대해 더 나은 것을 얻을 수가 없었다.

의심의 여지없이 그 이야기는 여러 과학 분과와, 정말로, 대부분의 인간 제도에서 그것의 덜 극적인 대응 예를 갖고 있다. 그것은 진부할 만큼 친숙한 주제이다. 어떤 이가 그녀의 수행에 기반해 꽤 당연하게, 영향력 있는 위치를 얻고, 그리고 나서 더 작은 또는 더 큰 범위에서 그녀의 권력을 남용한다. 예가 과학의 실행 안에서 나타나야 한다는 점이 놀랍지 않으며, 그것은 대중적 주목을 얻는 더 통속극적인 사례일 뿐이다. 다음에 나오는 것은 더 최근의 예이다.

버트의 과대 망상
과학적 기만은 드문 현상이거나―그것은 최근까지 그렇다고 가정되었다

(Broad and Wade 1982를 볼 것). 과학 이론이 시험되는 방식은 그것을 배제하는 경향이 있다(1.1과 3.1을 볼 것). 타당한 실험 결과는 재생 가능해야 하고, 그래서 거짓 주장은 실험을 반복함으로써 보통 탐지될 수 있다. 그래서 어떤 이가 꽤 오랫동안 올바르지 않다고 알거나 의심하는 주장으로 오랫동안 잘 해낼 가능성은 별로 없다. 하지만 과학에서 기만적 주장이 가끔 만들어지고 받아들여지며, 어떻게 이것이 일어날 수 있는지 검토하는 것은 뜻이 깊다. 영국 심리학자 시릴 버트 경Sir Cyril Burt(1883-1971)은 아마도 심리학에 대한 상당했던 그의 긍정적 기여보다 지능의 유전 가능성에 대한 그의 거짓 자료 날조로 지금은 더 유명해질 운명이었을 것이다. (그의 생애 동안, 심리학은 경험과학으로 확립되었고, 버트의 연구는 적어도 영국에서 이것을 초래하는 데 많은 일을 했다.) 그러나 비정상적이거나 병든 기관에 관한 연구가 몸의 정상적 기능에 관한 무언가를 보여줄 수 있는 것처럼 꼭 그렇게, 과학적 기만의 사례에 관한 조사는 일반적으로 과학 연구 배후의 동기 부여에 관한 무언가를 드러낼 수가 있다.

아마도 심리학에로의 버트의 접근에 미친 가장 큰 영향은 개인적 차이와 유전성에 대한 프랜시스 골턴Francis Galton(다윈의 사촌)의 연구였을 것이다. 초년에, 버트는 추론 능력에 대한 실제적 검사들을 고안했고 그것들을 리버풀의 학교 아이들에게 적용했다. 그가 1913년 런던 군의회(L.C.C) 자리에 임명되었을 때, 그는 영국 최초의 전문 직업적 응용 심리학자가 되었고, 그는 그다음 20년 동안 교육 심리학에 종사했다. 그는 즉각적인 실제적 목적으로 수천 명의 아이에 대해 검사를 조직했다. 그가 스스로 그것 모두를 할 수 없었고 조수들에 의존해야 했는데, 그들은 종종 훈련되지 않았다. 하지만 이것은 그의 더 중요하고 이론적인 논쟁이 나중에 의존해야 했던 많은 자료의 원천이었다.

항상 버트의 확신은 교육적 성취가, 전적으로는 아닐지라도, 대체로 지능에 의존한다는 점이었는데, 그것을 그는 "타고난, 일반적, 인지 능력"으로 편향적으로 정의했다(1955, 158). 이것은 몇 가지 방식으로 논쟁적이었다. 행동주의 심리학자들은 **능력**과 같은 상태에 대한 개념은 행동을 설명하는 데 쓸모 없다고 주장했고, 추정된 "일반적 인지 능력"의 척도로 지능 지수(IQ) 검사의 의미는 계속 심각하게 질문되었다. 그러나 지능은 **타고난** 것이라는, 즉 유전적으로 결정된다는 그의 주장이 특별히 논쟁의 대상이 된 이유는 버트가 11세에 있는 조사에 기초해서 상이한 유형의 2차 학교를 위해 학생을 선별해 내는 영국 교육의 실행을 제도화하는 데 영향력이 있었기 때문에 특히 논쟁적이었다. 버트는 대부분의 개인적 차이의 선천성에 대한 그리고 선별적 학교 교육이라는 지혜에 대한 단단한 신봉자였다.

그의 1932년 런던, 유니버시티 칼리지 심리학 교수직 임용이 그를 실제적 연구에서 학문적 연구로 데려갔고 방법론적이고 이론적인 질문에 직면하도록 강제했다. 여기서 그는 스스로 요인 분석factorial analysis, 즉 바닥에 있는 요인의 제한된 집합의 관점에서 관찰의 복잡한 집합을 다루는 방법의 대가가 되었다. 이 방법을 위해 필요한 수학적 기법들을 그의 전임자 찰스 스피어만 Charles Spearman의 연구 위에 세워가면서, 스스로에게 가르쳤는데, 그는 그것들을 개인의 심리적 차이라는 주제에 적용했다. 그는 그 결과로 나온 책 『정신의 요인Factors of the Mind』(1940)이 그의 가장 오래 갈 기여이리라고 생각했다.

이것이 그의 과학적 평판과 영향력에 대한 강박이 나타나기 시작했던 지점이다. 그 책의 2판과 나중의 연구에서, 버트는 스피어만의 기초적 기여에 대한 인정을 철회했고 스스로를 심리학에서 요인 분석의 창시자로 나타내고자 시도하기 시작했다. 그의 주장은 점증적으로 과장되었고, 그는 심지어 그가 편집했던 학술지에 출간하려 있지도 않은 사람에게서 온 날조된 편지를 쓰는 장치에 의존했다! 우선성에 대한 그의 주장의 거짓은 그 주제를 알았던 이들에게 명백했어야 한다. 그럼 왜 그가 속임수를 시도했을까? 그의 자만이 통제를 벗어나, 어떤 독창적 과학자가 필요로 하는 자기 확신으로부터 그가 얻었던 것을 넘어서는 위대함에 대한 망상으로 돌아선 것처럼 보인다.

이들 과실에도 불구하고, 버트의 전문 직업적 평판은 그의 일생 동안 지속되었다. 지능의 선천성에 관한 그의 주장들은 그것들이 선별 교육에 관한 정치적으로 민감한 정책에 부여했던 지지 때문에 그를 대중적 논쟁에 연루시켰다. 그러나 그는 그런 논쟁 속에서도 노련하게 자신을 방어할 수 있었던 기민한 토론가였다. (과학자들이 그들의 전문 직업적 평판을 손상시키지 않고도 정치적 논쟁에 참여할 수 있음은 꽤 가능한 것이다.) 그렇지만 버트의 죽음 이후 곧, 그의 관찰 자료들의 건전성에 대한—그리고 그것들을 제시하는 그의 정직성에 대한—중대한 의혹이 제기되었다. 이것들은 어떤 과학자가 직면해야 할 심각한 혐의들이다. 전문 직업적 무능력이 충분히 나쁘지만, 노골적 기만은 과학 윤리에서 용서받을 수 없다.

지능의 유전 가능성에 관한 주장에 찬성하거나 반대하는 결정적 종류의 증거는 좀 드문 현상인 서로 다른 가족 및 사회적 배경에서 양육된 일란성 쌍둥이의 예들에서 나온다. 런던의 커다란 수의 학교 아이들의 지능을 검사하는 일에 아주 오랫동안 종사해 왔던, 버트는 그런 자료를 모을 특별한 기회를 얻었다. 다양한 때—1943년, 1955년, 1960년대—에 논문들을 출간했고, 때로 콘웨이Conway 양과 하워드Howard 양을 조수로 언급했는데, 그것들 안에서 그는 그가 표면상 L.C.C.에 재직하던 연도들 동안 (혹은 나중에) 축적된 분리된 일란성 쌍둥이에 대한 자료를 제시했다. 그러나 1972년, 레온 카민Leon Kamin은 이른바 이들 자료가 얼마나 신뢰할 수 없는지를 보여주었다. 자료들이 어떻게 모였는지에 대한 아무런 명백한 세부 사항이 주어지지 않았던 것이다. 그것들의 서로 다른 출간된 버전 사이에 모순이 존재했다. 부주의한 오류를 쉽사리 탐지할 수 있었다. 그리고 극단적으로 개연성이 없는 자료—모든 것 중 가장 파괴적인—의 표가 아주 다른 크기의 표본에 대해 소수점 셋째 자리까지 똑같은 상관 계수를 지닌 채 제시되었던 것이다. 잘해야, 그것은 부적당에 이르는 그러한 부주의를 보여준다. 최악으로, 그것은 추정된 자료의 고의적인 오전(誤傳)으로 보인다.

그의 전기『시릴 버트, 심리학자Cyril Burt, Psychologist』(1979)에서 그 근거에

대한 헌쇼Hearnshaw의 조심스러운 비평은 더 중대한 혐의를 지지한다. 버트가 때로 주장했던 바와는 반대로, 그는 L.C.C.를 떠난 후 쌍둥이에 대한 아무런 새로운 조사를 하지 않은 것으로, 그리고 콘웨이 양과 하워드 양이 도대체 존재했다면, 1940년 이후에는 그를 위해 일하지 않았던 것으로 보인다. 그렇다면 그는 극단적으로 건망증이 있었거나, 그는 그의 자료의 출처에 대해 거짓말을 했다. 무엇이 그렇다면 버트가 출간한 수치들의 출처**였을까?** 사실, 버트의 많은 기록은 런던 전시 대공습 때 파괴되었고, 가장 개연성 있는 결론은 그의 말년에 그는 소실된 또는 단편적인 또는 절반만 기억된 자료들을 "재구성"함으로써 논쟁의 여지가 있는 그의 주장을 강화하려 시도하고 있었던 것으로 보인다. 아마도 그는 그가 지능의 유전 가능성에 관한 경험적 자료를 **이전에** 얻었다고 계속 믿었겠지만, 과학적 사례를 논하면서 정직의 기준에 대한 모든 감각을 잃은 것으로 보인다. 만일 그의 자료가 불완전해졌거나 기억에만 기초했다면, 그는 이것을 솔직하게 인정했어야 한다.

왜 그러면 아주 유능한 심리학자임을 증명했고 공적 신뢰성을 가진 높은 지위를 차지했던, 그렇게 고도로 지성적인 사람이 그런 부정직에 몸을 굽혀야 했을까? 지능의 유전적 결정에 관한 그의 믿음이 아주 독단적으로 되어버려서 그가 증거를 그의 이론에 맞도록 조정했던 것으로 보인다. 자기 확신이 이기주의로 변해버렸고, 과학적 야심이 기대할 수 있는 어떤 권리를 넘어 평판과 교육적 영향력에 대한 갈망으로 전락했다. 정상적인 과학적 동기 부여가 병적으로 되어버릴 수 있다.

버트의 사례에서, 중년에 그에게 닥친 몇 가지 일들이 잘못되었는데, 이것이 그 변화를 설명하는 데 도움이 될 수가 있겠다. 그의 결혼은 깨져버렸다. 전쟁 중 많은 그의 중요한 논문이 파괴되었다. 그리고 그 모든 것의 꼭대기에서, 그는 메니에르병Meniere's disease의 심각한 증상을 발전시켰는데, 그 병에서는 중이의 반고리관 교란이 현기증과 청각 장애라는 공격을 야기한다. 전문 직업적 실망도 있었다. 그의 은퇴 후 꽤 다른 견해를 가진 어떤 이에 의해 그의 부서가 인계되는 일을 보는 것. 그의 통계학 학술지에 대한 편집권을 잃는 것. 그가 그토록 가깝게 공감했던 학교 선별 정책에 대한 (1964년 이후) 노동당 정부에 의한 거부. 그는 그가 이룩한 모든 것을 세계가 거부하고 있음을 느꼈어야 한다. 이 모든 상황이 부여되면, 그가 얼마간 편집광적으로 되었다는 점이 이해 가능할 것이다.

버트의 사례는 다소 분명한 기만 사례이지만, 그것은 과학에서 알려진 사례 안에서조차 통상적이지 않은 것이었다. 과학적 정직성과 그의 판단력 둘 다를 파괴했던 방식으로 그는 심리적으로 교란되었던 것으로 보인다. 역설적으로, 어떤 것도, 그의 IQ 연구에서 과학적 정직성에 대한 배신만큼, 지능에 대한 유전학의 유의미성에, 그리고 심지어 그것을 시험하는 심리학자의 능력에 그렇게 많은 의혹을 던지지 않았다. 절대적 판단이 아주 명백하게 적용되지 않은, 자료의 약간을 "청소해 버리는" 사례들이 과학에 훨씬 더 흔하다. 자료 날조는 몇몇 위대한 과학자들에게 돌려져 왔다(그럼에도 과거에 논쟁이 없었던 것은 아닌데—Hull 1988, 313-319를 볼 것). 갈릴레오가 경사면에서 굴러 내려오는 공에 관한 몇몇 그의 자료를 만들어냈다고 추정되었고, 뉴튼은 중력에 관한 몇몇 그의 계산을 날조했다고 의심받고, 멘델이 완두콩의 열성 형질에 대한 우성 형질의 비를 계산해 냈던, 몇몇 그의 자료는 통계적으로 그럴듯하기에는 너무 완벽하다고 생각된다. 그러나 이들의 사례는 버트의 노골적 기만과 좀 다르다. 실험을 보고하는 기준은 예전에 덜 엄격히 성문화되어 있었고, 그들 예 속에 큰 기만은 없었으며, 주장된 결과는 반복된 시험으로 확인되었다. 브로드Broad와 웨이드Wade는 과학에서 객관성과 정직에 대해 "도덕주의자에게, 진실에 대해 거짓말을 했으나 옳았던 아이적 뉴튼과, 진실에 대해 거짓말을 했으나 틀렸던 버트 사이에서 어떤 구별도 해낼 수 없다"(1982, 213)라는 다소 단순한 흑백논리를 적용한다. 그럼에도 불구하고, 다른 과학자들에 대한 비판적, 회의적 태도가 이 이해 가능한 경향에 반대해 방호를 제공할 수 있음에도—항상 그런 것은 아니지만—불구하고, 과학자들은 언제나 자신들이 지지하는 이론의 관점에서 그들의 관찰을 해석하도록 계속 유혹받는다는 점을 인식하는 것이 중요하다.

우리는 평판과 영향력에 대한 버트의 과도한 관심이 어떻게 부정한 주장으로 그를 이끌었는지 보았다. 그러나 그것들의 비밀이 벗겨지기에 앞서, 그가 이상한 정신 기질을 가졌다는 다른 증거가 있다. 옥스퍼드 학생으로서 그의 일기 속 한 도입부가 읽어준다. "내 삶의 목적은 나 자신과 주로 관련된다. 그것은 우주를 위해 하나의 완벽한 존재를 생산하는 것이다"(Hearnshaw 1979, 268-269). 아마도 그런 젊은 날의 메모에 너무 많은 중요성이 부가되지는 않겠지만, 다른 증거의 맥락에서, 이는 유의미해 보인다. 말년에, 버트는 그가 런던, 유니버시티 칼리지의 심리학과에서 많은 일상 업무를 위임하는 경향이 있었던, 한 동료 필폿Philpott 박사에게 심한 혐오를 품었다. 개인적 반감은 전형적인 인간의 본성이지만—추정컨대 객관적인 과학자들 사이에서조차 이것은 극단적인 사례였다. 한 가지 일화로, 그 존경받는 교수는 버트 자신의 정신적 균형을 문제 삼아야 하는지에 관한 불운한 필폿의 연구에 경멸을 쏟아붓은 그러한 장황한 편지들을 작성했다. 그 후, 그들은 결코 다시는 말을 건네지 않았고, 버트는 그 불운한 동료를 위한 모든 승진의 기회를 앙심을 갖고 차단했다.

그의 정도를 벗어나고 사기적인 다른 행동이 나타났다. 버트는 늘 하듯 업무 회의의 회의록을 바꿨고 논문들의 증거들을 그것들이 그 자신의 관점에 맞도록 저자의 동의 없이 고쳤다. 그의 런던 자리에서 은퇴한 후, 그는 (그가 인정하지 않았던) 후임자의 업무에 간섭하려 했고, 대학 당국은 결국 그의 캠퍼스 출입을 금지하는 비상한 단계를 조치해야 했다! 의심의 여지없이 모든 기관이 말해줄 그 공포 이야기를 갖고 있지만, 우리가 버트의 사례에서 보는 바는 전문 직업적 권력(비교적 강도가 작은 학문적이고 행정적인 세부 사항에 대해서조차)에 대한 보통의 욕망이 기괴할 정도로 확대되었다는 것이다. 일단 한 과학자가 위신 있는 자리와 더불어 높은 전문 직업적 평판을 얻으면 그의 권위에 저항하는 것이 얼마나 어려울 수 있는지에 주목하는 일은 진지한 것이다.

볼티모어 사건

데이빗 볼티모어David Baltimore는 리트로바이러스retro-viruses의 발견으로 1975년 노벨상을 공동 수상했다. 이 바이러스들은 RNA를 DNA로 복제할 수 있는데, 이는 정보가 DNA에서 RNA로 흐를 뿐이라는 "중심 원리Central Dogma"를 위배하는 것이었다. 리트로바이러스는 종양을 일으키는 바이러스, 폴리오바이러스poliovirus, HIV를 포함하는데, 이것은 에이즈AIDS를 일으킨다. 그러나 볼티모어는 최근의 생명의과학biomedical science에서 가장 많이 출간된 사기 혐의와의 연합 이상으로 바이러스학의 선구적 업적으로 기억되지는 않을 것이다.

1986년, 학술지 ≪셀Cell≫은 10년의 논쟁을 시작하게 한 볼티모어와 5명의 공동 저자가 쓴 한 논문을 출간했다. 메사추세츠 공과대학MIT에 있던 볼티모어의 연구실에서 공동 저자 중 하나인 테레사 이마니시-카리Thereza Imanishi-Kari의 지도 아래 연구를 하던, 마곳 오툴Margot O'Toole은 그 논문의 기초가 되었던 몇몇 실험을 실질적으로 수행하지 않았다고 그녀의 지도교수를 고발했다. 그 논문은 쥐의 면역계에 미치는 공학적으로 처리된 "트랜스진transgene"의 효과에 관한 복잡한 기술적 절차들을 포함하는 실험들을 인용했다. 우연히 이마니시-카리의 실험실 공책을 보게 된, 오툴은 그들 실험이 출간된 결과를 실제로 내지 않았다는 결론을 내렸다. 그녀가 느꼈던 바가 이마니시-카리에게서 온 만족스러운 설명이었음을 받아들이지 못한, 오툴은 그녀의 의혹을 볼티모어에게 가져갔다. 그녀는 논문이 위조되고 변조된 자료를 포함했다는 그녀의 혐의를 그가 기각했다고 나중에 주장했다. 길고 늘어진 논쟁이 계속 이어졌다. 오툴은 그녀의 우려를 MIT 담당 직원에게 표명했으나, 아무런 조치도 없었다. 그녀의 반대가 국립보건원NIH의 직원 과학자들에게 전달되었고, NIH는 의회와 기밀국Secret Service조차 결국 관여하게 되는 것으로 끝난 일련의 조사를 출발시켰다.

1991년, 하원의원 존 딩글John Dingell이 책임을 맡았던 의회 위원회의 압력 아래서 NIH의 과학 진실성 사무국은 이마니시-카리의 연구 비행misconduct에 관해 유죄라고 선언하는 보고서로 결론을 내렸던 청문회를 수행했다. 당시 언론 매체와 대부분의 학자 사이에서 동의 내용은 이마니시-카리가 그녀의 연구에서 정말로 사기를 저질렀다는 것이었다. 볼티모어는 이마니시-카리를 완강히 지지한다고 비난받았다. 하버드 생물학자 월터 길버트Walter Gilbert는 볼티모어를 비난하는 데 특히 거침없이 목소리를 냈다. 그는 1991년 한 기자 에게 볼티모어 사건은 "그리스 비극과 같다. 비극적 영웅을 초래하는 것은 교 만이다. 말할 수 있는 가장 동정할 만한 것은 [볼티모어가] '나는 잘못할 수 없 다'라는 '과학에서 내가 쓰는 것은 그 무엇이든 간에 참이다'라는 거만한 태도 를 취했다는 점이다. 그는 실수를 인정할 수 없었을 것이다. 그가 그랬다면, 이것은 발생하지 않았을 것이다"(Kevles 1998, 250). 명백히 강력한 사기의 증 거에 직면해서, 볼티모어는 ≪셀≫ 논문을 철회했다. 그는 심지어 오툴에 대 한 변호를 제기하기조차 했는데, 다음과 같이 선언했다. "나는 오툴 박사를 그녀의 용기와 결심에 대해 칭찬하며, 그녀의 의혹에 관한 나의 조사에서 충 분히 정력적으로 행위하는 데 실패한 것에 대해 유감이고 그녀에게 사과한 다"(Kevles 1998, 269). 압력 속에서, 그는 록펠러 대학교 총장직을 사임했다.

그 사례에 대한 적절한 조사에 앞서, 과학자 사회가 최초에는 볼티모어와 이마니시-카리를 지지한 것은 과학의 대열에서 비행을 통제하는 과학의 역량 에 대한 대중적 확신의 토대를 허물게 되리라는 우려가, 언론 매체에서 제기 되었다. 제안은 전문 직업적 충성이 사회에 대한 의무를 극복할 수도 있다는 것이었다. 하원의원 딩글은 볼티모어 사건을 정부 자금을 향한 증가된 경쟁 에서 일어나는 사기적 연구의 증가되고 있는 문제라고 그가 여겼던 바에서 가지 쳐 나오는 "결정적 사례"로 보았다. 그 논쟁은 정부 기구에 의한 과학 연 구의 감독에 긴 범위의 효과를 미쳤다. 사기에 대한 과학자 사회 내부의 동료

평가peer review에 의한 자기 규제가 정부 기구에 의해 수행되는 재판으로 대체되기 시작했다. 생명의과학 학술지들의 편집인들은 함께 모여 더 엄격한 동료 평가 기준과 더불어 편집의 자유를 유지하도록 설계된 엄격한 지침을 공식화하는 반응을 했다.

그러나 이야기는 여기서 끝나지 않았다. 이마니시-카리는 어떤 잘못된 행동도 결코 인정하지 않았고 그녀는 계속해 혐의들과 싸웠다. 또 다른 5년의 조사 후에, 혐의들은 1996년 마침내 철회되었다. 이마니시-카리는 혐의를 벗었고 결국 터프츠 대학교Tufts University에 원상 복귀되었다. 볼티모어는 ≪셀≫ 논문의 철회를 철회했고, 그의 평판은 대체로 회복되었다. 1997년, 그는 캘리포니아 공과대학교 총장에 지명되었다. 오툴은 그녀의 혐의는 정당하다고 여전히 주장하며, 그녀는 그녀의 황폐화된 과학 경력에 대한 씁쓸함을 표현한다.

그 사건—대니얼 케블스의 조심스러운 비평(1998)에서 세부 내용이 나타났던— 의 호화로운 내밀성은, 현재 흔히 사용되고 있는 과학의 방식과 대규모 정부 자금 및 감독이 제2차 대전을 따라서 시작되기 이전에 그것이 추구된 방식 사이에서 순전한 대조를 드러낸다. 자료를 모으고 처리하기 위한 매우 비싼 기술을 요구하는 고도로 복잡한 연구는 과학에서 무엇이 사기가 되느냐에 관한 질문을 복잡하게 만들어 버렸다. 실험에 대한 오도할 수 있는 다양한 정도의 표현이 존재할 수 있는데, 자료의 전체적 변조로부터 결과의 제시와 해석에서의 미묘한 판단 문제에까지 이른다. 정부 자금을 받은 연구에 대한 관료적 감독은 연구자들에게 그들의 연구가 도전받을 수 있는 경우라면 그들의 실험의 모든 세부 사항을 기록하라는 증가된 부담을 부여했다. 1989년 의회 증언에서, 볼티모어는 과학 연구에서 가능한 사기에 관한 더 많은 조사를 행하는 경향에 대해 걱정을 표현했는데, "어떤 연구도 이제껏 완전하지 않습니다. …… 언제 한 연구를 써내느냐를 결정하는 일은 임의적이며 사적 결정입니다. …… [한] 논문은 진리에 대한 절대적 확언이라고 주장할 수 없고, 단지 한순간 일군의 탐구자에 의한 최상의 추측일 뿐입니다. …… 다른 탐구자는 동일한 자료를 사용해 다른 결론에 도달할 수도 있습니다. 진정한 의미에서, 한 과학 논문은 주관적 산물입니다"(Kevles 1998, 387)라고 선언했다. 볼티모어는 한 가지의 연구가 적절히 수행되었느냐를 결정하기 위한 구불구불한 조사를 대신해서, 발견물을 입증하거나 반증할 수 있는 새로운 실험들이 과학 연구의 진실성을 유지하는 데 사용되어야 한다고 조언했다.

물론, 새로운 실험이 (동일 쟁점과 유관한 재현replication 실험을 시도하든 서로 다른 실험을 시도하든) 한 과학적 주장을 입증할 수도 있고 반증할 수도 있다. 그 절차는 과학적 방법에서 새로운 어떤 것이 아니지만, 그럼에도 불구하고 오늘날 자금 지원을 받은 실험의 재현을 얻어내는 데에는 더 많은 어려움이 존재한다. 그러나 만일 볼티모어가 새로운 실험이 독창적 주장을 제시한 과학자 또는 과학자들의 "진실성을 유지"할 수 있음을 뜻했다면 그것은 새로운 어떤 것이다. 탐구자의 정직성은 만들어진 주장의 진리와는 논리적으로 독립된다. 거짓 주장들이 완전한 진실성과 더불어 종종 만들어지며, 참된 주장은, 운이 주어지면, 몇몇 부정직한 기초 위에서 만들어질 수가 있다. 과학적 실천은 과학자의 정직성에 전통적으로 의존해 왔는데, 부정직이 어쨌든 발견되어야 했다면 부끄러움으로 지지되거나, 중대한 사기에 관해서는 과학자 사회에 의한 그 과학자 꺼림으로 지지되었다. 그러나 최근 수십 년간, 증가하는 전문 직업적 압력과 재정적 압력이 속이려는 더 큰 유혹을 창조해 냈다. 이 때문에 진실성을 점검하려는 관료적 척도를 제도화하려는 증가되는 경향이 있게 되었다. 분명히, 이 문제에 대한 올바른 균형에 이르는 데에는 계속되는 문제가 존재한다.

6.3 대중적 명성

과학에서 성취가 때로 더 광범위한 대중적 명성으로 이끌지만, 그런 명성은 개인의 엄격한 과학적 탁월성과 항상 비례하는 것은 아니다. 세계적 명사가

된다는 목표로 과학자가 되는 것이 아주 현실적이지는 않지만, 많은 과학자는, 그들이 원했든 원하지 않았든, 그것을 얻었다. 명사가 되면, 과학자가 그것에 대해 취할 수 있는 다양한 태도가 있다. 몇몇은 그것이 매체의 집중과 같은 외부적 압력을 가져오기 때문에, 그것을 자신들의 연구에 대한 불이익으로 생각하면서 그것을 고상한 무관심으로 응시할 수도 있는데—그들이 그것에서 앞으로의 활동을 위한 연구 자금을 확보하는 데 이점을 찾을 수가 있다 해도 말이다. 몇몇은 오히려 대중의 약간의 과찬을 즐길 수가 있다. 이리하여, 과학자들은 명성을 회피할 수 있거나, 그것을 이용할 수 있거나, 혹은 심지어 한껏 즐길 수 있는 것이다. 우리는 몇몇 대조되는 사례 연구를 보기로 한다. 독자들은 5.1에서 퀴리 부인, 7.1에서 파스퇴르Pasteur와 소크Salk, 8.1에서 다윈을, 10.1에서 오펜하이머Oppenheimer를 보면서 이 각도를 또한 고려할 수도 있겠다.

공적 삶으로의 뉴튼의 진입

뉴튼은 그의 위대한 과학적 평판을 더 세속적인 종류의 명성과 재산으로 전환할 수 있었고 전환할 의지가 있었던 과학자의 예이다. 1687년 그의 『프린키피아』가 마침내 인쇄되어 나타난 시점에 이르러, 뉴튼은 과학에서 그의 주요한 독창적 업적을 이루었다. 뉴튼은 케임브리지 대학 생활에 지루해졌고 수도로 옮겨가 새로 할 무언가를 찾는 것을 환영했다. 케임브리지 대학에 가톨릭 교리를 강요하려 한 운이 나빴던 국왕 제임스 2세에 대한 그의 반대로 몇몇 대중적 평판을 얻었고, 뉴튼은 1689년, 그리고 다시 1701년에 대학 선거구에서 국회의원으로 선출되었다(그럼에도 1703년에는 실패했다). 그는 그러고 나서 그의 영향력을 권력을 지닌 이들과 더불어 스스로를 위해 1년에 2000파운드라는 (당시에는) 아주 큰 월급을 받는 런던 왕립 조폐국의 관리자라는 지위를 얻는 데 사용할 수 있었다. 그는 거기서 기대치 않은 에너지로 그의 임무를 완수했는데, 화폐 위조자를 열심히 추적했다. 1703년, 비록 외견상 그의 과학보다는 공적인 봉사에 대해 부여되었음에도, 뉴튼은 기사 작위를 받은 최초 과학자가 되었다. 뉴튼은 그리하여 그의 시절 영국 권력 기구에서 거의 정상의 탄탄한 그리고 아주 보수가 좋은 자리를 획득했고 웨스트민스터 사원에 묻혔다. 그는 자신의 대중적 명성에서 최고를 이룬 하나의 과학자였다.

명성에 대한 아인슈타인의 태도

1919년 일식 중 태양 가까이에서 "휘는" 빛을 보여준 관찰로 아인슈타인의 일반 상대성 이론이 입증되었을 때, 매체는 그의 이름을 세계로 퍼트렸고, 그는 스스로 이전의 어느 과학자보다 더 대중적 명성의 주체임을 알게 되었다. 뉴튼 이래 가장 위대한 과학적 천재라고 환호를 받아, 아인슈타인은 그의 견해가 해 아래 모든 주제―정치, 종교, 삶의 의미가 포함된―에 관해 진지하게 추구되고 있음을 알게 되었다. 그러나 덜 유명한 사람이 그랬을 수도 있는 것처럼, 이것의 어떤 것도 그의 머리를 돌릴 수 없었다. 그는 똑같이 젠체하지 않되 인습에 얽매이지 않았던 태도로 남아 있었는데, 그가 늘 그래 왔던 진지하지만 익살스러운 성격이었다. 그는 감당할 수 없는 파격의 머리와 바이올린에의 그의 아마추어적 노력과 함께 괴짜의 그리고 실제적이지 않은 교수라는 고정관념에 들어맞으며―세상은 그것 때문에 그를 사랑했다. 언론과 모든 종류의 정치가, 괴짜들, 도움을 바라는 이들, 애착을 갖는 이들의 주목을 견디면서, 그는 보답으로 오직 가난한 사람들에 대한 기부를 위해서만 사진을 찍도록 동의했을 것이다.

그리하여, 아인슈타인은 명성을 추구하지는 않았음에도, 그것을 사용할 준비가 되어 있었다. 그는 향학열에 불타는 젊은 과학도들을 도우려 시도하면서 물론 너무나 친절했는데, 아인슈타인으로부터 나오는 강렬한 언급을 소유하는 것은 물리학 전문직에 **불**이익이 되어버렸던 결과와 더불어서 말이다! 그는 다양한 이상주의적인 사회적 그리고 정치적 운동의 뒤에서 다소 무차별적으로 그의 이름을 얹었다. 1920년대와 1930년대 초, 그는 평화주의와 양심적 군복무 반대를 지지했는데―왜냐하면 많은 다른 사람들처럼, 그는 제1차 대전의 도살로 공포에 떨었기 때문이다. 그는 1920년대 국제 연맹의 이상을 열광적으로 지지했고 적어도 그들 위원회 중 하나에 봉사했다. 그는 또한 팔레스타인에의 유대 국가 설립을 위한 시온주의Zionism 운동에 그의 이름을 빌려주었다. 종교와 더불어 그런 것은 아니었더라도, 아인슈타인은 유대인으로서 유대적 유산을 점증적으로 파악하게 되었다. 나중에, 그는 이스라엘 대통령직 제안을 정치적 무능과 들어가는 나이라는 근거에서 사양했다. 말년에, 세상이 끊임없이 그에게 제의한 면담 및 공적 연루를 피하면서, 거의 은둔자로 살았다. 중요한 예외가 있었는데, 그의 삶의 바로 그 마지막 날들에 그는 영국 철학자 버트런드 러셀Bertrand Russell이 준비한 핵전쟁의 위험성 평가를 요청하는 문서에 서명하는 데 동의했다. 이는 일련의 영향력 있는 "퍼그워시 회의Pugwash Conferences"로 이끌었는데, 여기에 냉전의 두 진영 모두에 속한 국가로부터 온 과학자들이 참여했다. 아인슈타인은 명성을, 일단 그에게 들이밀어지자, 그가 가치 있다고 생각한 대의를 증진하는 수단으로 보았다.

플레밍의 명성 향유

알렉산더 플레밍Alexander Fleming은 최초의 항생 물질, 페니실린의 발견자로의 삶의 마지막 10년 동안 비범한 명사가 되었다. 그는 세계를 여행했는데, 25개의 명예학위, 15개의 시민권, 140여 개가 넘는 온갖 명예와 상을 모았다. 그의 명성은 후에 달의 충돌구가 그의 이름을 따서 붙여지면서 심지어 외계적인 것이 되었다! 그러나 페니실린에 관한 주요 업적은 나중에 다른 사람들(플레밍과 결국 노벨상을 공동 수상한)에 의해 이루어졌다. 그렇다면 어떻게 플레밍만 대중적 명성을 얻게 되었을까? 그가 그것을 추구했는가? 그가 심지어 그것에 대한 자격이 있었는가?

우리가 5.2에서 보았듯이, 플레밍은 페니실린이 항생제로 쓸모없으리라 생각했다. 그의 발견을 보고하는 논문을 출간한 후, 그는 주목을 다른 연구로 전환했다. 페니실린을 항생제로 유효하게 개발하는 일은 1940년대 초 체인과 플로리의 연구를 기다려야 했다. 언스트 체인Ernst Chain(1906-1979)은 옥스퍼드에서 플레밍의 항균 라이소자임lysozyme에 대해 연구하고 있던 오스트레일리아 외과의 하워드 플로리Howard Florey(1898-1968)와 함께 연구했던 독일의 망명 생화학자였다. 제2차 대전 중 부상자의 감염과 싸워야 하는 필요성 때문에 당시 항균 매개체에 관한 관심이 높았다. 플로리는 체인에게 라이소자임이 세균을 죽이는 기제를 밝혀내길 시도하자고 요청했다. 착상을 얻기 위해 약 200개의 논문을 통해 검토하면서, 체인은 페니실린에 관한 플레밍의 1929년 보고를 우연히 만났는데, 이는 그에게 곰팡이가 라이소자임 효소처럼 행동했다고 제안해 주었다. 플로리와 체인은 세인트 매리 병원이 수년 동안 세심하게 유지해 오던 플레밍의 실험실에서 나온 페니실린 곰팡이의 몇몇 배양체를 얻었다. 그리고 나서 플로리 팀은 이 곰팡이를 병원 환자용 변기와 공장 깡통을 "끈으로 묶고 밀납으로 봉하는" 생산 방법으로 보급해야 했던 수 갤런의 액체로부터 밀리그램의 정제된 페니실린을 노고를 다해 생산해 냈다.

그 추출물은 그리고 나서 쥐의 감염에 관해 성공적으로 시험되었다. 최초 임상적 시도는 패혈증에 걸린 한 남자에 대한 것이었다. 그는 최초 주사 후에 굉장히 호전되었지만, 그리고 나서 그들은 페니실린이 바닥났고, 그 불운한 환자는 죽었는데―그러나 항생제로서 페니실린의 잠재적 효과를 증명하지 못한 것은 아니었다. 전쟁에 육중하게 주력하던 영국 당국은 플로리 팀이 더 많은 페니실린을 생산할 수 있도록 자원을 지원할 만큼 충분히 감명받지 못했고, 그래서 전시 사용을 위한 페니실린의 대량 생산을 위해 미국의 원조가 추구되었다. 미국 정부는 빨리 그 계획에 100만 달러를 갖고 다가왔다. 다섯 개의 대규모 제약 회사가 수백 명의 연구원으로 연합군에 봉사하기 위해 충분한 페니실린을 개발하려 일했다. 3년 안에, 수백만 명의 부상자를 치료하기에 충분한 양의 페니실린이 존재하게 되었다. 이 계획은 당시까지 이제껏 착수되었던 가장 큰 단일 규모의 연구 벤처였다.

전쟁의 어두운 단계에서 영국 정부와 언론은 어떤 종류의 좋은 소식에 필사적이었고, 그래서 가치 있던 그 새로운 기적의 약에 관한 이야기를 전적으로 지지하는 것은 자연스러웠다. 그토록 오랫동안 소망하던 "마법 탄환magic bullet"이 있었고, 그것은 환자를 죽이지 않고서 병균을 죽일 것이다. 그러나 그 약을 우리에게 유용하게 만들어낸 연구가 옥스퍼드에서 체인과 플로리에 의해 행해졌을 때, 플레밍이 모든 주목을 받게 된 것은 왜일까? 플레밍의 학과의 전 학과장이 페니실린의 성공에 대해 들었을 때, 그는 ≪더 타임스The Times≫에 플레밍이 그 공적을 받아야 한다고 썼다. 플레밍과 면담하려고 기자들이 몰려들었다. 그러자 누군가가 플로리의 집단이 공적을 받을 자격이 있다고 제안하는 글을 썼고, 기자들이 플로리에게도 인터뷰하러 갔다. 그러나 플로리는 특히 영국에서 대중성을 피하는 그 시대의 많은 과학자의 관례에 따라 오만하게 그들을 돌려보냈다. (요즘 얼마나 많은 과학자가 그렇게 여유 있게 행동할 수 있을까?) 그래서 기자들은 플레밍에게로 돌아갔고, 그는 그들과 행복하게 이야기를 나누었다.

그 이야기 속의 또 다른 요인은 제도적 압력과 경쟁 관계였다. 세인트 매리 병원은 당시 사설 재단이었는데, 그것의 위신 및 그것의 수입이 언론의 관심에 의존해야 했다(그것은 영국 국립 보건국이 등장하기 전이었고, 오늘날의 장면에서 더 그러한 특성을 보이는 재정적 제약 요인이 당시에조차 작동하고 있었다). 그러므로 세인트 매리 병원의 행정가들은 그들의 문 안에서 인류에게 대단히 유익한 발견이 이루어졌다는 인상을 언론에 부여하는 것에 행복했다. 그리고 신문들, 특히 애국적이던 윌리엄 비버브룩 경Lord William Beaverbrook의 통제를 받은 신문들은 과학의 천재가 되었지만 그의 명성에도 불구하고 겸손하고 단순하게 남아 있는 스코틀랜드 시골 출신의 소년에 얽힌 낭만적 이야기를 수놓았다.

플레밍은 지금 "매체 과대광고"라고 부르는 바에 충분히 행복하게 복종했으며, 그의 두 번째 아내는 이 과정을 탐욕스럽게 격려했다. 그렇지만 플레밍은 페니실린 이야기 안에서 그 자신의 부분에 관한 현실적 감각을 유지하고 있었고, 옥스퍼드 연구의 업적에 관대한 찬사를 종종 바쳤다. 그는 1945년 그가 정말 노벨상을 받을 만하지 않다고 말했다. 그는 그의 숭배자들에게 "나는 페니실린을 발명하지 않았다. 자연이 그것을 했다. 나는 단지 우연히 발견한 것뿐이다"(Macfarlane 1984, 260)라고 말하곤 했다. 언론에 의해 꾸며진 그에 대한 거짓 주장 모두를 그가 논박하러 돌아다니리라 기대한 이는 확실히 아무도 없었다.

그가 12번째 기도에서야 그리고 그가 그의 대중적 명성을 얻은 후에 왕립학회 특별 연구원으로 선출된 것은 그의 전문 직업적인 과학적 입지에 관한 겸양의 몇몇 척도이다. 하지만 그의 드러나지 않는 방식으로, 그는 오히려 세계적 명성을 즐기게 되었다. 결국, 그가 했던 모든 여행과 연설을 떠맡아야 **했던** 것은 아니었다. 플레밍은 교황으로부터 자그마치 5번 알현받았는데—개신교도 개혁의 땅에서 난 사나이에게 통상적이지 않은 운명이었다! 스페인에서 있었던 한 학위 수여식에서, 사람들은 거리에서 그가 지나가자 학위 수여를 위해 입은 호화로운 예복의 가두리에 입 맞추고 싶다고 느꼈다. 그의 조국 스코틀랜드에서조차, 그러한 감정적 낭비에 부여될 여지는 별로 없었는데, 한 사진은 그가 그를 총장으로 선출한 에든버러 대학교 학생들에 의해 어깨 높이로 쳐들렸을 때 그의 얼굴에서 드문 미소를 보여준다.

별로 극적이지 못한 실험실 작업 생애의 끝에서 이 아주 유능한 과학자의 한 덩이의 행운과 그의 해롭지 않은 명성의 시간을 시기하는 일은 치사할 것이다. 그러나 페니실린 생산에서 적어도 플로리, 체인, 다른 이들이 행한 부분에 동등한 언급을 부여하지 않는 것은 공정하지 않을 것이다. 대중적 명성이 변덕스러우며 과학적 장점에 필연적으로 비례하지는 않으면서, 매체에 의해 획책될 수 있음에 주목하는 것은 적절하다.

▪ 더 읽기 제안

Broad, W. J., and N. Wade. 1982. *Betrayers of the Truth*.

Coulson, T. 1950. *Joseph Henry: His Life and Work*.

Desmond, A., and J. Moore. 1991. *Darwin: The Life of a Tormented Evolutionist*.

Harding, S. 1986. *The Science Question in Feminism*.

Hearnshaw, L. S. 1979. *Cyril Burt, Psychologist*.

Kamin, L. J. 1974. *The Science and Politics of I. Q.*

Kevles, D. J. 1998. *The Baltimore Case: A Trial of Politics, Science, and Character*.

Macfarlane, G. 1984. *Alexander Fleming: The Man and the Myth*.

Sayre, A. 1975. *Rosalind Franklin and DNA*.

Watson, J. D. 1980. *The Double Helix* (Norton Critical Edition).

7 과학의 효용

우리는 과학의 가망 있는 실제적 응용을 목적으로 착수된 과학적 작업의 동기 부여로서 "효용utility" 또는 "유용성usefulness"에 관해 말한다. 프랜시스 베이컨은 이것이 **일차적**primary 동기라고 논의했으나(2.1을 볼 것), 그 주장은 사실 베이컨 자신의 시대보다 20세기 과학과 더 유관성을 갖는다. 과학사학자 데릭 드 솔라 프라이스Derek de Solla Price(**하이테크**high tech라는 용어를 주조한)는 기초 과학이 18세기 말까지 의미 있게 유용하지 못했고, 1세기 더 뒤에 전기를 사용하는 장치를 도입함으로써 그렇게 되었다고 주장했는데 — 미국의 토머스 에디슨Thomas Edison의 "발명 공장"(1963, 8)에서 정점을 맞이했다. 실제적 기술은 그때 이르러 이론을 대체로 앞섰다. 예를 들면, 과학이 증기 기관에 했던 것보다 증기 기관이 열역학이라는 과학에 더 많은 것을 했다고 진술되어 왔다.

과학의 몇몇 응용은 명백히 인간의 이익에 관한 것인데, 식량 생산 증가, 고통 경감, 또는 병 치료와 같은 것이다. 그러나 다른 경우, 의도된 응용이 논쟁적일 수 있고, 위험할 수 있으며, 또는 심지어 많은 사람의 눈에 사악한 것일 수가 있다. 예를 들면, 대량 파괴 무기의 제조(10.1을 볼 것) 또는 고문이나 강제적 행동 통제를 위한 새롭고 정치(精緻)한 방법의 창조. 덜 분명한 예는 인간 유전자를 변경하는 전망인데, 그것의 멀리까지 다다를 기약 및 우려와 함께한다(10.2를 볼 것). 만일 우리가 군사적으로 방향 잡힌 과학 연구를 위한 동기를 "효용"이라고 묘사한다면, 우리는 정부의 봉사나 군대의 봉사가 과학의 그러한 응용을 그들의 정치적이고, 전략적인 목적에 봉사하는 것으로 보았다는 점만을 말하고 있는 것이다. 새로운 무기는 전쟁에서 이기기 위한, 또는 잠재적 적이 그런 무기 자체를 사용하는 일을 제지하는 것을 위한 필수 수단으로서 (유감스러울지라도) 전형적으로 정당화된다.

상업적 수준에서, 많은 과학 연구는 산업적 응용에서 기업 이익을 위한 그것의 잠재력에 의해 명백히 동기가 부여된다. 예를 들어, 어떻게 식품에 더긴 유통 기한을 부여할 것이냐에 관한 연구는 소수의 장소에 식품 생산을 집중하는 것이 편리하고 이윤이 된다는 점을 알게 된 큰 회사들의 목표에 봉사한다. 이것이 맛, 건강, 또는 선택의 다양성 측면에서 고객에게 좋을지의 여부는 다른 문제이다. 제약 회사들에 의해 수행된 연구는 의학적 이익보다는 그들의 기존 상표에 대한 특허가 소멸할 무렵이라는 인식에서 더 많이 동기부여가 될 수도 있다. 명백히, 무엇이 "유용하다"고 간주되느냐는 당신이 묻는 이에게 그리고 그 사람 또는 단체가 무슨 목적을 마음에 품고 있느냐에 의존한다. 한 사람의 과학 선용은 다른 사람의 오용으로 종종 간주될 것이다.

7.1 의과학의 전통

의과학medical science 전통 속, 방법론과 동기 부여 둘 다에서 물리과학과 대조가 존재한다. 우리가 이해하는 것으로서 의술의 실행은 인간 복지를 위한 유용성으로 그 목표를 삼은 고대 그리스 히포크라테스로 거슬러 올라갈 수 있다. 고대인에 의해 잘 발전된 수학 이외의 하나의 이론과학, 즉 천문학과 달리, 처음부터 그것은 경험에 바탕을 둔 실습이었다. 의과학 전통은 19세기에 화학이 생리학에 응용되었을 때 물리과학과 상호 작용하기 시작했을 뿐이다. 의학이라는 과학은 정의에 의해, 질병과 상해의 예방과 치료로 인간의 건강 및 복지를 유지한다는 목표를 갖고 있다. 과학의 이 지류는 대중에 의해 그 실제적 가치가 가장 쉽게 인정되고, 최근 정부들이 의학 연구를 지원하는 데 특히 관대한 경향이 있다.

의학이 이론에 기초를 둔 과학이듯 적어도 그만큼 항상 기술(실제적 솜씨라는 의미에서)이었다. 과학적 태도를 지닌 의학의 실행은 느린 시작의 긴 역사를 갖는다. 의과학의 기원들은 물리과학의 전통과는 다소 다른 종류의 전통 속에 있다. 고대 이집트 성직자 계급은 의학을 그 전통의 한 부분으로서 확장적으로 발전시켰다. 그리스인과 달리, 이집트인은 인체 해부를 일반적으로 금지하지 않았고, 그들은 몇몇 기본적 수술을 행했다. 그러나 그들의 실제적 지식은 미신 및 신화와 뒤섞여 있었다. 히포크라테스Hippocrates(기원전 400년경)는 그가 의학사에서 신으로 취급되지 않은 최초의 개체이기 때문에 의학의 아버지로 불린다. 그는 의학을 성직자에의 유대와 초자연적 영향 및 신비주의에의 호소로부터 자유롭게 함으로써 과학으로 만들었다. 그의 유명한 경구 Ars longa, vita brevis(기술은 길고, 인생은 짧다)에서 세대들을 넘는 지식의 진보적 축적이라는 관념을 표현한다. 그는 인간 복지를 향한 공평무사한 봉사를 강조했는데, 그것은 히포크라테스 선서에 반영되어, 오늘날 여전히 많은 의학도에게 받아들여지고 있다.

히포크라테스 전통은 기원전 500년경으로 거슬러 올라가 코스Cos의 의학 학파 저술에서 전해 내려왔다. 인간 생리학과 생물학에 관한 지식 결여 및 온도계나 현미경과 같은 의료 도구의 부재로, 그 시대에 현대적 의미의 과학적 발견은 별로 없었다. 그러나 의학에 대한 히포크라테스의 접근은 근대 과학의 정신 안에 있다. 그것의 초점은 결과를 얻는 데 그리고 가설들을 경험적 시험에 놓이게 하는 데 있었다. 논문 「고대 의학에 관하여On Ancient Medicine」는 의학 연구를 우주론적 사변 위에 기초시키는 데 반대했는데, 그 독자들에게 "어떤 이는 의학에서 그럴싸한 이론에 주로 유의하는 것이 아니라 이유와 결합된 경험에 유의해야 하는데 …… 이론은 감각-지각 작용으로 파악된 것들에 관한 구성적 기억이기 때문이다"(Farrington 1949, 75-76)라고 충고했다. 히포크라테스 저술 『신성한 질병에 관하여On the Sacred Disease』는 지금 우리가 간질epilepsy이라고 인식하는 바에 관해 자연주의적 해명을 선호하는 논의를 포함한다.

처음에 이 질병을 신들의 탓이라고 언급한 그들은 나에게 스스로 지나치게 종교적
으로 되도록 나대는, 그리고 다른 사람보다 더 많이 안다고 나대는 지식인으로 자
처하는 요술쟁이, 정화자purificators, 돌팔이, 협잡꾼이 지금 그런 것과 같이 꼭 그
래 왔던 것으로 보인다. 어떤 원조를 주는 일에서 그들 자신의 무능력을 막는 구실
및 방호막으로 신성함을 이용하는, 그런 이들은, 그리하여, 이 질병을 성스러운 것
이라고 불렀다. …… 그들이 염소를 흉내 내거나, 이를 갈거나, 혹은 그들의 오른편
이 경련을 일으키면, 그들은 신들의 어머니가 원인이라고 말한다. 그러나 그들이 더
날카롭고 더 격렬한 어조로 말하면, 그들은 이 상태를 말과 닮은 것으로 보고, [바다
의 신] 포세이돈이 그 원인이라고 말한다. …… 그러나 이 질병이 내게는 다른 것보
다 더 신성하지는 않은 것으로 보인다. 그러나 이것은 다른 질병들이 갖는 것처럼 그
것의 본성을 갖고 있고, 왜 그것이 발병했는지의 원인을 갖고 있다(Hippocrates
1952, 154-155).

히포크라테스의 저술은 우리가 질병을 이해하기 위한 과학적 접근이라고 부
르게 될 바를 표현하기 시작한다.

하비: 피 순환
모든 학동이 피가 심장의 펌프 작용 때문에 순환된다는 것을 안다. 그러나
심장 기능에 관한 정확한 서술과 피가 몸을 통해 순환한다는 바로 그 관념은
의과학에서 돌파가 필요했다. 이것은 1628년 윌리엄 하비William Harvey(1578-
1657)의 『심장과 피의 운동에 관한 해부학적 논고An Anatomical Treatise on the
Movement of the Heart and Blood』의 출간과 함께 발생했다.
　몸의 절개로 인간 해부학을 묘사하려는 최초의 심각한 기도는 기원전 300년
경 그리스인 헤로필로스Herophilus에 의해 이루어졌다. 그는 이미 감각 신경과

운동 신경을 구별했으며 그 당시 생각되었던 것처럼 정맥은 공기보다는 피를 포함한다고 보여주었다. 그러나 그의 주요 저작 『해부학에 관하여On Anatomy』는 상실되었다. 15세기에 이르기까지, 인체 해부학과 생리학에 대한 관념은 로마에서 살던 존경받는 그리스 의사 갈레노스Galen(기원후 129-199)에서 유도되었다. 그의 업적은 많은 오류에도 불구하고 오랫동안 권위 있는 것으로 여겨졌다. 아리스토텔레스를 추종해, 갈레노스는 그리스와 로마 전통에서 인간 절개는 적절하다고 여겨지지 않았으므로 그의 인간 해부학 연구를 주로 바르바리Barbary 원숭이 절개에 기초시켰다. 관찰을 넘어서서 종교적 교조에 대한 집착으로 편향이 도입되었다. 예를 들어, 갈레노스는 몸을 지배하는 3가지 영spirits이 존재한다고 믿었다. 간의 "자연의" 영, 심장의 "생명의" 영, 뇌의 "동물의" 영. 그는 심장이 적극적으로 펌프질해 낸다기보다, 오히려 피가 심장을 움직이게 한다고 제안했다.

  갈레노스의 권위는 플랑드르 해부학자 안드레아스 베살리우스Andreas Vesalius(1514-1564)에 의해 처음으로 도전받았는데, 그는 그의 걸작 『인체 구조에 관하여On the Structure of the Human Body』에서 근대 의학의 기초를 놓았다. 이 교과서는 1543년에 인쇄되었는데, 그 해는 코페르니쿠스의 혁명적 연구가 출간된 같은 해였다. 그것의 인체 해부에 대한 정확하고 예술적인 묘사는 오늘날 의학도가 사용하는 저작에서 여러분이 보게 될 것과 큰 차이가 없다. (오늘날의 해부학과 비교해 그의 해부학의 얼마 안 되는 결핍 사항 중 하나는 여성 해부학에 관한 묘사인데, 거기서 그는 관찰 대신에 인간의 생식 생리학에 관한 대체로 허구적인 아리스토텔레스적 관념으로 되돌아갔다.)

  베살리우스는 고대의 의학 전통이 여전히 번성했던 이탈리아의 파도바Padua 대학에서 그의 연구를 시작했다. 당시에, 갈레노스의 관념은, 그 부정확성과 오해에도 불구하고, 여전히 도전받지 않았다. 인간 절개는 단지 르네상스 유럽의 몇 곳에서—범죄자 시체를 사용하는—받아들여지게 되었다. 다른 해부학 교수와 달리, 베살리우스는 이발사-외과의 기술자들이 실제적 연구를 하는 동안 갈레노스를 읽는 일 대신, 스스로 해부를 했다. 1555년, 베살리우스는 갈레노스가 믿었던 심장의 우심실에서 좌심실로 혈액을 보내도록 허락하는 구멍은 단순히 존재하지 않는다고 공표했다. 그가 대담했음에도 불구하고, 그는 전통적 권위에 도전할 충분한 용기를 내기가 어렵다는 것을 알았다. 그는 썼다. "얼마 전에 나는 갈레노스의 의견에서 한 머리카락 두께도 감히 벗어날 수가 없었다. 그러나 격막(심장의 방들을 나누는 벽)은 심장의 나머지만큼 두껍고, 촘촘하며, 빽빽하다. 나는 그러므로 가장 작은 입자조차도 어떻게 그것을 통과해서 좌심실에서 우심실로 운반될 수 있는지 모르겠다"(Mason 1962, 216-217). 그의 연구는 갈레노스주의자에게 비난받았으며, 그는 신체 날치기와 인간 신체 절개에 대한 공적 조사로 사형을 선고받았다. 그 선고는 예루살렘 순례로 감형되었는데, 그가 이것에 착수했으나 돌아오는 여행에서 죽었다.

하비는 심장 구멍 이론cardiac pore theory을 공개적으로 거부한 이였다. 결국, 그런 사안에 관한 기존의 확립된 권위에 도전하는 것이 항상 쉬운 일은 아니었다. 베살리우스가 파리에서 같이 연구했던 미후엘 세르베토Michael Servetus (1511-1553)는 피가 허파를 거쳐 심장의 우심실에서 좌심실로 간다고 제안한 첫 번째 사람이었다. 세르베토는 붉은 동맥피가 정맥피와는 본질적으로 다르다는 흔히 주장된 믿음과 대조적으로, 피는 실제로 하나라고 주장했다. 그의 유니태리언Unitarian 신학이 갈레노스의 세 가지 신체의 "영spirits", 즉 정맥피의 자연의 영, 동맥피의 생명의 영, 신경계의 동물의 영을 통일하는 착상을 그에게 부여했다. 그는 공기 속 신성한 영(우리가 산소라고 부르는)이 정맥피를 정화해, 붉게 만든다고 믿었다. 세르베토는 동맥피가 허파에서 일어나는 변화를 제외하고 정맥피와 똑같다는 하비의 견해를 앞서 있었던 것이다. 그와 같은 이론화에 대한 세르베토의 보상은 제네바 개신교 지도자 장 칼뱅John Calvin에 의해 화형에 처해지는 것이었다. 칼뱅이 그의 최악의 이단이라고 여겼던 것은 영혼이 피의 영적 본질에 해당한다는 주장이었다.

하비는 파도바 대학에서 베살리우스의 학생 지롤라모 파브리치오Girolamo Fabrizio 밑에서 연구했는데, 그로부터 정맥에 관한 신기한 사실을 배웠다. 그 것들이 판막을 갖는다는 점이었다. 하비는 이 판막들("작은 문들")이 피가 한 방향으로만, 즉 심장을 향해서만 흐르도록 배치되어 있음에 주목했다. 로버 트 보일Robert Boyle(1627-1691)이 그에게 무엇이 그로 하여금 피가 순환한다고 믿도록 이끌었냐고 물었을 때, 하비는 이것을 인용했다. 하비는 몇몇 기능을 위한 설계가 없이 정맥 속 판막과 같은 장치를 생각해 볼 수는 없었다고 대답 했다. 그는 그의 순환 가설을 시험하기 위해, 개구리에서 개에 이르는, 동물 의 심장박동을 연구하는 데 20년을 들였다. 자연으로의 일깨움을 주는 경험 적 접근이라는 정신에서, 하비는 몸에서 어떤 기제가 작동하는지를 탐구했 다. 피가 몸을 통과해서 완전한 순환을 이룬다는 그의 의혹은, 신기하게도, 땅 위 현상 사이의 완전한 순환 운동에 관해 언급한 아리스토텔레스의 한 예 에 의해 동기 부여받은 것이었다. 하비는 그가 "공기와 비가 우월한 신체의 순환을 모방한다고 아리스토텔레스가 말하는 것처럼 그 자체로 순환인 운동 이 있을 수도 있지 않을까 생각하기 시작했다"(Mason 1962, 221)라고 적었다.

하비는 혈류량을 측정하고자 수많은 실험을 했다. 그는 30분 안에, 몸 전체 에 존재하는 것보다 더 많은 피가 심장을 통해 흐른다는 것을 알아냈는데 — 생물학에서 정량적 추론의 첫 적용의 하나였다. 그는 명백한 추론으로 보이 는 것을 만들었다. 피는 그런 짧은 시간에 좀처럼 만들어질 수가 없고 소멸할 수가 없으므로, 그것은 몇몇 방식으로 순환해야 한다. 그 당시 유행하고 있었 던 기계적 유비를 사용해, 그는 심장이 펌프처럼 행위한다고 가설을 세웠다. 그는 서로 다른 근육이 수축했을 때 꼭 그런 것처럼, 동물의 심장이 수축하면 서 단단해지는 것이 실질적으로 느껴질 수 있음을 관찰했다. 그는 피가 심장 벽에 뚫린 구멍을 통해 흐른다는 갈레노스의 주장을 심지어 개의 좌심실을 절개해 직접적으로 시험했다. 그는 우심실에서 흐름이 없음을 보았다. 하지 만, 그는 동맥에서 정맥으로 되돌아가는 피 순환을 완전히 추적할 수는 없었다. 현미경을 사용해, 동맥과 정맥을 연결하는 모세혈관의 존재를 발견하는 일은 이탈리아 생리학자 마르첼로 말피기Marcello Malpigi(1628-1694)에게 남겨졌다. 하비의 발견은 "생명의 영"이 더해졌던, 허파에서 피에 무슨 일이 일어났느냐에 관한 질문들을 제기했으나, 의과학은 화학이 산소의 역할을 발견하기까지 거의 150년을 기다려야 했다(프리스틀리에 관해서는 5.2를 볼 것).

파스퇴르: 미생물 통제하기

루이 파스퇴르Louis Pasteur(1822-1895)는 현대 미생물학의 아버지이다. 그는 엄청난 재능을 가진 그리고 그것들을 순수 과학에 바치려는 풍부한 성향을 지닌 사람의 두드러진 예를 제공하는데, 그의 많은 노력을 양조, 농업, 의학의 극히 실제적인 문제에 썼다. 그는 우리가 소비하는 많은 우유가 "저온살균되어pasteurized" 왔다는 점에서, 꽤나 문자 그대로, 귀에 익은 이름이 되었다. 그러나 파스퇴르의 기여는 잘 알려진 그 하나의 처리보다 더 넓고 더 깊다. 그는 질병에 관한 병원균 이론germ theory of disease을 제출하고 검증한 데 대해 많은 공적을 주장할 수 있다.

파리의 에콜 노르말 쉬페리외르Ecole Normale Superieure에 입학 허가를 받은 후, 파스퇴르는 물리학과 화학을 전공했는데, 결정학crystallography으로 계속해 박사과정 연구를 했다. 이 분야에서, 그는 곧 일정한 물질의 결정은 두 가지 형태로 나타난다는 주목할 만한 발견을 했는데, 왼손left-handed 비대칭과 오른손right-handed 비대칭을 보인다는 것이다. 이 초기 작업은 원자들의 공간 배치에 관한 연구인 현대 입체화학의 기초를 제공했다. 스트라스부르Strasbourg 대학교 화학 교수로서, 파스퇴르는 그러한 화학적 비대칭들을 계속 연구했고 그것들이 생명 물질에서 뚜렷할 수도 있다고 사변을 가했다. 그의 삶의 끝에서, 그는 그가 이 순수 연구를 더 멀리 추구하지 못했다고 몇몇 후회를 표현하게 되었다.

1854년 신설된 릴Lile 대학교 화학 교수직을 잡기 위한, 파스퇴르의 다음 전문 직업적 움직임은 더 나은 실험 설비들에 관한 전망으로 동기 부여되었던 것으로 보인다. 그러나 그 거래의 일부는 그의 교육과 연구를 와인 양조와 같은 릴 지역 산업의 이익이라는 주제에 초점을 두어야 한다는 것이었다. 여기에 아주 현행의 주제ー과학자는 자금을 지원하는 기관에 기여한다는 조건에서만 부여받는 자금 지원ー의 19세기 예가 있는 것이다. 파스퇴르는 이것을 부담이 아니라 오히려 자극으로 알았던 것으로 보인다. 그때까지, 그는 그 자체의 관심을 위한 연구들을 하는 이론과학자였지만, 그의 삶의 나머지 동안, 그는 그의 대부분의 노력을 실제적 문제를 해결하는 데 바쳤다. 그는 그의 학생들에게 그가 순수 과학과 응용과학의 아무런 대립을 보지 못했다고 그리고 그 둘은 아주 많이 상호 작용을 해서 두 종류의 학문이 존재하는 것이 아니라 그 대신 하나의 학문 및 그것의 응용만이 존재한다고 말했다. 이 철학과 일치되도록, 파스퇴르는 곧 알코올 발효 개선에, 즉 릴 사람들의 가슴과 주머니에 소중한 과정의 개선에 기여하고 있었다. 보불 전쟁Franco-Prussian war 후, 몇 년 뒤, 그는 프랑스 맥주를 그 독일 경쟁자보다 더 낫게 만들겠다고 애국적으로 제안했다!

파스퇴르가 1857년에 우유 발효에 관해 쓴 한 짧은 논문은 과학적 미생물학의 효시를 표시해 주는데, 왜냐하면 그 안에서 그는 화학적 변화에서 생물의 역할을 가정했기 때문이다. 우유가 쉴 때, 젖당(락토스lactose)이 젖산으로 변환된다. 그는 이 과정은 당이 공급되는 한 빠른 속도로 스스로를 재생산할 수 있는 엄청나게 많은 현미경적 생물체의 현존에 의존한다는 것을 보여주었다(우리는 지금 이 작은 살아 있는 유기체들을 효모, 미생물, 또는 박테리아bacteria이라고 부른다). 이 발견을 일반화해, 그는 발효, 부패 등등과 같은 다른 자연적인 화학적 과정은 각각 특정한 종류의 미생물에 의존한다는 이론을 제출했다. 이것이 술 만들기 과정의 참된 본성이었음은 이전에 알려지지 않았던 것인데, 수많은 사람의 시행착오 기초 위에서 실행되어 와서, 그 결과는 문명의 가장 평가받는 산물 가운데 있게 되었다.

1857년, 파스퇴르는 에콜 노르말^{École Normale}에서 선임직을 맡기 위해 파리로 돌아왔는데, 거기서 그는 무거운 행정적 의무와 공개적 토론에 관계하려는 그의 성향을 만족시킬 풍부한 기회를 가졌다. 그의 시간 제약 및 에콜이 그에게 제공한 빈약한 시설에도 불구하고, 그의 실험실 연구는 앞으로 나아갔다. 그는 방부 처리 및 멸균의 기술을 개발했고, 이는 오늘날 표준적 과정이다. 그는 이들 방법의 몇몇에서 특허를 얻었고 그 수익금으로 가족을 부양하는 것은 물론 더 나아가 연구 자금을 조달하는 데 썼다. 그러나 전반적으로, 그의 과학 이력은 공공복지를 위한 진정한 헌신의 사례였던 것으로 보이는데, 보상 선물에 대한 욕망과 함께한 것은 맞지만 그것이 일차적인 것은 아니었다.

파스퇴르 생애의 또 다른 위대한 업적은 질병에 관한 병원균 이론이다. 파스퇴르의 실험은, 독일 미생물학자 로베르트 코흐^{Robert Koch(1843-1910)}의 후기 실험과 함께, 고등 동물과 인간의 질병은 병원균이 일으킨다고 결론적으로 증명했다. 이 사례에서도, 아주 중요하다고 판명 나게 되어 있던 그 연구는 경제적 문제에서 출발했다. 발효에 관한 그의 이론을 발표한 후 곧, 파스퇴르는 각 전염병이 특정한 종류의 미생물에 의해 야기될 수도 있다고 추측했다. 프랑스 중부에서 누에를 감염시키고 있던 그리고 견직물 산업을 망치고 있었던 병을 조사하기 위한 위원단을 이끌어달라고, 농업 장관이 그에게 요청했을 때 그는 그의 착상을 시험할 기회를 부여받았다. 파스퇴르는 그가 화학자이지, 동물학자가 아니라며 저항했으나, 그 장관은 고집했고, 조국에 유용해야 한다는 파스퇴르의 욕망은 그를 그 도전에 착수하도록 유도했다. 1865년부터 1870년까지, 그는 누에 전염병을 연구하는 데 스스로 헌신했는데, 세벤^{Cevennes}산맥의 임시 실험실에서 그 대부분의 시간 동안 연구했다. 그의 딸들의 죽음과 뇌출혈에도 불구하고, 그의 불굴의 의지가 그를 계속 가게 했다.

질병을 막기 위한 백신을 개발하려는 파스퇴르의 첫 실험들은 천연두 연구에서 이미 알려진 방법을 사용해, 탄저병anthrax, 닭 콜레라, (박테리아가 아니고 바이러스에 의해 야기되는) 광견병에 초점을 두었다. 유관 미생물의 약화된 또는 "희석된" 변종을 주입하는 것이 몸의 자연적 방어 체계를 활성화할 수 있게 되는데, 그리하여 그 병의 만개한 경우를 유도하지 않고서 뒤에 오는 감염을 예방할 수 있다는 것이 그 이론이었다. 회의론과 전투를 벌이기 위해, 파스퇴르는 탄저병에 맞서도록 동물에게 면역 작업을 하는 일의 유효성에 관한 극적 입증을 준비했다. 1885년, 그는 한 소년을 광견병에서 구하는 가장 기억에 남는 성공을 거두었는데, 당시까지 그것은 100% 치명적이었다. 한 어린 소년이 그의 문 앞에 나타났을 때, 광견병 개에게 물렸으며, 당시에 알려졌던 병으로서, 공수병의 몇몇 증후를 보여주고 있었다. 파스퇴르는 광견병에 맞서는 첫 인간 백신을 시도하려는 용기를 갖고 있었다. 그것은 성공으로 판명났다. 그 소년은 55년 이상 계속 살았고, 파스퇴르는 프랑스 정부 국가 연금을 포함해 명성, 영예, 포상을 계속 누렸다.

그렇지만, 파스퇴르는 인류애의 이기심 없는 은인이라는 그의 민간 영웅 이미지와 맞지 않는 비윤리적 행위에 대해 최근 고발당해 왔다. 그는 그의 연구에 관한 자세하게 기록된 공책을 가지고 있었으나 가족에게 그것들을 비밀로 하라고 말했고, 손자가 죽은 1971년까지 그것들은 공적으로 알려지지 않았다. 역사가 제럴드 가이슨Gerald Geison이 그 안에서 그의 과학적 성취가 "신화적 규모"(1995, 267)로 확대된 파스퇴르의 대중적 이미지를 재평가하기 위해 이들 재료를 사용했다. 그는, 예를 들어, 영국 화학자 스티븐 패짓Stephen Paget에 의해, "과학의 왕국에 이제껏 들어왔던 가장 완벽한 사람"(1995, 265)으로서 영광을 누려왔다. 가이슨은 그의 연구에 관한 파스퇴르의 공적 버전들에서 몇 가지 과학적 그리고 임상적 부정행위에 기반을 부여하는 심각한 불일치를 찾아냈다. 하나 들면, 그가 구해냈던 소년에 적용한 그의 광견병 백신 사용에 대한 파스퇴르의 출간된 해명은 현혹하는 것이었다. 그는 개에게 성공적으로 시험했던 절차와 상당히 다른 절차를 사용했다. 비난은 당시 그가 그의 치료가 안전하고 효과적인지를 몰랐을 수가 있다는 것이었다. 그러나 치료 없이는 그 소년이 확실히 죽었을 것이므로, 파스퇴르의 행위는 그러한 사례에 실험적 치료를 시도함으로써 잃을 것은 없었다고 말함으로써 정당화될 수 있다. 파스퇴르의 출간된 해명이 그가 행했던 바의 정확한 본성을 현혹하는 것이었다는 비판은 계속 남아 있다. 과학자들에게 그의 이론들의 참을 확신시키려는 그리고 그의 방법들의 효력에 관해 대중을 설득하려는 그의 노력 속에서, 그는 그의 접근의 세부에 대해 완전히 정직하기보다는 덜 정직할 준비가 되어 있었던 것으로 보인다.

파스퇴르의 이 경향은 사기성 있는 발표라고 그가 고발당해야 하는 다른 예에 의해 입증되는데, 아무리 그가 과학적 대의에서 옳다고 판명 났다고 하더라도 말이다. 1881년 양의 탄저병 백신에 대한 공적 증명에서, 그는 그 자신의 산소 희석oxygen-attenuated 백신을 사용하고 있었다는 인상을 주었으나, 그의 공책은 그가 협력자에 의해 준비된 다른 것을 사용했음을 암시한다. 그는 운이 좋았거나 아주 훌륭한 과학적 직관력을 갖고 있었는데, 왜냐하면 몇 달 후 그는 산소 희석 백신을 완성할 수 있었기 때문이고, 그것은 당시 표준이 되었다. 하지만, 이 사례에서 더 어두운 쪽이 있다. 그가 사용했던 그 절차는 더 먼저 투생Toussaint이라는 수의사에 의해 개발되어 왔는데, 그가 그것에 관해 파스퇴르에게 말했었다. 파스퇴르는 영광을 취했지만, 투생은 신경 쇠약에 걸려 죽었다.

최상의 실험자였던 것 외에도, 파스퇴르는 논쟁에서 가공할 적수였고, 학계 정치에서 능숙한 선수였으며, 그의 이론을 실제에 응용되게 하는 효과적 운동가였다. 그는 인간의 이익을 얻을 수 있다고 본 어디에서든, 그의 제안이 실제로 작동하리라고 그에 대한 의혹을 혹은 무지한 동시대인을 설득하려 나섰다. 그는 민간단체와 정부 기관에서 나오는 많은 상과 상금을 위해 경쟁했다. "성공적인" 공적 증명이 그에게 정치적으로 그리고 재정적으로 결정적이었는데, 이것이 진리에서의 그의 이탈을 설명해 주지만, 변명의 여지는 별로 없다. 그는 루이 나폴레옹 황제 및 그의 궁정을 포함한, 권력자들의 비위를 맞추었다. 삶의 만년에 가까워지면서, 그의 공적 지위는 프랑스 상원의원(보수로서)에 출마하도록 영입되어 스스로 "과학과 애국주의의 후보자"라고 표현했던 그런 것이었으나, 그는 가차 없이 낙선했다. 그는 과학적 전문 지식, 호기심, 인류에게 이익을 주는 데 적용된 결정력의 예이지만 명성, 권력, 돈에 대한 자기 본위 및 욕망과 같은, 여타의 친숙하되 덜 경탄스러운 인간 속성과 혼합된 예이다.

소크: 소아마비 백신에서 온 명성과 논쟁

조너스 소크Jonas Salk는 1954년 그가 가공할 급성 회백수염poliomyelitis(폴리오polio), 또는 소아마비에 맞서는 백신을 들고 나왔을 때 미국에서 가장 많이 알려진 과학자의 하나가 되었다. 소크 백신과 후에 앨버트 세이빈Albert Sabin이 도입한 백신의 사용으로 이제 소아마비는 사실상 박멸되었다. 하지만, 성공담 뒤에 과학 및 그것의 공중 보건에 대한 응용이 어떻게 수행되어야 할 것인지에 관해 복잡하고 여전히 논란이 있는 설명이 존재한다. 우선 몇몇 백신의 역사를 살펴보기로 한다.

시골 의사인 에드워드 제너Edward Jenner(1749-1823)는 질병을 예방하기 위해 백신의 최초의 체계적 사용을 도입했는데, 그것은 아마도 모든 약품을 결합한 것보다 더 많은 생명을 구했을 의료 혁신이었다. 1798년, 그는 우두의 수포에서 채집한 물질의 접종이 천연두, 즉 17세기 영국 인구의 1/4에 이르도록 생명을 앗아가고 있던 질병에 맞서 면역을 일으킬 수 있음을 증명했다. 제너의 업적은 이론적 이해에 앞서 있는 실제적 지식의 두드러진 사례다. 그의 시대에, 질병을 일으키는 미생물에 관한 아무런 개념도 없었다. 현미경학자 안토니 반 레원후크Anton van Leeuwenhoek(1632-1723)가 실질적으로 미생물(그가 "극미동물animalcules"이라 불렀던)을 관찰했으나, 파스퇴르가 질병에 관한 세균 이론을 발전시킨 것은 제너 이후 거의 1세기가 지나서였다.

1718년, 귀부인 매리 워틀리 몬터규Lady Mary Wortley Montagu(1689-1762)가 콘스탄티노플(이스탄불)로부터 영국으로 접종을 도입했는데, 이는 몇 세기 동안 그것을 사용해 온 터키와 아랍 여인들에게서 착상을 얻은 것이고-그 기법은 중국에서 기원했다. 천연두의 순한 변종에의 감염에 노출된 개인들은 더 심각한 형태들에 저항력을 갖게 되었다. 귀부인 몬터규는 자신의 아이들에게 접종했고 잉글랜드로 돌아가서, 그녀는 또한 웨일스 왕자에게 자식들이 접종받게 하라고 촉구했다. 그는 그렇게 했고, 성공적이었으나, 죄수와 고아 집단에 그 절차를 시험한 후에서야 했다. 거의 1세기 후, 제너는 우두와 천연두의 유사성으로부터 신체의 저항력이 더 순한 질병에 의해 자극될 수가 있어서 더 악성인 질병에 면역을 부여한다는 점을 추론했다. 가시를 사용해서, 그는 우유 짜는 감염된 여자에게서 나온 물질을 한 소년에게 접종했다. 6주 후, 소년은 천연두에 노출되었으나 감염되지 않았다. 1798년, 제너는『천연두 백신의 원인 및 효과에 관한 탐구Inquiry into the Cause and Effect of Variolae Vaccinae』라는 제목의, 그의 관찰 설명서를 발표했다. (바키나에vaccinae라는 용어는 우두를 언급하는 말인데, 라틴어의 바카vaca, 즉 "소"에서 유래했다.) 백신을 맞은 수백 명의 사람들이 천연두에 걸렸으나, 제너는 사용된 혈청이 적절하게 준비되지 못했다는 것을 증명할 수 있었다. 처음에, 제너 백신의 안전성과 효율성에 대해 많은 논쟁이 있었지만, 그는 영웅이라고 갈채를 받고 살았다. 그는 기사 작위를 받았고 의회로부터 2만 파운드와 함께, 옥스퍼드 대학교에서 명예학위를, 나폴레옹과 제퍼슨으로부터 칭송의 편지를, 러시아 차르로부터는 금반지를 받았다. 논쟁과 명예 둘 다가 소아마비 백신과 함께 소크에게 다시금 발생하게 되었다. 제너가 천연두 예방 접종을 한 첫 사람은 아니었음에도, 그는 효과적 백신 작업을 발전시켰고 승인을 얻어냈다는 공적을 받을 만하다.

천연두 바이러스는, 우리가 지금 아는 것으로서, 종종 치명적이고 모양을 손상하는 수두와 반대로, 인간에게 순한 반응만을 일으키는 소의 감염을 통해 전달됨으로써 매우 희석(약화)된다. 그 착상은 질병에 맞서는 면역 이론으로 일반화되었다. 약화된 감염 물질의 투입이 신체를 자극해 나중에 계속해서 동일한 감염 매개체를 비껴가게 할 것이다. 1880년에 이르러, 파스퇴르는 큰 범위의 면역성을 부여하기 위해 접종을 도입했다. 질병에 관한 세균 이론과 함께, 면역이 작동하는 기제들이 이해되기 시작했지만, 그럼에도 불구하고 세부적 이해는 근년에야 출현했다. 면역학은 오늘날 커다란 연구 영역인데, 관절염과 같은 자가 면역 질병을 이해하려는 시도, 그리고 특히, 몸의 바로 그 면역적 방어를 공격하는, 인간 면역 결핍human immunodeficiency(AIDS) 바이러스에 대한 면역체를 개발하려는 시도와 함께하고 있다.

소아마비는 20세기까지 심각한 질병으로서 두드러지기 시작하지 않았고, 부분적으로 그 이전에 아주 대단한 희생자를 낸 다수의 질병이, 천연두 사례에서는 백신의 보급으로, 콜레라 사례에서는 위생 개선으로, 축소되었기 때문이었다. 사실, 소아마비로 인한 사망과 마비의 발생은 더 나은 위생 때문에 실질적으로 증가했다. 소아마비는 보통 내장의 상대적으로 순한 감염이다. 많은 아기가 몇몇 일시적 면역성과 더불어 태어나며 면역성이 여전히 존재하는 동안 바이러스에 노출된다면, 그들은 더 영속적인 면역성을 발전시킬 것이다. 그러므로, 삶의 초기에 아이들을 비위생적 조건으로부터 숨기는 일이 그들이 나중에 더 심각한 소아마비 감염으로 고통받을 기회를 증가시켰다.

소아마비로 인한 사망자 수가 다른 감염병의 그것에 결코 접근하지는 못했음에도, 가장 흔히 아이들에게서 두드러지는 마비라는 결과는 그 병을 특히 겁나게 만들었다. 프랭클린 D. 루스벨트Franklin D. Roosevelt 대통령은 성인으로 그 병에 의해 불구가 된 유명한 희생자였는데, 그 후 그는 근본적으로 휠체어에 국한되었다. 루스벨트가 계속 나아가 대통령이 된 일은 소아마비에 관한 공적 관심을 제기하는 데 도움이 되었다. 1938년, 국립 소아마비 재단National Foundation for Infantile Paralysis이 조직되었고, 연례의 그리고 광범위하게 공표된 10센트 니켈 동전 행진March of Dimes 캠페인으로 기금이 모였다. 초기 호소에서, 공중이 10센트 니켈 동전 수백만 개를 백악관으로 보냈는데, 그리하여 그

캠페인은 의학사에서 자발적으로 기금을 모은 최대 연구 프로그램이 되었다. 성공적 백신이 개발된 이후에야 미국 정부는 발을 들여놨다. 소아마비 백신 개발은 의학 연구를 사적 의료 연구로부터 주로 오늘날 거대 의료 프로그램의 정부 주도 기금 조성으로의 이행을 표시한다.

조너스 소크는 15세에 뉴욕 시립 대학City College of New York에 등록했고 계속해 의과대학에서 일등 학생이 되었다. 돈 버는 길이 아니라고 그가 경고받았음에도, 그는 연구로 들어가기로 선택했고 의학 박사 학위를 받은 후 생화학 연구에 추가된 1년을 소모했다. 의대에 있는 동안, 그는 소아마비에 관해 연구하던 모리스 브로디Maurice Brodie 박사를 만났으며, 토머스 프랜시스Thomas Francis 박사를 만났는데, 이 사람과 함께 그는 자외선으로 죽인 바이러스를 이용해 독감 백신을 연구했다. 1935년, 브로디는 포름알데히드(방부 소독제)로 죽인 바이러스를 이용해 소아마비 백신을 시도해 냈다. 수백 명의 아이가 접종받았고, 희망이 제기되었는데, 비참한 실패로 끝난 실험을 얻었을 뿐이었다. 몇몇 아이가 그 백신 자체에 의해 소아마비에 걸렸고, 그것은 효과 있는 면역성을 허락하지 않았다. 더 기초적인 연구가 필요했다.

우리가 보아왔듯이, 제너의 천연두 백신 투여는 성공적이었으나, 그 질병(바이러스)의 바다에 있는 원인에 관한 또는 백신 투여가 어떻게 면역성을 주느냐에 관한 어떤 이해를 그가 가졌기 때문은 아니었다. 소아마비 백신을 개발하는 연구를 하면서도 바이러스에 관한 지식은 거의 없었다. (제너는 virus―라틴어로 "독"―라는 용어를 천연두를 일으키는 미지의 매개체에 붙이고자 도입했다.) 1930년대에 이르러서조차, 소아마비를 일으킨다고 빈의 연구자 칼 란트슈타이너Karl Landsteiner에 의해 1908년에 가설이 제기된 바이러스들은 광학 현미경으로 볼 수가 없었고 배양하기가 어려웠기에 연구하기 어려웠다. 소아마비에 관한 연구는 바이러스학 분야 연구를 자극하는 데 봉사했는데, 이것이 나중에 DNA 구조의 중대한 발견에 기여했다. 소아마비 바이러스는 살아 있는 신경 조직에서 자랄 뿐이라고 생각되었다. 그러나 만일 그 바이러스가 신경 세포 안에서만 자란다면, 안전한 백신의 전망은 암담해 보였을 것이다. 1949년 존 엔더스John Enders가 이끄는 팀이 인간과 원숭이의 비신경 조직에서 소아마비 백신을 자라게 하는 데 성공했다. 1952년, 도로시 호어스트먼Dorothy Horstmann과 데이빗 보디언David Bodian이 소아마비 바이러스가 혈류를 통과한다고 당시 바이러스 학자들의 지배적 믿음에 맞서 보여줌으로써 두 번째 돌파를 독립적으로 이루었다. 소아마비는 장에서 출발해, 혈류를 지나, 그다음으로 신경에 침투한다는 점이 이제는 확립되어 있다.

소아마비 바이러스의 세 가지 기본 유형이 그 유형들 내부의 서로 다른 "변종" 또는 하부 유형과 더불어 존재한다는 사실은 소크의 연구를 특히 어렵게 했다. 소크는 원숭이 약 1만 7000마리의 "희생"(당시 그것이 불렸던 것으로서)을 요구하는 복잡한 과정에서 소아마비 바이러스의 유형들을 분류하는 지루한 일로 그의 소아마비 연구를 시작해야 했다. 이런 서로 다른 유형의 바이러스에 관한 지식 결여가 1935년 시도하려 했던 안전하고 효과적인 백신 개발에서 브로디의 실패의 일차 원인이었다. 오로지 얼마나 많은 바이러스 변종이 소아마비를 일으키는지를 결정하는 연구가 100만 달러가 넘는 비용을 들였다. 소크 백신의 성공적 시도 이후까지도 정부로부터 지원이 거의 없었으므로 자금을 모으기 위한 대중 홍보가 필요했다. 그러나 개발 단계 중 홍보가 과학 연구에 방해가 되는 경향이 있는데, 그것이 과학 이론과 실험의 문제를 넘어서는 고려 사항을 도입하기 때문이다.

소아마비 백신에 관한 소크의 연구는 1947년 10센트 니켈 동전 재단 행진March of Dimes Foundation의 후원으로, 피츠버그 대학교에서 시작되었다. 그는 죽인 바이러스 백신을 향해 가기로 결심했다. 효과적인 죽인 박테리아 백신이 이미 개발되어 있었고, 그래서 그는 백신은 살아 있는 바이러스를 사용해야 한다는 교의를 붙들지 않았다. 소크의 발견 중 하나, 여러 저명한 바이러스 학자들이 받아들이기 어려움을 알게 된 하나는 항원을 유도하는 바이러스의 역량이 그것들의 전염성에 대응하지 않는다는 것이었다. 그는 소아마비 바이러스의 급속한 변이가 그것들을 다시 유독하게 만들 수 있으므로 살아 있는 바이러스 백신이 덜 안전할 수도 있다고 추론했다. 1949년, 존스홉킨스 대학의 이저벨 모건Isabel Morgan 박사는 죽인 바이러스 백신을 사용해 원숭이를 소아마비에 맞서 면역성을 갖게 하는 데 성공했다. 죽은 바이러스에서 안전하고 효과적인 백신을 얻는 일은 그것들이 더 이상 전염성이 없되 몸이 항체를 만들도록 자극하는 그것들의 역량을 유지한다는 점을 확실히 할 것을 요구했다. 소크는 백신을 산출시키기 위해 시행착오로 인내심 있게 나아갔다. 그 절차는 정확히 올바른 시간에, 정확히 올바른 온도와 산성도에서, 정밀한 양의 포르말린을 사용하는 일을 요구했다. 그는 그의 백신을 원숭이에게 성공적으로 시도했지만, 그것이 인간에게 어떻게 작용할지에 관해서는 불확실함이 남아 있었다. 소크는 이미 소아마비로 고통받은 아이들에게 처음에 백신을 시도해 보고, 그 백신이 그들에게 아무런 해도 끼치지 않을 수도 있다고 또한 그 백신이 혈액에서 항체의 수준을 올릴지에 관한 시험을 제공하리라고 추론했다.

1953년까지, 소크의 연구는 과학자 사회 외부에 공개되지 않았지만, 소아마비 백신에 대한 소문이 뉴스 매체에 도달했을 때 그것은 완전히 다른 게임이었다. 대중적 시험 계획을 알리기 위해서 한 논문이 ≪미국의학회지Journal of the American Medical Association≫를 위해 준비되어 왔으나, 새로운 개발을 기약하는 말이 칼럼리스트 얼 윌슨Earl Wilson에게 새 나갔는데, 그는 "새로운 소아마비 백신－큰 희망이 보인다"라는 제목이 달린 신문 기사를 썼다. 이것이 백신을 향한 대중적 아우성과 선전 추구자로서 소크에 관한 비판으로 이끌었는데, 그럼에도 불구하고 그는 신문의 이야기와 무관했다. 백신의 지위를 명확히 하기 위해, 소크는 1953년 3월 국영 라디오와 텔레비전에 말했다. 그는 간단한 용어로 백신의 기본 원리를 설명했다.

백신은 질병을 일으키는 바이러스로 만들어집니다. 그리고 나서, 그 백신이 주입될 때, 몸은 항체 형성으로 반응합니다. 이들 항체는 혈액 속에서 발견되고 미래의 공격에 맞서 방어하도록 남아 있습니다. 분명히 말해서 그 백신에 들어 있는 바이러스는 무해하도록 만들어져야 하고 그래서 주입되었을 때 그것이 병을 일으키지는 않을 것이나 보호해 주는 항체의 형성만을 결과하게 될 것입니다(Carter 1965, 160-161에서 인용).

그러나 그는 최근의 진전에도 불구하고, 1953년 여름까지는 널리 사용할 수 있는 쓸모 있는 충분한 백신이 존재하지 않으리라고 알려야 했다.

이제는 소크의 연구에 대해 의식하고 있는 대중과 더불어, 1954년 소아마비의 계절 전에 백신을 얻는 일을 향한 압력이 조성되었다. 즉각적 백신 사용에 관한 대중적 요구가 있었으나, 소크는 효과적이고도 안전하다는 것을 입증하기 위한 더 나아간 시험을 고집했다. 제너에서 시작된 전통 속에서, 그는 자신과 그의 가족에게 접종했다. 대량의 의학 실험은 1954년 4월에 시작되었는데, 1학년에서 3학년까지의 50만 명의 학교 어린이를 사용했다. 20만 명 이상이 위약(僞藥)을 주입받았다. 몇 개의 큰 제약 회사가 소크 백신을 대량으로 생산하기 시작해, 1955년 대규모 시험을 허용했는데, 이때 거의 200만의 학교 어린이가 접종되었다. 백신 투여는 소아마비를 막는 데 거의 항상 효과적임이 입증되었다.

백신의 성공에 관한 기사가 나타났을 때, 현대 의학의 이 기적에 갈채를 보내기 위해 교회 종이 울렸고 사이렌 소리가 들렸다. 소크는 무서운 소아마비를 정복한 것에 대한 칭찬과 감사의 토로와 더불어 환영받았다. 그는 국제적 영웅이 되었다. 조너스 소크 주화가 의회에서 제안되었다. 잡지들은 그의 기사로 가득 찼다. 그리고 영화 제작소는 그의 삶을 찍는 것을 고대했다. 그러나 대중의 갈채만이 아니라 노벨상도 받은 플레밍(6.3을 볼 것)과는 달리, 소크는 과학자 사회에서 별 인정을 받지 못했다. 그의 이름이 노벨 위원회 회의에서 거론되었지만, 그는 저명한 바이러스 학자의 추천을 결여하게 되었다. 국립과학아카데미National Academy of Science 입회 허가조차도 받지 못했는데, 암시된 바로는, 부분적으로, 그의 커다란 대중적 명성 때문이라는 것이었다.

소크는 대중적 명성과 연합된 소란을 바라지 않았던 것으로 보이는데, 그것이 그의 작업을 방해할 수도 있었을 한때에 특히 그러했다. 대중이 그의 이름을 소아마비 백신과 연합시킨 후, 그는 별로 평화가 없었다. 그는 "왜 그들 모두는 내가 아침에 뭘 먹었는지 알고자 할까?"(Carter 1965, 166)라고 의아해 했다. 자신의 동기 부여에 대해 논평하면서, 그가 말했다.

> 나는 백신 제조자가 아닌, 과학자이기를 원했다. 나는 면역학자였지, 생산물 개발
> 자가 아니다. …… 우리가 이제는 알 듯, 우리의 실험적 백신 가운데 하나의 상업
> 적 제조를 위한 선별 그리고 뒤이은 시험하기가 긴급한, 인도주의적 사안이 되었
> 다. …… 과학 연구자의 이 변환은 대부분 통상적이지 않다. 그것은 주어진 상황의
> 독특한 성격 때문에 일어났지만, 계획된 것도, 구상된 것도, 고대한 것도 아니며,
> 그것은 그럴 수도 없었다(Carter 1965, 67에서 인용).

그 백신 투여 프로그램의 실제 경로는 전혀 순탄하지 않았다. 하지만, 시험이 이중 맹검 연구double-blind studies를, 실천적이고 윤리적인 문제를 제기할 수도 있을 더 큰 신뢰 가능성을 확실하게 해줄 흔한 과학적 절차를 사용했는지에 관한 많은 논쟁이 잇따라 일어났다. 소크는 초기에 일단의 백신이 만족스럽지 못한 결과를 보인다면 재접종할 수 있길 원했다. 그리고 그는 어린이들에게 위약 주사를 놓아서 그리하여 소아마비에 걸리는 데 맞서는 아무런 면역성도 형성하지 못하게 될 것을 우려했다. 소아마비 국제재단의 총재에게 보낸 감성적 서한에서, 소크는 "아름다운 전염병학적 실험을 창조하는 것에 봉사하게 되겠으나……. 인도주의적 전율을 만들어낼 그리고 무덤 속에서 히포크라테스를 뒤집히게 할 정통성의 숭배"로서 위약 통제의 사용에 의문을 제기하기까지 했다. 그는 그가 "과학 숭배가 엄격한 방법론의 제단 위에서 인도주의적 원리들의 희생을 연루시킬 그러한 가치들에 기초하는 거짓된 궁

지"(Carter 1965, 192)라고 여겼던 바를 공격했다.

1954년 4월, 현장 시험에 들어가기 직전, 소크 계획의 적들이 또 다른 브로드웨이 칼럼니스트 월터 윈첼Walter Winchell의 도움을 얻었는데, 그는 공표했다.

> 곧 나는 새로운 소아마비 백신에 관해 보고할 것인데 —그것은 살인자일 수가 있다! …… 이달에 새 백신으로 …… 국제 소아마비 재단이 100만 명의 아이들에게 접종할 계획이다. …… 미국 공중 보건국은 10묶음의 이 새 백신으로 시험했는데 [그리고] (내가 들은 바로는) 10묶음 중 7묶음 정도가 활발한 (죽지 않은) 살아 있는 바이러스를 포함했음을 알아냈다. …… 그 백신의 이름은 소크 백신이다 (Carter 1965, 232).

이것이 많은 부모가 1954년 백신 시험을 철회하도록 이끌었다. 전반적 성공에도 불구하고, 커터 실험실Cutter Laboratories에 의해 생산된 한 묶음의 백신이 전체 프로그램을 거의 망쳐 놓았다. 소크의 엄중한 통제를 모두 다 포함하지는 못한 채 만들어진 커터 백신은 적어도 250사례의 소아마비 및 11사례의 사망을 야기했던 것이다. 성공적 현장 시험 이후의 상업적 백신으로 접종한 500만 명의 대부분에서 문제가 없었음에도, 의무감surgeon general은 1954년 5월 모든 백신 공급에 대해 안전성 점검이 이루어질 수 있을 때까지 백신 주입이 보류될 것이라고 공표했다. 그렇지만 불과 며칠 후 파크Parke, 데이비스Davis, 일라이 릴리Eli Lilly에 의해 생산된 백신은 안전한 것으로서 방출되었다. 이 지연은 상당한 혼란을 야기했는데 —부모들은 아이에게 백신을 맞혀야 하는 일과 맞히지 않아야 하는 일 둘 다를 두려워했다.

소아마비 백신을 개발하려는 경주에서 많은 경쟁이 항상 있었으며, 소크의 버전은 그것의 일반적 성공에도 불구하고, 살아 있는 바이러스 백신만이 안전하고 효과적일 수 있다고 믿은 바이러스 학자에 의해 가차 없이 공격받았다. 소크의 주적은 앨버트 세이빈이었는데, 그는 살아 있는 백신에 관해 끊임없이 싸웠다. 1935년 세이빈의 연구는 소아마비 바이러스가 오직 신경 조직 속에서 자랄 뿐이라고 지적했으나, 이 결론은 비전형적 변종의 사용에 의존했다. 만일 그가 다른 변종들을 시도했다면, 그는 소아마비 백신을 개발한 첫 번째 사람이 되었을 것이다. 세이빈은 계속해서 소크의 프로젝트에 의문을 표현했다. 1953년 6월, 소크의 성공적 현장 시험이 있기 1년 이내에, 세이빈은 AMA(미국 의학 협회American Medical Association) 청중 앞에서 "소아마비에 실제로 적용 가능한 백신은 …… 현재 손에 쥐고 있지 않다"라고 단호하게 진술했다. 계속해서 그는 자신이 믿는 소아마비 연구의 목적을 말했다.

세계 여러 곳에서 소아마비에 대한 면역성을 획득하는 대가인 1/100에서 1/1000의 마비 위험성을 초래함 없이 자연이 인구의 99%에서 99.9%까지에 대해 행하는 바를 모방하기 위한 …… 소아마비 예방의 궁극적 목적은 여러 해 동안 또는 평생 면역성을 줄 "살아 있는" 무독 바이러스와 함께하는 면역 작용이다(Carter 1965, 179-180에서 인용).

소크는 "천연" 백신이 인공적으로 죽인 바이러스를 사용하는 것보다 더 우월해야 한다는 관념을 거부했다. 그는 죽인 백신이 "천연적 질병의 마법적 생명력을 포함"(196)할 수 있다는 믿음으로서 그 자신의 "이설(異說)"을 풍자적으로 언급했다.

세이빈은 소크 백신의 광범위한 사용에 맞선, 초기 싸움에서 졌으나 나중에는 이겼는데, 최소한 미국의 의학 시설에서는 그랬다. 1959년, 세이빈의 살아 있는 바이러스 백신은 러시아와 동유럽에서 수백만 명에게 시험되었다. 공산주의 국가 속 시험 결과에 대한 몇몇 불신이 일었음에도, 1960년에 이르러 세이빈의 백신은 널리 인정받았으며, 그것은 1961년 미국에서도 인가받았다. 살아 있는 백신은 관리하기(각설탕으로 경구)가 쉬웠으며 더 안전하며 더 오래가는 면역성을 준다고 추정되었다. 그러나 세이빈을 위해 "교회 종은

울리지 않았다. …… 세이빈 주화를 위한 아무런 제안도 없었다. 소크를 환영했던 대통령의 언급도 시성식(諡聖式) 신드롬의 어떠한 잔여도 없었다. 사람들은 소아마비 영웅들에 대해 지루해져 있었다"(Klein 1972, 147).

세이빈 백신은 소크 백신의 불완전한 커터 묶음과 같은 재앙은 결코 겪지 않았다. 그러나 1964년 6월에 이르러, 세이빈 백신과 "연합된" 123명의 소아마비 사례가 있었는데—그것을 투여받은 지 30일 안에 소아마비가 나타났다. 반면 소크의 백신이 스칸디나비아에서처럼 독점적으로 사용된 곳에서 소아마비를 완전히 소멸시켰음에 반해, 세이빈의 백신은 계속 소아마비 사례를 발생시킨 사실에도 불구하고 세이빈의 백신은 미국 정부와 대부분의 의료 기관의 지지를 얻었다. 소크와 그의 지지자들은 세이빈 백신을 사용하는 결정이 "비합리적"이었고 과학적 증거에 기초를 두지 않고 상업적이고 정치적인 고려에 기초를 두었다고 비난했다. 소크의 죽인 바이러스killed-virus 백신 대 세이빈의 살아 있는 바이러스live-virus의 상대적 이점에 관한 논쟁은 오늘날까지 계속된다. 세이빈의 경구 백신은 미국에서 소크의 주사 백신보다 더 효과적이고 관리하기가 더 쉬웠으나 약화시킨 바이러스가 변이를 일으키면 드물게 소아마비를 일으킬 수 있다. 미국에서 1979년에 이르러 백신에서 감염된 소아마비가 10가지 경우만 기록되었으므로, 세이빈 백신에서 소아마비에 걸릴 위험은 백신을 맞지 않는 데서 오는 위험보다 더 커져버렸다. 이 이유 때문에, 이제 미국에서 어린이는 먼저 소크 백신을 주사받고 나중에 경구 세이빈 백신을 받는다. 세계보건기구는 소아마비가 2000년 말에 종결될 것이라고 선언했는데, 소아마비는 백신 사용으로 사라져버린 두 번째 질병이 되는 것이고, 첫 번째는 1977년에 전 세계에서 박멸된 천연두였다.

에이즈와 싸우는 과학 연구

1981년, 미국질병통제센터는 일군의 젊은 게이에게서 보인 드문 유형의 폐렴과 암의 유형에 관한 보고를 받았다. 이들 특별한 질병이 훨씬 약화된 면역계를 지닌 사람들을 공격했으며 이 사례들에 속한 개인들에게 면역 실패의 어떤 원인은 명백하지가 않았기 때문에 이 사례들은 통상적이지 않았다. 이들 보고는 출현하고 있던 전 세계적 에이즈 전염병에 대한 최초의 징조였다. 게이 연관 면역 병gay-related immune disorder을 상징하는 "그리드GRID"가 처음에는 그 병에 대해 사용되었지만, 1982년 7월 다양한 관심을 가진 집단들과 정부 관리들의 회합은 후천성 면역 결핍증Acquired Immune Deficiency Syndrome, 두문자어(頭文字語)로는 에이즈AIDS라는 이름을 의제로 상정했다.

이제는 일반적으로 이해되었듯이, 에이즈는 HIV(인간 면역 결핍 바이러스Human immunodeficiency virus) 감염의 단계로 격상되었는데, 이것은 질병 매개체에 대한 면역 반응을 활성화하는 데 필요한 T-4 조력자helper 세포의 수를 축소시킨다. 면역 체계가 약해졌을 때만 발생하는 일단의 감염으로 병과 죽음이 귀결된다. 에이즈는 진행성이며 전염성 있는 것으로 판명 났는데, 회복이 안 되고, 치료법이 별로 없으며, 완치가 안 된다. 세계보건기구는 1985년 전 세계에서 에이즈 사례 1만 3000건을 보고했다. 1990년에 이르러, 수치는 40만 건으로 증가했다. 미국에서 에이즈로 인한 사망자 수가 1995년 4만 9351명에서 1998년 1만 7047명으로 떨어졌음에도 불구하고, 하락률은 그 이래로 느려졌다. 아프리카에서 계속되고 있는 황폐화시키는 유행과 함께 전 세계에서 수백만이 죽었다.

국립암연구소에서 일하는, 내과의 로버트 갈로Robert Gallo는 에이즈를 발견한 영예를 공유하지만, 논란이 없지는 않으며 사기 혐의조차 있다. 그는 일정한 암들과 리트로바이러스들retroviruses 간의 연결을 연구하는 것으로 시작했다. 1970년 데이빗 볼티모어David Baltimore와 하워드 테민Howard Temin에 의해 최초로 발견된 리트로바이러스는 복사에 앞서 역전사로 우선 RNA를 DNA로 전환시켜야 한다. 일본인 연구자 한 팀과 일하면서, 갈로는 인간 T-세포 백혈병(HTLV-1 그리고 HTLV-2로 딱지 붙임)과 연결된 리트로바이러스들을 발견했다. 에이즈가 T-세포 결핍으로 표시된다는 것을 그가 알았을 때, 그는 에이즈가 HTLV들과 유사한 한 바이러스에 의해 일으켜질 수도 있다고 추측했는데, HTLV들은 백혈병 환자의 면역계를 공격한다.

한편, HTLV에 관한 갈로의 연구에 친숙해 있던 파리의 파스퇴르 연구소 면역학자들은 리트로바이러스가 에이즈의 가망성 있는 원인이라고 결론 내렸다. 뤽 몽타니에Luc Montagnier는 에이즈 환자에게서 리트로바이러스를 분리해 내는 일에 성공했는데, 그는 이것에 LAV라고 딱지 붙였다. 갈로는 그의 발견에 관해 갈로에게 정보를 주었으며 그에게 LAV 표본을 보냈다. 갈로는 그들 둘 다 ≪사이언스Science≫에 논문을 내야 한다고 제안했다. 그들의 논문들은 1983년 5월 함께 나타났는데, 가장 주목을 받은 것은 갈로의 논문이었다. 갈로가 덧붙인 몽타니에 논문의 초록은 프랑스 바이러스가 그의 HTLV와 유사하다고 판정했다. 1984년 4월에 갈로가 HTLV에 관한 더 나아간 발견물을 출간하기 전에, 레이건Reagan 대통령의 건강 및 인적 봉사 담당 비서관인 마거릿 헤클러Margaret Heckler는 "에이즈의 개연성 있는 원인은 HTLV-III라 불리는 알려진 인간 암 바이러스의 변종인 것으로 밝혀졌다. …… 오늘 우리는 미국 의학과 과학의 긴 명예 기록부에 또 다른 기적을 더한다. 우리가 충분히 해내고 있질 못했다고 말한 이들은 건전하고, 탄탄하며, 유의미한 의학 연구가 어떻게 진전해 가는지를 이해하지 못했던 것이다"(Epstein 1996, 72에서 인용)라고 선언했다.

갈로의 혈액 검사에 대한 배타적 특허 수여는 파스퇴르 연구소에서 분노 반응을 일으켰다. 몽타니에는 갈로의 검사가 그가 갈로에게 보냈던 바이러스에 기초해 있으며 그의 바이러스 LAV는 HTLV군과 구별된다고 논의했다. 파스퇴르 연구소는 미국 정부에 소송을 제기했다. 1987년, 레이건 대통령과 시라크Chirac 대통령은 상업용 항체 검사 로열티를 분리하는 데 동의해 서명했는데, 매상고의 80%가 에이즈 연구 재단으로 가게 된다. 갈로와 몽타니에 둘 다 특허장에 인용될 것이다. 국제바이러스분류위원회는 HTLV-III 또는 LAV와 구별되는 새로운 이름이 필요했다고 결정했다. 그럼으로써, 에이즈를 일으키는 바이러스는 HIV라 불렀다.

갈로는 과학자 사회 안에서 명성을 성취했는데, 1980년대 과학 문헌에서 3만 6789회 인용으로 측정되었듯이 그 십 년 동안 과학 중 가장 많은 것이었다. 그러나 "HTLV-Ⅲ가 에이즈의 주요 원인이다"라는 그의 가설은 실수였다. 갈로의 HTLV-Ⅲ 바이러스가 몽타니에의 LAV에서 유도되어야 했음이 명백해졌을 때, 사기 혐의가 존재했다. 갈로조차도 마침내 그가 몽타니에의 바이러스를 발견했다고 양보했다. 그는 어떠한 속임수도 결코 인정하지 않았지만 그의 실험실 사람들이 연구해 왔던 에이즈 환자에게서 나온 표본에서 HTLV를 찾으려던 반복된 시도가 실패했음을 언급하지 않은 데서 과실이 있었던 것이다.

질병 과정의 복잡성이 HIV가 에이즈의 그 원인이었다는 주장을 논쟁이 되게 만들었다. 에이즈의 징후들은 일반적으로 HIV에 노출된 몇 년 후에라야만 발전되었다. 그 바이러스는 간접적으로만 아픔과 죽음을 일으킨다. 그것은 면역계를 약화시키는데, 몸의 방어에 의해 일반적으로 계속 점검되는 질병이 번성하도록 그리고 죽이도록 이것이 허락한다. 감염은 HIV가 감염 매개체와 싸우도록 설계된 면역계의 바로 그 세포들을 사용해 번식하기 때문에 특히나 교활하다. 이 과정은 마피아와 싸우도록 설계된 바로 그 경찰 요원들에게 스며들어 가 그들을 통제하는 마피아에 유비된다. HIV는 영리한 적응을 사용하는데, 인간에게 역겨운 귀결과 더불어 그렇게 한다. 그 바이러스는 긴 기간 동안 아무런 임상적 징후를 일으키지 않기 때문에, 그동안에 그것은 전달될 수가 있고, HIV 감염은 인구 속에서 퍼지지 않게 하기가 어렵다.

에이즈는 원래 다음과 같은 조작적 정의operational definition에 의해 정의되었다. 병에 대한 감소된 저항의 알려진 원인이 없이 사람에게 일어나는 통상적이지 않은 병의 나타남. 에이즈 전염병의 효과적 통제를 위한 희망은 원인으로 바이러스와 같은 특정한 매개체를 발견하는 일에 달려 있다. (결핵과 콜레라를 일으키는 세균을 발견했던 독일 세균학자 로베르트 코흐Robert Koch 이후에) 의학은 전통적으로 "코흐 가정들"을 사용해 질병의 "일차 원인"을 수립한다. 가정된 매개체가 질병과 보편적으로 연합되어야 하고, 그것이 배양 중 분리되고 성장해야 하며, 감염되기 쉬운 환자에게 주입되었을 때, 병이 결과해야 한다. 그러한 매개체가 발견되었을 때, 그 질병은 그러면 그 매개체의 존재에 의해 정의될 수가 있다. 천연두와 소아마비는 일차 원인을 명백히 정의했으나, 에이즈의 매개 원인은 더 손에 잡히질 않았다. 실험실 동물에서 에이즈를 증명하라는 요구는 여러 해 동안 만족될 수가 없었다.

에이즈의 원인으로 HIV를 받아들이는 데 대한 저항은 주로 페터 뒤스베르크Peter Duesberg의 노력 때문에 끈질기게 계속되었는데, 그는 버클리의 분자 생물학 및 세포 생물학과에 합류해 미국으로 왔다. 그는 리트로바이러스에 관한 업적과 최초의 종양 유전자oncogene(암을 일으키는 유전자)의 발견으로 명성을 얻었다. NIH는 1986년 그에게 탁월한 탐구자 상Outstanding Investigator Award을 주었고, 그는 유명한 국립과학아카데미National Academy of Science에 선출되었다. 그의 명성 때문에 에이즈의 원인으로서 HIV에 대한 반대가 많은 관심을 특히 언론 매체에서 끌었다. 뒤스베르크는 리트로바이러스가 에이즈와 같은 병을 일으키는 것은 가망성이 없음을 알아냈다. 그는 원인의 복수성을 보았고 면역 과부하 개념으로 되돌아갔다. 뒤스베르크는 HIV를 에이즈의 원인으로서 주장하는 이들의 동기에 의문을 제기했다. "갈로는 이 바이러스에 대한 특허권에서 많은 돈을 벌려고 꾸준히 힘쓴다. 그의 전체적 평판은 이 바이러스에 달려 있다"(Epstein 1996, 113에서 인용). 갈로는 뒤스베르크가 심각히 여겨져서는 안 된다고—그는 에이즈나 일반 의학에 전문성이 없다고—그는 단지 화학자라고 되받아쳤다.

HIV전염병 위원회의 구성원은 뒤스베르크가 과학 집단 바깥으로 나감으로써 대중을 혼동시키고 있다고 불평했다. 이 혐의는 다시 ≪월 스트리트 저널Wall Street Journal≫ 기사에서 겸양한 척 생색을 내는 것이기도 하고 "희미하게 악의가 있는 것"이기도 한 것이라고 공격받았다(Epstein 1996, 120). 치료 백신이나 예방 백신이 있기까지는, "죽지 않을 논쟁"이 계속된다. 영국의 TV 다큐멘터리에서, 분자 생물학자 월터 길버트Walter Gilbert는 그 논쟁이 실질적으로는 건강해서 "민주적 이론에 대한 기초 중 하나"였다고 논의했다. 그는 "역사의 위대한 교훈은 지식이 관점들의 충돌을 통해 발전한다고, 단순히 당신이 합의 견해를 가진다면, 그것은 일방적으로 바보같이 만들어버리는데 …… 빙산을 깨트리고 지식을 발전하도록 허락하는 것은 비판가의 존재에 달려 있다"(Epstein 1996, 130에서 인용)라고 논의했다. 과학적 판단에 대한 합의는 에이즈를 일으키는 매개체가 HIV라는 것이었지만, 뒤스베르크 지지자들, 즉 갈로가 HTLV-III를 에이즈 바이러스라고 오판한 이후에 그를 의심하는 이들과 일반적으로 정통적 과학을 신뢰하지 않는 경향을 지닌 이들은 계속해 논쟁을 살려갔다. HIV 감염의 에이즈로의 발전의 세부 사항이 더 잘 이해되기 전까지, HIV의 엄밀한 인과적 역할은 질문에 열려 있게 될 것이다.

인구에서 질병의 발생과 관계되는 전염병학에서, 병은 그 병을 촉발하는 매개체는 물론 경향을 주는 조건들과 연합되어 있다. 1980년대 초, 게이들의 생활양식의 산물로서 면역 과부하가 에이즈의 원인으로 가정되었다. 의과학은 병의 그와 같은 원인들을 도덕적 판단을 하지 않고 연구하려 하지만, 대중은 그와 같은 판단을 종종 내린다. 1987년 《로스앤젤레스 타임스》 여론 조사에서, 27%가 "에이즈는 동성연애자들이 살아가는 방식에 대해 신이 그들에게 내린 처벌이다"(Herek and Glunt, 1988)라는 진술에 동의했다. HIV가 에이즈의 원인이라고 일반적으로 동의되기 전에, 많은 가설이 있었다. 원숭이의 조직에서 마련된 천연두 또는 소아마비 백신에 의해 도입된 감염원, 그리고 심지어는 CIA가 후원한 유전공학(Epstein 1996, 96) 말이다.

그 병에 관해 배워왔던 모든 것에도 불구하고, 정부, 건강 공무원들, 과학자들에게서 나온 그 병의 정보에 관한 불신이 계속 남아 있다. 현대 의과학의 발전 이전에는, 역병은 흔히 몇몇 사악한 초자연적 힘 위에서 비난받거나 몇몇 집단의 실천에 대한 처벌로 설명되었으며, 이 전통이 전적으로 죽어 없어진 것이 아니다. 미국에서, 에이즈는 일차적으로 인구의 일정한 분파에 영향을 미쳤다. 감염된 주사기를 공유하는 게이들과 마약 사용자들. 불필요한 공포와 싸우기 위해서는 정확한 정보가 요구된다. HIV는, 모든 정보에 따르면, 우연한 접촉으로 퍼지기가 매우 어렵지만, 사람들의 공포를 가라앉히기는 어렵다. 성 접촉이나 피에 의한 감염이 아닌 다른 것으로 HIV가 전달된 어떤 경우도 없었음에도 불구하고, 많은 부모가 에이즈에 걸린 어린이가 교실의 다른 어린이에게 아무런 위협도 주지 않거나 거의 주지 않는다는 확언을 신뢰하지 않는다.

에이즈 연구는 성장 산업이 되었다. 1984년 국립암연구소National Cancer Institute는 갈로가 지도한 에이즈에 관한 특별한 대책위원회를 후원했다. 그들은 약간의 치켜세움, 재정적 지원, 커다란 이윤에 대한 기약과 함께 에이즈와 싸우기 위한 약을 개발하기 위해 영국의 제약 복합기업의 자회사인 버로스 웰컴Burroughs Wellcome에게 협력을 요청했다. 1985년, AZT가 발견되었고 FDA는 시험을 시작했다. 1986년 가을에 이르러, AZT는 더 나아간 시험이 이어지는 사이에 몇몇 에이즈 환자에게 쓸 수 있게 되었다. 시험의 마지막 단계가 AZT를 기다리고 있었는데, 그럼에도 불구하고 AZT가 안전하고 효과적임을 보여주는 자료는 불완전했다. 1987년 3월, FDA는 그 약을 승인했다. 이 과정은 미국에서 이미 죽었던 수천 명에게는 충분히 빠르지 않았지만, 약 개발의 통상적 기준에 의하면 승인은 재빨랐다. AZT는 죽음의 경로를 느리게 했지만 "마법 탄환magic bullet" 치료는 아니었다. 1년에 사람당 1만 달러라는 초기 비용은 터무니없어 보였는데, 특히 AZT가 정부에 의해 개발되고, 정부 비용으로 시험되었으며, 그것의 배포에 더 나아간 보조금을 지급한 이래로 특히 그러했다.

에이즈와 싸우기 위한 약 개발 과정에 과학자 사회 바깥의 영향이 작용했다. 활동가 집단은 치료를 지향한 더 많은 연구를 위해 로비를 했다. 예를 들어, 1988년 일군의 항의자가 "우리는 도전을 보여주기 위해 하버드가 '좋은 과학'이라 부르는 것을 위해 여기에 있는 것이다"라는 구호를 반복하면서 그들은 그 병을 예방하고 치료하는 데 더 많은 희망을 제공하기 위해 연구가 행해지는 방식을 바꾸기를 원했다. 외부 압력과의 절연에 실패하면서, 에이즈 연구는 "순수하지 않은 과학"이 되었다. 그 문제는 어떻게 "과학의 자율성과 참여 민주주의에 대한 경쟁적 위임을 화해시킬 것이냐"(Epstein 1996, 4)이다. 과학적 논란에 대해 판단내리는 일은 전문가 증언을 구하는 배심원 평결처럼 더 많이 되어버렸다. 이 변화의 결과로, 대중은 과학적 전문성에 관해 덜 확신하게 되었는데, 이것이 과학과 사이비과학pseudoscience 간의 구별을 약화시킬 조짐이 있다.

과학 연구는 오늘날 그의 또는 그녀의 지적 관심에 따라 연구를 추구하는 외로운 과학자에 의해 좀처럼 수행되질 않는다. 과학자들은 전형적으로 팀 프로젝트를 연구하는데, 정부에 의해 종종 자금이 조성되거나, 공적이든 사적이든, 여타 힘 있는 기관에서 나오는 연구비를 종종 받는다. 몇몇 연구는, 특히 의학에서, 하나 이상의 정부 기구의 감독에 놓임으로써 복잡해진다. 사회적, 정치적, 경제적 고려가 어떤 연구에 자금 조달을 할지 그리고 그것을 어떻게 수행할지에 대한 결정에 전형적으로 들어간다. 때로 이것들은 대중적 토론과 논쟁의 문제가 된다. 에이즈 연구는 아주 많이 대중의 눈 안에서 수행되었고 특히 그 병에 침범당한 집단 속 활동가에 의해 영향받았다. 사람들의 삶에 영향을 미칠 수도 있는 임상적 시도들은 과학적 가설 시험하기를 넘어서는 고려를 생기게 하는데, 그것들은 비용과 편익을 평가하는 일에 연루된 인권과 가치의 문제를 제기한다.

에이즈 연구는 생명의과학 연구의 승리와 패배 둘 다가 되어왔다. 소아마비에서 그랬던 것처럼, 대체로 전염병에 대항하고자 정부와 사회로부터의 지원과 압력과 함께 커다란 노력이 과학자들에 의해 이루어졌지만, 에이즈는 더 어려운 사례임이 증명되었다. (조너스 소크는 죽인 바이러스로 에이즈 백신을 개발하려 손을 뻗쳤으나, 이 방법은 소아마비에서 그랬던 것처럼 HIV에서 작동하지는 않았다.) 면역학자와 바이러스학자의 전문성이 에이즈에 대한 이해와 통제를 추구하려 극도로 긴장되었다. 감염에 관한 믿을 만한 항체 시험은 좀 일찍 알려졌으나, 이 바이러스 원인을 추적하기는 더 어려웠다. 호전 치료와 예방 척도를 알아내는 데서 부분적으로 성공해 왔다. 그러나 과학은 치료 백신이나 예방 백신을 알아내는 데 실패했다. 클린턴Clinton 대통령이 2007년까지 에이즈 백신을 알아내기 위한 목표물을 1997년 설정했을 때, 갈로는 침착하게 반응했다. "우리가 HIV 백신을 결코 개발하지 못할 심각한 가능성이 존재한다."

7.2 실제적 기술과 과학

워트: 과학과 증기 기관

실제적 효용을 향해 있었지만 또한 이론과학의 발전을 자극했던 기술 혁신의 유명한 예가 증기 기관이다. 제임스 워트James Watt(1736-1819)는 증기 기관의 발명가로 종종 묘사되지만, 그럼에도 불구하고 그가 실질적으로 한 바는 이전 설계들의 결정적 개선에 영향을 끼치는 것이었다. 그는 우리의 정의에 의하면 과학자라기보다 오히려 기술자였지만(3.1을 볼 것), 효율적 동력 기술의 발전은 산업 혁명의 결정적 요소였고, 그것은 과학자와 혁신가-공학자 사이의 더 큰 상호 작용의 시작을 표시했다.

스코틀랜드의 글래스고 근처에서 태어난, 워트가 삶의 초기부터 기술적 적성을 나타냈는데, 그의 아버지 작업장에서 모형을 만들고 있었다. 대학 교육은 재정적으로 질문 밖에 있었기에, 그는 제도 기구를 설계하고 구성하는 일로 생계를 꾸릴 계획을 세웠다. 런던에서 1년 훈련한 뒤, 워트는 글래스고 대학에서 도구 제작자가 되었다. 그것은 급료를 받는 자리가 아니었으나, 그는 대학 안에 작업실을 설치하도록 허가를 받았고, 그리하여 그는 이미 자기 비용으로 사업 속에 있었다(학술 제도 속 "기업가 문화"의 초기 예). 그는 순전히 이익을 추구하는 사업가는 아니었는데, 왜냐하면 그가 원근법적으로 그리는 교묘한 장치를 발명했을 때, 그는 그것을 특허 내는 데 실패했고, 그의 런던 경쟁자들이 그것을 베꼈기 때문이다.

증기 기관의 초기 형태가 이미 뉴커먼Newcomen에 의해 개발되어 있었다. 워트가 글래스고에서 일하던 중, 이 형태의 엔진을 가진 한 모델을 조금 수리해 달라고 요청받았을 때, 그는 그것이 그토록 많은 증기를 소모하는 이유가 행정(行程)마다 실린더가 열을 받았다가 그러고 나서 다시 식는다는 점임을 곧 깨달았다. 이 통찰에 결정적이었던 것은 글래스고 대학 화학 교수 조지프 블랙Joseph Black에게서 배운 아주 최근 과학 이론의 일정한 요소였다. 특히 잠열latent heat 개념은 물을 증기로 전환하는 일이 일정한 양의 열을 취함을 함축했는데, 그럼에도 불구하고 그것에 의해 물의 온도는 올라가지 않는다. 그 공학 문제에 대한 해답―어느 일요일 워트가 글래스고 그린Glasgow Green을 거닐고 있을 때 이 생각이 떠올랐다고 이야기되는―은 주 실린더를 식히지 않고도 증기가 응축될 수가 있을 분리된 증기 방을 추가하는 것이었다.

그렇지만, 기술적 착상에서 산업적 응용으로 가는 통로는 순탄한 것과는 거리가 있었다. 워트는 그의 작업장에서 모델을 구성하고자 즉각 시작했는데, 길고, 좌절감을 주는 시행착오의 과정이었다. 그는 전체 규모의 엔진을 세울 자본 재원이 없었고, 그래서 블랙이 그로 하여금 로벅Robuck이라는 이름의 스코틀랜드 실업가를 접촉하게 해주었는데, 그는 워트와 동업자가 되었다. 그들에게 재정적 성공이 미소 짓지 않았고, 로벅은 1775년 파산했다. 워트는 그리하여 다른 식으로 생계비를 벌도록 강요되었고, 몇 년 동안 그는 스코틀랜드에서 운하를 위해 토지를 측량하는 일에 채용되었다. 워트의 개선된 증기 기관의 산업적 생산은 결국 버밍엄의 매슈 버울턴Matthew Boulton에 의해 착수되었는데, 그는 워트와 함께 모든 시대에서 가장 성공적인 동업 관계 중하나를 형성했다. 버울턴은 자본, 상업적 감각, 자기 확신이 있었고, 워트는 기술적 전문 지식과 비옥한 발명을 제공했다. 그 새로운 증기 기관이 특허를 얻었고, 버울턴과 워트는 결국 그것으로 부자가 되었다. 특허 사용료는 이전

엔진들에 비해 절약된 연료비 백분율로 수치화되었는데, 그것은 엔진의 출력과 효율에 관한 정확한 계산을 요구했다. 이 목적으로, 워트는 다양한 측정 기구를 발명했고 측정 단위로 **마력**horsepower을 도입했다. 그들의 이윤에 분명히 눈을 뜬, 버울턴과 워트는 그들의 장치의 특허가 유효한 한(1800년까지) 오랫동안 다른 이들에 의한 더 새로운 고압형 증기 기관 개발에 저항했다. 그들은 침해에 맞서 그들의 특허를 방어하는 법적 조치를 취해야 했다. 파리 방문 동안, 프랑스 화학자 클로드 루이 베르톨레Claude Louis Berthollet(1748-1822)가 워트에게 염소를 포함하는 표백 과정에 관해 말했다. 워트는 그 과정이 직물 산업에서 그 상업적 가치를 위해 특허를 받아야 한다고 제안했을 때, 베르톨레는 "어떤 이가 과학을 사랑할 때, 재산을 필요로 하지 않는다"(Gillispie 1976, vol. 14, 197)라고 말했다고 이야기된다. 우리가 7장에서 보게 될 것처럼, 이윤 동기가 항상 순수한 과학적 호기심과 쉽게 나란히 앉아 있는 것은 아니다.

워트의 장점은 유용한 발명을 이루어내는 것이었지만, 그는 과학 자체에 관해 몇몇 관심을 갖고 있었다. 글래스고에서, 그는 블랙에게서 몇몇 화학을 배웠는데, 그가 그의 초년에 블랙을 위해 실험을 수행했다. 그가 결코 기초 연구를 하는 과학자가 되지 못했음에도, 그는 산업 혁명 시대 잉글랜드에서 번성했던 과학자, 발명가, 의사, 사업가의 수많은 지방 연합체 중 가장 유명한, 만월회Lunar Society에 합류했다. 그는 역시 만월회 회원이었던, 프리스틀리(5.2를 볼 것)의 연구로 화학에 관한 그의 관심이 재점화되었다. 1783년, 워트는 물이 원소가 아니라 화합물이라는 선견지명이 있는 제안을 했다. (라부아지에가 실질적으로 물의 조성을 H_2O로 규정했기에, 그가 이에 대한 주된 공적을 얻는다.) 만일 상황이 달랐다면, 대학 교육이 그에게 가능했었다면, 워트가 위대한 발명가-공학자가 되는 것 대신에 또는 되는 데 더해, 오히려 더 과학자가 되었을 수도 있다. 그러나 사회적 상황은 그의 재능과 노력을 산업 유용성을 향해 굽게 했다.

워트의 더 효율적인 증기 기관 발명은 열 이론에서 더 근본적인 연구로 이끌었다(다음 절의 럼퍼드와 4장의 깁스Gibbs에 대한 논의를 볼 것). 열역학이라는 과학은, 에너지 변환에 관한 그것의 일반적 방정식과 함께, 어떻게 증기 기관으로부터 더 효과적으로 동력을 얻을지를 이해하려는 기도에서 기원했다. 1830년대, 워트의 기관의 효율성을 개선하는 데에 관심을 가졌던, 프랑스 물리학자 사디 카르노Sadi Carnot(1796-1832)가 열을 일로 바꾸는 최대 효율성을 계산하기 위한 이론을 발전시켰다. 그리하여, 워트 스스로가 그 자체로 과학 이론에 공헌하지는 않았음에도, 그의 작업은 새로운 물리 이론을 일으켰던 문제에 초점을 두었던 것이다.

럼퍼드: 인간의 복지를 위한 과학

럼퍼드 백작Count Rumford이 된, 벤저민 톰슨Benjamin Thompson(1753-1814) 경은 미국 태생 물리학자이며 발명가였다. 그는 대부분의 과학자보다 조금 다채로운 이력을 갖고 있다. 메사추세츠의 콩코드(원래 럼퍼드라 불린)에서 태어난, 그는 그가 18세였을 때, 30세의 부유한 미망인과 결혼했고, 미국의 독립 혁명 동안에 영국과 싸웠고, 22세에 영국 왕립학회의 일원이 되었으며, 프랑스 과학아카데미와 미국 과학아카데미 회원이었고, 라부아지에의 미망인(그녀 자신이 상당한 과학자였던)과 결혼했고, 바이에른 왕에 대한 봉사로 신성 로마 제국의 백작이 되었다. 분명히 그의 연구비 조달 원천은 많고 다양했다! 파리 근교 그의 비문은 그를 "고명한 자연철학자, 유명한 박애주의자"로 나타내고 "빛과 열에 관한 그의 발견"을 진술하며 "가난한 이들의 운을 개선하려는 그의 업적은 인간애의 벗들에 의해 그가 항상 간직되도록 할 것이다"(Bradley 1967, 2)라고 결론 내린다.

럼퍼드는 보통 발사될 때 뜨거워지는 대포의 잘 알려진 현상으로부터 역학적 에너지와 열 사이의 등가를 추론한 것으로 교재에서 기억된다. 그는, 상당한 정확성과 함께, 열과 일 사이의 관계를 최초로 측정했다. 1798년, 그는 열이 "칼로릭caloric"이라 불린 특수한 물질이라는 당시 인기 있던 믿음에 반대해 논의하는 논문을 출간했다. 그는 그리하여 열운동 이론kinetic theory of heat을 예고했던 것인데, 그것은 거의 일 세기가 지날 때까지 과학자 사회에 의해 받아들여지지 않았다. 그러나 그는 그의 많은 시간을 응용과학과 기술에 소모했다. 그의 비문에 부응해, 그는 좀 더 편안한 생활에 크게 기여했던 많은 장치의 발명가였다. 그의 발명 중에는 최초의 유효한 광도계, 효율적 난로, 침대 겸용 소파, 드립 커피 만드는 기구가 있다.

럼퍼드 백작은 아주 야심이 있었다. 그는 출세 제일주의자이며, 모험가로서 평판을 얻었는데, 명예를 모으고 정부와 산업에 조언을 주면서 돌아다니는 현대의 과학자를 예고했다. 그는 부유해졌고 그의 시대에 좀 유명했지만, 그는 그의 발명의 어떤 것에서 결코 1센트도 취하지 않았다. 바이에른 왕을 위해 일하면서, 그는 군대를 개혁했고 좀 더 효과적으로 절연되는 군복을 찾기 위해 실험했다. 또 다른 그의 프로젝트에서, 럼퍼드는 영양에 관한 그의 착상을 시험하기 위해 동물로 실험을 했고 유럽 전역에서 유명해진 "럼퍼드 수프Rumford soups"라 불린 것을 만들어냈다. 그는 체계적인 사회적 계획을 적용하는 데 그 시대의 아주 앞쪽에 있었는데, 예를 들면, 바이에른에서 최초의 공공 작업 프로젝트를 발전시켰는데, 거리를 방황하는 많은 거지와 도둑의 문제를 해결했다. 뮌헨의 한 조각상이 "사악하고 방탕한 사람들을 행복하게 만들기 위해 먼저 그들을 덕이 있게 만들어야 한다고 일반적으로 추정되어 왔다. 그러나 그 순서를 뒤집는 것은 왜 안 되겠는가? 그들을 먼저 행복하게 만들고 그러고 나서 덕이 있게 만드는 것이 왜 안 되겠는가?"라는 그의 착상을 선언한다.

과학 발전에서 럼퍼드의 가장 중요한 기여의 하나는 런던 왕립 연구소the Royal Institution 설립이었는데, "새로운 발명의 일반적 사용을, 그리고 가내 편안함과 경제가 증진될 수 있는, 특히 열관리 및 연료 절약 그리고 여타 다양한 기계적 고안과 관련된 개선"을 일으키는 데 바쳐졌다. 더 오래된 왕립학회처럼(1.2를 볼 것), 왕립 연구소는 이론과학도 지원했다. 그것은 화학자 험프리

데이비Humphrey Davy(1778-1829)와 그의 피보호자인, 훌륭한 실험가 마이클 패러데이Michael Faraday(1791-1867)가 그들의 중요한 발견을 이뤄낸 실험실을 제공했고 오늘날도 과학의 공적 토론의 전통을 여전히 수행한다.

카버: 과학적 농업

조지 워싱턴 카버George Washington Carver(1864-1943)는 과학자 전기에 자주 포함되지는 않지만, 농업의 실제적 문제에 과학적 사고를 적용한 혁신가로서 몇몇 중요성을 갖고 있다. 남북 전쟁Civil War이 끝날 무렵 미주리주에서 노예로 태어난, 카버는 미국 남부에서 가난한 흑인 농부의 향상을 위해 과학을 농업에 적용해 상당한 민간 영웅이 되었다. 그와 그의 어머니는 그가 겨우 몇 개월 되었을 때 노예 소도둑에 의해 카버 가족으로부터 납치되었다. 그의 어머니가 다시는 그에 관해 소식을 듣지 못했으나, 그의 소유주 머우지스 카버Moses Carver는 유아 조지에 대해 300달러 경주마를 주고 그와 맞바꾸었다. 아이가 없던 카버 부부는 1865년 노예가 해방된 후 그와 형을 양자로 입양했다.

카버는 지방의 전원 백인인 시골 학교에 다니는 것이 허락되지 않았지만, 그는 다른 읍의 흑인 초등학교에 들어갔다. 그가 열네 살쯤이었을 때, 그는 중서부를 여행했고, 이상한 직업들을 얻었고 교육을 더 받으려 항상 추구했다. 그가 스무 살 때, 그는 캔사스의 작은 장로교 대학에 입학하려 시도했다. 그는 우편으로 입학 허가를 받았지만, 그 대학에 도착해 보니 그는 그것이 흑인을 학생으로 인정하지 않는다는 것을 발견했다. 이것이 그로 하여금 몇 년간 더 나아간 교육을 추구하는 일에서 낙담케 했다. 1890년, 그는 미술을 공부하려 아이오와의 심슨 대학Simpson College에 지원했고, 화가로서의 가망성을 보여주었다. 고등학교 졸업장이 없었음에도, 그는 마침내 심슨 대학에 등교하는 두 번째 흑인 학생으로 허가되었다. 식물에 대한 그의 애정을 알고서, 그의 선생 중 하나가 에임스Ames에 있는 아이오와 주립 대학교 농과 대학으로의 편입을 제안했다. 캠퍼스 유일의 흑인으로서, 그는 받아들여야 하는 상당한 분투에 직면했으나, 그의 개인적 매력과 그의 학업에 대한 헌신은 결국 그가 많은 친구를 얻게 했다. 그는 식물학과 원예학에서 뛰어났다. 졸업 논문 「인간에 의해 수정된 것으로서 식물Plants as Modified by Man」은 식물의 바람직한 특징을 선택해 내기 위해 교배를 사용하는 데 대한 그것의 제안 속에서 당시로선 혁신적이었다. 졸업 후, 그는 에임스에서 신입생 생물학을 가르쳤고 감식력이 있는 학생으로 헨리 월리스Henry Wallace를 우연히 알게 되었는데, 나중에 그는 프랭크린 루스벨트 밑에서 농무성 장관이 되었다.

앨라배마의 터스키기Tuskegee 연구소의 설립자인 아프리카계 미국인 교육자 부커 T. 워싱턴Booker T. Washington이 카버에게 농업 연구의 책임자가 되어 달라고 요청했다. 카버는 다른 곳에서 온 더 나은 제의를 거절한 후 받아들였다. 그는 당시 그의 평생에 안내 원칙이 되었던 바를 묘사했다. "가능한 대로 최대다수의 '나의 사람들'에게 최대의 선이 되는 것이 항상 내 삶의 한 가지 이상이 되어 왔으며 이 목적을 위해 요즘 몇 년 동안 나는 스스로 준비해 오고 있었다. 내가 그것을 해가면서 이 교육 노선이 우리 사람들에게 자유로 가는 황금문을 여는 열쇠라고 느끼고 있다"(McMurry 1981에서 인용). 카버는 너무나 많이 백인 사회의 앞잡이라는 그리고 아프리카계 미국인의 권리 침해를 항의하는 일에 충분히 적극적이지 않다는 비판을 때로 받아왔다. 하지만 그는 그가 실제적 교육을 통해 흑인의 경제적 지위를 향상시킴으로써 그의 최선의 기여를 할 수 있었다고 느꼈다. 농업 과학의 지식을 나누어주는 것이 그에게는 그가 그의 동포들에게 할 수 있었던 가장 큰 기여로 보였고, 그는 전체 삶을 이 과업에 바쳤다.

1902년, 그는 소농의 생태학적 문제를 개관했던 그리고 세기의 전환에서 고점에 있었던 과학을 통한 진보를 나타냈던 『남부에서 과학적 농업의 필요성The Need of Scientific Agriculture in the South』이란 제목의 소책자를 출간했다. 카버는 농업 생산성을 어떻게 올릴지에 관한 실험을 수행하고자, 빈약한 자원으로 행하는, 임시변통 실험실을 건조했다. 그는 소농이 그들의 땅을 효율적으로 사용하도록 돕고자 프로그램을 개발했고, 그들이 곡물을 다양화하라고 그리고 면화 대신에 토양을 기름지게 하는 고구마와 땅콩을 심으라고 설득했다. 그리고 나서 그의 주의는 어떻게 이들 곡물에서 유용한 산물을 추출하거나 생산할지를 알아내는 쪽으로 전환되었는데, 예를 들면, 고구마에서 식초, 당밀, 고무를 만드는 것이었다. 그는 그것들로부터 합성해 낸 300종 이상의 제품으로 "땅콩인Peanut Man"이라고 알려졌는데―물감, 풀, 비누 등이 그것이다. 그의 연구로 인해, 땅콩―한때 드물게 경작된 상품―이 남부에서 두 번째로 큰 환금 작물이 되었다. 카버는 그의 발견에서 사적 이익을 결코 취하려 하지 않았다. 발명가 에디슨과 자동차 제작자 포드―커다란 월급 증가와 더불어―의 합류하라는 제의들을 받았음에도, 그는 그것들을 거절했다. (그는 메역취golden-rod에서 고무를 추출하는 일에 관해 포드와 연구했다.) 이오시프 스탈린Joseph Stalin이 그를 소련의 면화 농장을 감독하도록 초청하기까지 했지만, 그는 남부의 가난한 흑인들의 운을 돕는 그의 계획에 붙어 있었다. (농업 생산성을 증가시키는 카버의 단순하지만 건전한 방법들은 아마 트로핌 리센코Trofim Lysenko의 사이비과학적 프로그램들보다 더 효과적이었을 것이다―9.2를 볼 것.)

1920년대 동안, 카버는 인종 간 협력 위원회Commission on Interracial Cooperation와 YMCA의 후원을 받은 순회강연 중 다양한 대학에 갔으며 그의 조용한 방식으로 사람들에게 인종적 불공정에 관해 더 의식하도록 했다. 그의 노력은 많은 소작인의 생활 조건을 개선했으며, 그는 아프리카계 미국인에게 영감의 원천이 되었다. 린다 먹머리Linda McMurry는 그녀의 훌륭한 책 『조지 워싱턴 카버: 과학자 그리고 상징George Washington Carver: Scientist and Symbol』에서, 그의 가장 큰 기여는 "과학이 더 인간적이고 이해 가능한 것으로 보이도록"(vii) 만든 것이라고 요약했다. 지속 가능한 농업과 재생 가능한 자원에 관한 카버의 개념은 그의 시대를 앞서 있었다. 유기 비료와 "자연적" 방법에 대한 그의 옹호는 반세기 이상 후에 두드러졌을 뿐인 관념을 예고했다. 그의 원칙의 하나는 자연은 낭비하지 않는다는 것이었다. 그가 믿었기로, 인간의 지능을 적용해, 천연 자원은 환경의 낭비와 퇴화 없이 사용될 수 있었다. "과학적 농업이 수입을 가져올 것인가?"와 같은 강의는 농업 기사보다는 현대의 자연학자 및 생태학자와 더 흔히 연합된 관점을 표현했다. 그는 자연에 대해 전일론적 견해를 가지고 있었다. 어떻게 그가 그 많은 다양한 것을 연구할 수 있었는지 질문을 받았을 때, 그는 「금 간 벽의 꽃Flower in the Crannied Wall」이라는 앨프리드 테니슨 남작Alfred Lord Tennyson의 유명한 시를 인용하면서, 그 프로젝트들은 실제로는 서로 다른 것이 아니었다고 답했다.

> 너를 여기서, 뿌리와 모든 것을, 내 손에 쥐네,
> 작은 꽃이여―그러나 네가 무엇인지를, 뿌리와 모든 것을, 모두의 모두를,
> 내가 이해할 수 있다면,
> 나는 신과 인간이 무엇인지 알아야 한다.

그것은, 그가 논평한 바, 과학자가 추구하는 종류의 진리였다(McMurry 1981, 302). 1939년, 카버는 "겸손하게 하나님의 안내를 따르는 과학자이며 좋은 흑인종은 물론 백인종의 해방자꼐"라는 언급과 함께 루스벨트 메달Roosevelt Medal 을 받았다.

하버: 화학무기와 바다에서 나오는 금

프리츠 하버Fritz Haber(1868-1934) 이야기는 아주 뒤섞인 결과와 함께 평화와 전쟁 속에서 그의 조국에 봉사하고자 한 총명한 독일 화학자의 그것이다. 하버는 19세기 말 독일에서 과학적 탁월함에 이르렀는데, 거기서 과학 교육의 효율적 조직화는 나머지 전 세계의 모범이 되었다. 1900년대 초, 그는 질소와 수소에서 어떻게 암모니아를 합성할 것이냐의 문제를 고온과 고압과 철 촉매를 사용해 풀었다. 이 발견은 학술적 관심 이상의 것이었는데, 왜냐하면 농업은 점증적으로 비료 사용에 의존하게 되어가고 있었기 때문이었고, 그

핵심적 구성 요소는 "고정된"(화학적으로 결합된) 질소였다. 이 결정적 성분은 새똥(구아노guano) 또는 칠레 사막에서 나오는 질산염처럼 천연의 원천에서 찾을 수도 있지만, 존재하고 있는 공급이 급속히 소모되고 있었다. 질소는 공기 중에 막대한 양으로 현존하지만(대기의 3/4 이상을 이루는), 그것은 순수한 형태로는 대부분의 유기체에 쓸모가 없다. 하버는 질소가 공기로부터 어떻게 추출되는지 보여주었고, 이 연구로 그는 1919년 노벨상을 받았다. 그러나 실험실에서 통제된 조건 아래 이를 하는 것은 하나의 일이었고 산업적 규모로 그것을 하는 방식을 찾는 것은 또 다른 일이었다. 그 공학적 문제는 칼 보슈Carl Bosch에 의해 풀렸는데, 그래서 그 방법은 지금 하버-보슈 공정 Haber-Bosch Process이라 불린다. 하버 자신이 독일의 화학 산업이 영국의 상대방을 넘어 도달한 우월성을 설명하는 일을 좋아했다. 그는 영국의 사회 체계는 산업가도 여유 있는 신사가 되길 열망하고 과학을 심각하게 여기지 않기 때문에 과학의 쓸모 있는 응용을 방해했고, 반면 독일 산업에서는 과학자들이 주도적 역할을 부여받았다고 진술했다(Crowther 1941, 501).

독일의 조직 및 효율성이 또한 과학 연구 자금 조달에 적용되었다. 1911년, 특히 연구 증진을 위한 단체인 카이저 빌헬름 연구소Kaiser Wilhelm Gesellschaft가 설립되었다. 그것은 대학도 아니고 국가 기관도 아니었으며, 가르치는 책임이 없었다. 그 운영을 위한 돈은 초기에 은행가와 산업가에 의해 기부를 받았고, 이것이 연구소로 하여금 (그것의 제국적 이름에도 불구하고) 국가와 독립되어 그 자체의 정책을 추구할 수 있도록 해주었다. 처음부터, 그 단체는 저명한 학자들을 둘러싸는 그것의 "연구소들"을 세우자는 정책을 따랐다. 이들 연구소의 두 계열은, 이론과학과 응용과학 안에서 자리 잡았다. 하버는 베를린 근처, 달렘Dahlem에 물리 화학과 전기 화학 연구소 소장이 되어달라고 초빙되었다. 그는 거기 계속 남아 있게 되었는데, 그의 이력의 거의 마지막까지, 아주 많이 그 자신의 과학 성채의 왕이었지만 또한 독일의 충성스러운 신하였다.

이 확신에 찬 시작 이후 3년이 지나, 제1차 대전이 발발했고, 하버는 즉시

자기 자신과 연구소를 전시 내각에 복무하도록 했다. 암모니아 합성법이라는 그의 이전 발견은 전쟁 첫해에 그의 조국의 구원인 것으로 판명 났다. 초기에, 독일군 최고 사령부는 그 무력이 한 달 안에 승리할 수 있다고 생각했지만, 1914년 말에 이르러, 맞붙은 육군들이 참호에서 꼼짝 못 하게 되었고, 그들이 오랜 고투로 들어갔음이 명백해졌다. 질산염이 비료를 위해 급히 필요했으나, 영국의 해군 봉쇄가 칠레로의 선적 노선을 차단했는데, 거기서 구아노가 보통 수집되었다. 만일 하버-보슈 공정이 없었다면, 독일은 완전히 식량이 바닥났을 것이다. 하버가 10년 일찍 이 모두를 내다본 것은 아니었지만, 그는 명백히 그 공정의 경제적 중요성을 잘 의식했다. 그에 대한 그의 관심은 순수한 호기심 이상으로 연료가 채워졌다.

하버의 과학 전문 지식은 곧 군사적 사용을 지도하도록 맞춰졌다. 독일군 최고 사령부는 새로운 무기의 가능성을 그에게 자문했으며, 그는 적군이 참호에서 나오게 하는 자극제로 염소 가스를 시도해 보았다. 그 가스는 1915년 4월 이프르Ypres에서 처음 사용되었는데, 그 지역 사령관이 기대했던 것 이상의 성공이었다. 그들은 적 전선에 만들어진 간격을 활용할 준비는 되어 있지 않았다. 그러나 뒤이어진 시도들은 그 가스가 서툰, 양날을 가진 무기임을 보여주었는데, 왜냐하면 우세한 바람이 그것을 독일 전선으로 되돌아가게 불어 버리는 경향이 있었기 때문이다. 독일 인원을 위한 방독면이 따라서 필요했고, 하버는 곧 그 문제 역시 연구하고 있었다. 그는 1916년 화학전 지휘관으로 임명되었는데, 그의 자긍심에 부합하게, 이미 육군 대위가 되었다. 그는 사람을 불구로 만들거나 죽게 하는 포스겐phosgene을 그리고 다음으로 겨자 가스mustard gas를 개발하는 쪽으로 나아갔는데—이것은 수천 명의 불행한 보병에게 적용되었다. 그는 그의 통상적 효율성으로 생산물을 다루었으며 수천 톤의 독가스가 사용되었다. 분명히, 어떤 주저나 양심의 가책 없이, 그는 모든 전문 지식과 에너지를 독일군 복무에 가져다 놓았다. 그러나 하버가 그의 군대 일을 계속 밀어붙이는 동안, 그의 아내는 그 전체적 관념을 몹시 싫어해서 그녀는 이 시기에 자살했던 것으로 보인다.

하버는 1918년 독일의 패배로 깊이 흔들렸다. 승리한 연합국은 하버를 독가스전을 발명해 낸 전범으로 비난했다. 그 자신을 변호하면서, 그는 그것들을 사용하는 한, 공중 무기와 잠수함 무기들이 똑같고 사람들이 새로운 군비를 그들에게 사용되도록 하는 한, 그것들은 항상 야만적이라고 비난받았다고 응답했다. 독일이 전후 큰 타격을 주는 재정적 배상금에 직면했고, 하버는 바다에서 금을 채취함으로써 그의 조국이 이것들을 갚도록 돕는다는 놀라운 착상을 생각해 냈다. 이것은 들리는 것만큼 꽤나 미친 것은 아니었는데, 왜냐하면 금은, 묽지만, 전체적으로 바닷물에 엄청난 양으로 존재하기 때문이다. 문제는 이 계획을 실행하기 위한 경제적 방식을 찾는 것이었다. 그는 이 목적에 그의 많은 재간을 바쳤지만, 소용없었다. 그는 여전히 애국자였고, 그의 조국의 문제를 푸는 데 그의 과학 전문 지식을 바치고 있었다.

1920년대에, 하버는 달렘의 그의 연구소 지도자로 계속 남아서, 젊은 화학자들의 연구에 영감을 주었으며, 훌륭한 인재들이 활동하는 과학의 커다란 국제적 중심 가운데 하나에서 연구하는 만족을 얻었는데, 그것은 당시 구성원으로 플랑크와 아인슈타인을 포함했다. 그는 그 시대 독일 과학에서 가장 특징적인 인물로 묘사되어 왔다. 조직화를 향한 밀어붙이는 역량 및 세부 사정에 대한 결단력 있는 추구와 더불어, "단단하고, 관용적이며, 활기찬", 위엄이 있었지만 유치한 허영심과, 왕족 같은 예절을 지녔었다(Crowther 1941, 496).

하버의 세상은 1933년 아돌프 히틀러Adolf Hitler가 권력을 잡았을 때 그의 주변에서 무너져 내렸고 유대인들은 그의 연구소에서 체계적으로 축출되었다. 그 스스로가 부분적으로 유대인이었음에도(명백히 그것은 그가 군대에서 대위 계급 이상으로 더 승진될 수 없었던 이유였다), 그는 면직되지는 않았다. 그렇지만 그는 과학 쪽 고용에의 인종적 기준 적용에 반대하는 항의로 원칙적으로 사직해야 한다고 느꼈다. 그는 사랑하는 조국을 떠났고, 죽기 전에, 충분히 얄궃게도, 그의 이전 적국 영국 케임브리지에 짧게 피신해 있게 되었다. 그로 하여금 이전의 의심할 바 없는 독일 민족주의에 회의를 품게 한 것은 나치의 발흥이었다. 그의 아주 많은 세월과 에너지를 그의 조국에 유용하도록 헌신한 과학자로서, 하버는 한 사람의 애국심이 어떻게 아주 글자 그대로, 다른 사람에게 독이 될 수 있는지를 잘 보여주는 예로서 봉사한다

• 더 읽기 제안

Bradley, D. 1967. *Count Rumford*.

Carter, R. 1965. *Breakthrough: The Sage of Jonas Salk*.

Dickinson, H. W. 1936. *James Watt*.

Dubos. R. J. 1950. *Louis Pasteur*.

Epstein, S. 1996. *Impure Science: AIDS, Activism and the Politics of Knowledge*.

Geison, G. 1995. *The Private Life of Louis Pasteur*.

Gillispie, C. C. 1970-1980. *Dictionary of Scientific Biography*.

Goran, M. 1967. *The Story of Fritz Haber*.

Hall, A. R. 1962. *The Scientific Revolution, 1500-1800*.

McMurry, L. O. 1981. *George Washington Carver: Scientist and Symbol*.

8 과학과 돈

모든 과학자는 돈과 관련되어 있는데, 최소한 다른 인간들처럼 그들이 생필품을 확보해야 한다는 정도에서 그러하다. 과학 쪽 자격을 얻고 과학 연구에 실질적 노력을 소모하기 위해, 어떤 이는 쇼핑, 요리, 청소, 아이 돌보기에서 자유로운 시간이 필요하다. 그러므로 과학자가 개인 재산이 없는 한, 그는 또는 그녀는 수입이 필요할 것이다.

그들 개인의 필요를 넘어서 그리고 그 이상으로, 과학자들은 그들의 연구 비용을 제공해야 하는데―이것이 오늘날 전문 과학자, 기술자, 비서, 컴퓨터 사무원, 첨단 기술 장비를 종종 연루시킨다. 대부분의 과학자는 대학에 소속되어 있고 그러한 월급 및 하드웨어 비용이 평균적 대학 학과의 예산을 초과할 수가 있으므로, 많은 자금이 다른 곳에서 확보되어야 한다. 그리하여, 많은 과학자가 현재 자세한 연구비 신청을 준비하는 데 많은 시간을 보내고 있음을 스스로 알게 되는데, 경쟁의 강도와 가용 자금의 한계로, 신청의 다수는 성공하지 못하게 될 것이다. 과학의 여러 영역에서, 월급을 받는 대학의 자리를 확보하는 것으로 충분하지 않은데―어떤 이는 또한 탁월한 "연구비 수혜자성"도 갖고 있어야 한다. 충분한 명민함, 행운, 후원자, 또는 자금 경쟁에서 성공하기 위한 영향력이 없다면, 어떤 이가 오늘날의 과학에서 많은 연구를 할 수 없을 수도 있을 것이다.

최근, 과학 연구의 복잡하고 값비싼 기술에의 점증하는 의존과 함께, 과학자들은 더 기업가처럼 되었다. 사기업 산업에 합류할 그리고 기초 과학 연구의 응용에서 흘러나오는 때로 상당한 이윤을 나누어 가질 기회는 과학이 행해지는 방식에 영향을 미쳤다. 특히 생물기술biotechnology에서, 몇몇 과학자는 발견들을 특허 내고 그것들에서 돈을 벌려고 회사를 차리기 시작했다. 자금 조달과 이윤을 위한 돈이 과학 연구에서 점증적으로 중요한 영향력이 되었다.

8.1 과학 연구 자금 조달

과학을 위한 재정 지원을 찾을 필요성은 별로 새로운 현상이 아니다. 초기 과학자들 또한 그들의 연구를 추구하는 데 필수적인 자금을 확보하는 문제에 직면했다. 명백히, 몇몇은 그들의 지적 관심을 만족시킬 만큼 충분히 부유했고, 뉴튼과 같은 소수는 확실하고 좋은 보수를 받는 학술적 자리를 얻을 만큼 충분히 행운이 있었다(1.2, 1.3, 6.1을 볼 것). 그러나 다른 이들은 과학 아닌 직업을 찾아야 했고 여유 시간에 그들의 연구를 해야 했다. 몇몇 과학자는 후원을 찾아내 스스로를 지원했는데, 돈과 권력을 가진 이들에게 그들의 전문 지식을 팔았다. 그 시절부터 내려와서 현대까지, 재정적 지원을 얻는 데 연루된 사회적이고 정치적인 참여는 과학자에게 예상치 않은 방식으로 되튀었다. 우리는 17세기부터 20세기까지 다양한 사례를 보게 될 것이다.

갈릴레오: 재정적 필요의 귀결

갈릴레오 갈릴레이Galileo Galilei(1564-1642)는 근대 물리학 선구자 중 하나다. 정말로, 그는 때로 최초의 근대 물리학자로 기술되는데, 왜냐하면 그는 앞서 존재하던 아리스토텔레스적 관념과 큰 단절을 이루었고 그 이래 내내 물리학의 특성이 되어온, 자연에 대한 수학적 접근 방식을 발전시켰기 때문이다. 그는 지상 역학의 기초를 놓았는데, 그 위에 뉴튼은 만유인력에 관한 그의 위대한 종합을 세웠다. 우리가 4장에서 보았던, 케플러와 뉴튼과 더불어, 갈릴레오는 관찰적 증거와 이론적 논증 둘 다를 코페르니쿠스가 16세기에 주장했던 태양 중심 우주론을 지지하기 위해 사용했다. 이에 대해, 악명 높게도, 그는 이단이라고 유죄로 알려져, 로마 가톨릭교회 심판대로 데려 나오게 되었고, 코페르니쿠스 체계에 대한 그의 지지 철회를 강요받았다. 그러나 이런 많이 토론된 일화가 여기서 우리 관심의 중심이 되지는 않을 것이다. 대신에, 우리는 갈릴레오가 어떻게 재정적으로 스스로를 그럭저럭 지원했는지에 관한 몇몇 덜 잘 알려진 사실을 보게 될 것이다. 이는 과학자와 교회의 그 유명한 대결에 다른 빛을 던질 수도 있을 것이다.

갈릴레오의 아버지는 아들이 의학을 공부하기를 원했지만, 그 젊은이는 곧 의학의 희생 아래 수학과 물리학에 대한 강한 관심을 발전시켰다. 그의 수학적 재능이 인정받았지만, 아버지는 수학자로 생계를 꾸리는 일의 보잘 것 없는 전망 때문에 그가 주제를 바꾸게 하길 거부했다. 1585년, 갈릴레오는 학위를 받지 못한 채 의학 공부를 포기했다. 그는 여유 시간을 수리정역학hydro-statics과 운동에 관한 책을 쓰는 데 사용하면서 몇 년간 수학 개인 지도를 (그리고 또한 의료 상담을) 하며 스스로 버텼다. 1589년, 그는 피사Pisa 대학교에서 수학 교수로 3년간 임용되었지만, 그 자리는 월급이 아주 낮았는데—의학 자리의 그것의 1/30이었다. (학술 쪽 월급 차이는 지속되고 있지만, 아주 그 정도까지는 아니다.) 그렇지만 그는 학칙을 무시하고 의복과 행동의 관행을 조롱했다는 근거로 피사의 자리에서 축출당했는데—그리고 아마 몇몇이 그의 재능을 시기했기 때문이기도 했을 것이다. 그의 수학적 천재성을 감식했던 영향력 있는 후원자의 도움으로, 그는 그리고 나서 더 위신 있던 파도바Padua 대학교 임용을 확보할 수 있었다.

갈릴레오는 월급의 많은 부분을 피렌체에 있는 가족을 부양하는 데 썼다. 수입을 보충하는 방법을 찾아서, 그는 군사적 관심을 가진 파도바의 많은 외국인에게 군사 건축, 요새화, 측량, 기계학을 개인 교습했다. 1597년, 그는 시판을 목적으로 포병을 위해 그가 "기하학용 및 군사용 나침반"이라 부른 도구를 고안했다. 그는 수량 있게 이들 도구를 만들기 위해 장인들을 고용했다(과학자들 사이에서 "기업 문화"란 새로운 것이 아니다!). 베네치아 상원은 그 군비를 위해 갈릴레오의 전문 지식을 사용하는 데 기꺼워했으며, 그는 여분의 현금을 쥐고 행복했다.

재산을 모은다는 것이 그에게 그 자체의 목적은 아니었음에도, 갈릴레오는 물리적 세계를 이해하려는 그의 정열을 추구하는 데 충분히 재정적 독립을 확보해 줄 수준의 수입을 바랐던 것이다. 그는 동시대 다수 과학자보다 더 세속적이었고 그의 몇몇 발견의 잠재적인 상업적 가치를 꽤 의식하고 있었다. 1608년 망원경이 발명되었다는 소식을 듣고, 그는 그 원리를 스스로 파악해 더 강력한 도구를 만들었고, 이를 베네치아 총독(통치자)에게 바쳤다. 그러고 나서 그는 성 마르코St. Mark 탑의 정상에 모인 몇몇 의원 앞에서 어떻게 그것이 다가오는 배들을 더 빠르게 분간할 수 있는지를 설명했는데, 이는 무역과 전쟁에 이점이었다. 그는 월급 인상과 교수 종신 재직권으로 보상받았다. 그가 망원경을 이용해 목성 둘레를 회전하는 몇 개의 위성을 발견한 후, 갈릴레오는 그것을 이름 짓는 특권을 유럽 왕가에 팔려고 시도하기까지 했다. 나중에, 그는 목성의 위성들에 관한 망원경 관찰에 의존했던 해상에서 경도를 결정하는 방법(1.2를 볼 것)을 제안했다. 그는 이 착상을 스페인과 네덜란드 통치자들에게 팔려고 했지만 사가는 이를 찾지 못했다. 그 방법은 이론적으로는 가능한 것이었지만 항해사들에게는 실제적이지 못했고, 따라서 두 번째에는 목성의 위성들이 갈릴레오의 수입을 올려주는 데 실패했다.

더 튼튼한 재정적 자리를 성취했음에도, 그는 파도바에서 그의 상황에 만족하지 않았다. 그 당시 이래의 많은 과학자처럼, 그는 가르치는 의무가 그의 시간에 부담스러웠음을 알게 되었고, 그를 자유롭게 해주어서 자신의 연구를 계속할 자리를 동경했다. 그는 또한 그가 어린 시절을 보냈던 피렌체로 돌아가길 갈망했다. 한때 그의 제자였고 이제 토스카나 공작이 된 코시모 데 메디치Cosimo de Medici가 그에게 "철학자 및 최고위 수학자"로 임명한다고 제안했을 때 기회가 왔다. 갈릴레오는 공작에게 대중적 소책자, 『시데리우스 눈치우스Siderius Nuncius』(별의 전달자The Starry Messenger)를 헌정하며 각별한 호의를 증가시켰고 이는 이전의 몇몇 천체 관찰을 기술했다. 코시모의 궁정에 있는 갈릴레오의 자리는 그를 위해 특별히 만들어졌으며 어떠한 일상적 의무도 요구받지 않았는데—그 공작은 궁중 수행원의 일부로서 과학자를 두는 일시적 변덕에 연루될 만큼 충분히 부자였다. 모든 일이 한동안 잘되었고 어느 날 코페르니쿠스의 새로운 세계 체계에 관한 찬반 논의가 흥분감 있게 위대한 공작 궁정에서 토의되었다. 그러나 그 이론은 아리스토텔레스로부터 계승되어, 수 세기 동안 기독교 교리와 합병되어 있었던 지구 중심 우주론과 결정적으로 달랐다. 교회는 또한 갈릴레오의 천체 관찰로 인해 무엇이 드러났고 어떻게 드러났는지 둘 다에 대해 그것의 권위가 위협받는다고 느꼈다. 그는 달이 산을 갖고 있고, 태양은 흑점을 갖고 있으며, 목성은 위성을, 금성은 위상이 있다고 주장했다. 이들 사실은 천체의 완벽함과 지상 현상의 불완전함 사이의 전통적 구별을 약화시켰다. 그리고 "계시revelation"의 원천으로서 망원경의 사용은 교회 권위의 어떠한 개입을 요구하지 않았다.

갈릴레오는 태양 중심 우주론 주장에 관한 그들의 금지 때문에 종교재판에 끌려나왔다. 그는 고문 위협 아래 지구가 태양 둘레를 돈다는 그의 주장을 포기하라고 결국 강요받았고, 여생 동안 자택 연금에 놓였다. 가톨릭교회 권력과의 이 대결의 얽힌 역사는 여러 번 이야기되었고 분석되었다. 이 일화의 해석과 그 역사적 세부 사항의 몇몇은 지금까지도 논쟁적인 것으로 남아 있다. 우리는 여기서 이 이야기에 덧붙이려 하지는 않게 될 것이다. 우리는 단지 경제적 요소에 주목했는데—후원자를 찾기 위해 베네치아에서 피렌체로의 갈릴레오의 이동이 그를 로마에 더 가깝게 데려갔고, 교황권 및 종교 재판의 관할권이라는 정치권력에 종속되게 했다. 갈릴레오는 그가 연구 추구의 자유를 스스로 얻고 있다고 생각했어야 하지만, 이 특별한 개인적 후원을 얻음으로써, 그는 스스로를 실질적으로 그의 통제를 넘어선 정치적 그리고 종교적 힘에 자신을 노출시켰던 것이다.

왜 라부아지에는
단두대에서 끝났는가

앙트완-로랑 라부아지에Antoine-Laurent Lavoisier(1743-1794)는 오늘날의 모든 화학 이론이 기초를 둔 토대를 놓은 화학의 아버지로 알려져 있다. 그는 공기와 물은 원소(그리스인은 그렇게 생각했었다)가 아니라는 것을 보여주었고, 수소, 산소, 질소와 같은 수많은 기본적이고, 참된 원소를 판정했다. 연소에서 산소의 역할을 증명해 냄으로써, 그는 18세기에 널리 주장된 플로기스톤phlogiston 연소 이론을 효과적으로 반증했다(5.2의 프리스틀리에 관한 토의를 볼 것). 그는 프리스틀리와 같은 그의 선배들의 실험에서 배웠지만(과학 의사소통은 당시에조차 꽤 효과적이었다), 이론가로서 그의 독창성은 명확하다. 라부아지에는 그 이래 오랫동안 표준이 되어온 원소와 화합물의 화학적 명명 체계를 발명했다. 그러나 그는 또한 프랑스 혁명 중 단두대에서 목을 잃은 것으로 유명하다. 우리는 여기서 그의 과학적 성취와 정치적 응보 사이에 어떤 연관이 있을 수가 있는지를 조사하게 될 것이다.

라부아지에는 모든 가능한 이점과 더불어 출발했다. 그는 파리의 부유한 법률가의 아들이었고, 마자랭 대학College Mazarin에서 우수한 과학 교육을 받았다. 25살이라는 비교적 어린 나이에 위신 있는 과학아카데미의 회원으로 선출되어 전문 직업적 진로로 출발했다. (런던 왕립학회와 달리, 프랑스 아카데미는 정부 자금을 지원받은 임명직을 갖고 있었다.) 그러나 그의 야심은 만족되지 않았다. 더 큰 수입을 줄 자유를 스스로 확보하기 위해 반관적semiofficial 세수(稅收) 관리소인 페름 제네랄Ferme Generale의 자리를 스스로 삼으로써 당시에 기이한 투자로 보였던 바를 이루었다. 혁명 전 그 시기 프랑스 왕들(나중에 구체제ancien régime로 불림)은 담배와 소금(심지어 파리에 들어오는 상품에 대한 관세까지)에 세금을 징수하는 일을 이 개인 협회가 대행하도록 했으며, 협회원들은 수익의 몫으로 자신의 호주머니를 불릴 수 있었다. 아주 당연하게도, 페름 협회원들은 인기가 없었다. 1775년, 라부아지에가 프랑스 화약국의 감독관으로 임명되고 국가 병기고의 과학 지도자가 되었을 때 그는 그 체제와 훨씬 더 밀접해졌다. 그는 실질적으로 이 기관 안에서 생활했고 그것의 상당한 자원들을 그의 화학 연구를 위해 사용했다(과학을 위한 군사 자금 조달의 또 다른 초기 사례).

1789년 혁명이 발발했을 때, 라부아지에는 이미 프랑스의 오래된 왕조 체제 개혁의 긴급한 필요성을 느껴서, 먼저 혁명을 지지했다. 그는 심지어 새 혁명 정권 아래서 공공 재정을 조직하는 데 중요한 역할을 했다. 그러나 평화적 변화를 향한 초기 희망이 사회적 혼돈에 직면해 붕괴하면서, 더 극단적 분파가 권력을 잡았고, 악명 높은 "공포 정치reign of terror"가 계속 이어졌다. 이 단계에서, 구체제 제도와의 라부아지에의 밀접한 연관이 그를 당연한 의혹 대상이 되게 했다. 그는 관세 울타리로 장벽을 세웠기 때문에, 파리에서 공기를 순환시키지 말라고, 아주 터무니없게, 고발당하기까지 했다. 그는 체포되었는데—당시 정치 조건에서, 그의 두드러진 과학 업적이 방어가 되지는 못했다. 체포하던 경관은 "공화국은 전문가를 필요로 하지 않는다"라고 말한 것으로 추정된다. 이데올로기에 반대되는 것으로서 진정한 과학에 대한 그러한 경멸의 태도는 20세기에 나치와 공산주의 둘 다에서 다시 나타났다. 라부아지에는 1794년 단두대에서 처형되었다. 과학자에게 되튀는 자금 조달의 원천의 더 극적인 예는 좀처럼 존재할 수 없을 것이다.

다윈은 어떻게 그의 연구를 풍족히 할 수 있었나

우리는 다윈의 문제를 월리스와 함께 적자생존에 의한 진화라는 개념을 그들 중 어느 쪽이 시작했는지에 관해 6.1에서 토론했다. 이곳에서 질문은 다윈이 어떻게 그의 생활을 과학에 헌신하게 되는 여유를 가질 수 있었는가이다. 짧은 대답은 그와 아내가 충분한 재산을 상속받았다는 것이다. 그의 아버지는 잉글랜드 슈루스버리Shrewsbury에서 성공한 시골 의사였고, 그것에 의해 충분한 수입을 얻었다. 찰스의 어머니 수재너 웨지우드Susannah Wedgewood는 유명한 도예가의 딸로, 역시 꽤 유복했다. 그러므로 어린 찰스는 그의 유산이 그가 계속 살아가기에 충분한 공급을 해주리라 예상할 수 있었고, 그의 사촌 에마Emma 웨지우드와 결혼함으로써 훨씬 더 부유해졌다. 그는 단지 유사한 유형의 또 한 사람이었을 수도 있었을 것인데—그의 긴 여가에 과학에 대한 기호에 연루될 여유를 가질 수 있었던 (충실한 아내와 하인의 지원을 받은) 사적 수단을 지닌 빅토리아 시대 신사 말이다(1.3을 볼 것). 그러나 그는 훨씬 더 그 이상이 되었다. 어떻게 그런 일이 일어났을까?

찰스는 의학을 공부하는 가족 전통에 따르기 위해 에든버러 대학교Edinburgh University로 보내졌다(역시 의사였던 그의 할아버지 에라스무스Erasmus 다윈은 이미 진화에 관해 사색했었다). 그러나 그는 의학에 대해 열정적인 것하고는 거리가 멀었는데, 특히 마취 없이 행하는 수술을 목격하고 나서 물러버렸다. 그는 포스의 내포(內浦)Firth of Forth 주위에 있는 암석을 답사하는 것을 훨씬 선호했다. 그러나 만일 그가 가족의 의학 전통을 따르지 않을 것이라면, 그의 사회적 배경을 가진 젊은 신사를 위한 인정받는 대안적 전문 직업은 영국 국교도의 성직자가 되는 것이었는데, 그것을 위한 선행 조건은 케임브리지 대학교 학위였다. 다윈은 이 과정에 들어갔으나 거기서 공식적 이수 과목을 별로 배우지 않았다. 그렇지만 그는 여전히 암석과 딱정벌레를 수집하는 데 그리고 그 당시의 생물 지식을 공부하는 데 집착했는데, 그것에 의해, 지질학자 애덤 세즈윅Adam Sedgwick과 자연사학자 존 헨슬로우John Henslow에 대한 존경심을 갖게 되었다.

다윈이 그의 최고로 거대한 단일한 행운의 조각, 즉 영국 해군함 비글Beagle 호의 세계 일주 측량 항해에 합류하는 초청을 만났던 것은 헨슬로우를 통해서였다. 로버트 피츠로이Robert Fitzroy 함장은 그 긴 여행을 위한 동반자를 원했고 자연학자와 자신의 선실을 같이 쓸 준비가 되어 있었는데—그 자연학자가 신사라면 말이다. 이 착상이 다윈에게 제시되었을 때, 그의 최초 의향은 그 기회로 뛰어오르는 것이었다. 그는 남아메리카 여행 독일 탐험가이며 자연학자인 알렉산더 폰 훔볼트Alexander von Humboldt(1769-1859)의 이야기에 관해 이미 읽었었다. 그러나 아버지는 그런 모험이 제대로 된 직업 참여에 대해 시간 낭비하는 회피일 뿐이라고 생각했다. 이에 따라, 찰스는 거절 편지를 썼다. 과학에 다행스럽게도, 숙부 조시아Josiah 웨지우드의 논의에 아버지 다윈이 지고 말았다. 찰스는 그의 삶과 미래 세대의 사고법을 바꾸게 될 항해가 막 시작될 무렵 그의 거절을 무효로 했다. 그래서 일련의 행복한 사건을 통해, 모든 시대에서 가장 중요한 연구비의 하나를 받았던 것이다.

그 나머지는 그것들이 말해주듯 역사이다. 정력적 젊은이 다윈은 어떠한 공식적 자격이 없이 아마추어 과학자로 출발했다. 그러나 그는 케임브리지 대학교의 저명한 스승들에게서 비공식적으로 많은 것을 배웠고, 항해 중 찰스 라이얼Charles Lyell(1797-1875)의 새로 출간된 『지질학 원리Principles of Geology』를 신중히 연구할 시간이 있었는데, 이것은 도중에 그에게 보내졌다. 5년의 여행은 여러 해안 및 섬 방문에서 나온 엄청난 양의 새로운 생물학적 그리고 지질학적 지식과 항해 동안 생각할 많은 시간을 그에게 주었다. 그는 영국 과학자 사회에 보고할 새로운 정보와 이론을 지닌 몇 가지 분야 전문가로서 돌아왔다.

사촌 에마와 결혼하고 짧게 런던에 머문 후, 찰스 다윈은 켄트Kent의 다운Down이라는 마을에서 그의 긴 여생 동안 조용하게, 거의 은둔해 생활했다. 나쁜 건강이 방해해서 그로 하여금 주기적으로 거동을 불가능하게 했다. 그의 건강 문제에 관한 하나의 진단서는, 아르헨티나 탐사 동안 "팜파의 검은 벌레"에 물려 지금은 샤가스병Chagas' disease으로 알려진 것에 감염되었다고 적혀 있다. 다른 제안은 그의 삶 전체를 통해 반복적으로 일어난 심계 항진, 어지러움, 구역질, 피로라는 징후들이 사적 문제로 인한 스트레스 및 그의 연구의 수용에 관한 걱정으로 야기되었다는 것이었다(Bowlby 1990, 457-466). 다윈은 그의 에너지를 보존했고, 질서정연하게 이론을 발전시켰고 공적 토론 및 논쟁에서 계속 잘 떨어져 있었다.

적자생존에 의한 진화라는 결정적 관념이 1838년 그에게 발생했는데, 그가 나중에 쓰기로, 인구의 기하학적 증가 및 뒤이어지는 생존 경쟁에 관한 맬서스(6.1을 볼 것)의 구절을 읽다가 갑자기 떠올랐다. 그는 그가 깨달은 것이 사활적으로 중요한 가설이었음을 여러 해 동안 발표하지 않았는데, 그것이 신학적, 사회적, 정치적 논쟁을 얼마나 많이 일으킬지를 그가 예민하게 의식했기 때문이었다. 그러나 결국 그는 월리스(6.1을 볼 것)의 편지를 받고 공개할 수밖에 없었다. 그의 『종의 기원Origin of Species』은 1859년 출간되었고, 우리는 여전히 그것의 반향과 더불어 산다. (예를 들어, 인간 사회생물학sociobiology 속의 현금의 논쟁은 다윈의 이론에 직접적 뿌리를 두고 있다.) 그는 그의 이론의 명백한 함의를 받아들였는데—인간은 다른 어떤 살아 있는 유기체처럼 진화의 산물이라는 것, 즉 창세기의 전통적인 성서적 해명과 상충하는 견해였다. 그는 계속 나아가 동물과 인간의 감정 표현에 관한 책을 썼다. 다윈의 많은 업적은 20세기 생태학과 동물행동학의 형태를 미리 보여주는 것이다(10.3을 볼 것).

두 차례의 행운—비글호 여행에 합류하는 기회와 아주 많은 새로운 자료들을 그리고 그 함의들에 관해 사고하는 데 그의 시간을 소요하기 위한 돈을 축적하는 기회—으로 축복받은 한 과학자가 있었다. 많은 여타 과학자는 그렇게 운이 좋지는 않았다. 우리가 이번 장의 앞에서 보았듯이, 갈릴레오는 후원자에 의지해야 했고, 주장된 바에 의하면, 그의 과학 이론의 이단적 성격이 그를 그 시대 권력의 자비에 놓이게 했다. 만약 다윈이 빅토리아 시대 잉글랜드보다 덜 관대한 나라에서—혹은 정말로, 그 안에서 경제적으로 덜 특권을 부여받은 위치에서— 살았더라면, 그가 충분히 곤란에 처했음을 스스로 잘 알게 되었을 수도 있는데, 왜냐하면 그의 진화론은 인간 본성에 관한 그것의 함의에서 적어도 일반 상식과 종교적 자유 둘 다에 대해 똑같이 전복적이었기 때문이었다. 다윈은 아주 운이 좋은 사람이었지만, 그 기회에서 많은 것을 이뤄내는 일은 그의 모든 재능과 결심을 필요로 했다.

서멀린: 조각보에 쥐에 관한 기만

요즘 거의 모든 과학자가 자금을 얻는 문제를 생생히 인식하고 있다. 돈은 보통 국가에서, 산업에서, 연구 위원회에서, 또는 개인 재단에서 얻어야 한다. 어떤 이의 선호 연구 노선을 후원하도록 그런 기관을 설득하는 일은 같은 일을 하려 시도하고 있는 다른 많은 신청자와 경쟁하는 것을 의미한다. 프로젝트는 그러므로 그들의 과학적 관심, 가능성, 실제적 유용성을 강조하기 위해 아주 신중하게 제시되어야 한다. 포부 있는 연구자의 역량 역시 중요 요소이며 이를 증명하는 명백한 길은 성취한 결과에 의하는 것이다. 자금을 지원받은 이후에조차, 그것의 계속성이 정해져 있지 않다. 몇몇 단계에서 더 지원을 받기 전에 진행은 평가받게 될 것이다. 그런 상황에서, 그 게임 안에 머무르려는 경쟁은 긍정적 결과—또는 최소한 가망성 있는 결과—를 내려는 강한 압력을 만들어낸다. 일을 위한 즉각적 동기는 따라서 호기심이나 유용성이 아니라 연구소와 연구비 수여 단체의 우두머리에게 인상을 주기 위한 필요성일 수 있다.

적절한 사례—극단적이되, 그럼에도 교육적인—는 1974년 기본적 과학 기만을 저지르게 되었던 윌리엄 T. 서멀린William T. Summerlin 박사의 그것이다. 그는 로버트 A. 굿Robert A. Good의 지도 아래 뉴욕의 위신 있는 슬로언-케터링 암 센터Sloan-Kettering Cancer Center에서 일하며 의학 교육을 받은 연구원이었다. 굿은 많은 연구비를 받는 암 연구 분야에서 과학 슈퍼스타 지위를 널리 인정받았다. 많은 연구보조원으로 이루어진 커다란 연구팀을 이끌면서, 그들의 논문 각각에 (통상적 관행으로) 그의 이름을 올리는 일로, 그는 정량 인용 지수로 측정된 것으로서, 모든 시대에서 가장 많이 인용된 과학 저자가 되었다. 그는 ≪타임≫의 표지에 그의 사진을 올리는 섭외 대성공을 거두기조차 했다. 굿은 슬로언-케터링 센터의 장이 되어 미니애폴리스Mineapolis를 떠나 그곳으로 막 이주했는데, 서멀린을 포함한 많은 과학보조원을 데려왔고, 그는 미네소타Minnesota에서 논쟁거리가 되던 서멀린의 연구를 지지했었다.

서멀린은 특별 실험용 배양에서 유관된 조직의 조각을 길러내 한 동물에서 다른 동물로 이식을 이뤄내려 시도해 오고 있었다. 그는 그 조직이 그리하여 새로운 숙주의 면역 체계로 인한 통상적 거부 반응을 만나지 않을 것이라고 주장했다. 이 연구 노선은 암을 이해하는 데 잠재적 유관성이 있다고 생각되었는데, 왜냐하면 몸의 면역 체계는 통상적이지 않은 성장을 거부하고 파괴하는 데 보통 성공했지만, 암 안에서 이 방어 기제는 붕괴되었기 때문이었다. 어떻게 면역 체계가 작동하는지를 이해하는 데 대한 어떤 기여는 따라서 가망성이 있어 보였다. 그렇지만 서멀린이 주장했던 결과들은 면역학에서 믿어졌던 모든 것에 반대되었고, 다른 연구원들이 이 결과를 재현하려 했을 때, 그들은 성공하지 못했다. 슬로언-케터링에서 같은 실험실의 한 경쟁자는 몇몇 그러한 부정적 결과들을 출간할 것을 제안하고 있었고 그리하여 서멀린의 주장에 공적 의심을 던졌으며 굿의 후원을 요청하고 있었다. 굿 자신은 부하의 연구의 타당성에 우려하기 시작했고, 그 둘의 관계가 악화되었다. 서멀린은 나중에 그가 굿에게 매우 화가 났다고 말했는데, 추정컨대 그의 과학 후원자가 그로부터 돌아서고 있다고 느꼈기 때문일 것이다.

1974년 3월 하나의 결정적 아침, 서멀린은 그의 최근 실험 결과 보고서(흰 쥐에게서 피부 이식을 받은 실험용 검은 쥐의 형태에 관한)를 굿에게 제출하게 되어 있었다. 그가 엘리베이터를 타고 우두머리의 방으로 향해 가면서, 그는 펠트펜을 사용해 이식된 피부 조각을 검게 만들었다. 색깔의 그런 변화는 이식이 "취해졌음"을 제안하게 될 것이다. 이 행동에 관한 가장 자비로운 설명은 서멀린이 그가 긍정적이라고 믿은 결과를, 본질적인 점을 날조하려 의도하지 않은 채, 그의 우두머리에게 더 명백히 그렇게 보이도록 만들려 하고 있었다는 것이다. 그러나 물론, 실험 자료에 대한 **어떠한** 그러한 허락되지 않는 간섭은 명백하게 과학 윤리에 반하는 일이다. 굿은 잉크를 눈치채지 못했지만, 날카로운 눈을 가진 실험실 조교가 알아챘고, 서멀린에게 특별한 애정이 없었기에(모든 실험실에 개인적 긴장감은 존재한다!), 그 소식은 신속히 우두머리의 귀로 들어갔다. 굿이 서멀린을 다시 불러냈을 때, 그는 잉크를 입힌 것을 시인했고, 신속히 일시 연구 중지를 당했고 완전한 조사가 이루어지게 되었다.

뒤이은 조사는 서멀린이 행한 질퍽하고, 수상하며, 아마도 기만적인 실행들의 훨씬 더 긴 역사를 드러냈다. 과학적 측면에서 쥐에 대한 충동적 잉크 사용보다 더 심각한 것은 토끼의 눈에 각막을 이식하려 할 때 표준적 통제 절차를 따르는 데 그가 실패했다는 것이었다. 명백히 서멀린은 전혀 수술이 수행되지 않았을 때 일정한 사례들을 성공적 이식으로 제출하기조차도 했다. 조사의 결과로, 그는 슬로언-케터링 암 센터에서 해고당했다. 꽤 모욕적으로, 그는 "감정적으로 교란"되었으며 "그의 행동에 완전하게 책임지지 않은" 것으로 묘사됐는데—마치 당국이 그 실험실에서 진행된 고의적 위조 행위를 꺼리는 듯했다. 그는 1년 유급 휴가를 받았으며, 나중에 의학 공부를 하기 위해 지방으로 돌아갔다.

굿도 그가 서멀린을 이식에 관한 그의 놀라운 주장의 힘 위에서 충원하면서 길을 잃었으며 그가 주장한 결과를 다른 이들이 재현하는 데 실패했다고 보고했을 때조차 그의 연구를 장려했기 때문에 뒤얽혔다. 굿은 잘못된 제출에 대해 결백이 밝혀졌지만 그가 확인하지 않은 주장들을 발표한 지나친 성급함에 대해서는 유죄로 밝혀졌다. 과학에서 행정력의 자리에 있는 다른 사람들처럼, 그도 너무 바빠서 그가 책임지고 있는 조교들의 작업과 그의 이름이 들어간 그들의 논문을 제대로 감독할 수 없었다. 그리고 슬로언-케터링 암 센터에는 오만하고, 민완한 소장의 코가 납작해지는 것을 보는 데 즐겁지가 않은 쪽이 아니었던 사람들이 있었던 것으로 보인다. 위신 있는 암 센터 자체도 위조에 관한 이야기가 매체에 누출되었을 때 해로운 영향을 받았다.

더 감지력 있는 과학저널리스트들은 과학이 지휘되고, 자금을 조달받고, 대중에게 제시되는 방식에 관한 더 넓은 결론을 끌어냈다(적어도 미국에서). 제임스 윗슨의 진단은 너무 많은 돈과 노력이, 그가 논의하기로, 완전한 이해와 신뢰 가능한 치료를 위한 유일하게 적절한 기초인 생물학과 생화학 분야의 기초 연구의 희생 아래, 암의 원인을 직접적으로 찾는 것을 목표로 하는 응용 연구에 투입되고 있다는 것이었다. 실제적 결과에 대한 간절한 탐색 속에서, 선전 활동은 선정적이되 입증되지 않은 주장에 부여되고 있었다. 연구비를 얻고 유지하려는 경쟁 속에서, 서멀린과 같은 풋내기 과학자들은 빠른 결과를 산출하려는 어울리지 않는 압박 아래 놓였고 그리하여 그들의 작업을 위조하려는 유혹을 받을 수 있었다.

8.2 과학에서 이윤 얻기

갈릴레오 시절 이래로 과학자들은 그들의 연구의 응용에서 돈을 벌 수 있는 기회를 취했다. 현대 자본주의 경제에서, 내재적인 지적 매력을 갖는 연구가, 돌파를 이뤄낼 수 있으며 그것을 최초로 특허 낼 수 있는 이들에게 상당한 사적 이윤 또는 제도적 이윤을 역시 기약할 수 있다는 점은 꽤 상식적이다. 이윤 동기—몇몇 사례에서, 엄청난 부라는 유혹물—는 우리가 이제 보게 될 것처럼 과학 연구를 행하는 통상적인 학문적 방식을 바꿀 수 있다.

이윤 내기에 대한 퀴리 부부의 거절

지금은 구식 전통으로 보이는 바에 따르면, 과학자들이 그들의 발견에서 개인적 이윤을 얻는 것은 종종 비윤리적이라 생각되었다. 과학 연구로 돈을 버는 것을 고상한 마음으로 거절한 아주 깨끗한 예는 마리 및 피에르 퀴리였다. 그들이 이전에 알려지지 않았던 방사성 원소 라듐(5.1을 볼 것)을 판정하고 분리한 후, 곧 그 새로운 물질이 종양과 일정한 형태의 암 치료에 의학적 유용성을 가질 수 있음이 인식되었다. 그래서 그것을 대량 생산할 즉각적 필요성이 있었다. 이 단계에서, 만약 퀴리 부부가 라듐을 정화하기 위해 그들이 고통스럽게 고안한 기법을 특허 내기로 선택했다면, 그들은 상당한 개인적 재산을 확보했었을 수도 있을 것이다. 그러나 모든 과학사의 가장 비범하게 이기심 없는 결정 중 하나에서 그들은 그렇게 하지 않았는데, 그들은 전혀 부자가 아니었고, 막 가족이 되었으며, 더 나아간 연구를 추구하기 위한 적절한 장비를 여전히 결여하고 있었다는 사실에도 불구하고 말이다. 그들은 라듐이 그들 자신에게 사적으로 속한 것이 아니라, 과학에 속한 것이라고 강하게 느꼈다. 이브 퀴리에 따르면, 그녀의 어머니가 말했다. "물리학자들은 항상 그들의 연구를 완전하게 출간했다. 만일 우리의 발견이 상업적 미래를 갖고 있다면, 그것은 우리가 그것으로 이윤을 얻어서는 안 되는 우연이다. 그리고 라듐은 질병 치료에 용도가 있게 될 것이다. …… 그것에서 이점을 취한다는 것은 나에게 불가능해 보인다"(Currie 1937, 204).

심지어 그들 자신의 비용으로 산출시키려고 그들이 그토록 힘들게 노동했던 라듐의 그 귀중한 그램조차도─법적으로 그들 자신의 재산이었던─과학 연구의 대의에 부여되었다.

요즘 얼마나 많은 과학자가 퀴리의 예를 따를 것인가? 많은 사람이 그들 자신의 연구에서 이윤을 얻기를 거절한 그들을 비합리적이라고 보게 될 것이다. 그러나 무엇이 과학자들에게 윤리적이고 법적인 구속 요인이 되어야 할까? 이 질문은 쉬운 것이 아니다. 아마도 우리가 이 문제를 놓고 더 나아간 사례 연구를 고려해 봄으로써 이에 약간의 빛을 던질 수 있을 것이다.

어떻게 노벨은 그 상을 위한 돈을 얻었나

날카로운 대조가 퀴리의 태도와 알프레드 노벨Alfred Nobel(1833-1896)의 그것 사이에서 보일 수 있다. 다이너마이트와 같은 발명 때문에, 노벨은 노벨상을 위한 기부금을 제공했던 엄청난 부를 축적할 수 있었다. 좋든 나쁘든, 이 상은 대중과 과학자 자신 둘 다에게 과학적 탁월함의 표준 척도가 되었다(6.1을 볼 것). 3.1에 주어진 우리의 정의에 따르면, 노벨은 과학 이론에 이바지하지 않았거나 그렇게 하려 많이 기도하지 않았기 때문에, 좀처럼 과학자로 여겨지지 않는다. 그러나 비정통적 교육을 통해, 그는 화학에서 상당한 역량을 얻었고, 그의 삶의 많은 부분 동안 그는 이 지식과 숙련을 자신의 이윤은 물론 실제적 효과에 사용했다.

노벨의 아버지와 형제들은 발명가이며 무기 제조업자였고, 알프레드는 국가에 대한 충성심 없이도 무기 생산자 역할을 쉽게 받아들였던 것으로 보이는데, 가장 높은 가격을 부르는 이에게 자신의 전문 지식을 팔 준비가 되어 있었다. 그의 조숙한 기술 능력에 더해, 그는 가능한 대로 아주 빨리 발명을 특허 내는 일의 가치를 예리하게 의식하고 있었고, 평생 동안 355개의 특허가 그에게 수여되었다. 그는 몇 개의 우선권 논쟁에 연루되었는데, 그들 중 첫 번째는 그 자신의 아버지와 그랬다!

그의 첫 번째 주요 발명—노벨의 특허 기폭 장치—이 1863년 시장에 도착했다. 그는 그러고 나서 이미 알려진 액체 상태의 니트로글리세린^{nitroglycerine}을 제조하기 시작했고, 그는 최초의 폭약 유한 회사를 설립했다. 그러나 제품은 고도로 불안정했고, 1864년 공장이 터져버려서, 동생 에밀 및 다른 네 사람을 죽였다. 그런 재난에 그리고 스웨덴 정부의 인구 밀집 지역에서 니트로글리세린 제조 및 보관 금지 조치에 꺾이지 않고, 그는 거룻배 위에서 실험을 계속했다. 우연히, 노벨이 니트로글리세린 기름과 화석 실리카$^{fossil\ silica}$의 한 종류인 규조토^{kieselguhr}를 조합시키는 일이 발생했는데, 그로 인해 간편한 플라스틱 형태의 폭발물을 산출했던 것이다. 그는 이 새로운 물질을 "다이너마이트^{dynamite}"라고 불렀고, 그것은 그의 가장 위대한 발명으로 판명 났다.

노벨의 폭약 회사는 재빠르게 성장했다. 1867년 영국에서, 그리고 이듬해 미국에서 다이너마이트 특허가 인정되었고, 곧 많은 이익이 흘러들었다. 노벨의 더 나아간 실험이 폭발성 젤라틴^{gelatin}이라 불리는 더 강력한 버전의 다이너마이트를 그리고 나중 전쟁용으로 특별히 설계된 연기 없는 화약, 발리스타이트^{ballistite}를 산출해 냈다. 폭약을 만드는 공장이 유럽 전역에 세워졌다. 그 생산물은 알프스 산맥을 통과하는 터널 발파와 같은 더 많은 건설 목적으로는 물론 뒤이어진 전쟁에서 모든 전투에 사용되었다. 노벨은 급속히 백만장자가 되었다. 그는 이미 아주 부유해진 후에조차 근면하게 그의 사업에 스스로를 바쳤다. 돈을 버는 것이 가장 강한 동기 부여의 하나였던 것으로 보이지만, 다른 것은 분명히 새로운 발명에 관한 기술적 관심이었다. 그는 심지어 생의 마지막 무렵까지 무음총, 신관, 추진 장약, 로켓 발사체에 관한 실험을 계속했다. 그렇지만 그의 연구가 모두 군사적 성격의 것은 아니었다. 나중에 그는 광학, 전기 화학, 생물학, 생리학 실험을 했고, 이 연구가 인조 고무, 가죽, 비단, 용융 알루미나alumina로 만들어진 준보석의 뒤이은 개발에 기여했다.

죽기 3년 전, 자식이 없던 노벨은 그의 엄청난 재산이 유럽에서 평화의 이상을 향한 가장 위대한 발걸음을 취한 사람들을 위한 상을 제정하는 데 사용되어야 한다는 소망을 표현했다. 노벨의 의지는 실질적으로 해마다 수여될 다섯 개의 상을 확립했다. "물리학, 화학, 생리학 또는 의학, 문학에서 이상주의적 성향의 가장 두드러진 업적에" 네 개 그리고 "상비군 폐지 또는 감축을 위해 그리고 평화 회의의 유지 및 촉진을 위해 국가 사이에서 우애를 증진시키려 가장 많이 또는 최선의 일을 행했을 사람을 위한" 한 개, 평화상이 있었다. 경제학의 상은 그 이래 목록에 부가되었다. 그 상들은 과학에서 가장 선망되는 것으로(최고로 기부금을 받는 것은 물론) 오랫동안 여겨져 왔다.

알프레드 노벨은 돈을 버는 데 그의 일순위 동기 부여가 있었던 연구자였으나, 그럼에도 불구하고 그는 그의 솜씨의 기술적 세부 내용에 또한 매료되어 있었다. 그의 (그리고 우리의) 시대 많은 이에게, 과학에 기초를 둔 새로운 발명을 특허 내고 파는 것은 받아들여진 실행이었는데, 그것들이 놓일 수가 있을 평화 속 또는 전쟁 속 사용에 상관없이 그것들에서 돈을 버는 일 말이다.

제약 산업에 대한 체인의 옹호

언스트 체인 경Sir Ernst Chain(1906-1979)의 산업적 제휴는 상업적 문제와 연루된 과학자들의 복잡한 동기 부여를 강조하는 데 도움이 된다. 그의 아버지는 독일의 한 주요 회사의 화학 기사였고, 그래서 그는 추정컨대 출발부터 과학의 산업적 응용에 맞추어져 있었을 것이다. 독일에서 태어난 많은 유대인 지식인처럼, 체인은 나치 처형을 피해 해외에서 피난처를 찾았다. 케임브리지 대학교에서 생화학을 전공한 후, 그는 1936년 옥스퍼드 대학교의 병리학 교실 하워드 플로리Howard Florey 연구팀에 충원되었다. 영국 정부에서 나온 적은 연구비가 소모되었을 때, 플로리는 더 실질적인 자금을 위해 록펠러 재단에 접근했는데, 이것이 페니실린의 대량 생산을 귀결시킨 유명한 연구를 지원했다(5.2 및 6.3을 볼 것).

이 이야기 속 재정적으로 중요한 일화는 체인이 옥스퍼드 대학 팀이 개발한 생산 과정을 특허 내야 할 필요성을 지적했을 때 일어났다. 그는 만일 그와 그의 동료가 그렇게 하지 않으면, 분명히 그 외 누군가가 할 것임을 깨달았고, 그는 그의 사례를 의학 연구 위원회 및 왕립학회 고위 관리와 정력적으로 논의했다. 그러나 당시 영국(체인이 나왔던 독일과는 달리)에, 순수 과학과 응용과학 그리고 학술계와 산업 사이에 날카로운 구분이 존재했다. 대학 과학자가 그들의 작업에 대해 취할 수도 있을 상업적 태도는 파문이었고, 체인은 확실한 말로 그렇게 들었다(일이 얼마나 변했는가!). 영국에서 불안정한 지위의 피난자로서, 체인은 자존심을 삼켜야 했지만(그는 뒤에 자신이 특허 문제로 많은 쓰라린 싸움과 조우했다고 썼다), 영국 팀이 그들 스스로 처음 개발했던 방법을 사용하기 위해 미국 회사에 결국 로열티를 지불해야 했을 때 그의 주장은 타당해졌다.

전후, 체인은 그가 하길 원했던 연구의 자금 부족으로 다시 좌절한 자신을 발견했다. 1948년, 그는 로마의 이탈리아 정부 보건 연구소의 새로운 생화학 분과를 설치해 달라는 초청을 받아들였다. 그의 이동 뒤의 결정적 요소는 영국이 제공할 수 없었던 시설과 재정에 관한 지원 약속이었던 것으로 보인다. 다시 한번, 체인은 그의 연구의 상업적 가능성에서 아주 많이 살아났다. 페니실린 생산 이후 몇 년 동안, 항생 물질을 산출한 수도 있을 균류와 박테리아를 체계적으로 수색함으로써 다른 항생 물질을 찾아내는 것이 가능하게 되었다. 그러나 그와 같은 원천이 소진되기 시작하면서, 제약 회사들은 어떻게 새로운 약을 개발할지 궁리하기 시작했다. 이 단계에서, 영국의 비참스 그룹Beechams Group이 체인에게 조언을 구했고, 그는 그 회사 고문이 되었다. 그는 반(半)합성 페니실린, 즉 개선된 치료력을 지닌 원래의 유기적 화합물의 화학적으로 수정된 형태를 만드는 시도를 추천했다. 이 실험에서 일하기 위해 비참스 그룹에서 두 피고용인이 로마로 왔고, 결과적으로 그 영국 회사는 더 큰 기업에서 팔던 것들보다 더 효과적이라고 증명된 몇 가지 새로운 항상 물질을 특허낼 수 있었다.

1964년, 체인은 런던의 임페리얼 칼리지Imperial College에 생화학과를 설립하기 위해 영국으로 돌아왔다. 그가 제안한 장비 비용은 그 대학 연구에서 전례가 없었지만(핵물리학을 제외하고), 그는 울프슨 재단Wolfson Foundation과 같은 재원에서 나오는 큰 총액을 불러낼 수 있도록 이제는 확정된 그의 영향력을 쓸 수 있었다. 이것이 그로 하여금 그 자신의 분야에서 대가가 되도록 그의 학과는 재정적 독립을 부여했다. 그의 스타일을 좋아하지 않은 직원들은 그것에 적응하든지 다른 직장을 찾아야 했다. 이 권력의 자리에서, 그는 그의 후기 생애에 과학적으로 이단적인 견해를 표현할 정도로 대담해졌는데, 그는 DNA 구조와 여타 생물학적 분자에 관한 재빠르게 발전하고 있던 연구의 생물학에의 유용성을 의심했다. 그는 진화론 자체를 비방하기까지 했는데, 아마도 그의 젊은 시절 유대교에 대한 그의 점증하는 애호 때문이었을 것이다.

제약 산업과 체인의 연결은 대학 과학의 "순수성"을 계속 믿었던 그의 동료와의 연결에서 차이의 원인이었다. 그는 외부 고문으로 정기적으로 일했고, 런던의 그의 학과가 산업과 밀접히 협력했고, 이는 1963년과 1970년 그의 공개강좌에서 그가 강력하게 옹호했던 정책이었다. 그리고 물론, 페니실린은 의학의 거대한 성공담이었다. 비록 그 이래로 항생 약물의 과다 처방과 그 결과로 생기는 박테리아의 저항 기질에 관한 우려가 일어났음에도 불구하고, 이 약들로 인간의 고통을 크게 줄였다는 것은 의심할 여지가 없다. 이 사례에서, 제약 회사에 동기를 부여하는 상업적 자극이 생화학자들의 과학적 호기심은 물론 인간의 건강을 증진시키려는 의학적 목적과 꽤 조화되었다.

그렇지만 다른 경우에서 이 동기들이 분열되어, 비극적 귀결과 함께하게 됨을 알게 된다. 1960년대 초, 탈리도마이드thalidomide라 불린 새로운 약이 많은 나라에서 해롭지 않은 진정제나 수면제로 널리 매매되었다. 그러나 임신 중 그것을 복용했던 여자들이 중증의 기형아, 몇몇 경우 사지가 아주 발육되지 않은 상태로 손과 발이 몸 밖으로 자라난 것으로 보였던 아이를 출산한 일이 꽤 일찍 주목되었다. 인과적 연결은 시작부터 명백해 보였는데, 그런 비정상은 매우 희귀했으나 탈리도마이드가 팔렸던 나라들에서만―그리고 그 도입의 1년 안에―극적으로 증가했기 때문이다. 기형아를 출산했던 어머니들, 그 의사들 또는 약사들과의 인터뷰는 그들이 임신 초기 단계에 그 새로운 진정제를 복용했음을 드러냈다.

대부분의 나라에서, 탈리도마이드는 신속하게 유통이 철회되었고, 그럼에도 약 제조 회사들의 불만이 없지는 않았는데, 그들은 이윤의 가망성 있는 원천을 포기해야 하는 것을 꺼려했고 어떠한 인과적 연결 또는 연합된 법적 책임 가능성을 인정하길 극히 꺼려했다. (미국에서, 식약청에 의한 적절한 유의를 보여주는 한 빛나는 예에서, 탈리도마이드 승인이 그 안전성에 관한 의심 때문에 차단당했다.) 가장 결단력 있었고 오래 끈 저항은 서독 회사 헤미 그루넨탈Chemie Grunenthal에서 나왔고, 그것은 전후 시기에 탈리도마이드를 개발했는데, 그때 독일에서 약물을 시판하는 데 법적 통제가 두드러지게 적었다. 탈리도마이드의 독성이 그 회사들을 제외하고 모두에게 명백해졌을 때, 괴로워하던 부모들이 보상을 요구했으며, 이 문제는 많은 나라 법정에 섰다.

이것이 이야기 안에서 체인이 나타나는 곳이다. 몇 년 끌었으며 법정 밖 합의로 좀 불만족스럽게 끝난 가장 오래 지속된 소송은 서독에서 일어났는데, 거기서 헤미 그루넨탈은 영리한 변호사와 과학자 사회의 전문가 증인을 채용하기 위해 그것의 상당한 자원을 사용해 그 길의 모든 길목에서 싸웠다. 이들 중 한 명이 체인이었다. 재판에서, 그는 제약 과학 자체의 존재가 탈리도마이드 논쟁이 야기했던 의혹의 분위기에 의해 멜로드라마식으로 위협받았다고 선언했는데—그 소송에서 중립성을 별로 암시하지 않은 진술이었다. 인과성의 결정적 논점에 대해, 체인은 탈리도마이드가 시판되기 전 수행된 임상 시험은 그것의 무해성을 증명했다고 주장했다. 이것은 사실상 피고 측이 취한 것보다 훨씬 더 강경한 노선이었는데, 피고 측이 취한 것은 단지 탈리도마이드에서 독성에 관한 분명한 증명이 없었다는 점만을 주장했다. 교차 조사하에서, 그는 그가 그의 논의를 그 위에 기초시키고 있던 엄격한 의미에서 의학 전문직이 일반적으로 인정했던 것에서조차(예를 들면, 당뇨병과 다발성 신경염 사이의) 인과 관계는 존재하지 않았다고 말해야 하게 되었다. 그는 그와 같은 사례에서 연결의 "징조"가 있다는 점만을 인정할 것이다. 강의에서 "기형 출산이 탈리도마이드에 의해 야기**되었다**"라는 1963년 강의에서의 인용에 직면해, 체인은 그 강의는 증거로 사용될 것을 결코 의도하지 않았다고 말할 수 있었을 뿐이었고(그렇게 고집 센 사람에 대해 믿을 수 없게도), 그는 그가 언론의 영향을 받아왔다고 암시했다. 그는 계속해서, 그저 고함으로 보였던 바 속에서, 그가 제약 산업에 대해 알고 있는 것으로부터, 조사가 극히 엄밀하게 수행되었다고 확언했다. 그리고 그는 그가 묵터^Muckter 박사(헤미 그루넨탈의 과학 지도자로, 탈리도마이드의 시장 유통을 철회하라는 조언에 저항했던)를 10년 동안 알아왔다는 사실도 주장했다.

현명하게도, 법정은 날조의 어떤 가능성을 넘어 수학적 확실성이 될, 체인이 요구한 증명 기준이 법적 목적에서 너무나도 높다고 결정했다(그들은 의학적 그리고 과학적 실제에 대해서도 덧붙일 수 있었다). 출중한 교수 체인은 독일 제약 산업의 그의 친구들을 위한 특별 변론의 한 조각에 여기서 확실히 연루되었던 것이다. 아주 많이 성취해 낸 과학자가 그의 이력의 끝에서 변호될 수 없는 사람들을 변호해 주기 위해 자신을 내맡겼던 것을 알게 되는 일은 슬프다. 교훈은 확실하게, 이윤 만들기가 과학에서 왜곡시키는 동기가 되므로, 우리는 그것이 적법성은 물론 윤리의 한계 안에 유지되어야 하도록 경계해야 한다는 점이다.

길버트의 유전공학 상업화

과학자이며 기업가로서 월터 길버트Walter Gilbert의 경력은 분자 생물학의 최근 상업화를 극적으로 예시한다. 1960년대, 그는 그의 상당한 재능을 빠르게 성장하는 이 분야에 적용했고, 성공을 거두면서 하버드 대학교의 이 분야 미국 암 학회 교수로 임용되었고 노벨 화학상을 수상하는 그런 성공을 거두었다. 1970년대 중반, 유전 공학의 실제적 가능성을 제공했던 유전자 접합 기법을 개발했는데―의도적으로 유전자를 바꾸는 일이다. 예를 들어 박테리아 내부의 DNA가 유용한 생물학적 물질을 산출하도록 변경될 수가 있다는 것이다. 이런 물질의 몇몇은 자연적으로 나타날 수도 있겠지만 제한된 양으로만(인터페론이나 인간 성장 호르몬과 같은) 그런 반면, 다른 것들은 의학, 산업, 농업용으로 자연적으로 나타나는 것보다 더 적절한 새로운 형태일 수가 있다. 학문적 연구와 응용 작업 간의 구별이 불명확해지고 있었고, 과학자들이 그들의 발견에서 돈을 버는 일은 명백히 유혹적이었다. 오랫동안, 과학자들은 산업 회사나 정부 부처를 위해 대학의 봉급에 대한 유용한 부수입으로 수당을 벌고자 시간제 자문역을 해왔다. 그러나 이제 최첨단 분자 생물학에서 연구하는 이들의 다수가 벤처 자본가의 도움으로 작은 유전공학 회사를 설립하고 있었다. 월터 길버트는 이 경향을 따른 첫 번째 인물 중 하나였는데, 1978년 바이오젠Biogen 회사 형성에 연루되었고 그 임시 대표 자리에 취임했고, 그 후 과학 위원단 의장, 그리고 대표단의 공동의장에 취임했다. 바이오젠 회사는 박테리아를 사용한 인슐린의 산출에 관한 하버드에서의 길버트의 연구를 지원했다.

연구비 찾기가 점차 힘들어지면서, 대학들은 그들 자신의 과학자의 연구에서 직접적 이윤을 만들려는 유혹을 받았다. 1977년에 이르러, 하버드 대학교는 교수진의 연구에서 생겨나는 특허 신청을 위한 사무실을 갖게 되었다. 3년 후, 하버드 행정처는 길버트의 라이벌 중 하나의 연구를 발전시키도록 회사를 세우자고 제안했다. 그 제안은 언론 및 더 광범위한 공동체는 물론, 교수진의 폭풍과 같은 항의와 더불어 수락되었다. 일반적 의견은 "이런 움직임이 대학이 상업적 회사와 거의 구별될 수 없을 과정의 시작일 수가 있다"라는 것이었고, 몇몇 관찰자는 대학이 재정적 이익을 얻은 회사에 연루된 그들 직원에게 특혜를 줄 수 있을 것인지를 우려했다. 따라서 그 아이디어는 그 형태로는 추구되지 않았다. 대신, 길버트의 예가 널리 추종되었다. 과학자들은 그들 자신의 회사를 형성했는데, 그들의 기관과의 몇몇 느슨한 관계 속에서 또는 사적으로 말이다. 그러나 교육 및 연구를 위해 고용된 학술적 과학자의 역할과 개인 회사의 재정적 성공을 목표로 하는 책임자의 그것을 결합시키는 데 명백히 문제가 있다. 이익 및 시간의 갈등은 불가피하다. 한동안, 길버트도 대학 교수로 남아 있으면서 바이오젠의 소속원으로 일하면서, 그의 케익을 얻고 그것을 먹으려 시도했다. 그러나 하버드 당국은 대학 연구실에서 개인 회사를 돌리는 그를 오랫동안 관용할 수가 없었다. 따라서 그는 교수직을 사임했고 전일직 산업가가 되기 위해 학계를 떠났다.

길버트가 사적 재정 지원 프로젝트로서 인간 유전체human genome의 서열을 파악하는 일을 떠맡기 위한 숨 막히게 과감한 제안을 했던 1987년 다시 그의 이름이 신문의 머리기사에 올랐다. 이 목적으로, 그는 지놈 코퍼레이션Genome Corporation이라는 새 회사를 설립했고, 그의 계획은 그 회사가 회사 실험실에서 힘들게 해독된 것으로서 인간 DNA의 각 부분에 관한 저작권을 취득하게 되는 것이었다. 그렇게 발견된 정보의 나중 사용자는 길버트 회사에 로열티를 지불해야 했을 것이다. 그러나 법원이 기술적 장치나 절차가 아닌 인간 유전자 내부에 자연적으로 들어 있는 정보에 적용될 특허나 저작권의 타당성을 인정할 것인가? 몇몇 미국 변호사는 그렇다고 생각했다(유전공학적으로 처리된 유기체에 관한 특허가 이미 인정되었었다). 그러나 이것이 법적으로 가능하다 할지라도, 개인 회사가 과학 지식에서 이윤을 내는 것이 도덕적으로 수용 가능할 것인가? 지놈 코퍼레이션이 암 치료법을 내놓았다고 가정해 보라—그것은 그렇다면 유관된 유전 정보가 사용될 때마다 수수료를 요구할 것인가? 많은 사람이 "과학 지식은 전체로서 인류에게 속하는 것이지, 특정 기업가 집단에 속하지 않는다"라고 논의했다. 그리고 또 인간 유전체 프로젝트Human Genome Project가 기초했던 기초 생화학 이론 및 기법은 많은 공익 단체와 의료 자선 단체에서 나온 자금으로 발전되어 왔다고 지적되었다. 왜 하나의 회사가 나중 단계에 들어오도록 그리고 그 일을 한 걸음 더 진척시킨 데서 큰 벌이를 할 수 있도록 허락되어야 하는가?

인간 유전체 프로젝트가 지금 국립보건원과 같은 미국 정부 기관의 공적 자금으로 추진 중이다(10.2를 볼 것). 그러나 길버트의 제안이 어쨌든 채택되었던—그리고 한동안 심각하게 여겨졌던—것은 과학의 상업화가 다만 얼마나 멀리 갔는지를 보여준다.

플라이슈만과 폰스: 저온 융합과 특허 변호사들

1989년 3월 23일, 유타 대학교는 그 대학 교수 중 하나인 스탠리 폰스Stanley Pons가 영국의 전 사우샘프턴 대학교 소속 마틴 플라이슈만Martin Fleischmann과 협력 작업으로 실내 온도에서 핵융합을 이끌어냈다고 선언하기 위해 기자회견을 열었다. 그들이 했던 것은 전류를 중수소deuterium나, 중수heavy water (즉, 그들의 핵 속에 여분의 중성자를 가지고 있던 수소 원자들이 들어 있던 물)에 담긴 팔라듐palladium 전극을 통과시키는 것이었다. 그 주장은 고압하에서 팔라듐 금속 안에 중수소 원자들이 모여 있으면서, 그것들이 중성자와 열에너지 둘 다를 방출하며 헬륨helium으로 융합된다는 것이었다. 이것이 참이라면, 그 함의는 물리 이론과 에너지 공급 둘 다에 대해 어마어마할 것이다. 핵융합 이론이 발전되었고 그리고 나서 수소 폭탄에서 화려하게 응용된 이래 수십 년 동안, 커다란 과학적 자원이 통제된 방식으로 융합을 도입함으로써 새로운 에너지원을 구하는 데 바쳐졌다. 이 연구는 환상적으로 높은 온도와 압력에서, 태양을 가동한다고 알려진 핵 과정을 지구에서 재현하려는 것을 의미했다. 그러나 지금까지 이 비용이 드는 실험에서 에너지 투입이 산출보다 더 많았다. 현존하는 물리 이론은 일반적 온도에서 융합을 배제하지만—만약 이것이 결국 가능하다면, 아마도 세계 인류의 에너지 문제는 싸고 깨끗하게 해결될 것이다.

과학적 발견을 선언하는 통상적 방식은 확립된 과학 학술지에 전문적 논문을 싣는 것이다. 그러한 정기간행물의 평판은 동료 심사peer review 체계에 의존하는데, 이에 의해 논문들은 관련된 영역에서 전문가의 판단에 제출되어 놓이고 그들의 논평에 비추어 수정될 수도 있다. 대중 매체에의 선언은 과학 논문이 실릴 때까지 보통 이루어지지 않으며, 많은 과학 학술지는 동료 심사 형식이 아닌 형태로 이전에 출간되었던 어떤 것도 받아들이지 않는 정책을 갖고 있다. 그러나 이 사례에서, 폰스와 플라이슈만은 그들의 주장을 대중 매체에 먼저 했는데, 그들은 다른 과학자들이 적절하게 재현을 시도할 수 있도록 그들의 실험적 절차의 충분한 세부 사항을 제시하지 않았다. 그들이 융합이 일어난 증거—발생된 열의 양—로 제출한 것은 기껏해야 간접적인 증거일 뿐이었다. 결정적으로 융합을 증명하기 위해서는, 중성자의 방출을 탐지할 필요가 있었을 것인데, 이는 그들이 한 것이 아니었다. 융합이란 화학적 과정이 아니라 물리학적 과정이다. 폰스와 플라이슈만은 물리학자가 아니었고, 그들은 각각 그들 자신의 분야에서 확립된 평판을 지닌 화학과 전기 화학 교수들이었다. 그들은 원래 귀에 익은 이름이 아니었음에도(그들의 기자 회견으로 일어난 논쟁으로 잘 알려지게 되었을 뿐인), 그들의 그 선언의 비통상적 맥락에도 불구하고 그들의 과학적 평판이 그들의 주장에 몇몇 신용 가능성을 부여했던 것이다.

저온 융합cold fusion 주장이 과학자 사회에 상당한 물의를 일으켰다. 그리고—과학 보도로는 이상하게—그것은 특히 금융계에서 주목받았는데, ≪월 스트리트 저널Wall Street Journal≫과 ≪런던 파이낸셜 타임스London Financial Times≫

에서 다투어 빨리 그에 관한 기사를 실었다. 팔라듐의 가격이 솟구쳐 올랐다. 미국 의회와 심지어 대통령 자신이 관심을 가졌고, 저온 융합의 긴급한 연구들이 위탁되었다. 군대는 삼중수소tritium(수소의 또 다른 동위 원소, 저온 융합의 부산물로 생각된 것)의 즉석 공급 가능성에 의해 흥미를 갖게 되었는데, 그것은 핵탄두를 계속해서 작동하도록 하는 데 대한 그 유용함 때문이었다.

그다음 몇 달이 지나, 학부생에서 교수까지 전 단계의 과학자들이 세계의 여러 기관에서 그 주장된 결과를 재현하려 열성적으로 노력했다. 다양한 설명이 부정적 결과와 긍정적 결과 둘 다에 관해 제안되면서 상황은 분명히 한동안 혼란스러웠다. 약간의 사람은 성공을 주장했고, 어떤 이는 실패를 보고했고, 다른 이는 하루 이틀로 그들의 믿음을 바꾸었다.

폰스와 플라이슈만은 그들이 행한 바에 관해 충분한 세부 사항을 제공하지 않았기 때문에 많은 문제가 발생했던 것인데, 그래서 실험자들은 그들이 어떤 조건을 세워놓아야 하는지 정확하게 알지 못했다(그들 중 몇몇은 단서를 잡아내기 위해 기자 회견 당시의 비디오테이프를 자세히 들여다보게 되었다). 그들이 중수 변종 대신에 보통의 물을 사용해, 명백히 통제된 실험이 수행되었는지에 관한 직접적 대답은 결코 제시되지 않았다. 융합이 정말로 일어나는지 여부를 탐지하는 데 어려움이 있었다. 열의 "초과"량이 정확하게 측정될 수 있었나, 그리고 그것이 다른 방식으로 설명될 수 있었나? 융합의 결정적 증거는 중성자나 삼중수소와 같은 적은 양의 융합 산물의 탐지에 의존했지만, 이미 장치에 들어 있는 중성자나 삼중수소의 오염물과 같은 "배경" 원천을 어떻게 배제할 수 있었을까?

그 이듬해쯤 먼지가 걷히면서, 폰스와 플라이슈만이 사용하고 있던 종류의 실험적 배치에서 융합이 일어날 수 있었다는 아무런 확실한 증거가 존재하지 않는다는 과학적 합의가 출현했다. 그들은 성실하게 확실히 말했다─그들은 융합을 성취했다고 또는 그 주장을 대중에게 내놓을 충분히 좋은 증거를 가졌음을 그들이 **믿었다**는 것을 의심할 아무런 이유가 없다고 말이다. 일어나는 의문은 왜 그들이 과학 출간에 연루된 통상적 동료 심사 절차를 우회했고 다소 모호하게 규정되고 입증되지 않은 주장을 가지고 언론으로 갔느냐인데, 그것에 의해 그들 자신의 과학적 평판이 위험에 처하게 했고 재현을 기도한 많은 과학자의 시간을 낭비하게 했다.

답은 만일 저온 융합이 검증되었더라면 쥐게 되었을 명성과 이윤에 걸린 매우 높은 판돈에 놓여 있는 것으로 보인다. 노벨상은 확실히 그 발견에 수여되었을 것이다. 그리고 특허가 전 세계를 위한 새로운 에너지원에 대해 취해질 수 있었다면, 그 결과로 벌었을 이윤은 노벨의 재산을 땅콩처럼 보이게 만들었을 것이다. 그리하여, 과학적 발견의 우선권을 위한 흔히 있는 경쟁에 엄청난 부의 유혹이 덧붙여졌다. 막후에서는, 전망되는 로열티를 셋으로 나누는 제안이 이루어졌다. 유타 대학교에, 그 화학과에, 폰스와 플라이슈만 자신에게(이윤의 1/6조차 추정컨대 그들을 수백만 장자로 만들었을 것이다) 말이다. 당연히, 그들이 특허를 향해 달려가고 있다고 생각한 많은 이들은 다른 사람이 먼저 하나를 얻을 수도 있다고 걱정했는데, 이것이 과학적 발견의 우선권을 향한 통상적 경주를 크게 강화시켰다. 따라서 우선권 경쟁이 치열해진다. 유타 대학교는 브리검 영 대학교Brigham Young University(우연히, 또한 유타주에 있는)와 몇몇 매서운 경쟁을 벌였는데, 거기서 스티븐 존스Steven Jones가 이미 관련된 주제로 실험을 해왔고 막 출간할 무렵이었다. 폰스와 존스는 서로 아이디어를 훔쳤다고 고발했고, 그들 대학의 각 총장이 나타난 회합에서(다윈과 월리스의 예를 따라—6.1을 볼 것), 그들은 1989년 3월 24일 동시에 그들의 논문을 출간을 위해 제출하는 데 동의했다. 하지만 유타 대학교의 행정 부서가 그 협정을 지키기에는 그들의 유혹이 단지 너무 컸던 것으로 보이고, 폰스와 플라이슈만은 3월 23일의 그 악명 높은 기자 회견을 하도록 압력받았다.

한동안, 유타 대학교에서 희망이 높았고, 그들의 대학은 세계에서 가장 부유하게 될 거라는 성급한 말이 있었다. 의회 과학 위원회의 청문회에서, 유타 대학교에 의해 고용된 한 사업 컨설턴트는 정부가 그 대학에 상업용 저온 융합 반응로를 출발시키기 위해 2500만 달러를 지원하지 않는 한(과학 기관에 의한 입증도 기다리지 않고), 일본이 먼저 행동할 것이라고 말하는 흥정을 시도했다. 의회는 그것에 매혹되기에는 너무 빈틈이 없었거나, 너무 느렸다. 그러나 유타주 정부는 저온 융합 센터를 출발시키기 위해 500만 달러를 쓰기로 결정했다. 과학 학술지 ≪네이처≫가 폰스와 플라이슈만이 제출한 논문을 아직 게재 승인하지 않았다는 반대 내용을 듣고서, 주지사 참모 주임 버드 스크러그스Bud Scruggs가 "우리는 몇몇 영국 학술지가 우리가 주의 얼마의 돈을 쓸지를 결정하게 하지 않을 것이다!"(Close 1990, 12에서 인용)라고 으르렁거렸다. 그러나 1989년이 지나자, 점점 더 적은 탐구자들이 그들이 저온 융합을 작동하게 할 수 있었다고 주장했다. ≪네이처≫보다는 오히려, 자연이 탐욕에 대한 벌을 준 것으로 보인다.

저온 융합에 관한 과학적 질문은 닫힌 것으로 여겨질 수 없다(어떠한 과학적 쟁점도 완전히 그리고 전적으로 닫힌 것으로 결코 여겨질 수 **없는**데—그것은 과학 이론의 영원히 잠정적인 성격이다. 1.1을 볼 것). 폰스와 플라이슈만은 그 이래 일본 회사에서 자금을 확보했고, 덜 알려진 채 프랑스 남부에서 그들의 연구를 추구하고 있다. 몇몇 실험가는 융합의 증거로 주장된 신비의 초과 열을 재현했다고 보고하고, 벤처 자본가들은 위험을 무릅쓰고 더 나아간 연구에 돈을 쓰고 있다. 폰스와 플라이슈만은 중성자 방출에 관한 어떠한 단언을 철회하라는 비판으로 압력을 받아왔다. 그들은 융합이 일어난다는 그들의 기본적 주장에 들러붙어 있고, 그들은 이를 수용된 물리 이론 내의 특정되지 않은 변화를 가정함으로써 옹호한다. 몇몇 다른 과학자는 연루될 수도 있는, 지금까지 알려지지 않은, 핵 과정에 관해 사변을 가한다. 우리는 기다려봐야 하는데—과학과 그 기술적 파생물은 본래 예측 불가능하다.

남아 있는 얼마 안 되는 저온 융합 신봉자들의 믿음은 과학의 실험과 논증의 통상적 과정에 의해 영향받지 않는 종교적 믿음처럼 되었다고 진술되어 왔다. 그러나 그것이 그렇다 할지라도, 그 "믿음"이 모든 면에서 일방적인지는 명백하지 않다. 핵 과정이 실내 온도에서 불가능하다는 정통적인 과학적 견해의 신봉자들이 전적으로 공평무사한 것은 아니다(최첨단 연구에서 여타 많은 과학적 논쟁처럼). 그들은 그들의 전문 직업적 신용 가능성을 특정한 견해를 지지하는 데 투자해 왔으며, 그들은 그것이 뒤집히는 것을 보길 바라지 않는다. 이 사례에서, "정통" 쪽의 재정적 관심 또한 존재하는데 왜냐하면 이미 수십억 달러가 고온 융합 연구에 소모되어 왔으며, 많은 사람의 일이 이것에 의존하기 때문이다. 저온 융합이라는 주장의 가면을 벗기려는 시도 속에서 자료가 날조되었다는 단언(그것은 증명하거나 반증하기 힘든)조차 있어왔다.

그렇지만 1989년에 이루어진 원래 선언은 시기상조였고 충분한 과학적 뒷받침이 결여되었음은 분명하다. 그리고 얼마나 많이 그 두 과학자가 부 또는 명성의 유혹에 의해 동기 부여되었는가, 혹은 그들의 더 나은 판단이 대학 운영자, 특허 변호사, 유타의 정치인들에 의해 압도되었는가를 결정하는 일은 어려운 과업일 수가 있다. 이 사례에서, 기관들의 재정적 관심이 과학의 실행을 그 통상적 패턴에서 벗어나게 한 것처럼 보인다.

유타 대학교에서 마침내 맞대응이 일어났다. 저온 융합 센터Cold Fusion Center가 그것의 확신 어린 개시 2년 후 문을 닫았고, 대학 총장은 중절된 계획에 수백만 달러를 썼다고 공격받았다. 과학 교수진은 주 정부 고등 교육 위원회가 그의 역량을 재검토하라고 요청하는 투표를 실시했고, 그는 조기 은퇴를 결심했다. 한 단계에서, 폰스가 심지어 동료 마이클 샐라만Michael Salaman을 후자가 ≪네이처≫에 실은 비판적 기사에 대한 법적 조치로 위협했다. 폰스의 변호사는 그의 고객이 입은 손해는 관용되지 않을 거라고 위협하면서, 샐라만은 그 논문의 부정확성 때문에 그것을 철회해야 한다고 요구했다. 그러므로 과학 논문조차 미국의 소송 애호에서 자유롭지 못할 것이다! 나중에 이 위협은 철회되었지만, 그것이 여하튼 쟁점이 되었다는 점은 오늘날의 과학의 경쟁성과 상업화를 나타내 준다. 지금 순수 과학의 호기심의 값어치는 얼마인가?

▪ 더 읽기 제안

Clark, R. W. 1985. *The Life of Ernst Chain: Penicillin and Beyond.*

Close, F. 1990. *Too Hot to Handle: The Race for Cold Fusion.*

Desmond, A., and J. Moore. 1991. *Darwin: The Life of a Tormented Evolutionist.*

Drake, S. 1978. *Galileo at Work: His Scientific Biography.*

Evlanoff, M., and M. Fluor. 1969. *Alfred Nobel: The Loneliest Millionaire.*

Hall, S. S. 1987. *Invisible Frontiers: The Race to Synthesize a Human Gene.*

Huizinga, J. R. 1993. *Cold Fusion: The Scientific Fiasco of the Century.*

Mckie, D. 1952. *Antoine Lavoisier: Scientist, Economist, Social Reformer.*

9

과학자와
전체주의 국가

스스로가 독재나 몇몇 다른 종류의 전체주의 정권 아래 살고 있음을 알게 되는 과학자들은 몇몇 어려운 선택에 직면하는데, 특히 그들의 연구의 성격이 국가 이익과 유관하다면 그러하다. 그들은 국가에 충성스럽게 봉사할 수도 있을 것이다. 그들은 자신의 출세를 위해 정치적 상황을 이용할 수조차 있을 것이다. 몇몇 다른 이는 그렇게 하는 것을 피할 수 있는 한 자신들을 정권에 관계시키지 않고 겉보기에는 순응하는 선택을 할 수도 있고, 한편 다른 이는 은밀한 방식으로 그 목적을 어느 정도 회피하거나 뒤집을 수도 있다. 가끔 과학자는 그의 또는 그녀의 정부의 정책에 단호한 반대를 제기하고 나서는데, 커다란 개인적 대가를 감수하며 이의를 표현한다. 각종의 행동 예가 따라 나온다.

9.1 나치 독일 속 과학자

플랑크: 그의 자리를 지킨 과학자

1933년 히틀러가 집권했을 때, 독일 과학자들은 순전한 딜레마에 직면했다. 새 정권에서 계속 일하는 것(그리고 아마도 그 목적에 봉사하도록 권유받는 것) 또는 조국을 떠나 망명자가 되는 것. 우리가 7.2에서 보았듯이, 프리츠 하버와 같은 몇몇 이는 애국의 생애 후에 떠나기로 결심했다. 그러나 저명한 물리학자 막스 플랑크Max Planck(1858-1947) 같은 다른 과학자들은 그들의 자리에 남는 선택을 했고 나치 통치의 과도함으로부터 독일 과학을 보호하고자 했다.

플랑크는 하버처럼 고풍의, 나치 정부 이전의 민족주의자였고, 조국과 황제에 대한 충성이라는 이상으로 고취되어 있었다. 하지만 그를 알던 모두가 그의 정직, 겸손, 인자한 성격을 증명했다. 그는 심지어 성인과 같은 대단한 인물로 그려져 왔다. 아인슈타인처럼, 그는 자연의 법칙을 합리적 세계 질서로 보면서, 준종교적 정신에서 과학에 접근해 갔는데, 그럼에도 불구하고 그는 기독교의 인격신을 믿지 않았다. 과학의 신전에 있는 그 몇 안 되는 진정한 헌신자에 관한 아인슈타인의 두드러진 말(3.2에서 인용된)은 플랑크를 마음에 두고 쓰였던 것이다.

1900년, 플랑크의 양자 이론—에너지는 연속적인 양이 아니며 이산적인, 분리될 수 없는 꾸러미로 온다는 관념—과 함께 시작된 물리학은 이론적 발전의 새로운 시대로 접어들었다. 플랑크는 온도의 함수로 검은 표면(이상적 흑체 복사체)에서 나오는 에너지 복사를 표현하는 전통적 복사 법칙의 실패를 설명하기 위해 이 철저하게 새로운 관념을 발전시켰다. 그 방정식들은 방출되는 에너지가 빛의 파장이 영으로 감소하면서 제한 없이 올라갈 것이라고 예측했다. 이 "자외선 파국ultraviolet catastrophe"을 피하기 위해, 플랑크는 양자 물리학의 시작을 표시해 주었던 에너지 교환의 근본적 양자화를 도입함으로써 실험 자료와 일치하는 법칙을 유도했다. 그는 또한 관찰 증거를 설명하기 위해 (과학 이론에 관한 반실재론적 또는 도구주의적 해석과 반대로) 작고, 눈에 보이지 않는 원자의 실제 존재를 주장했다. 플랑크의 새로운 물리학적 관념이 1905년 아인슈타인의 유명한 논문들 중 하나에서 취해졌고, 그의 나머지 생애 동안, 플랑크는 논쟁의 최전선에 있었으며, 그 대부분은 아인슈타인과 함께했다. 독일에서 사는 것에 대한 아인슈타인의 거리낌에도 불구하고 정규 의무가 없는 특별 연구 교수직을 그를 위해 마련함으로써, 아인슈타인이 카이저 빌헬름 연구소에 합류하도록 설득한 이가 플랑크였다.

플랑크는 제1차 대전 발발에 수반된 애국심에 사로잡혔고 내내 그의 나라의 대의를 열광적으로 지지했다. 그 후, 바이마르 시대의 경제적인 그리고 정치적인 어려움을 통과하던 독일 과학을 유지하는 것을 도왔다. 발흥하던 반유대인 감정이 아인슈타인의 과학 이론에까지 적대감을 일으키고 있음에도 플랑크는 그에게 1920년대 내내 베를린에 머물도록 유도했다. 한 시점에서, 플랑크는 아인슈타인과 독일 물리학에서 그의 주요 반대자(필립 레나르트 Philipp Lenard인데, 그에 대해서는 우리가 다음으로 고려할 것이다) 간의 공적 토론회를 마련했지만, 그것이 독일 사회에 깊게 뿌리를 내렸던 반유대인 캠페인을 멈추지 못했다. (1900년 이전에조차, 플랑크는 적어도 두 경우에서 공식적 유대인 차별에 반대했다.)

1933년 히틀러가 총통이 되었을 때, 플랑크는 카이저 빌헬름 연구소의 소장 간사였고 프러시아 과학 아카데미의 장이었다. 나치 정부에 대한 그의 걱정이 무엇이었든 간에 그의 애국심은 충분히 흔들림이 없어서 그가 새로운 정치 상황에서 그의 자리를 지키고 독일 과학을 위해 최선을 다하는 것이 그의 의무라고 느끼게 했던 것으로 보인다. 그때 이르러 미국에서 망명 생활을 하던 아인슈타인이 법 앞에서 시민의 자유, 관용, 평등을 포기하는 나치 정부를 공적으로 비난했을 때, 플랑크는 나치 정부는 물론 그의 예전 동료에게서 소원함을 느꼈다. 그는 아인슈타인에게 썼다. "두 가지 충돌하는 세계관 사이에서 알력이 생겼습니다. 나는 그 둘 중 어느 하나도 이해하지 못합니다. 군복무 거부를 위한 당신의 선전에 대한 우리의 대화에서 당신이 기억하게 될 것처럼, 나는 당신의 입장과는 먼 느낌입니다." 그의 처지에서, 아인슈타인은 플랑크가 공적으로 유대인 동료들을 막아주지 않은 것에 대해 그를 결코 용서하지 않았다. 그렇지만 플랑크는 막후에서 행위하려고 했다. 그는 개인적으로 히틀러에게 프리츠 하버를 칭찬하면서 그의 그리고 여타 유대인 동료의 복귀를 탄원했으나, 총통은 격노하게 되었을 뿐이다. 플랑크는 히틀러에게 이성적으로 영향을 미친다는 것은 불가능함을 확신하고 사퇴해야 했다. 정부가 공직자의 참석을 금지했음에도 그는 2년 후 하버의 장례식에 참가할 정도의 용기를 보여주었다. 이와 별도로, 그는 공적 저항은 삼갔지만 유대인 과학자의 더 나아간 해고를 막으려고 최선을 다했다.

유일하게 살아남은 플랑크의 아들은 1944년 히틀러의 생명을 노린 계획의 공모로 체포되었고, 전쟁이 끝나가던 몇 주 동안 처형당했다. 플랑크는 썼다. "나의 슬픔은 말로 할 수 없다. 나는 양심적 연구로 나의 미래 삶에 의미를 부여하려 강하게 분투한다"(Heibron 1986, 195). 나치와 타협해 그들의 간섭으로부터 독일 과학을 지키려 했던 이 훌륭한 물리학자의 영예로 이름 붙인 막스플랑크 연구소로 1946년 카이저 빌헬름 연구소를 재개하기로 승리한 연합군이 승인한 데서 아마도 몇몇 의미는 제공되었을 것이다.

레나르트와 슈타르크:
"독일 물리학"을 위한 나치 운동

필립 레나르트Philip Lenard(1862-1947)와 요하네스 슈타르크Johannes Stark(1874-1957)는 그들의 초기 작업으로 노벨상을 받기에 충분한 성취를 지닌 두 독일 실험 물리학자였다. 1920년대, 제1차 대전 패배 및 승전국에 의해 제정된 재정 보상 이후에, 독일에서 극단적 민족주의와 반유대인 감정이 솟아오르기 시작했는데, 여러 과학자에게도 영향을 미쳤다. 레나르트와 슈타르크는 스스로를 "민족 연구자"라 부른 일군의 물리학자의 지도자가 되었고 특히 독일인 또는 "아리아인Aryan" 물리학을 발전시키기 위한 통상적이지 않은 운동을 이끌었다. 아인슈타인의 상대성 이론은 "유대인 세계-허세world-bluff"라고 기각되었고, 상대성과 양자 역학의 개념을 받아들인 독일 과학자들은 위협적 비판에 놓였다. 민족주의적, 심지어 인종주의적 기준이 과학 이론의 바로 그 내용에까지 적용되었다. 어떻게 그러한 과학의 극적 곡해가 일어날 수 있었는지를 조사하는 것은 그 영향이 얼마나 짧았던지 간에 교훈적이다. 그러나 6.2의 버트에 관한 우리의 토의는 추정컨대 객관적, 과학적 이론화 안으로 들어가는 사회적, 정치적, 이데올로기적 요소를 우리가 찾아낼 수 있는 것이 전체주의 사회에서만의 일은 아니라고 제안해 준다.

1890년대, 레나르트는 전자기 방사의 발견자 하인리히 헤르츠Heinrich Hertz 밑에서 연구했고, 저명한 조언자였던 헤르츠의 이른 죽음 후에 그의 업적을 발간하는 임무를 맡았다. 그러나 30년 후 레나르트는 인종 차별주의 이데올로기를 쥐게 되었고 헤르츠의 이론적 작업에서 "유대인성Jewishness"의 얼룩을 찾게 된다고 주장했다. 레나르트의 초기 실험은 음극선에 관한 것이었다. 그는 음극선이 음전하 입자들로 구성되어 있음을 확립했다. 그는 영국 케임브리지 대학 조지프 존 톰슨 경Sir Joseph John Thompson(1856-1940)과 함께 소위 이들 "전자electrons" 발견의 우선권을 공격적으로 논쟁했는데, 톰슨이 그 발견자로 표준적으로 공적을 인정받는다. 1905년, 레나르트는 음극선 실험으로 노벨상을 받았으며, 한때 "물리 연구에서 가장 축복받은 과학자"로 찬미되었다. 아인슈타인은, 이 의견에 동의하지 않았고 "심원한 에테르the abstruse ether"라는 레나르트의 강의를 거의 유치한 내용이라 묘사했다.

레나르트는 제1차 대전에 수반된 맹목적 민족주의의 전반적 물결에 연루되었다. 그러나 그는 그것을 대부분의 경우보다 더 커다란 극단으로 가져갔고, 영국 과학자들이 체계적으로 독일 동료의 연구를 표절했다고 단언했다. 전후, 그는 학생들에게 새 바이마르 공화국 정부에 반해 일하라고 자극했는데, 그는 새 바이마르 공화국 정부가 무장 해제에 저항하지 않음으로써 독일을 명예롭지 않게 했다고 보았다. 1922년 살해된 유대인 장례식을 위해 그의 실험실을 닫기를 그가 거부했을 때, 분노한 사회 민주주의 지지자 군중이 그의 건물로 몰려들었고, 그는 보호 감호소로 인계되어야 했다. 연구 실험실 안으로 정치의 이 문자 그대로의 입장은 다가오고 있는 시대의 불길한 신호였는데, 그때 나치 쪽이 그 침입을 하게 된다.

레나르트는 자원해서 아인슈타인 물리학에 대항하는 운동의 선두에 섰고, 1920년에는 매서운 대중 토론에 참가했는데, 거기서 좌장이었던 막스 플랑크가 소란을 그럭저럭 막았던 것이다. 반유대주의 외에도, 아인슈타인에 대한 레나르트의 공격은 새로운 물리 이론과 연루된 어려운 수학을 따라가지 못하는 그의 무능력에 의해 동기 부여되었을 수가 있다. 그의 재능은 실험적인 것이었고, 그는 추상적 이론화를 불신했다. 1920년대와 1930년대 동안 독일의 맥락에서, 레나르트의 민족주의는 인종주의를 갖추었는데, 이는 1937년에 출간된 『독일 물리학^{Deutsch Physik}』의 제목에서 그 자체를 가장 소란스럽게 보여주고 있다.

> "독일 물리학이요?" 어떤 이가 나에게 물을 것인데―나는 이렇게 대답할 것이다. 아리아인의 물리학이나 북유럽인의 물리학, 실재 탐구자의, 진리 추구자의, 자연과학 기초자의 물리학이라고 내가 또한 말했을 수 있었을 것이다. "과학은 국제적이고 국제적으로 남아 있다!"라고 누군가 내게 대답할 것이다. 그는, 그렇지만 오류에 처해 있다. 실제로 과학은, 인간이 산출해 내는 모든 것처럼, 인종적으로 결정되고, 피에 의해 결정된다(Beyerchen 1977, 125).

히틀러는 과학자 중 그렇게 헌신적인 지지자를 발견하고 기뻐했고, 레나르트는 물리학에서 그의 "권위"가 되었다. 그러나 사실상, 독일 과학은 가장 유능한 그토록 많은 과학자의 축출로 호되게 약화되었고, 그 고령의 이데올로그(히틀러가 권력을 잡았을 때 레나르트는 이미 70이었다)는 나치의 전쟁 기계에 실질적으로 아무런 쓸모가 없는 것으로 증명되었다.

요하네스 슈타르크의 경력은 레나르트의 경력과 많은 유사점을 보여준다. 그 역시 재능 있는 실험 물리학자였지만 고등 수학에는 명수가 아니었다. 그는 "양극선^{canal ray}"에서 도플러 효과를 발견해, 수소 스펙트럼선에서 그것을 탐지했고, 그는 아인슈타인의 상대성 이론과 플랑크의 양자역학을 선호하는 증거로 이를 처음에는 사용하려 했음에도, 그는 나중에 이 두 이론 모두를 강하게 반대하는 쪽으로 돌아섰다. 그의 몇몇 초기 연구는 독일 물리학자 아르놀트 조머펠트^{Arnold Sommerfeld(1868-1951)}에 의해 잘못된 것으로 증명되었고, 되풀이되는 패턴으로 슈타르크는 적의를 품고 반응했다. 그는 생애 내내 함께 일하기 불가능한 성격을 갖고 있었던 것으로 보인다. 하노버에서 그의 상급자는 그를 다른 곳으로 옮겨달라고 교육부 각료에게 호소해야 했고, 괴팅엔에서 거기의 한 자리에 응모했을 때 그 교수진과 신랄한 논쟁을 했다. 그는 뷔르츠부르크에서 동료들과 아주 강렬한 싸움을 해서 그는 결국 교수직을 사임했다. 그는 그가 1919년 받았던 노벨 상금 덕분에 이 대학 저 대학 옮겨 다닐 여유가 있었는데, 그 돈으로 도자기 산업에서 사업을 일으키려 시도했다. 그는 학술에서보다 상업에서 훨씬 덜 성공을 거둔 것으로 입증되었지만 그가 적을 너무 많이 만들었기 때문에 이전의 교수직으로는 돌아갈 수 없었다.

1933년 이후, 히틀러는 그에게 다양한 과학 단체를 맡겼고, 그는 재조직화된 독일 물리학의 지도자로서 스스로를 위해 웅장한 계획을 품고 대부분의 독일 물리학자들을 당황하게 했다. 막스 폰 라우에Max von Laue(1879-1960)—막스 플랑크에 의해서가 아님이 이야기되어야 한다—의 용기 있는 반대가 프러시아 아카데미를 슈타르크의 탈취에서 구했다. 그는 정말로 병적으로 공격적이었던 것으로 보이고, 그는 심지어 제2차 대전이 일어나기 이전에 제3 제국하의 공식 석상에서 물러나라고 강요받았다. 그는 기억 속에서 두드러진 조합으로 살아 있다. 나치 정부도 참아낼 수 없었던 성격을 가진 노벨 물리학 수상자.

나치 운동이 단지 소수의 목소리로 남아 있었던 한, 레나르트와 슈타르크는 정치가 그들의 과학에 영향을 미치도록 부당하게 허락한 이단으로 기각되었을 것이다. 그러나 히틀러가 권력을 잡은 후, 그들은 가공할 힘이 되었다. 우리가 이제 보게 될 것처럼, 그들의 어느 쪽보다 훨씬 더 위대한, 명민했던 하이젠베르크조차 공격을 받았다. 하지만, 인종 정치를 물리학에까지 밀어넣으려던 그들의 추악한 기도는, 나치 독일에서조차, 현실의 압력에서 살아남지 못했다.

독일 원자 폭탄을 향한
하이젠베르크의 태도

베르너 하이젠베르크Werner Heisenberg(1901-1976)는 1920년대 "물리학의 황금기"라 불린 시대 동안 양자 역학에 대한 그의 결정적 기여로 유명하다. 그는 원자 이하 입자의 위치와 운동량 둘 다를 정확하게 결정하기가 불가능하다고 말하는 불확정성의 원리를 정식화했는데, 그 원리로부터 예측은 일정한 정도의 확률로만 이루어질 수 있다는 점이 따라 나온다.

십대로서, 하이젠베르크는 위대한 닐스 보어Niels Bohr 교수와 연구하고 논의했으며, 이 "물리학의 교황"의 총애받는 학생이 되었다. 그는 30세에 코펜하겐 대학의 물리학 교수직을 얻었고, 32살에 노벨상을 수상했다. 1930년대, 나치에 의해 "유대인적"이라고 새로운 물리학 이론들이 거부되었음에도 그는 연구의 최전선에 있었다. 그가 1937년 나치 학술지에 상대성 이론 옹호를 출간하자, 슈타르크에게서 나온 전형적 공격이 하이젠베르크에게 "백색 유대인"이라 딱지 붙였다. 하이젠베르크는 게슈타포 의장이었고 또한 가족 친구였던 하인리히 힘러Heinrich Himmler에게 항의했고, 하이젠베르크의 충성심을 확인한 후, 힘러는 더 나아간 어떠한 그런 공격에서 그를 보호했다.

1939년 운명의 여름, 물리학자들이 원자 분열의 가능성을 깨닫기 시작했을 때, 하이젠베르크는 미국을 방문하고 거기서 머물러 달라는 권유를 받았다. 그러나 그는 독일에서 그가 책임지고 있던 (그가 그들을 불렀던바) "유능한 젊은 물리학자"를 버리길 거부했다. 그는 히틀러가 다가오는 전쟁에서 패하리라 확신했고, 가치 있는 것을 보호하는 일을 도우려 독일에 남기를 원했다. 일단 고향에 돌아오자, 그는 육군성의 통제하에 있는 카이저 빌헬름 연구소의 물리학 책임자 자리를 받아들였다. 또한 우라늄 학회의 모임 장소이기도 했는데, 과학자들이 원자 분열의 잠재력을 탐구하기 위해 형성된 집단이었다. 하이젠베르크는 그리하여 이 주제에 관한 독일의 전시 연구 경로에 영향을 미칠 수 있는 결정적 자리에 있었다.

핵분열은 1938년 독일에서 프리츠 슈트라스만^{Fritz Strassmann}과 연구하던 오토 한^{Otto Hahn(1878-1968)}이 느린 중성자로 우라늄을 때렸을 때 발견했다. (일찍이 1934년 초, 이탈리아의 엔리코 페르미와 프랑스의 이렌 및 프레데릭 졸리오-퀴리가 우라늄 분열을 산출했지만, 그것은 그렇다고 인식되지 못했다.) 오스트리아의 물리학자 리제 마이트너^{Lise Meitner(1878-1968)}는 1938년에 이르기까지 30년 동안 한과 함께 일했는데, 그때 그녀가 나치를 탈출해 스웨덴으로 달아났을 때 뉴스가 공표되었다. 그녀와 조카 오토 프리슈^{Otto Frisch}—**분열**^{fission}이라는 말을 주조했다—는 우라늄 분열이 커다란 양의 에너지를 방출할 수 있을 것이라고 제안하는 논문을 썼다. 독일 원자 폭탄의 위험에 관해 보어(10.1을 볼 것)에게 경계시킨 것이 이 논문이었다. 전쟁 후기에, 미국은 독일이 핵무기를 개발할 가능성을 매우 우려하게 되어, 1944년 하이젠베르크가 스위스에서 하고 있던 강의에 만약 그가 나치는 그러한 계획에 관해 연구하고 있다는 암시를 준다면 그를 사살하라는 지령과 함께 스파이를 보냈다! 하지만, 원자력 무기의 이론적 가능성이 독일 물리학자들에게 알려졌음에도 불구하고, 그들은 그것을 건조하려는 아무런 심각한 노력도 하지 않았다.

왜 독일이 제2차 대전 동안 원자 폭탄을 개발하지 못했는가? 기본적 원인은 과학자들이, 주어진 독일의 자원으로는, 하이젠베르크가 원자 폭발을 산출시키는 데 필요하리라 생각했던 분열될 수 있는 커다란 양의 동위원소 우라늄-235를 분리시키기 위한, 어떠한 길도 보지 못했다는 점이었던 것으로 보인다. 그래서 그들의 대부분의 연구가 학술적 수준에 남아 있었고, 우라늄의 잠재력을 폭발물로서보다 에너지 원천으로서 탐구하는 것으로 판명 났다. 다행히도 나치 정부는 그들이 권력을 잡았을 때 가장 유능한 많은 과학자를 세계의 나머지로 축출했고, 그들은 스스로 과학을 그렇게 별로 이해하지 못해서 그들이 전시 노력에 그것을 체계적으로 이용하려 시도하지 않았다.

하이젠베르크는 이들 이유 때문에 그와 그의 동료들이 히틀러를 위해 원자 폭탄 개발하는 데 협조할지에 대한 결정을 면하게 되었다고 전후에 썼다. 그는 독일의 애국자였지만, 나치가 독일을 파멸적 패배로 이끌고 있다는 것이 분명해지면서 그에 대해선 유보 감정을 가졌다. 그 당시 하이젠베르크가 원자 폭탄이 실제적 가능성이었음을 어느 정도로 인식하고 있었는지는 분명하지 않다. 그가 핵분열 물질로 우라늄-235 대신에 플루토늄을 사용하지 않게 한 것을 에드워드 텔러Edward Teller는 마지못해 일한 이의 표시로 나중에 해석했다. 전쟁과 관련된 움직임을 통과해 가면서 (그리고 그렇게 해서 젊은 물리학자를 군 복무에서 구제하면서) 하이젠베르크는 실질적으로 나치 당국의 마음을 원자 폭탄의 가능성에서 돌리려고 시도했다. 그 스스로 전후에 다음과 같이 말했다.

독재 정권하에서 활발한 저항은 정권에 협력하는 척하는 이들에 의해 실행될 수 있을 뿐이다. 이 체계에 반대해 공개적으로 말하는 어떤 이는 그에 의해 어떠한 활발한 저항 기회를 스스로 박탈하게 된다. 왜냐하면 만일 그가 간혹 단지 정치적으로 해롭지 않은 방식으로 그의 비판을 발설하더라도, 그의 정치적 영향력은 쉽게 차단될 것이기 때문이다. ······ 다른 한편, 그가, 예를 들어, 학생들 사이에서 정치운동을 정말로 시작한다면, 그는 당연히 며칠 후 집단 수용소에 있게 될 것이다. 그가 죽임을 당하더라도 그의 순교는 실제로 결코 알려지지 않을 것인데, 그의 이름이 언급되는 일이 금지될 것이므로 말이다. ······ 나는 ······ 실제로 정권에 대항했던, 그리고 7월 20일에 [히틀러 암살 기도로] 자신들의 목숨을 희생했던, 그들의 몇몇은 내 친구였던 그리고 그렇게 하여 정권에 정말로 심각한 저항을 했던 이들을 생각할 때 언제나 너무나 부끄러웠다. 그러나 그들 에조차 효과적 저항은 협력하는 척하는 이들에 의해 일어날 수 있을 뿐임을 보여준다(Jungk 1958, 90-91).

하이젠베르크는 노골적 반대를 선택한 이들에 대한 존중 가능성을 인정하면서, 학정에 협력하는 척하는 것을 옹호하는 실리적 사례를 제시했다. 그러나 그가 전후 시기에 그의 경력을 유지하기 위해 그의 전시 활동에 대한 최상의 해석을 제시하기를 원했어야 했다는 점을 우리가 염두에 두어야 한다.

연합군이 디데이 이후 유럽을 침공했을 때, 미 육군 내 과학특수부대("알소스Alsos"로 불린)가 원자 분열에서 독일의 가능한 진전 과정을 확인하기 위해 전선에 따라왔다. 그들은 실험실을 체계적으로 탐구했고 적군의 과학자들을 체포했다. 하이젠베르크는 그들의 마지막이며 가장 위대한 포획의 하나였다(그때 이르러, 그와 그의 지식이 소련의 수중으로 떨어지리라는 것이 두려움이었다). 그는 아홉 명의 여타 독일 물리학자들과 영국 케임브리지 근처의 팜홀Farm Hall이라 불린 편안한 시골집에 구류되었고, 그 포획은 장소가 "도청 장치가 되어 있어서" 연합군 정보국은 대화를 경청하고 그들의 저명한 죄수들이 얼마나 많은 것을 알고 있는지 알아낼 수 있었다. 1992년, 1945년 대화 녹취록이 마침내 대중에게 공개되었다(그것들은 거의 40년 동안 영국에서 1급 비밀로 분류되었다). 그 독일인들은 그들이 녹음되고 있다는 것을 의식하지 못했다. 마이크가 숨겨져 있을지도 모른다는 의문이 제기되었을 때, 하이젠베르크가 진술했다. "마이크가 설치되어 있다고요? 오, 아니지요, 그들은 그렇게까지 영리하지 않아요, 난 그들이 진짜 게슈타포 방법을 안다고 생각하지 않아요. 그들은 그 점에서 좀 구식이라고요"(Bernstein 1992, 49).

토머스 파워스Thomas Powers(1993)는, 하이젠베르크는 히틀러가 그런 파괴적 무기를 갖기를 원하지 않았기 때문에 원자 폭탄을 건조하는 "계획을 죽였다"라고 논의했다. 그러나 녹음된 대화로 판단할 때, 하이젠베르크는 그러한 어떤 욕망에 의해 강하게 동기 부여되었던 것으로 보이지는 않는다. 중심 논점은, 하이젠베르크가 당국에 우리가 알고 있는 것으로서 원자 폭탄을 만들어내는 데 요구된 우라늄의 100배를 그들이 필요로 할 것이라는 정보를 알려준 것이 그의 편에서 과학적 실수였느냐 그가 나치가 원자 폭탄을 만들어내지 못하도록 막기 위해 고의로 잘못된 정보를 주었느냐이다. 그 자신의 단언과 별도로, 그가 의도적으로 독일 당국을 잘못 인도했다는 증거는 없다.

억류되었던 독일 과학자들이 일본에 투하된 최초의 미국 원자 폭탄 소식을 들었을 때, 그들은 그들 스스로 정복할 수 없다고 생각했던 기술적 장애를 미국인들이 극복할 수 있었음을 처음에는 의심하는 듯했고, 하이젠베르크의 몇몇 동료는 그에게 "이류인"이라 별명 붙였다. 그 스스로 "우리는 1942년 봄에 정부가 그것을 건조하는 데만 12만 명을 고용해야 한다는 것을 그들에게 추천할 도덕적 용기를 갖지 말았어야 했어요"(Bernstein 1992, 51)라고 말하는 것이 엿들렸다. 다시 한번, 이것은 도덕적으로 모호한 마음 상태를 암시한다. 그는 그의 애국 의무는 충분한 자원이 부여되었을 때 원자 폭탄의 가능성에 대해 나치 정부에 정보를 주는 것이라고 분명히 느꼈지만, 아마도 그는 또한 사실상 그렇게 하지 못했던 일을 다소 안도했을 것이다. 얄궂게도, 불확정성 원리는 그 전체적 사건에서 하이젠베르크 자신의 동기와 의도에 적용되었던 것으로 보인다.

전후, 하이젠베르크는 그의 조국으로 돌아가도록 허가되었고, 1946년에서 1958년까지 막스 플랑크 연구소로 새로이 명칭을 바꾼 물리학 연구소 책임자가 되어 민주적인 서독에서 주도적 물리학자로서 그의 자리를 잡았다. 다른 많은 물리학자처럼 그는 말년에 철학적 논점을 탐구했고, 1955년과 1956년 스코틀랜드의 세인트앤드루스 대학교에서 행한 그의 기포드 강연Gifford lectures은 『물리학과 철학: 현대 과학의 혁명Physics and Philosophy: The Revolution in Modern Science』이라 이름 붙인 책으로 출간되었다. 그는 학문적 명성을 다시 획득했다.

9.2 소련 속 과학자 및 공산주의

우리가 몇몇 에피소드를 보기 전에, 1917년 10월 혁명 이후 소련의 과학 이야기를 짧게 요약하기로 한다. 차르 아래의 과학자들은 부유한 엘리트에 속해 있었고, 그들 대부분은 민주적 개혁을 지지하는 것을 통해 더 극단적인 볼셰비키파를 반대했다. 그들은 따라서 혁명 이후 볼셰비키주의자들이 권력을 잡았을 때 의심의 대상이 되었고, 1918년에서 1921년까지 내전 중 그들 중 다수가 국외로 도망갔다. 그러나 일단 새 정권이 들어섰을 때 블라디미르 레닌Vladimir Lenin은 나라를 발전시키는 데 기술적 전문 지식이 필요하다는 것을 깨달았고 다음 10년이 지나면서 재능 있는 많은 과학자가 이전 귀족의 성에 입주한 새로 형성된 연구소에 배치되었고, 연구 지원금이 부여되었으며, 결핍 시절에도 정량이 할당되기까지 했다. (레닌은 기술을 강하게 믿은 이였다— 1920년대 동안, 그는 "사회주의와 전기화Socialism and electrification!"라는 표어를 사용했다.) 과학 교육 및 연구의 보조에서 극적 가속화가 뒤따랐다. 물론 새로운 사회주의 국가를 위해 실제적 이익이 기대되었으나, 그것들이 단기간에 요구되지는 않았고 처음에 정부는 과학자들에게 이데올로기적 압력을 별로 가하지 않았다.

이 기간, 레닌그라트에 물리-기술 연구소가 세워졌다. 그곳은 소련 핵물리학에서 만년에 두드러진 업적의 토대였다. 여타 연구소도 광학과 라듐 연구를 위해 설립되었다. 식물학자 N. I. 바빌로프Vavilov(1887-1943)가 레닌그라트(지금은 다시 상트페테르부르크임) 중심에 있는 한 궁전에 응용 식물학 연구소를 세우기 위해 초청을 받았는데, 거기서 그는 세상에서 가장 위대한 식물 종 수집이 될 바를 모으기 시작했다(선택과 교배를 위한 유전 풀pool로서). 몇몇 소련 과학자가 그들 분야에서 세계 선두가 되었다. 유전학자 S. S. 체트베리코프Chetverikov(1880-1959)는 개체군 유전학의 기초를 놓았다. 생리 심리학자 I. P. 파블로프Pavlov(1849-1936)는 조건 반사에 관한 유명한 연구를 했다. 그리고 생화학자 A. I. 오파린Oparin(1894-1980)은 지구 생명의 기원에 관한 최초의 과학적 이론을 제기했다.

그러나 1929년쯤부터 스탈린이 권력에 대한 독재적 지배를 강화하고 소련에서 교육을 받은 젊은 과학자들이 출세를 추구하면서, 소련 과학의 초기 황금시대는 종말을 맞았다. 급속한 산업화와 농업의 강제적 집단화는 시대의 명령이었다. 단기간의 실제적 결과가 충성스러운 공산주의 과학자들에게 기대되었다. 태업과 불충에 대한 고발이 흔했는데—아마도 스탈린의 야심적 프로그램의 실패에서 관심을 다른 곳으로 돌리기 위해서였을 것이다. "부르주아 지식인"이라 딱지 붙여질 수 있는 어떤 사람들은 "사라지기" 시작했다. 1929년, 소련 과학 아카데미는 반혁명의 중심으로 선언되었고, 구성원 중 3명이 체포되었다. 이 공포 분위기에서, 과학의 논쟁은 쉽게 정치화되었고, 무능력한 자칭 과학자들이 그들의 동료에 맞서 정치권력에 호소하는 것이 가능했다. 예를 들어, 농업과 생물학에서 논쟁이 일어났을 때, 리센코Lysenko는 일어날 수 있었고 (우리가 볼 무렵인 것으로서) 과학적으로 과분한 돌출이 되었다. 많은 출중한 과학자가 정치적으로 그릇된 쪽에 가담하는 것으로 끝났다. 예를 들면, 체트베리코프는 우랄 지방으로 추방되어 1955년 아주 늙은이가 될 때까지 풀려나지 않고 있었다. 바빌로프는 1940년에 체포되어 노동 수용소에서 죽었다.

당시 스탈린적 교조는 "부르주아 과학"(자본주의 서방에서 발전된 과학을 의미했던)은 그것이 성공했음에도, 추정적으로 자본주의는 과학과 기술을 일정한 발전 수준에 제한했기 때문에, 영역에서 한계가 있다는 것이었다. 소비에트 과학이 우선 이 수준을 따라잡고 이어 공산주의만이 할 수 있을 더 나아간 그 잠재력을 발전시킴으로써 그것을 초월하리라는 것이 희망이었다. 그러나 제2차 대전 종전 후에조차도, 여러 과학이 소련에서 별다른 진보를 이루지 못했는데(물리학인 한 예외와 함께), 우리가 이제 예시하게 될 이유 때문이다.

어떻게 리센코는
사이비 생물학을 향한 스탈린의 지지를 얻었나

러시아 생물학자(또는 많은 이들이 오히려 사이비 생물학자라고 말할) 트로핌 데니소비치 리센코Trofim Denisovich Lysenko(1898-1976)는 스탈린 아래서 과학 행정 권력의 바로 그 정상에 도달했고 소련의 한 전체 세대 동안 많은 진정한 생물학 연구, 특히 유전학과 관련된 연구를 억압했다. 리센코는 주변적 수준의 과학자였을 뿐이다. 응용 농업경제학 교육을 받은, 그는 과학 연구에 어떠한 유의미한 기여 없이 과학 행정 이력을 추구했다. 그러나 그의 이야기는 우리가 보통 당연하다고 여기는 것 이상으로 덜 관용적인 정치적 조건 아래서 잘못된 일이 어떻게 과학 안으로 들어갈 수 있는지를 보여주는 데서 교훈이 된다.

리센코는 처음부터 과학 자체보다는 자기선전과 정치적 접근전에 더 큰 소질을 지녔던 것으로 보인다. 아제르바이잔에서 목화 수확에 앞서 완두콩을 겨울에 심는 실험에 입각해, 그는 1927년 ≪프라우다Prauda≫에 자신에 대한 영웅적 면모를 담은 이야기를 실리게 했다. 그 저널리스트는 리센코가 "비료와 광물질 없이 밭을 비옥하게 하는 문제를 해결"했다고 썼으나, 나아가 그를 "어휘가 빈약하고 얼굴이 대단치 않은" 이로 "낙담한 모습"이라는 덜 공손한 용어로 묘사했다. 그리고 "이 맨발의 과학자는 딱 한 번 미소가 지나가도록 했고, 그것은 설탕과 시큼한 크림으로 만든 폴타바Poltava 체리 가루 반죽 푸딩에 관해 언급하고 있을 때였다"라고 주목했다.

이 "맨발의" 교수는 실험을 할 수 있는 추종자, 학생, 밭을 얻었다. 영농 지도자들이 그를 방문하고 실험 구역인 녹색 밭 앞에 서서 즐겁게 악수를 하며 사진을 찍었다. 완두콩의 겨울 재배는 명백히 뒤이은 몇 년간 성공을 입증하지 못했지만, 그것은 리센코가 권력의 사다리의 강력한 발판을 얻도록 도와주었다. 그의 첫 번째 주요 과학 논문에서, 그는 한 식물이 새로 싹틀 때부터 새로운 씨앗의 산출에 이르기까지 그것의 모든 위상을 지나 성장하는 데 필요한 열과 시간의 관계를 서로 연관 지으려 했다. 그러나 그는 그 주제에 관한 이전 조사에 대해 거의 아무런 설명도 하지 않았고 또한 통계적 추론에서 기본적 오류를 범했다. 생물학자 N. A. 막시모프Maksimov가 정중하게 그를 올바로 평가했지만, 리센코는 비판에 적절히 주목하지 않았으며, 그는 단지 통계적 논의를 위한 어떤 기도를 뺐을 뿐이고 싹트는 씨앗을 일정 기간 냉장하는 것이 겨울 곡식을 성숙시키는 유일한 결정 요인이라고 독단적으로 단언했다.

1929년, 리센코는 소련에서 "춘화 처리vernalization"를 발견해 낸 것으로 소련에서 더 광범위한 평판을 얻었는데, 그것은 씨앗을 물에 담갔다가 그리고 나서 냉동함으로써 씨앗의 발아를 촉진하는 전통적 실행이었다. 그는 그것이 또한 미래 세대 씨앗이 더 이르게 발아할 수 있게 원인을 제공할 것이라고 주장해 그 과정에 새롭게 회전을 먹였다. 그는 우크라이나 농부들에게 봄에 씨앗을 뿌리기 전에 그의 겨울 밀 씨앗을 물에 담그고 눈더미에 묻으라고 설득했다. 우크라이나 농경 인민 위원회에 따르면, 이 특별 재배법은 이웃 밭에 뿌린 봄밀보다 나았다. 하지만 이 실험 훨씬 전에, 떠들썩한 영농 진보에 관한 이야기가 언론에 건네졌다. 리센코는 툰드라 지방에서는 토마토를, 그리고 중앙아시아 사막에서 사탕무를 재배할 것을 제안했다. 1929년 10월, 리센코는 오데사Odessa에 있는 식물 교배 총연합 연구소로 영전했다. 그는 승진 가도에 있었고, 막시모프 같은 과학자들은, 그들이 실제로는 회의적이었을 수가 있었음에도, 이제 그의 실제적 성취에 경의를 표해야 했다.

1930년대, 리센코는 오데사 연구소의 책임자가 되었고 그 자신의 과학 학술지를 창간할 수 있었다. 그는 춘화 처리라는 관념을 식물의 "위상 발생phasic development" 이론으로 확장했고, 생식 세포 속 유전자보다는 전체 유기체에 초점을 맞춘 더 일반적인 유전 이론을 제기했는데, 신 멘델 유전학에서처럼 말이다. 그러한 사변들이 시험되기에는 너무 모호한 방식으로 정식화되었고, 그것들은 진정한 과학적 가설이라 좀처럼 여겨지지 않는다. 그러나 리센코는 이제 그의 비평자들을 정치적 영향력을 이용해 겁줄 수 있었다. 농업 집단화 시기에 **쿨락**Kulaks(비교적 부농)이 그들의 땅에서 손 떼도록 강요받고 있을 때, 리센코는 1935년 제2차 충격적 집단화 농민 총연합 회의 연설에서 다음의 사악한 위협을 포함시켰다. "동지들, 쿨락 파괴자들이 당신들의 집단화 생활 속에만 나타나는 것은 아니다. 당신들은 그들을 잘 안다. 그러나 그들은 적잖이 위험하며, 과학에서 또한 적잖이 용서 못 할 적이다. 몇몇 이른바 과학자와 함께 한 다양한 토론에서 춘화 처리 방어에 적지 않은 피가 쏟아졌다……. 과학자이건 아니건 간에 계급의 적은 영원한 계급의 적이다." 이 사악한 말 이후, 스탈린은 "좋소, 리센코 동지, 좋소!"라고 말했다고 보고되었다.

일단 리센코가 스탈린의 후원을 얻자, 생물학에서 그 자신의 것과 다른 견해를 주장하는 어떤 이는 정치적 혐의자가 되었다. 1930년대 후반 대숙청 기간, 불충으로 의심받던 많은 과학자는 스스로가 갑자기 체포되고, 심문당하고, 노동자 수용소, 혹은 심지어 처형된다는 것을 알 수 있었다. 리센코의 초기 비평가 막시모프도 곤란해졌다. 소련 초기 이래 저명한 식물학 연구소의 지도자였고 국제적으로 인정받던 바빌로프조차도 1940년 체포되어 1943년 시베리아 노동 수용소에서 영양실조로 사망했다.

리센코는 1940년 러시아과학아카데미 유전학 연구소 소장으로 임명되었다. 그렇지만 그가 소비에트 생물학을 완전히 통제했던 것은 스탈린의 공포 정치와 "대애국전쟁Great Patriotic War"이 잘 끝난 1948년까지 가지 않아서였다. 그때 바로 전, 많이 선전된 그의 영농 척도의 실제적 실패가 그의 지위의 기초를 흔드는 것처럼 보였으나, 그는 그럭저럭 그것이 문제된 곳에서 다시 지지를 받았다. 1948년 한 회의에서, 리센코는 그 자신의 "보고"가 공산당 중앙 위원회의 지지를 받았다고 선언함으로써 모든 반대 입장을 침묵시킬 수 있었던 스탈린 스스로가 편집한 연설을 했다. 이 악명 높은 보고의 요지는 소련에 생물학 사상의 두 가지 반대되는 파가 있다는 것이었다. 하나는 유물론적이고 소비에트적이었으며, 다른 하나는 관념적이고, 반동적이며, 염색체에 기초를 둔 유전 이론이었다. 리센코는 자신을 I. V. 미추린Michurin(1855-1935)의 "이데올로기적으로 올바른" 견해와 연합시켰는데, 그는 획득 형질acquired characteristics의 유전을 믿었던 유실수 교배자였다. 멘델의 이론이 공식적으로 파문되었고, 소비에트 국가의 모든 힘으로 억압되었다.

그 후 곧, 유죄 선고를 받은 유전 이론(그것은 이미 세계의 나머지에서 생물학의 표준적 부분이었던)과 연합된 모든 과학자가 잇따라 해고되는 일이 일어났다. 학술지와 교재가 유전학에서 숙청되었고, 유전 실험에서 종종 사용되는 초파리 **드로소필라**Drosophila 군체를 파괴하라는 명령조차 제기되었다. 한편, 리센코의 지지자들이 요직에 배치되었고, 그래서 멘델의 이론을 따르던 어떤 과학자들이 그들의 자리를 유지하기 위해 리센코주의Lysenkoism에 아부해야 했다. 그는 권력의 정점에 있었지만, 그의 자리는 심지어 1953년 스탈린 사망 이전부터 약화되기 시작했다. 1950년, 스탈린은 그의 이전의 정책과는 두드러지게 모순이 되도록 선언했다. "어떠한 과학도 의견 충돌 없이, 비판의 자유 없이 발전할 수 없고 번영할 수 없다." 1952년, 리센코 이론에 대한 비판이 정식으로 다시 인쇄되어 나타나기 시작했다. 그는 수년 동안 모든 소비에트 농업 경제를 맡았으므로, 그의 정책의 실제적 실패는 영원히 숨겨질 수가 없었다. 예를 들면 "자연의 변형을 위한 위대한 스탈린 계획"에서, 리센코의 지도에 따라 수백만 그루의 나무가 하나씩이 아니라 군집으로 심어졌다. 그 이론은 효과적으로 나무 자체를 빈약하게 하는 것이었다. 실제 결과(소비에트 농업 경제에서는 새로운 어떤 것)에 관한 신중한 평가는 반 이상의 나무가 죽었음을 보여주었다.

멘델의 유전 이론이 서서히 그리고 조심스럽게 리센코주의 옆에서 되살아나기 시작했다. 그러나 리센코가 유전학 연구소에서 해고되고 그의 학술지 ≪농생물학Agrobiology≫이 폐간되었던 것은 1964년 니키타 흐루쇼프Nikita Khrushchev가 실각한 후였다. 그는 그가 죽을 때까지 레닌 언덕에 있는 상당한 실험용 농장을 유지할 수 있도록 인허되었다. 그 이래, 리센코주의는 소련의 과학에서 거의 자취도 없이 사라졌다. 그것은 동유럽과 모택동의 중국에서 한동안 몇몇 영향력이 있었지만, 그것은 어느 곳에서도 영구적 지배력을 확립하지 못했다.

명성과 권력에 대한 리센코의 욕망이 진리를 찾으려는 어떠한 과학적 호기심을 압도했던 것으로 보인다. 자신의 연구에 관한 토론을 추구했으나 한편으론 그러한 자극에 굶주렸던 멘델과는 현격히 대조적으로, 리센코는 전문가의 비판에 응답하는 데 실패했다. 우리는 단지 과학적 지식 겉핥기만 지니고 실험적 시험의 동기를 그저 통과해 지나가는 리센코와 같은 개인들을 나쁜 과학자라 부르기로 선택할 수가 있고―또는 과학자가 정말로 전혀 아니라고 부르기로 결정할 수가 있다. 그의 성취는 한 세대 동안 소비에트 유전학을 지연시키는 것이었고 더 효과적인 농업 생산의 발전을 방해한 것이었다.

어떻게, 그렇다면, 그것이 일어났을까? 적절한 해명은 우선 리센코와 심지어 스탈린의 개인적 성질을 넘어서 가야 한다. 과학자 사회에 대한 리센코의 권력 획득을 모든 소비에트 사상과 실천을 공식적으로 지배했던 마르크스주의 이데올로기에 호소해 설명하려는 것이 솔깃할 수도 있다. 많은 작가는 그의 몇몇 사변이 개별 유기체가 평생 동안 획득한 형질이 유전될 수가 있다고 제안했던 장 드 라마르크Jean de Lamarck(1744-1829)의 선 다윈적pre-Darwinian 진화 이론을 반향했음에 주목했다. 그리고 라마르크주의를 마르크스 이데올로기와 같은 성질의 것으로 보는 것도 그럴듯한데, 유기체에 대한 환경의 영향력이 그 자손에게 전달된 유전자에 영향을 미치지 않는다는 다윈의 이론과는 달리 그것은 사회경제적 조건으로 인해 인간 본성이 바뀔 수 있다고 제안하므로 말이다. 그러나 이론적 생물학이나 정치철학의 이 수준에 관한 고려는 리센코 스스로에게 동기 부여해 주었던 바는 아니었다. 그는 분명히 생물학 이론에 관해 별로 이해가 없었고, 스탈린에게 그가 다윈의 업적에 관해 공부해 본 적이 없다고 시인하기조차 했다. 그는 주로 실제적 농업주의자였고, 그가 과학자 사회의 큰 권좌에 올랐던 일은 스탈린 정권의 본성에 의해 가능했던 것이다.

소련은 이론과학자의 엘리트를 장려했고, 그들 중 바빌로프, 체트베리코프, 파블로프, 오파린과 같은 몇몇이 세계적으로 유명해졌다. 그러나 정치 지도자는 특히 농업의 사활적 영역에서 과학적 투자의 즉각적인 실제적 이용의 결여를 점증적으로 참을 수 없었다. 농업 생산을 빨리 증가시키는 길을 갖고 있다고 주장함으로써 야심 찬 젊은이들의 새 세대가 출세하는 기회를 이 상황이 제공했다. 전체 리센코 사건을 가능하게 했던 것은 마르크스 이데올로기의 어떤 직접적 영향 이상으로 정치적이고 경제적인 배경이었던 것으로 보인다.

리센코에서 그의 시대의 특유한 정치 상황이 주어져 한동안 큰 국가에서 과학자 사회의 많은 부분에 걸쳐 독재를 행사할 수 있었던, 제대로 교육받지 못했으나 야심 있고 다소 부도덕한 자칭 과학자를 우리가 제시받는다. 그가 정치적 위치를 유지할 수 있었던 한, 그는 유전학 전체 분야에서 가르침과 연구를 억압할 수 있었다. 과학적 사고의 바로 그 내용 속의 그러한 이데올로기적 간섭은 우리가 통상적 실천이라고 생각하는 바로부터의 탈선이다. 이런 일은 과학사에서 꽤 드물다고 가정되어 왔다. 갈릴레오와 가톨릭교회의 사례(8.1을 볼 것)와 아인슈타인의 물리학 이론에 대한 나치 정부의 거부 사례(9.1을 볼 것)가 그것이다. 그러나 우리는 사회적이고 정치적인 요소가 더 민주적인 맥락 속에서, 특히 그 주제가 깊이 스며든 확신과 연루되어 있는 곳에서(6.2에서 지능에 관한 버트의 토론을 볼 것), 과학적 믿음에 또한 영향을 줄 수 있음을 인정할 준비가 되어 있는 것이 더 낫다. 통상적이지는 않을지라도, 리센코 사례는 교육적이다. 과학 안에서, 그 밖의 곳에서처럼, 우리는 어떻게 그것이 잘못될 수 있는가를 조사함으로써 어떻게 무언가가 작동하는지를 상당한 정도로 배운다.

소련에 대한 쿠르차토프의 충성

테러와 독단의 스탈린 시대 전체를 통해, 소련의 물리학은 상대적으로 상처를 입지 않고 남아 있었다. 물리학자들의 생생한 군사적 중요성을 깨닫고, 스탈린은 모든 다른 과학자에게 강제되었던 "정치 교육"을 그들에게는 면제했다. 이고르 쿠르차토프Igor Kurchatow(1903-1960)는 1923년 크림 대학을 졸업한 소비에트 교육 제1세대 과학자의 구성원이었다. 4년 후에 레닌그라트 물리-기술 연구소에 들어갔고, 그 핵물리학 분과에서 장이 되었다. 그와 그의 팀은 세계에서 처음으로 사이클로트론(입자 가속기)을 세웠고, 다른 나라의 과학자들처럼 우라늄에서 연쇄 반응과 핵분열의 가능성을 깨달았다. 1941년 종종 이것은 노동 수용소에 구금된 과학자들의 전문 지식을 사용하는 것을 의미했고, 전쟁 후에도 지속되었던 "감옥 연구실" 체계 및 항공기 공장은 성장했다. 커다란 연구소가 쿠르차토프의 감독 아래 모스크바에 세워졌고, 그것은 후에 그의 영예를 위해 I. V. 쿠르차토프 핵에너지 연구소라고 명명되었다.

1945년 미국이 히로시마와 나가사키에 원자 폭탄을 사용한 후, 스탈린은 "자본주의적" 과학의 성공을 인정해야 했다. 그는 쿠르차토프와 그의 팀에게 소비에트 폭탄에 관해 최고 속도로 연구하라고 명령했다. 1946년 말에 이르러, 그들은 죄수 노동, 몇몇 포로로 잡혀 온 독일 과학자, 서방에서 나오는 스파이 활동(주목할 만한 것으로 미국 핵폭탄 연구 계획에서 스파이 활동을 벌였던 클라우스 푹스Klaus Fuchs를 경유한) 자료로 유럽에서 처음으로 핵 원자로를 건조했다. 서방을 소스라치게 한 것으로, 최초의 소련 폭탄은 일찍이 1949년에 터졌다. 안드레이 사하로프Andrei Sakharov의 결정적 기여로, 그들은 그들의 첫 수소 폭탄을 1953년 시험했다.

쿠르차토프는 또한 핵에너지의 민간 이용을 위해 많은 것을 했고, 1954년 소련의 첫 원자력 발전소 건설에 도움이 되었다. 체르노빌Chernobyl 폭발로 인간적 및 생태적 위험이 너무도 분명히 증명된, 이 에너지 원천의 매우 급속한 소련의 개발은 쿠르차토프에게 많이 빚지고 있다. 명백히, 그의 과학 전문 지식과 조직 능력은 국가에 대한 충성심에 필적했다. 그는 세 번이나 사회주의 노동 영웅의 영예를 얻었고, 그의 유분은 크렘린Kremlin 벽 속에 매장되었다. 그러나 그의 과학적 수훈과 그의 정치적 추종을 넘어서 그에 관해 거의 아무것도 알려진 것이 없는 그는 회색의 인물로 남아 있다. 이런 유형의 과학자들이 모든 나라에 더 많이 있다.

사하로프의 용기 있는 이의

안드레이 사하로프Andrei Sakharov(1921-1989)의 삶은 전체주의 사회—소련은 그가 죽기 마지막 해 또는 2년 전까지 존재했으므로—에서 때로 과학자들이 자신들의 전문 지식이 그들에게 부여하는 특별한 위치를 통상적이지 않은 정도의 도덕적 그리고 정치적 영향력을 발휘하는 데 사용하는 것이 어떻게 가능할 수 있는지를 보여준다.

우리가 보아왔듯이, 물리학은 스탈린주의의 과도함에 의해 비교적 손대지 않은 채로 남아 있었다. 1949년에 이르러 소련 과학자들은 핵폭탄을 생산할 수 있었다. 사하로프는 (러시아 기준으로) 예외적 속도로 박사 학위를 끝내고 1948년 열핵(수소) 폭탄 개발을 위한 연구에 착수하게 되었다. 이 프로젝트에서 그의 기술적 성공은 짧은 기간 동안 소련이 미국을 앞설 수 있었던 그런 것이었고, 사하로프가 분열-융합-분열 기법을 사용해 다룰 수 있는 크기의 수소 폭탄을 만드는 법을 알았기 때문이었는데, 한편 미국이 갖고 있던 모든 것은 비행기에 싣기에 너무 거대한 장치였다. 그리하여, 러시아는 빠르게 핵무기 경쟁에서 미국을 따라잡았다. 보상으로, 사하로프는 1953년 32살이라는 전례 없는 나이로 과학 아카데미 정회원으로 선출되었다.

스탈린이 죽자마자 그 자리에 도달했던 일이 그에게 독특한 기회를 주었다. 그는 물론 물질적으로 특권을 갖고 있었으나, 그의 핵물리학 전문 지식의 사활적인 국가적 중요성이 그에게 일정한 척도의 독립성을, 소련에서 그 외어떤 이도 좀처럼 향유할 수 없었던 말할 수 있는 자유를 부여했다는 점에서 또한 정치적으로 특권을 갖고 있었다. 그는 대기 중 핵폭탄 시험으로 생긴 방사능 오염이 얼마나 유독한지 곧 깨달았고, 그는 소련 지도자들에게 그를 중지해야 한다고 탄원했다. 1961년 그러한 시험의 3년 일시 정지 기간이 끝났을 때, 그는 개인적으로 흐루쇼프에게 그를 재개하지 않도록 로비했는데, 그는 과학에 붙어 있어야 하며 정치는 흐루쇼프가 다루게 하라는 분명한 말을 들었을 뿐이다. 그는 또한 여전히 지지되던 리센코의 독재에서 생물학을 자유롭게 하려는 과학자 운동에 참여했다.

사하로프의 관심사는 곧 과학적 사안에서 사회적이고 정치적인 사안으로 넓어졌다. 그는 스탈린을 복권시키려는 기도에 반대해 경고하는 집단 서한에

서명했다. 그는 자유로운 사고와 인권의 대중적 옹호자가 되었고 다른 반대자들과 점증적으로 밀접한 접촉을 발전시켰다. 1968년, 그는 러시아 내부에서 "진보, 공존, 지적 자유"라는 제목의 주목할 만한 선언을 회람시켰는데—그리고 서방에서 공식 발간된다—이는 두 강대국이 세계 문제를 협력해 풀 수 있는 법을 제안했다. 이 뒤, 그는 안전이 부정되었고 그의 연구소 자리에서 해임되었다. 그리하여, 공식 정책의 힘으로, 그는 현장 과학자이길 그치게 되었다.

1970년대 전체 동안 그는 소련 속 많은 개인의 권리 침해에 관한 공개를 위해 서방으로 돌아섰다. 1975년, 그가 노벨 평화상을 수상했으나, 그가 그것을 받으려는 여행은 허락되지 않았다. 그는 반소련 세력과 만남을 그만두라고 경고받았고, 공식적 박해의 기간이 시작됐다. 그와 가족들은 KGB에 의해 온갖 방식으로 괴로움을 당했고, 1980년 그는 체포되어 고리키에 국내 추방되었다. 그는 거기서 그의 아내가 긴급한 의학 치료를 위해 서방으로 갈 수 있게 당국이 인허하도록 유도하고자 몇 차례 단식 투쟁에 착수했다. 이 저항 행위에 대해, 그는 강제 식사라는 고문을 당했다(당국은 그들 손에 그의 주검을 갖기를 원치 않았다). 서방, 특히 미국 물리학자들의 지지는 가장 극단주의적인 KGB의 최악의 과도함을 저지하는 데 중요했고 사하로프의 최종적 석방을 촉진하고 있었다. 1985년 미하일 고르바초프Mikhail Gorbachev가 권력을 잡았을 때, 그 체제는 드디어 누그러지기 시작했고, 사하로프의 아내 엘레나 보너 Elena Bonner는 해외로 나갈 수 있게 허락되었으나, 그럼에도 불구하고 그 자신은 그가 군사 비밀(몇 년 전)에 접근했었기 때문에 머물러야 했다.

고르바초프의 새로운 정책 **글라스노스트**glasnost 아래, 사하로프는 국내 추방에서 풀려났고, 그는 즉시 더 나아간 개혁을 위해 운동하는 이들 사이에서 지도적 자리를 취했다. 사상의 자유, 인권, 평화적 공존, 환경에 대한 우려를 위한 웅변적 진술을 오랫동안 했던 그리고 그 체제가 그에게 할 수 있었던 최악을 용감하게 견딘 어떤 이로서, 그는 엄청난 도덕적 권위가 있었다. 그는 곧 새롭고, 개방적인, 진실로 살아 있는 의회에서 자리를 찾았고 즉각적으로 민주주의를 향한 보다 신속한 변화를 요구했다. 그의 국가적 고매함은 1989년 말 사하로프의 장례식에서 고르바초프 스스로가 경의를 표해야 했던 그런 것이었다. 의심의 여지없이 그가 그렇게 깊게 사회 문제에 스스로를 연루시키기로 선택하지 않았거나 그런 참가가 그토록 긴급하게 필요하지 않았던 다른 정치적 체제 속에 태어났다면 그는 순수 물리에 더 기여할 수 있었을 것이다. 그러나 소련에서 그의 도덕적 그리고 정치적 성취는 그가 적어도 다르게 행했더라면 이루었을 수도 있을 과학적 업적만큼 중요하다고 판단될 것이다.

9.3 현대 전체주의 정권 속 과학자

오늘날 독재 정권 아래 과학자들의 선택은 삭막하게 남아 있다. 영국과 캐나다에서 교육을 받고, 사담 후세인Saddam Hussein을 위해 원자 폭탄 건조 계획에 협력하기를 거부했던 이라크 핵 물리학자, 후사인 샤리스타니Hussain Shahristani의 경우를 고려해 보라. 그의 전문 지식은 그러한 계획에 매우 결정적이었을 것이고, 만일 그가 그 일에 참여했다면, 이라크는 1991년 짧은 걸프전에 사용할 핵무기를 잘 보유했을 것이다. 사담의 위관 장교 한 명이 그를 불러들여 "자신의 나라에 봉사하지 않는 어떤 이는 살 가치가 없고, 그래서 나는 당신이 내 취지를 이해하기 바란다"라고 으름장을 놓으며 말했다. 그는 "그래요, 당신이 의미하는 바를 알고, 아마 나는 우리 모두가 우리 나라에 봉사해야 한다는 데 동의하기까지 할 테지만, 나는 무엇이 봉사가 되는지에 관해 다른 견해를 가질 수도 있겠죠"(Bhatia 1992)라고 대답했다. 사실, 샤리스타니의 두뇌는 그가 죽임을 당하기에는 정권에 너무도 많은 잠재력을 갖고 있었다. 그는 무시무시하게 그리고 반복적으로 고문을 당했고, 아내와 세 명의 어린 자식에 대한 위협이 있었다. 그가 이라크 핵무기 프로그램에 대한 봉사 거부를 영웅적으로 유지했을 때, 그는 20년 형을 선고받았다. 그가 10년을 (대부분 독방에서) 복역했지만 걸프전 동안 바그다드 폭격으로 야기된 혼란 속에서 국경을 넘어 이란으로 탈출할 수 있었다. 샤리스타니에게 역겹게도, 다른 이라크 과학자들이 꽤나 기꺼이 사담 정권에 협력하거나 압력 아래서 협력했다. 그러나 어떤 이는 그런 야만적이고 무자비한 방법에 항복하는 누군가를 비판하기 위해서는 매우 높은 도덕적 기준을 정말로 적용해야 할 것이다.

다른 나라에서, 지배 정권에 공개적으로 반대하는 과학자는 주요한 곤란에 처한다. 중국에서, 천체물리학자 팡 리지Fang Lizhi는 아내 리 슈샨Li Shuxian (역시 물리학자)과 함께 1950년대 이후로 여러 번 통치 공산당에 반대해 큰 소리를 냈다. 1980년대 막 시작된 민주주의 운동 때, 팡 리지는 그 지식인 지도자 중의 한 사람이었다(몇몇 중국인은 "우리의 사하로프"라 불렀다). 그 운동이 천안문 광장에서 탱크로 야만적으로 뭉개질 때, 그와 아내는 북경의 미국 대사관으로 망명했고 후에 서방으로 이민할 수 있었다. 이 경우, 리지에게 정치적 반대의 지도자가 되는 기회를 부여한 것에 그가 서방과 연결을 갖는 저명한 과학자였다는 점만큼 그의 전문 지식 영역의 내용이 그렇게 많이 작용하지는 않았다. 자신의 지식 분야와 관련된 것이 아니라 정치 지도자의 기회를 제공한 서방과 관련된 탁월한 과학자를 말하는 것이다. 과학을 제대로 실행하는 데 필요했던 독립적 마음을 지닌, 비판적 정신(1.1과 3.1을 볼 것)은 쉽게 전체주의 사회와 맞지 않는다. 그러나 과학자들이 사적이든, 정치적이든, 또는 종교적이든, 그들 삶의 다른 측면과 분리된, 정신적 구획 안에서 그들이 연구를 계속하는 것이 아주 흔하다. 거칠고 야만적인 정권하에서, 과학자들이 더 나은 날이 오기를 기다리며 신중하게 머리를 숙이고 그들의 일을 계속하는 것을 어떤 이가 좀처럼 비난할 수 없다. 우리가 듣게 되는 것은 충돌과 반대에 관한 극적이고 영웅적인 사례들일 뿐이다.

▪ 더 읽기 제안

Bernstein, J. 1992. "The Fall Hall Transcripts: The German Scientists and The Bomb." *The New*

York Review.

Cassidy, D.C. 1992. *Uncertainty: The Life and Science of Werner Heisenberg.*

Heilbron, J. 1986. *The Dilemmas of an Upright Man: Max Planck as a Spokesman for German Science.*

Joravsky, D. 1970. *The Lysenko Affair.*

Jungk, R. 1958. *Brighter Than a Thousand Suns: A Personal History of the Atomic Scientists.*

Medvedev, Z. 1969. *The Rise and Fall of T. D. Lysenko.*

Powers, T. 1993. *Heisenberg's Wars: The Secret History of the German Bomb.*

Sakharov, A. 1990. *Memoirs.*

10 과학자와 공공 정책

많은 과학자가 정치권력을 획득하지 못하며, 그러한 드문 경우에 그는 또는 그녀는 불가피하게 현장 과학자이기를 그치게 된다. 누구도 두 직업 모두에서 성공을 거두기에 충분한 시간과 에너지를 갖고 있지 않은데, 각각은 그 자체의 방식으로 아주 요구하는 바가 많다. 그러한 교체의 한 예는 체임 와이즈만Chaim Weizmann(1874-1952)인데, 그는 1914년부터 1918년까지 해군 본부 연구소 소장으로서 영국의 전쟁을 도왔으며, 이 대가로 유대인을 위한 조국 수립을 지원한다는 영국 정부의 약속을 추출해 냈다. 그는 그러고 나서 과학을 포기했고 이스라엘 국가 건국을 기초하기 위해 아주 일편단심으로 시온주의 운동에 자신을 바쳤으며, 이 국가의 초대 대통령이 되었다. 그렇지만 아주 소수의 과학자가 유의미한 정치적 영향력을 행사하며, 과학자는 일반 시민처럼 그들 각각의 정부 또는 정치 체제에 대해 크게 다양한 태도를 취하는 것이 알려지게 될 것이다. 우리는 여기서 과학자의 전문 지식과 정치적 연루 사이의 몇몇 관계가 존재하는 사례들과만 관련하게 될 것이다.

앞 장에서, 전체주의 정권하의 과학자에게 열려 있는 선택지를 예화했다. 우리는 이제 과학자의 민주적 정치 참여에의 연루에 관한 몇몇 교훈적 사례 연구를 볼 것이다. 약간의 과학자는 정부 정책에 상당한 막후 영향력을 행사해 왔다. 물론, 그들에게 전문가 자문인으로서 자격을 부여하는 것은 몇몇 유관 분야—로켓, 폭탄, 핵에너지, 농업, 의학—에 관한 그들의 지식이다. 그러나 기술적 전문 지식으로 충분하지는 않다. 영향력이 있으려면, 과학자는 그녀의 정치 지도자들에게 귀 기울일 필요가 있고, 그녀가 그들의 목적에 기본적으로 공감하지 않는(혹은 적어도 그녀 자신을 그렇게 나타내지 않는) 한 그녀는 그것을 얻을 가망이 없다.

　대부분의 과학자는 주로 그들 자신의 연구에 관심을 갖고 있으며 그것과 더불어 나아갈 수 있는 수단과 자유를 얻기 위해서, 어떤 것(여하튼 합법적 어떤 것!)을 할 준비가 되어 있다. 과학자는 보다 나은 공적 자금을 얻기 위해 활발하게 캠페인을 벌일 수도 있고, 그것을 위해 막후에서 논의할 수 있으며, 그들의 프로젝트에 대한 정부의 제한에 반대해 로비할 수도 있다. 더욱이, 과학자는 그들의 전문화된 지식이 어떻게 사용되어야 하는가에 대해 강한 견해를 가질 수도 있고, 그러한 견해들을 정책으로 전환하기 위해 로비할 수도 있다. 생물학자와 생태학자는 예를 들어 환경 오염과 종 및 생태계 파괴를 중지시키는 연구에 관한 그들 자신의 주제와 연결된 정책 관심사를 갖는 경향이 있고, 많은 과학자는 그러한 대의에 스스로를 공적으로 위임해 왔다.

10.1 과학자와 핵무기

우리는 이제 과학의 모든 응용 가운데 아마도 가장 유명할(혹은 악명 높을) 1940년대 초 미국에서 첫 원자 폭탄 건조 및 전후 점점 정교해진 핵무기 개발 속 일정한 물리학자들의 역할을 조사하게 될 것이다.

　우선, 과학적 배경에 대한 간략한 스케치가 필요하다. 20세기 시작부터, 조지프 존 톰슨Joseph John Thomson, 어니스트 러더퍼드Ernest Rutherford, 닐스 보어Niels Bohr의 연구는 원자의 내부 구조를 풀어내기 시작했다. 1920년대에, 고전 물리학은 양자 역학의 발전으로 급속히 재구성되었다. 놀라울 만큼 재능 있는 이론 물리학자의 한 세대가 이 지적 혁명에 이바지했으며, 이것의 귀결은 여전히 세계에 반향을 일으키고 있다. 당시에 세 개의 주요 기초 물리학 연구 중심이 존재했고 그들 모두가 유럽에 있었다. 케임브리지에 있는 러더퍼드의 캐번디시 연구소Cavendish Laboratory, 코펜하겐에 위치한 보어의 이론 물리학 연구소, 독일의 괴팅엔에 젊은 하이젠베르크(9.1을 볼 것)를 포함했던 여러 재능을 가진 집단이 있었다. 이 단계에서, 그들 연구의 응용은 예견되지 않았는데, 그것은 지적 관심만을 위해 행해진 순수 과학이었다. 러더퍼드 경은 1937년 죽기 전까지 원자 에너지 방출에 관한 이야기는 "허튼소리"라고 주장했다. 최초 원자 폭탄의 연료가 된 동위원소 우라늄-235를 분리하는 데 쓰인 기법을 처음으로 개발한 A. O. C. 니어Nier는 1930년대 초 정부의 누구도 기초 원자 연구에 대해 아주 심각하게 여기지 않았다고 주목했다. 물리학자들은 "원자핵 내부에서 무엇이 사물을 똑딱거리게 만드는가를 밝혀내는 데에만 관심"이 있었다(Nier 1978, 미네소타 대학 동창회보용 인터뷰). 니어는 그 시절 가속기를 만들기 위한 자금을 얻기 위해, 그들은 가능한 의학적 응용에 호소해야 했다고 주목했다.

실라르드: 핵전쟁에 대한 우려

레오 실라르드Leo Szilard(1898-1964)는 세 번 나라를 바꿔야 했던 헝가리 태생 물리학자였는데, 처음에 조국의 봉기에서 탈출하고 베를린에서 과학 교육을 받기 위해 독일로, 그다음엔 부상하던 나치즘의 조류를 피해 영국으로, 마지막으로 일자리를 찾으려 미국으로 갔다. 1932년 제임스 채드윅 경Sir James Chadwick(1891-1974)은 중성자neutron를 발견했는데, 전하가 없는 그러한 입자가 원자핵을 관통할 수도 있으리라는 점을 암시했다. 1933년, 영국으로 탈출한 직후, 실라르드는 한 원소의 원자핵이 하나의 중성자를 삼켜버린 이후 두 개의 중성자를 방사하는 그런 원소가 발견된다는 핵 연쇄 반응의 가능성을 개념화한 첫 과학자였던 것으로 보인다. 그리하여 방출될 수 있을 엄청난 양의 에너지를 깨닫고, 유럽의 어두워지는 정치적 상황을 너무나 생생히 의식해(그는 제1차 대전 중 헝가리에서의 앞선 경험 이후에 강한 반군국주의를 형성했다), 실라르드는 물리학자들에게 잠재적 적들로부터 자신의 연구 결과들을 비밀로 하기 위해 그것들을 출간하는 일을 중단해야 한다고 제안했다. 그러나 이 단계에서, 원자 에너지의 어떤 실제적 전망이 명백해지기 전에, 그리고 나치가 그 이웃에게 위협이 되기 전에, 누구도 과학적 관념의 자유로운 흐름을 제한하는 이 통상적이지 않은 제안을 심각하게 여기지 않았다.

사실, 원자는 누구도 그것을 인식하지 못한 채 여러 실험실에서 쪼개지고 있었다. 첫 연쇄 반응은 아마도 엔리코 페르미Enrico Fermi(1901-1954)에 의해 로마에서 일어났을 것이다. 1935년, 프레데릭 졸리오-퀴리Frédéric Joliot-Curie와 이렌Irene 졸리오-퀴리는 인공 방사능을 발견해 노벨상을 수상했다. 스톡홀름에서의 연설에서 그들은 이제 과학자들이 엄청난 폭발성의 핵변환을 일으킬 수도 있다고 암시했다. 하지만 이 극적인 말조차도 단지 지나가는 관심을 불러일으켰다. 1938년, 나치 독일에서 연구하던 한Hahn과 슈트라스만Strassmann은 페르미 실험실에서 일어나고 있던 바가 "파열", 즉 우라늄 핵의 분열이었음을 증명했다. 이듬해 초, 오토 프리슈Otto Frisch와 리제 마이트너Lise Meitner(물리학 최전선에서 인정받은 여성의 드문 예)는 많은 양의 에너지가 그러한 분열에 의해 풀릴 수 있음을 보여주었다(9.1의 하이젠베르크에 대한 토론을 볼 것). 이 논문들은 표준적 과학 관행에 따라 빠르게 출간되었다. 실라르드(그때에 이르러 미국에서)는 스스로 만족스럽게 더 많은 중성자가 우라늄 분열 중 방출되며, 따라서 그가 상상했던 그 연쇄 반응이 실제로 일어날 수 있음을 입증했다. 그는 다시 자발적으로 출간의 유예를 제안했고, 이때 그는 적어도 미국에서는 경청되었다. 그의 이전 제안 이래로, 물리학은 진보했고, 정치는 퇴행했다. 그러나 미개척 연구 분야에서 전형적이듯, 다른 과학자들—이 경우 프랑스의 프레데릭 졸리오-퀴리(마리 퀴리의 사위)—이 스스로 동일한 발견을 이룰 시점에 있었다. 공적을 취하기 위한 통상의 과학적 예민함을 나타내 보이며(외국으로부터의 충고에 대한 프랑스인의 내키지 않아 함은 물론), 졸리오는 1939년 4월 ≪네이처≫에 결과를 출간했다.

이제 전쟁이 불가피해 보였던 바로 그때, 물리학은 거대하고, 새로우며, 폭발적인 힘을 세상에 제공하고 있는 듯했다. 독일 물리학자들은 핵분열의 이론적 가능성에 관해 분명히 알고 있었으며, 독일이 모든 우라늄 광석 수출을 금지했을 때, 나치 정부도 알고 있었던 것으로 보였다. 만일 독일만이 원자 폭탄을 획득해 사용하게 되었더라면, 그것이 세계를 지배할 수 있었을 것이다. 실라르드와 동료들(페르미와 젊은 에드워드 텔러Edward Teller를 포함하는)은 이제 미국 정부가 그 위협을 심각하게 여기도록 설득하는 데 긴급하게 관심이 있었다. 그러나 미국 시민조차 아니었던 망명 과학자들은 워싱턴에 아무런 정치적 영향력이 없었고 최고위 인사에게 접근할 아무런 수단이 없었다. 어려움은 루스벨트 대통령의 친구이며 고문인 알렉산더 작스Alexander Sachs를 소개받음으로써 결국 극복되었는데, 그는 실라르드로 하여금 대통령에게 편지를 쓰도록 격려했다. 이 운명적 서장(書狀)의 일종의 "후광"으로서, 실라르드와 텔러는 (전설적인 과학적 명성을 누린) 아인슈타인이 그의 서명을 추가하도록 하는 데에 성공했다. 작스는 마침내 1939년 10월 그것이 루스벨트의 관심을 끌게 하는 데에 성공했는데, 유럽에서 전쟁이 시작된 지 한 달 뒤였다. 미국 정부는 결국 원자 폭탄을 개발하기로 결정하기 전에, 2년 동안의 실험하기와 관료적 토의를 거쳤다. 세계 초강국으로 하여금 원자의 새로운 잠재력에의 관심을 끌도록 한 실라르드의 정력적 끈기는 마침내 정부의 주요 결정에서 결실을 맺었다.

실라르드는 그리고 나서 "맨해튼 계획Manhattan Project"(원자탄을 개발하려는 미국의 노력에 대한 암호명)의 성공에 기여했다. 그와 페르미는 1942년 12월, 시카고 대학교 예전의 스쿼시 코트에서 세계 최초의 통제된 핵 연쇄 반응을 일으켰다. 멀지 않아 실라르드는 정치적 문제, 즉 미국 정부가 그 무기로 할 수도 있을 사용을 우려했다. 첫 원자 폭탄이 완성에 가까워지면서, 독일은 이미 재래식 무기로 패배했으며, 미국 당국은 일본에 맞서 전쟁을 끝내기 위해 새폭탄을 사용할 것을 고려하기 시작했다. 실라르드는 나중에 "1945년, 독일이 우리에게 무슨 일을 할 수도 있을지를 걱정하지 않게 되었을 때, 우리는 미국 정부가 다른 나라에 무슨 일을 할 수도 있을지를 걱정하기 시작했다"(Rouzé

1963, 70)라고 말했다. 한 번 더 그는 루스벨트에게 보낼 서한에 아인슈타인의 서명을 받는데, 이번에는 핵무기 경쟁에 반대하는 경고였지만, 병든 대통령은 그가 죽기 전에 편지를 읽지 못했다. 실라르드는 따라서 새 대통령 해리 트루먼Harry Truman에게 도달하려 시도했지만 제임스 F. 번스James F. Byrnes(후에 트루먼 정부의 국무성 장관이 되었다)와의 인터뷰만을 부여받았을 뿐이었다. 이제껏 장기적 안목의 정치 사상가였던, 실라르드는 소련의 미국의 군사시설 사찰 및 그 역을 허락하는 정도로 국가 주권의 부분적 항복을 포함한 핵에너지의 국제적 통제에 관한 그의 생각을 번스에게 늘어놨다. 아주 최근에야 어떤 그러한 조치들이 심각하게 검토되지만, 비용이 드는 전쟁의 여전한 마무리 단계였고 최초 원자 폭탄 폭발 전 미국에서, 그것들은 번스와 같은 평균적 정치인에게 아주 터무니없는 것으로 보였어야 한다.

실라르드는 그 폭탄의 가능한 사용에 관해 맨해튼 계획의 동료 연구자들과 토론했으며, 그들의 우려는 시카고 대학에 도달했는데, 그 대학은 "원자 에너지의 사회적 그리고 정치적 귀결"을 논의할 일곱 명의 위원회를 임명했다. 그 의장은 제임스 프랑크James Franck였으나, 실라르드도 구성원이었고, 그의 생각들이 나중에 "프랑크 보고서"로 알려진 웅변적으로 논의된 문서에 강한 영향을 끼친 것으로 보인다. 큰 선견지명과 더불어, 그들은 "아무런 효율적 국제 협약이 이루어지지 않는다면, 핵 군비 경쟁이 핵무기 존재에 관한 우리의 최초 증명이 있었던 아침 이전에 본격적으로 있게 될 것이다"라고 썼다. 그 위원회는 일본에 대항한 즉각적인 군사적 사용을 반대해 조언했고, 그 대신 첫 폭발이 UN 감시인의 입회 아래 사막이나 무인도에서 있어야 한다고 추천했으며, 그리하여 미국은 말할 수가 있었을 것이다. "우리가 어떤 종류의 무기를 갖고 있되 사용하지 않았는지 보라. 여타 국가가 이 포기에 동참하고 효과적 통제의 확립에 동의한다면, 미래의 그 사용을 우리는 포기할 준비가 되어 있다." 이 보고서가 미국 정부에 제출되었고, 정부는 1945년 6월에 네 명의 원자력 전문가 평가단에게 그것을 언급했다. 그 평가단은 시범 폭발이라는 생각을 지지하지 않았으나, 8월에 두 개의 첫 원자 폭탄이 히로시마와 나가사키에 투하되었다.

전후, 실라르드는 정책에 계속 영향력을 행사하려 했고, 원자 에너지의 민간 통제를 위한 초기의 성공적 로비의 지도자였다. 그러나 대부분의 문제에서 그는 별 영향력이 없었다. 미국 당국이 정치적이고 군사적인 정책의 문제에 대한 과학자들의 조언을 받아들이려 하고 있었을 가망성은 없었다. 원자력이라는 마귀는 진실로 병 속에서 빠져나왔던 것이다.

보어: 처칠 또는 루스벨트에게
영향력을 미치는 데 실패

닐스 보어Niels Bohr(1885-1962)는 금세기 가장 위대한 이론 물리학자 중 하나였다. 아마 그 외 누구보다도, 그는 원자 구조의 신비한 내부 비밀을 드러내는 데 공이 클 수 있을 것이다. 제2차 대전이 종국을 향하고, 영미 원자 폭탄 계획이 결실에 가까웠을 때, 보어의 과학적 탁월함이 양국 지도자의 귀를 짧게나마 사로잡았다. 그러나 우리가 살펴보게 될 것처럼, 그는 전후 국제 협력에 관한 그의 좋은 구상으로 그들에게 영향력을 행사하는 데 실라르드 이상으로 유능하지는 못했다.

보어는 그 자신의 조그만 조국, 덴마크에 대한 사랑을 다른 문화 및 사조에 대한 수용성과 결합시켰다. 코펜하겐에서 박사 학위를 받은 후, 그는 케임브리지의 J. J. 톰슨Thomson 그리고 당시 맨체스터에 있었던 어니스트 러더퍼드Ernest Rutherford와 함께 연구하기 위해 영국으로 갔다. 제1차 대전 이전에 조교수로 코펜하겐으로 돌아와, 이 명민한 덴마크인 청년은 이미 그의 주제에서 혁명을 시작하고 있었다. 그는 에너지가 이산적인 나눌 수 없는 꾸러미로 온다는 플랑크의 생각을 취했고 그것을 원자 구조에 적용했는데, 원자는 많은 가능한 상태들 사이에서 갑자기 움직일 수 있고, 각 전이에서 에너지의 양자quantum를 내보내거나 흡수한다고 제안했다. 전후, 보어는 정교수직을 받았으며, 그의 여생의 지적 안식처가 될 새로운 이론 물리학 연구소가 그를 위해 건립되었다. 그는 1922년 노벨상을 수상했다. 뒤따른 십 년—다양하게 빛나는 기여를 이루는 재능의 은하와 함께, 그 분야의 지식이 그토록 멀리 그리고 그토록 빨리 움직였던 때인 물리학의 그 황금기—을 통해 보어와 그의 연구소는 빠르게 발전하는 주제에 중추가 되었다. 그의 장난꾸러기 같은 유머, 어떤 것을 분명하게 말하는 데서 그의 명백한 무능, 작지만 강력한 원자의 실재적 특성들에 관한 특이한 직관으로, 그는 역설적인 새 이론들의 의미와 타당성을 집적거렸다.

1939년에 이르러, 원자 에너지의 방출이 우라늄 원자의 분열을 포함한 연쇄 반응에서 가능하다는 것은 분명했다. 보어는 남아 있는 유일한 문제는 기술적인 것임을 깨달았다. 미국의 유혹하는 제안에도 불구하고, 보어는 고국에 남아야 하며 연구소를 계속 돌아가게 하도록 그가 할 수 있을 바를 해야 한다고 느꼈다. 그래서 1940년 나치가 침략했을 때 조국을 떠나지 않았다. 그러나 전쟁의 조류가 독일에 반하기 시작하면서, 덴마크의 저항이 증가했고, 나치는 지도적 시민들을 체포하기 시작했다. 보어는 작은 배에 몸을 싣고 야간에 스웨덴으로 탈출했다. 스톡홀름에서, 영국으로의 초청과 함께 한 전보가 곧 처웰Cherwell 경(처칠의 과학 고문)으로부터 그에게 왔는데, 그가 원자 연구로 도울 필요가 있다는, 명백하되 진술되지는 않은 암시였다. 한 영국 비행기가 핵 전문가라는 이 아주 소중한 화물을 집어 들기 위해 중립국 스웨덴으로 날아갔다. 보어는 비상 탈출의 경우를 염두에 둔 낙하산과 조명탄을 갖추고 폭탄실에 앉아 있어야 했다. 비행기는 높이 날았고, 보어는 산소 공급기를 작동시키라고 지시받았지만, 헬멧이 커다란 머리에 맞지 않았다. 그는 지시 사항을 듣는 데 실패했고 무의식으로 빠져들었다.

고맙게도, 그 독특한 과학적 뇌는 망가지지 않았으며, 곧 런던에서 연구에 임하게 되어, 영국의 원자 폭탄 계획 암호명인 "튜브 합금Tube Alloys"에 자문했다. 이 초기 단계에서조차, 보어는 전후 원자 핵무기 경쟁에 대해 그가 가졌던 우려를 제기하고 있었다. 경쟁이 영국 팀과 미국 팀 사이에 이미 있었으며, 그들은 보어를 신참으로 충원하려 경쟁했다. 그러나 완전한 협력에 동의한 후, 영국은 그들의 모든 정상급 물리학자를 미국으로 보내는 데 동의했고, 그리하여 보어는 대서양을 건너게 되었다. 그는 미국 비밀 부서와 만났고, 그는 앞으로 자신이 "니콜라스 베이커Nicholas Baker"로 불려야 한다고 지시를 받았는데, 그것은 늘 그렇게 하는 일을 기억할 수는 없는 어떤 것이었다. 보어는 1944년 여름을 뉴멕시코주 로스앨러모스에서 보냈는데, 과학적 이유 및 보안상 이유 둘 다를 위해 모든 연구가 한 장소에서 수행되도록 하는 게 최선이었기 때문에 거기에 핵 계획을 위해 군사 실험실이 특별히 건설되어 왔다. 거기서 그는 열심히 일하고 있는 많은 옛 친구를 찾았고, 보어의 특별한 전문 지식을 사용하는 최상의 길은, 어떤 것도 간과되지 않았음을 확실하게 할 수 있도록 그가 연구의 모든 위상에 대해 비평을 하도록 하는 것으로 결정되었다.

워싱턴으로 돌아와, 보어는 루스벨트 대통령의 자문으로 전후 상황에 대한 그의 우려를 발표할 기회를 찾았다. 대통령은 관심을 표현했고, 핵 확산이 그와 영국 수상 윈스턴 처칠이 직면해야 할 문제임을 의식했다. 보어는 대통령이 그 문제에 관한 제안을 환영하리라고 처칠에게 말해줄 권위를 자신이 부여받았다는 인상을 가졌다. 그래서 그는 연합군 지도자들이 전후 모든 핵에너지 사용을 국제화하고 그가 두려워한 동서 간 군비 경쟁을 피하라고 설득할 수 있는 기회를 갖게 되었다고 믿으면서 런던으로 되돌아갔다.

불행히도, 처칠과의 면담은 재앙이었다. 보어는 그 자신의 분야에서 일하고 있는 물리학자들에게조차 그의 명료성 때문에 주목받은 것은 아니었다(몇몇은 어떤 언어를 보어가 말하려 하고 있었는지를 결정하기가 종종 어려웠다고 보고했다!). 불독이 연상되는 수상을 만나도록 안내되자, 보어는 그의 낮은, 속삭이는 톤으로 말하기 시작했는데, 세미나에서처럼 그의 논의를 천천히 세웠지만, 처칠은 어떠한 그런 학문적 행동에 인내심이 없었다. 처웰 경이 도움되는 말을 하려 했지만, 그와 처칠은 그들 자신의 논쟁에 들어갔는데, 그것이 면담에 할당된 시간 30분의 많은 부분을 차지했다. 보어는 새로운 원자 지식이 위험한 군비 경쟁과 새로운 국제 질서 사이의 선택을 강제했다는 그의 논점까지 멀리 가지 못했다. 절망적으로, 그는 나가던 길에 그가 말하고 싶었던 바를 처칠에게 서신으로 보낼 수가 있을지를 물었으나, 후자의 응답은 이랬다. "당신에게 서신을 받는 것은 내게 영광스러운 일이 되겠지만 정치에 관한 것은 아닙니다." 아마도, 가장 능변인 로비스트가 말할 수가 있었을 어떤 것도 많은 차이를 만들 수 없었을 개연성이 있다. 처칠은 특히 원자 폭탄을 둘러싼 어떤 기밀 누설에 단호히 반대했는데, 특히 소련에 관련된 것에 그러했다.

워싱턴으로 돌아왔고 풀이 죽어, 보어는 루스벨트가 그의 생각을 듣는 데 관심을 표현했을 때 두 번째 기회를 가졌다. 이에 따라, 그는 조심스럽게 초안을 마련한 메모를 가지고 대통령 집무실로 들어갔다. 이번에 그는 훨씬 나은 영접으로 보였던 바와 만났다. 긴장이 풀리고, 온화한 루스벨트는 처칠의 호전적 태도에 대해 농담을 했고, 전후 국제적 통제에 대해 몇몇 지지를 보여 주었다. (대통령은 그의 매력과, 사람들로 하여금 그가 상대방에 동의한다고 생각하게 하는 성향으로 알려져 있었다.) 하지만 1944년 루스벨트와 처칠이 다시 만났을 때, 전자가 보어의 제안에 대해 가졌을 수도 있는 어떠한 공감도 바람 속 연기처럼 사라졌다. 두 지도자는 시초 원자 폭탄에 관해 극비를 유지하자는 데 동의했고, 일본에 대항한 그것의 사용을 토의했으며, 그에 관한 영미의 연구는 종전 후에 계속되리라고 제안했다. 처칠은 심지어 보어의 신뢰성과 충성에조차 의문을 던졌으며, 폭탄에 대한 기밀을 깼다고 그를 비난했다. 그의 고문들은 어떠한 그런 의심도 완전히 타당화되지 않았다고 매우 정력적으로 논의해야 했다.

왜 루스벨트는 보어의 생각에 대한 그의 명백한 공감을 따르지 않았던가? 몇 가지 그럴듯한 이유가 있었다. 그는 육체적으로 더 약해지고 있었으며(그는 1년 안에 죽게 되어 있었다), 아마도 처칠과 의견 불일치가 있기를 좋아하지 않았을 것이며, 아마도 스탈린에 대한 그의 불신이 증가하고 있었을 것이다.

그러나 아주 강한 정치적 요인들이 또한 작동하고 있었고, 그것은 현재까지 지속된다. 원자 지식을 공유하자는 제안이 함축했을 수가 있을 것처럼, 어떤 나라도 경쟁국을 넘어서는 명백한 이점을 포기하길 좋아하지 않는다. 또는 원자 폭탄에 대한 국제적 통제의 시행이 요구했었을 수 있는 것처럼, 어떤 나라도 그 주권의 어떤 측면도 기꺼이 포기하고자 하지 않는다. 어떤 지도자도 자신의 조국이 가능한 한 강해야 한다는 느낌에 오랫동안 저항할 수 없는 것처럼 보인다.

오펜하이머: 정치적 은총으로부터
상승과 추락

J. 로버트 오펜하이머Robert Oppenheimer(1903-1967)는 첫 원자 폭탄의 건조와 함께 중앙 무대로 왔다. 그는 맨해튼 프로젝트 과학 책임자였는데, 새로운 과학적 자원과 산업 자원의 전례 없는 집중으로, 이론적 가능성을 취하는 데 그리고 그것을 사용 가능한 무기로 전환하는 데 성공했다. 그러나 이 성취가 그에게 가져다준 대중의 과찬과 그가 미국 핵 정책에 전후 한동안 행사한 영향력에도 불구하고, 그는 매우 논쟁적 상황에서 권력으로부터 추락하게 되어 있었다.

조숙했던 젊은 오펜하이머는 하버드에서 화학을 전공하고 있었고 한편으로 물리학에 더 깊은 관심을 발전시키고 있었다. 그는 영국으로 그리고 이어서 1920년대에 독일 괴팅엔으로 갔고, 거기서 그는 세계주의적 분위기와 사상들의 발효가 더 마음에 맞는다는 것을 알게 되었다. 그는 박사를 끝냈고 물리학에 진정으로 기여할 수가 있다고 느끼기 시작했다. 미국으로 돌아와, 버클리에 있는 캘리포니아 대학에서 교수직을 잡았고, 거기서 1930년대 동안 거의 무로부터 이론 물리학의 중요한 학파를 세웠다. 그는 학생들에게, 적어도 그의 도당이 된 학생들에게 영웅이었다. 진 탯록Jean Tatlock과 같은 친구들을 통해, 좌익 활동에 연루되었다. 스페인 내전에서 공화파에 공감하던 이 시절, 소련 내부의 끔찍한 사건들이 그다지 알려지지 않던 때에, 많은 지식인이 공산당의 이상을 경탄했다. 오펜하이머의 몇몇 친구는 그 당의 일원이었으나, 그 스스로는 결코 입당하지 않았다.

마흔에 가까울 때쯤, 오펜하이머는 그가 물리학에서 아무런 탁월함을 이루지 못했다는 것을 알았다. 그러나 그때 모든 시대에서 가장 극적인 응용과학 프로젝트에 참여할 기회가 왔다. 전쟁 초기 몇 년 안에, 사이클로트론 cyclotron 발명자 E. O. 로런스Lawrence(1901-1958)와 같은 미국 핵물리학자와 더불어, 오펜하이머는 원자 폭탄의 이론적 가능성을 연구하기 시작했다. 1941년, 그는 원자 폭발을 일으키기 위해 얼마나 많은 동위원소 우라늄-235를 가져와야 하는지를(임계 질량) 계산했다. 1942년에 이르러, 미국 정부는 마침내 맨해튼 계획에 무게를 두게 되었고, 미 육군 장군 레슬리 그로브스Leslie Groves 가 책임자를 맡게 되었다. 그로브스는 오펜하이머의 연구에 관해 들었고 그의 과학 능력과 조직 능력에 매우 감동을 받아 그는 1930년대 좌익 접촉에 관해 우려했던 보안국의 반대에도 불구하고, 오펜하이머를 그 원자탄 계획의 과학 책임자로 임명했다. 오펜하이머는 설득력 있는 매력을 작용시켜 미국 최고 과학자들의 다수를 남서쪽 사막의 로스앨러모스의 고도로 비밀스러운 이 계획에 참여하도록 유도했다.

1943년부터 1945년까지, 그는 사용 가능한 폭탄의 길 위에 놓여 있던 많은 장애를 극복하도록 도왔다. 이론적 문제들, 기술적 어려움들, 마지막이되 가장 작은 일은 아닌, 군사 규율 안에서 그리고 감시되는 경우를 빼고는 외부 세계와 의사소통하는 일에서 단절되어 연구하는 이제껏 순수 학문을 해온 과학자들의 괴리된 집단의 관리가 그것이다. 관계가 때로 긴장되었던 것은 놀랍지 않았다. 이는 에드워드 텔러Edward Teller의 경우 특히 그랬고, 그는 이미 핵융합(수소) 폭탄의 이론적 가능성을 예견했으며, 당장 손에 든 일을 잘 해내기 보다는 이 관념을 연구하는 데 더 예민해 보였다.

1945년 4월에 이르러, 유럽을 횡단하는 미 육군의 특명 "알소스Alsos"는 독일이 어디서도 원자 폭탄 생산 근처에 있지 않다는 점을 확실히 했다. 이리하여, 원자탄을 생산해 내려던 원래 동기 부여—나치 전제로부터 세계를 구하려는—가 증발해 버렸다. 한 과학자 조지프 로트블랫Joseph Rotblat은 이 단계에서 그 계획을 떠났지만, 나머지는 계속 나아갔다. 아주 강력한 새 무기에 대한 진정한 희망이 있다고 보였던 바로 그때, 정치 당국 및 군사 당국은 그들이 했던 투자를 포기하려 하지 않았다. 그리고 과학자들은 그렇게 오랫동안 그리고 부지런히 계속 연구해 온 것이 어떤 결실을 이루는 것을 보려는 기술적 관심—그리고 정말로, 흥분—으로 연료가 채워져 있었다.

최초 원자 폭탄 시험은 1945년 7월 16일에 일어났다. 그 날짜는 포츠담 회의Potsdam conference에서 트루먼 대통령의 협상 입지를 강화해 보려는 희망에서 선택된 것이었다. 미국인들이 일본에 대항해 그 폭탄을 사용하는 일을 고려하고 있었고, 이 단계에서 오펜하이머는 신무기의 가능한 사용에 관한 과학 자문단에 선출되었다. 우리가 막 보아왔듯이, 실라르드와 다른 과학자들은 일본에게 항복 권유로 이어지게 되는 시범 폭발을 옹호해 논의했지만, 오펜하이머는 일본에 대한 제안된 사용에 반대하지 않았던 것으로 보인다. 최초 폭탄이 1945년 8월 6일 히로시마에 그리고 두 번째(우라늄이 아니라 플루토늄을 연료로 채운)는 며칠 후에 나가사키에 투하되었다.

맨해튼 계획 속 그의 많은 동료처럼, 오펜하이머는 그 자신들이 가능하게 했던 대량 파괴에 일정한 죄책감을 느끼기 시작했다. 1947년 MIT의 한 강의에서, 그는 그가 주조에 아주 능했던 기억할 만한 구절 중 하나에서 "죄를 알게 된"을 물리학자들에 관해 말했다. 물론, 폭탄을 투하하는 최종 결정은 과학자에 의해서가 아니라(그가 말한 것처럼, 그에게 낙찰된 책임이 있는), 트루먼 대통령에 의해서였다. 그러나 대통령은 자문을 받아왔고, 오펜하이머는 그 자문단의 한 구성원이었다. 한 가지 목적—나치의 세계 지배를 막기 위한—을 위해 건조된 무기가 또 다른 목적—즉각적이고 무조건적인 일본의 항복을 유도해 내기 위한—을 위해 쓰이게 된 것이다. 또 다른 강한 동기 부여는 이미 전후 세계에서 서양 강국의 주요 라이벌로 보인 소련에게 인상을 주려던 것이라고 많은 사람이 논의했다.

전후, 오펜하이머는 명목상 학문적 생활로 돌아왔지만, 막후 전문가 자문으로 점증적으로 정치적 역할을 맡았다. 새로 설립된 원자 에너지 위원회 Atomic Energy Commission(AEC)는 과학 문제와 기술 문제에 관한 일반 자문 위원회General Advisory Committee(GAC)를 형성했고, 그는 의장으로서 자연스러운 선택이었다. 워싱턴 정계에서, 그는 아마추어로 시작했지만 게임의 여러 규칙을 빨리 뽑아냈다. 하지만, 정치적 혼전에서, 그의 반대쪽 의견에 대한 빈정대는 기지와 오만한 기각이 그를 어떤 강력한 정적으로 만들었다. 그리고 한편으로, 소련과의 "냉전" 분위기에서, FBI는 그 끈덕진 관료적 방식으로 오펜하이머를 감시하고 있었으며 그에 관한 파일을 세워가고 있었다.

다음으로 그가 몇몇 영향력을 지녔던 가장 중요한 결정은 수소 폭탄을 미국이 만들어야 하는가의 여부였는데, 수소 폭탄은 핵분열이 아닌 핵융합을 사용할 것이고 일본에 사용한 원자 폭탄보다 훨씬 더 강력할 것이다. 텔러는 이 착상이 구상된 이래로 내내 그에 대해 열정적이었고, 1949년 소련이 기대보다 훨씬 일찍 첫 번째 핵 장치를 폭발시켰을 때, 그 개발을 밀어붙일 그의 기회가 왔다. 텔러와 그의 지지자들은 GAC 구성원에게 로비를 하기 시작했지만, 오펜하이머는 "초폭탄"이 항공기로 운반하기에는 너무 크며 커다란 핵분열 폭탄 이상의 군사적 쓰임새가 없어 실행 가능하지 않으리라고 생각했다. 게다가, 훨씬 더 강력한 무기의 가능성이 러시아의 위협에 대한 유일하게 가능한 답으로 의회와 군의 상상을 사로잡을 것이라고 그는 우려했다. GAC는 이 의견에 동의했고, 그 구성원 중 두 명(페르미와 이시도어 라비Isidor Rabi)은 더 나아갔는데, 윤리적 지반 위에서 수소 폭탄을 비난하는 소수 의견을 덧붙였다. 그러나 이 입장은 두 달 동안만 유지되었다. 텔러를 포함한 압력 단체는 그것을 뒤집으려 막후에서 일하고 있었다. 당시에 클라우스 푹스Klaus Fuchs가 심지어 텔러의 수소 폭탄에 관한 착상을 포함해서, 원자 기밀을 수년 동안 러시아에 전해주어 왔음이 드러났다. 그 후 곧, 1950년 초, 트루먼 대통령은 수소 폭탄 연구와 함께 나아가는 결정을 고지했다.

텔러는 물론 열정으로 나아갔지만, 그 계획은 곧 정복하기 힘들어 보인 기술적 어려움에 직면했다. 텔러가 1951년 수소 폭탄 융합을 일어나게 하기 위한 새로운 방법을 제안했을 때에만, 그것들이 극복되었고, 이 돌파가 오펜하이머에게 설명되었을 때, 그는 그 착상이(또 다른 그의 유명한 구절에서) 아주 "기술적으로 감미로워" 그것과 함께 나아가는 일은 이제 저항 불가능하다고 말했다. 그것의 성공 이후, 그들은 그것으로 무엇을 할지를 생각하곤 했다 (Rouzé 1965, 83). 이것이 단 한방으로 전 도시를 파괴할 수 있는 무기에 대해 도덕적 원리 위에서 반대하던 어떤 사람의 언어이기는 힘들다. 수소 폭탄에 대한 오펜하이머의 초기 반대는 윤리적인 것 이상으로 더 실제적인 것이었다고 보인다.

이 정책 질문에 대한 오펜하이머의 패배는 1954년 악명 높았던 안보 청문회로 이어졌다. 1940년대 말과 1950년대 초 소련과의 냉전이 전개되면서, 미국에서 심지어 희미한 좌익 성향의 어떤 이에 대한 의심이 편집증적 극단으로 자라났다. 특히 조 머카시Joe McCarthy 상원의원은 "공산주의자"를 색출하기 위한 운동을 이끌었으며, 그들의 일자리에서 제거했다. 이때, J. 에드거 후버Edgar Hoover의 FBI가 오펜하이머에 관한 기록을 아이젠하워 대통령에게 제출했다. 그들은 1930년대에 오펜하이머의 좌익과의 연계, 1940년대에는 안보 국원에 의해 심문받았을 때의 그의 표리부동(그들의 심문에서, 그는 친구들 및 안면이 있는 사람들을 보호하려 했다), 더 최근 수소 폭탄에 대한 그의 반대를 문서화했다. 이 모든 것이 국가 안보 문제에 관해 그가 더 이상 신뢰되어서는 안 된다고 논의하는 데 이용됐다. 그는 자원해서 공직에서 물러나지는 않도록 선출되었으나 제대로 된 청문회에 직면해야 했는데, 이는 곧 재판의 최악의 측면을 떠맡았다. 모든 노골적인 세부 사항에 관한 무자비한 주목과 함께 빗질로 이 잡듯 했다. 많은 저명한 과학자가 그를 편들어 증언했지만, 증언의

한 가지 가장 결정적 조각에서, 텔러는 오펜하이머를 반역죄로 고발하지는 않으면서, 그는 그의 판단을 믿지 않았으며 국가 안보의 일이 다른 이의 손에 있는 것을 선호하곤 했다고 말했다. 평결이 그에게 불리하게 내려졌고, 그의 모든 정부 연줄은 절단되었다. 그는 프린스턴 대학의 고등연구소(아인슈타인이 있던 곳) 소장으로서 학문적 입지는 유지할 수 있었지만, 전시 노고에의 그의 헌신적 봉사에도 불구하고, 그는 이제 공개적으로 불명예를 안았다.

마음을 끌고 다면적인 이 사건의 한 가지 명백한 교훈은 과학의 응용을 개발하는 과학자들은 그것이 그들이 승인하는 목적만을 위해 쓰이게 될지를 확신할 수 없다는 점이다. 또 다른 교훈은 정치적 영향력을 행사하려 시도하는 과학자는 그 외 다른 사람들처럼 정치적 운의 부침에 많이 종속된다는 것이다.

텔러: 수소 폭탄과 스타 워스

어떤 이가 소모된 수십 억 달러의 관점에서 영향력을 측정한다면, 에드워드 텔러Edward Teller(1908-)는 모든 시대에서 가장 강력한 과학자일 가망이 꽤 있다. 그는 두 개의 거대한 미국 방어 정책—1950년대의 수소 폭탄 창조와 더 최근의, 전략 방위 구상Strategic Defense Initiative(SDI), 또는 대중적으로 알려진 것으로 "스타 워스Star Wars"—뒤에서 일순위 과학 동인이 되어왔다. 그에게 이 영향력을 부여했던 것은 그의 과학적 전문 지식뿐 아니라 그의 인성의 강도와 반공산주의적인 태도였는데, 이것이 미국 정치인과 군사 지도자로부터 호의를 얻게 했다.

텔러의 정치적 태도는 추정컨대 유럽에서 반유대주의의 쓰라린 경험과 독재의 결과로 삶의 초기에 형성되었을 것이다. 그가 유대인이었기 때문에, 명민했던 텔러는 그의 고국 헝가리에서 대학 입학이 거부되었다. 그는 고등 교육을 받기 위해 독일로 가야 했다(역시 결국은 미국에 있게 된 동포 레오 실라르드와 수학자 존 폰 노이만John von Neumann처럼). 텔러는 코펜하겐의 보어의 이론 물리학 연구소를 찾는 많은 방문자 중 하나였으며, 그는 또한 귀족 독일인 물리학자 칼 F. 폰 바이츠재커Carl F. von Weizsacker와 우정을 쌓았다. 그러나 히틀러가 권좌에 오르면서, 유대인이 이제까지 평화스러웠던 괴팅엔 같은 독일 대학에서조차 나치에 동조하는 학생들에게 박해를 받았다. 텔러는 미국에서 피신처를 찾았다. 차별과 박해에 대한 그의 경험이 그가 나중에 소련에 적용하게 된 전체주의 정권에 대한 강한 혐오감을 그에게 분명하게 남겼다.

몇몇 다른 물리학자처럼, 텔러는 핵분열 가능성을 생생하게 의식하고 있었고, 그와 실라르드는 루스벨트에게 보낼 그 유명한 편지에 아인슈타인의 서명을 받기 위해 1939년 여름 롱 아일랜드 휴가 별장에 있던 아인슈타인을 찾아간 장본인이었다. 그러나 텔러는 곧 더 나아가 생각하고 있었다. 1941년 언젠가 점심을 먹고 있던 그와 페르미에게 훨씬 강력한 폭탄에 관한 생각이 떠올랐다. 아마도 분열 "격발"이 수소 원자들로 하여금, 그것들이 태양 안에서 하는 것처럼, 심지어 분열 폭탄보다 훨씬 더 많은 에너지를 내면서 서로 융합이 되도록 유도하기에 충분한 열을 창조할 수 있을 것인데, 분열 폭탄은 자체로 여전히 이론적 가능성이었을 뿐이었다. 이듬해 텔러는 원자 폭탄에 관한 이론을 연구하기 위해 한 연구 집단에 합류했고, 얼마 후 그는 그들이 실제적 분열 버전이 어디서도 가깝지 않던 시대에, "초"폭탄 논의로 토론을 독점하기 시작했다.

그러고 나서 그들은 더욱더 가공할 가능성에 관해 생각했다. 계산은, 분열 반응이 대기 중 수소와 질소 사이의 융합을 유도하기에 충분한 열을 산출할 수도 있다고 제안했다. 첫 원자탄이 공기 자체를 점화시키고 그러고 나서 지구 위 모든 생물체를 죽게 할 수도 있을까? 많은 것이 이 비의적인 이론적 논의를 바로잡는 데 달려 있다고 말하는 일은 절제된 표현이 될 것이다! 전 세계를 송두리째 날려 보내는 것과 비교하면, 나치 지배조차 덜 사악하게 될 것이고—결국, 후자는 좀처럼 영원히 지속할 수가 없을 것이다. 누군가가 계산상 명백한 홈을 탐지했다. 그러나 한 시점에, 그들은 100만 분의 3으로 대기 점화 기회를 산정했는데, 이는 그 집단의 몇몇이 명백히 취할 준비가 되어 있지 않은 위험성이었다. 텔러는 그 후 원자 폭탄이 대기를 점화시킬 수도 있다는 그의 계산 실수는 빨리 교정되었으며, 그 문제가 그 이후로 그들을 걱정하지 않게 했다고 주장했다. (이 이야기는 작지만, 재난의 정도를 정확하게 정량화할 수 있는 엄청난 재앙에 직면해 어떤 태도를 취해야 하느냐의 문제—핵반응로 안전성 평가하기, 유전 공학적으로 처리된 유기체를 환경에 방출하는 일, 방어 정책으로서 핵 억지와 같은 많은 다른 맥락에서 되풀이되는 문제—를 극적으로 예화하고 있다.)

텔러는 1943년 로스앨러모스의 맨해튼 계획에 합류하도록 소환되었다. 책임자로서 오펜하이머를 그는 존경했지만 그와 사이좋게 지낼 수는 없었고, 그곳에서 일하는 과학자들에게 부과된 군율에 순응하지 않게 된다. 그는 다른 사람으로부터 명령받는 일을 기질적으로 할 수 없는 이단자였던 것으로 보인다. 그는 첫 원자탄 제조를 돕기로 되어 있었으나, 융합의 가능성에 사로잡혀 있었다. 결국, 로스앨러모스 당국자들이 그에 대해 할 수 있었던 것은 주 계획과는 독립적으로 그 자신의 생각을 들고 가도록 놔두는 것이었다. 그의 오펜하이머와의 관계가 나빠졌다. 그들의 나중의 기억조차, 예를 들면, 일본 정부에게 먼저 항복의 기회를 주지 않고서 일본에 폭탄을 사용하지 말라고 대통령에게 묻는 실라르드에 의해 주도된 청원서에 대한 그들의 태도에 관해 의견이 불일치했는데—텔러는 이를 지지했다고 주장했다.

전후, 오펜하이머가 로스앨러모스를 떠났을 때, 텔러는 두 번째로 중요한 자리를 제안받았다. 그러나 그는 이 직책을 맡으면 그가 사랑하는 "초" 폭탄에 대한 연구를 자유롭게 할 수 없을 것으로 판단했고, 그래서 시카고 대학교로 갔다. 히틀러가 원자탄을 먼저 쥘 수도 있었던 것처럼 바로 그렇게 이제 소련이 수소 폭탄 개발 경쟁에서 미국을 패배시킬 위험성이 있다고 주장하며, 그는 그의 총애하는 계획을 위해 운동했다. 텔러는 1949년 소련의 첫 분열탄 폭발까지 거의 지지를 얻지 못했는데, 그 후 그의 끈질긴 수소 폭탄 주창은 호의적인 정치적 바람을 얻게 되었다. 수소 폭탄을 만들려는 그 결정에 반대하는 아인슈타인, 실라르드, 한스 베터Hans Bethe와 같은 유명한 과학자에 의한 짧은 저항이 있었지만, 아무 소용이 없었다. 열핵thermonuclear 무기를 만드는

데 반대하는 논의를 담은 ≪사이언티픽 아메리칸Scientific American≫의 한 호가 국가 안보에 위험하다고 몰수된 그런 것이 당시의 정치적 분위기였다. 그 이래 수소 폭탄은 군사적 삶과 정치적 삶의 사실이었다.

충분히 얄궂게도, 텔러는 그의 "아기"의 최종 탄생에 연루되지 않았다. 그가 그 개발 단계에서 연구하기 위해 로스앨러모스로 돌아왔음에도 불구하고 그는 거기서 (다시 한번!) 동료와 잘 지낼 수 없었고, 그래서 그는 떠났다. 그리하여, 그 궁극적 무기의 일순위 발명자가 캘리포니아 해변에 홀로 앉아 태평양 먼 곳에서 있은 그 첫 폭발의 증거인 충격파를 지켜보는 일이 생겼다. 그 직후, 그와 워싱턴의 그의 영향력 있는 친구들은 두 번째 핵폭탄 연구소의 설립을 위해 압박하고 있었다. 그 제안은 공군(육해공군 사이의 경쟁은 무기 정책 뒤에 숨겨진 대항 의식의 중요 부분이었고, 지금도 그렇다)의 호의를 얻었다. 로런스 리버모어 연구소Lawrence Livermore Laboratory는 텔러를 그 안내 등으로 삼아 그렇게 출발했다(그가 공식적으로 짧은 기간만 소장직을 차지하고 있었음에도 불구하고). 마침내 그는 그 자신의 쇼를 돌아가게끔 한 것이다.

오펜하이머에 대한 악명 높은 청문회 때, 텔러는 그에게 반대해 증언한 유일한 과학자였다. 그의 가장 해를 끼친 진술은 "만약 그것이 1945년 이후 행위로 증명되었듯이 지혜와 판단에 관한 문제라면, 어떤 이가 승인을 하지 않는 것이 더 현명했으리라고 말할 것입니다"였다. 오펜하이머가 과학자와 정치인에 미친 영향력에 대한 텔러의 오랜 분개―그리고 특히, 그가 수소 폭탄 개발의 길에서 그가 내려놓은 장애들에 대한―가 그 하나의 결정적 문장에 압축되었다. 보안 승인에 대한 결정으로 가정되었어야 하는 바가 정치적 재판이, 즉 이제 정부 노선이었던 바에 대한 충성심의 시험이 된 것이다. 청문회 이후, 텔러는 그 사건에서 그의 역할 때문에 미국 물리학계의 많은 이로부터 배척당했다.

그들 악명 높은 일화 이래 몇 해를 통해, 텔러는 미국 군대 물리학의 선두에 남아 있었고, 로런스 리버모어 연구소 그의 기지에 몸 편히 앉았다. 그는 많은 저명한 강좌에 강연해 달라고 초청받아 왔고, 일반 독자를 위해 강연의 몇몇을 책으로 다듬었다. 이 작업에서, 그는 핵 억제 필요성과 핵 능력의 안전성을 옹호해 논증하고 새로운 지식을 찾고 또 그것의 가능한 응용을 탐구하는 과학자들의 의무를 단언했다. 과학자의 유일한 다른 의무가 존재한다면 지식과 기법을 가능한 한 명백히 설명하는 것이라고 썼는데, 그것들로 무슨 사용을, 만약 있다면, 만들어낼지 결정하는 일은 전체로서의 사람에게 남겨두었다(2.6의 그에 대한 인용을 볼 것). 이것은, 물론, 경탄스럽게 민주적으로 들리는데—누가 그것에 동의하지 않을 수 있겠는가? 그러나 이러한 이상이 수소 폭탄이나 그에 앞선 원자 폭탄의 실제 개발에 얼마나 멀리 적용되었는가 묻는 일은 가치가 있다. 미국인들은 어떤 선택을 부여받았나? 폭탄을 개발, 시험, 배치하는 중대한 결정은 일반 대중이 그 문제에 관해 어쨌든 알기 전에 이루어졌다. 텔러와 같은 영향력 있는 개인들은 일정한 결정에 대해 왕성하게 로비를 했다. 그는 연구를 하고 그러고 나서 뒤로 물러나 앉아, "여기 과학적 결과가 있습니다. 당신들이 최선이라고 생각하는 대로 그것들을 처리하세요"라고 말하면서, 그것을 다른 사람들에게(혹은 그들이 선출한 의원들에게) 건네는 종류의 과학자가 아니다. 명백히, 그는 권력 있는 이들에 의해 그의 생각이 받아들여지게 하려 여러 해 동안 과학이 어떻게 응용되어야 하고 어떻게 아주 효과적으로 기동되어야 하는가에 관해 아주 분명한 생각을 갖고 있었다.

동일한 패턴이 텔러의 더 최근의 창작물, SDI 프로그램에서 발견되는데, 이는 레이건 대통령이 1983년 놀라워하던 세계에 처음으로 선언했다. 그 전망은 핵 동력 레이저 컴퓨터 기반 시스템을 수단으로 〈스타 워스star wars〉 식으로 날아드는 핵미사일들에 맞서 그것들을 격추시키는 효과적 방패에 관한 것으로 미국 국민 앞에 내놓았다. 누가 결국, 방어의 이상을 비판할 수 있었을까? 충분히, 명백히 많은 사람이 그랬다. 비판은 그러한 어떤 시스템이 쭉 완벽히 효과적일 수 있을까(왜냐하면, 만약 한두 개 미사일만 통과되더라고 수백만의 사람들이 여전히 죽을 수 있게 될 것이기 때문)라는 직선적 의심에서부터, 모든 것은 미국의 미사일 기지를 방어해 핵전쟁에서 "이길" 수 있도록 하려는 냉소적 홍보 선전에 불과했다는 의심까지 다양했다.

이 문제의 전체적 진실이 무엇이든 간에, 한 가지는 확실하다. SDI는 로널드 레이건의 연설 전날 그가 꿈꾼 것이 아니었다. 텔러와 그의 동료들은 여러 해 동안 연구해 왔는데 기술적 가능성을 탐구하고 군이 관심을 계속 갖도록 시도했다. 거대한 총액이 지출되었고, 그 프로그램은 부시 정권하에서 더 적은 추진력과 함께했음에도 불구하고 계속되었다. 많은 학술계 과학자가 참여하길 거부했고 그에 반대하는 운동을 했다. 대부분이 이제 그것이 결코 작동할 수 없었을 것임에 동의한다. 1985년, 컴퓨터의 결정 문제가 수학적으로 해결 불가능할 것이므로, SDI가 날아드는 미사일에 대해 완전한 방패로 기능하기란 이론적으로 불가능하다는 것이 벨 연구소에서 증명되었다. 연구는 그리하여 훨씬 덜 야심적인 방어로 전환되었다. 어떤 이는 기초 물리학 연구 기금을 조성하는 그리고 정부 보조금을 경제에 주는 미국의 특수한 방식인, 모든 일이 보이는 것보다 덜 불길했다고 논의할 수도 있겠다. 그 프로그램의 옹호자들은 이제 SDI에 대한 미국의 지출이 소련으로 하여금 군비 경쟁을 계속해 나가도록 하여 파산하도록 몰아넣었고 그래서 그것의 몰락을 가져왔기 때문에, 그 계획은 빛나는 으름장이었다고 논의한다. 하지만, 그것은 그 사건 이후의 지혜인 것이고―SDI는 분명히 원래 속임수로 기획된 것은 아니었다.

SDI에 대한 전체적 이야기가 여전히 더 이야기할 바가 있는 것으로 남아 있고, 평결은 아직 명확하지 않다. 그러나 그것은 대중이 과학을 어떻게 사용할지에 대한 대중적 결정의 사례가 아니고―선출된 대표의 결정 사례도 좀처럼 되기 어렵다. 더 좋게든 더 나쁘게든, 텔러와 같은 과학자들이 옳은 접촉을 하고 정치적으로 선호된 태도를 취했다면, 때로 정부 정책에 유의미한 영향력을 행사할 수 있다. 그들은 그렇다면 어떤 다른 일반 시민 이상으로 더 많은 책임은 없는 척 할 수 없다.

10.2 유전공학
그리고 로비하는 과학자

생물학은 성년이 되었다. 그것은 한때 과학 가운데서 어린 것으로 내려 보였다. 금세기 초 비웃음은 물리학을 제외하고 과학이란 단지 "우표를 수집하고 있다는", 즉 자연의 내용에 대한 이론화 없이 그것들을 묘사하는 자연사 natural history(하지만 그 평결은 다윈의 진화론에 별로 공정하지 않은 것이었다)라는 것이었다. 그러나 그것의 새로운, 분자적 형태 안에서 생물학은 가장 재빠르게 전진해 가는 과학 영역의 하나가 되었다. 제2차 대전 후, 물리학에서 생물학으로의 과학자들의 식별 가능한 움직임이 있었다. 군사적 응용이 물리학의 아름다운 주제를 망쳤다는 모리스 윌킨스Maurice Wilkins(6.1에 우리는 DNA 이야기 중 그의 부분을 언급했다)에 의해 표현된 느낌 때문에 부분적으로 일어났다. 그러나 많은 이는 생물학이 몇몇 흥미 있고 새로운 과학 연구와 탐구가 행해질 수 있는 곳에 존재했다는 점을 감지했는데—역시 6.1에 설명된 크릭과 윗슨의 태도를 보라. 1950년대와 1960년대에, DNA에 관한 해명을 뒤따라, 분자 생물학은 아마도 가장 빨리 성장하는 과학 영역이었을 것이다. 생물학은 이제 상업적 (그리고 군사적) 응용이 움트는 단계에 도달했다. 그 결과는, 우리가 이제 보게 될 것처럼, 생물학자들이 그들의 연구의 재정적, 사회적, 정치적 맥락들에 관한 이상한 질문에 맞닥트려야 했다는 점이다.

윗슨의 유전공학 옹호

우리는 6.1에서 제임스 윗슨의 빛나는 출발을 따라갔다. 1970년대, 명성 있는 콜드 스프링 하버 연구소의 소장으로 잘 자리 잡고 있던, 그는 첫 유전 공학 기법의 등장으로 대중적 논의의 위상으로 들어갔다. 1973년, 캘리포니아 대학교의 허벗 보이어Herbert Boyer와 협력하며 스탠퍼드 대학교에서 연구하던 스탠리 코언Stanley Cohen은 한 유기체에서 유전자를 떼어내 다른 유기체의 유전자에 합쳐 넣는 일의 실행 가능성을 제안한 일련의 선구적 실험을 수행했다. 박테리아에서 유전자를 실어 나르는 DNA를 추출해, 그들은 제한 효소restriction snzyme가 일정한 위치에서 긴 DNA 분자를 자를 것이고, 리가제 ligaze 효소가 다시 그 조각들을 붙일 것이며, 그리고 나서 재조합된 DNA가 다른 박테리아에 삽입되는 것이 가능하다는 점을 알아냈다. 이 주제에 관한 나중의 변화 내용에서, 코언과 보이어는 고등 유기체(두꺼비가 이 목적으로 "고등"하다고 여겨졌다)에서 DNA 부위를 잘라내 박테리아의 DNA에 합쳐 이었고, 두꺼비의 유전자가 박테리아의 다음 세대에 복제되었다. 그리하여, 박테리아가, 그리고 아마도 더 고등한 유기체가 외부 유전자의 삽입으로 다시 프로그램되고 다시 모델화될 수도 있다.

이 기법들이 효과적임이 증명되자 곧, 실험실의 통제된 조건하에서조차 그것들을 미생물에 사용하는 일의 안전성에 관해 우려가 표현되었다. 버클리에서 폴 버그Paul Berg와 그의 동료들은 암 바이러스 일부를 사람의 내장에 거주하는 박테리아로 들어갈 수 있을 박테리아 바이러스와 합쳐 잇는 것에 관해 생각했다. 극히 위험한 박테리아가 부주의로 창조될 위험성은 없었는가? 그것들이 발암성이거나 아주 전염성이 강하고 알려진 모든 항생물질에 저항성이 있다고 판명될 수도 있을까? 이 공적 논쟁의 고점의 더 소름끼치는 무서운 이야기 중 하나에서, 보스턴 시장 벨루치Vellucci는 "신은 실험실에서 무엇이 기어 나올지 아십니다! 그들은 아마도 치료할 수 없는 질병으로 또는 심지어 괴물로 나올 수조차 있습니다. 이것이 프랑켄슈타인의 꿈에 대한 해답입니까?"(Langone 1978, 110에서 인용)라고 하버드 대학에서 그의 몇몇 정적에게 말했을 때 많은 사람을 겁나게 했다. 그런 공포가 있을 수도 있다고 지나치게 극화될 수가 있듯이, 분자 생물학자들 스스로 새로운 기법의 적용으로부터 재앙과 같은 부작용이 결과해 나오지 않을 것임을 확실히 증명할 수 없었다. 그러나 그들은 과학적으로 흥미 있는 (그리고 잠재적으로 보상을 줄) 온갖 종류의 연구를 하기 위해 새로이 손에 넣을 수 있는 도구를 쓰길 열망했기 때문에,

앞으로 나아가려는 분명한 전문 직업적 관심이 있었다.

이는 다른 곳에서도 일어났던 유형의 상황(예를 들어, 원자력 발전소의 안전성에 대한 논쟁을 고려해 보라)이고, 그것은 과학과 기술이 진전하면서 다시금 되풀이될 것이다. 존재해야 하는 권력은—정부, 산업, 또는 과학 자체 어디에든 있어야 하는—새로운 기술을 사용하는 것에 관심이 있고, 비록 그들이 전문가 견해로는 위험성이 아주 작다고 대중에게 재확언하려 함에도 불구하고, 그들은 (지적으로 압박받을 때), 위험이 전혀 **없다**고 증명할 수 없다. 그렇다면 누가 위험성이 받아들일 가치가 있는지의 여부를 결정할 것인가?

재조합 DNA 기술의 위험에 관한 논쟁은 우리의 자연과의 관계를 향한 상이한 태도들을 초래했다. 쟁점은, 말하자면 진화 자체의 힘을 안내하는 전망과 더불어 생물적 자연 속 그와 같은 매우 기초적 종류의 개입에 관한 지혜였다. 노벨상 수상자 조지 월드George Wald는 국립과학아카데미National Academy of Science가 후원한 대중적 토론에서 다음과 같이 주장하며, 재조합 DNA 연구에 전반적으로 반대했다. "일순위 위험은 일정 유기체에서, '바람직한' 변화의 의도적 산출이 살아 있는 것들 사이에 무한히 복잡하고 섬세한 균형, 자연에서 서서히 진화해 온 균형을 파괴할 수가 있다는 점입니다. 자연스러운 관계의 갑작스러운 불균형으로 인해 생태계의 비참하고 돌이킬 수 없는 붕괴를 재촉할 것입니다"(1976, 10). 이와 유사하게, 당시 캘리포니아 공과 대학 생물학 교수 로버트 신샤이머Robert Sinsheimer는 인간이 만든 유기체를 "우리의 소중하고 얽히고설킨 생물권" 안으로 끌어들이는 것에 대해 경고했다(1976, 2540).

재조합 DNA 실험에 관한 우려는 복잡한 자연계에 대한 간섭이 재앙적 결과와 더불어 섬세하게 균형을 이룬 관계를 혼란케 할 수도 있다는 것이었다. 흔히 표현된 경고는 우리가 자연계에 간섭해 나타날 귀결에 관한 충분한 지식을 결여했을 때 우리는 자연계에 간섭해서는 안 된다는 것이다. 재조합 실험이 정말로 위험하지는 않다는 몇몇 과학자의 반응은, 무엇이 "자연적인" 것이냐에 관한 개념에 호소했다. 버그Berg와 싱어Singer는 다음과 같이 논의했다. "(다른 종에 의한 유전자 교환에 관한) 자연적 장벽을 예측하거나 지지하는 어떤 과학적 사실이나 이론도 없다. 재조합 DNA 방법론으로 이 가설적 장벽을 평가하는 일이 신샤이머가 상상하는 귀결을 가질 것이라고 가정할 이유는 없다"(1976, 2542).

재조합 DNA 연구라는 사례는 그 새 기술의 함축이 평가되던 동안, 과학자들 자신이 연구의 휴지를 제시했다는 점에서 통상적이지 않은 일이었다. 1974년 7월 26일에 출간된 ≪사이언스Science≫에 보낸 편지에서, 윗슨 자신을 포함한 버그와 그 분야의 많은 지도자는 가능한 위험성이 더 정확히 평가될 수 있을 때까지 새로운 유전자 삽입 기술을 사용하는 모든 실험(일정한 조심스럽게 특화된 종류의)의 일시 정지를 제안했다. 이 제한은 자발적인 것일 수가 있었을 뿐이었는데, 왜냐하면 비록 그것이 미국 국립과학아카데미의 재조합 DNA 위원회에서 나왔음에도 불구하고, 그것은 미국에서 법적 효력을 갖고 있지 않았고, 그것이 전 세계적으로 강요될 수 있었을 길은 없었기 때문이다. 그럼에도 불구하고, 발견의 우선성을 향한 통상적 경주에서 자발적으로 뒤로 물러서는 과학자들의 드문 예를 제공한다고 한동안 관찰되었다. 자제를 보인 것은 아주 드문 일이었다. 그 일시 정지는, 추정적으로 위험한 영역에서 실험함으로써 그의 또는 그녀의 과학 경쟁자에 대해 성급히 행동하려 한 어떤 이는 연구 결과를 출간함으로써만 그렇게 하는 일에서 이익을 얻을 수가 있다는 점에서 일정한 도덕적 힘을 갖고 있었지만―그 당시 그가 또는 그녀가 비공식적 규칙을 깼다는 것은 과학계에 분명했을 것이다.

버그의 편지는 1975년 초 태평양 휴양지 아실로마Asilomar에서 세계 대부분의 유명한 분자 생물학자가 참석한 유전공학 속 안전성 문제에 관한 유명한 회의 개최로 이끌었다. 이해할 만한 것으로, 그들은 만장일치와 거리가 멀었다. 몇몇 과학자는 자유로운 과학적 탐구 권리를 주장했으나, 신샤이머와 같은 다른 과학자들은 안전성을 위한 제한의 필요성을 계속 논의했다. 신샤이머가 나중에 썼듯이 말이다.

여기서, 내가 생각하기로, 우리가 어떤 인간 활동의 실천에 제한이 있다는 것을 인정해야 한다. 탐구의 자유에 어떤 제한을 부과하는 것은 그의 삶이 연구의 삶인 과학자에게 특히 쓰다. 그러나 과학이 너무 세력 있게 되었다. 갈릴레오의 깃발을 흔드는 것은 더 이상 충분치 않다. …… 좋든 나쁘든 통제 불가능한 방식으로 지구로 퍼져나갈 가망이 있는 신기하고 자기 영속적인 유기체를 개별 과학자가 창조할 권리를 주장하길 희망할 것인가? 나는 아니라고 생각한다(1975, 151).

아실로마 회의 참석자 다수는, 그들이 스스로를 감찰하려 행위를 하지 않고, 일정한 실험이 다른 실험보다 더 위험하다고 분류하는 데 그리고 물리적 규칙(특수한 실험실의 처리 절차를 포함하는), 생물학적 규칙(자연환경 속으로 탈출해야 했을 때 박테리아들의 생존 가능성을 줄이기 위해 인공적으로 약화시키게 될 박테리아의 변종을 사용하는) 두 유형의 안전성 규칙을 추천하는 데 동의한, 더 진저리나는 법적 제한이 그들이 제안한 연구 위에 놓일 수도 있다는 점을 우려했다. 정부 조직 및 과학 조직 전체에 대한 널리 퍼진 의혹 가운데(닉슨 대통령의 사임을 강요했던 워터게이트 스캔들의 시기였다), 대중 운동 안에서 가장 활발했던 많은 이가 연구에 제한을 가하는 데 열심이었다. 미국 국립보건원National Institutes of Health은 공식적 지침을 제시했는데, 재조합 DNA 기법의 사용을 정교한 규칙의 집합을 기안해 제한했다.

윗슨은 많은 그의 동료와 더불어 대중적 논쟁을 장려했던 것이 실수였다고 곧 느꼈다. 그는 일시 정지를 요구했던 (자신을 포함하는) 과학자들에 대해 "우리는 십대 멍청이들이었다"라고 말했다. 우짖는 늑대로, 그는 그들이 전적으로 가설적인 위험에 대해 너무 어울리지 않은 대중적 우려를 창조했음을 의미했다. 윗슨은 일정한 이른바 안전한 영역에 대한 실험을 제한하는 규칙을 제정하는 것이 다른 모든 실험이 안전하지 못하다는 꽤 현혹시키는 인상을 주었다고 논의했다. 이 쟁점은 심각하게 정치화되었고, 윗슨(완곡한 말을 결코 하지 않는 이)은 전체 사건이 "멍청한 환경 미치광이와, 유전학을 대중을 더 나아가 노예화하는 수단으로 보는 좌파의 이상한 연합"에 너무나 많은 인기와 영향력을 부여했다고 말했다(Watson and Tooze 1981, 346).

재조합 DNA 연구 제한을 이완하기 위한 효과적 로비 활동이 잇따라 일어났는데, 그것은 연구와 함께 나아가길 원했던 과학자들과 새로운 기술을 적용할 때의 이윤(다음 절에서 보게 될 것과 같은)을 예견한 자칭 생물기술자들에 의해 지지되었다. 윗슨은 연구에 더 나아간 제한을 부과하지 않고 이미 부과된 것들도 완화하기 위해 의회를 설득하는 데 강력한 역할을 했다. 실험과 응용이 진전되어 가면서, 초기의 두려움은 지지되지 않았고, 윗슨의 판단은 타당해진 것으로 보인다. 끔찍한 일은 일어나지 않았다—아직까지는. 전염병을 풀어놓는다는 운명의 날doomsday 위협과 암과 질병의 경이로운 치료라는 기약 둘 다 크게 과장된 것으로 판명되었다. 1990년대에 유전공학에 관해 표현된 우려는 실험실 실험의 안전성에 관한 것이기보다는 유전 공학의 윤리적, 법적, 상업적 측면에 관한 것인 경향이 있다. 그렇지만 생물기술이 연구과학자들의 손보다 덜 조심스러운 손에 의해서 산업 수준으로 올라가면서, 생물 재해의 잠재력은 확실한 감시를 필요로 하게 될 것이다. 과학 이론이 자연에 깊숙이 들어갈수록, 그것은 인간의 개입에 더 많은 힘을 제공하며, 큰 규모로 무언가 잘못될 더 많은 가능성이 존재한다. 외래 종(유전공학적으로 처리되지 않은)을 다른 생태계로 도입할 때 발생하는 파괴적 효과는 우리에게 환경 균형이 얼마나 쉽게 뒤집힐 수 있는가를 상기시킨다. 때로 그들만큼이나 거친(2.2를 볼 것) 리프킨과 같은 운동가의 반대가 안전성 기제로 작동할 수도 있다.

의회 로비에서 코언의 역할

스탠리 코언은 유전 공학의 가능성을 증명한 최초 생물학자들 중 하나였다. 그는 또한 일찍이 유전 공학의 금전적 가능성을 깨달은 그리고 특허를 신청한 가장 초기 사람 중 하나였다. 유혹하는 상업적 전망이 존재했음은 이미 명백했다. 인간 유전자가 박테리아 DNA와 재조합될 수 있다면, 아마도 바뀐 박테리아는 작은 생물학적 공장—예를 들어, 의학적으로 유용한 물질을 만들어 내기 위해—으로서 이용될 수 있을 것이다. 식물 유전자 또는 농장 동물의 유전자는 생산성 증대를 위해 다시 프로그램될 수도 있을 것이다.

코언은 특허를 신청하는 데 그리고 그리하여 그의 과학적 발견에서 돈을 벌려 한다는 비난에 개방되는 데 마음이 내키지 않았던 것으로 보이는데, 특히 유전공학의 안전성에 관한 논쟁이 고점에 달했을 때 그러했다. 그러나 그는 스탠퍼드 대학교 기술국 사람들에 의해 그의 유전자 재조합 처리 절차가 특허를 받지 **않는다**면, 이 특허를 통해 대중적 사용에 열리기보다는 사기업의 숨겨진 기업 비밀로 쓰일 가망이 더 클 것임에 설득되었다. 이에 따라, 그 신청은 첫 대중적 노출 이후 1년 이내라는 미국 특허법이 허용하는 마감 기일 바로 앞에서 서류 처리가 되었다. 제안된 특허는 개인으로서 코언과 보이어의 이익이 아닌 스탠퍼드 대학교와 캘리포니아 두 대학교에 이익이 되게 되어 있었다. 그럼에도 불구하고, 1976년 이 움직임이 대중에게 알려졌을 때, 사람들은 이 두 기관은 아주 많은 사람들의 연구로 기초가 놓인 그리고 주로 납세자의 돈으로 자금을 지원받은 발견으로부터 이윤을 내려 제안하고 있다는 소스라침이 일었다. 소송 제기가 코언 및 보이어와 협력했던 이들에 의해 위협받았으나 특허 신청에 포함되지는 않았다. 그렇지만 특허는 1980년 ("생물학적으로 기능하는 분자 키메라 생산을 위한 절차Process for Producing Biologically Functional Molecular Chimeras"—키메라는 사자의 머리, 염소의 몸통, 뱀의 꼬리를 가진 전설의 괴물이다—라는 프랑켄슈타인적 제목으로) 출원되었다. 그것은 학술적 과학자들이 유전자 접합 기술을 사용료 지불 없이도 사용할 수 있게 허락한다. 그리고 상업적 응용 면에서, 대학 변호사들은 잠재적 사용자들이 특허를 피하려 하기보다는 면허 수수료를 지불하는 게 더 매력적이도록 하는 그런 수준에서 교묘하게 면허 수수료를 책정했다. 결과적으로, 거기서 나오는 수입이, 적어도 대학 기준으로, 상당했다.

안전성 위험도 및 재조합 DNA 기법의 상업화에 대한 이들 논쟁이 광범위하게 문서화되어 왔고, 우리는 그것을 이미 살펴봤다. 이제부터 우리가 1977년 일어난 일화를 고려하게 될 텐데, 이때는 코언과 같은 자칭 유전 공학자들이 그들의 연구에 대한 안전 제한의 수위를 낮추기 위해 미국 의회를 설득하는 것을 도왔다. 이는 정치적 영향력을 행사하는 데 이용되고 있는 과학적 전문 지식의 교훈적인 예인데, 이 경우에서 분자 생물학자들의 이익을 더 멀리까지 가도록 하기 위한 것이었다. (법정은 소위 쓰레기 과학junk science이라는 점증하는 문제에 직면했는데, 거기서 소송의 각 측은 소문난 전문가를 부르며 추정적인 전문가 증언의 신뢰성을 결정할 아무런 효과적 절차도 존재하지 않는다.) 우리가 보아왔듯이, 재조합 DNA 실험의 일시 중지는 많은 과학자를 불합리한 것으로 기각해 버린 대중의 공포를 자아냈다. 두 번째 귀결은 제안된 미국의 입법이 학술적 과학자들이 하길 원했던 연구를 불편하게 했다는 것인데 재조합 DNA를 이용하는 산업적 과정의 안전성은 고려하지 않았다. 그러나 이들 더 광범위한 문제를 제기하기보다는 오히려, 많은 분자 생물학자는 제안된 규칙이 어울리지 않게 과학 연구를 제한한다고 미국 의원들을 설득하기 시작했다. 그들은 여러 동기—확실히, 지적 호기심을 그러나 또한 그들의 과학적 경력을 더 진전시키려는—를 갖고 있었다. 그리고 우리가 주목한 대로, 금전적 이해관계가 수백 마일 떨어진 데 있는 것은 아니었다. (많은 다른 이처럼, 코언도 1975년 지금은 카이론Chiron으로 합병된 시터스Cetus 회사의 과학 자문위원회에 참여해 상업과 연합되었다.)

우리는 이제 우리가 강조한다고 제안했던 일화로 간다. 1977년, DNA 실험에 대한 다양한 정도의 규제를 제안하는 법률 초안이 의회에 상정되었다. 최소한으로 제한적인 입법을 상원과 하원 의원이 채택하도록 설득하려 기도하면서, 재조합 DNA의 위험성이 많이 과장되었다는 것을 보여주는 몇몇 새로운 연구 결과가 제출되었다. 이 목적에 가장 유용했던 논문 중 하나가 코언과 그의 공동 연구자 S. 창Chang에 의해 쓰였다. 그 안에서, 그들은 살아 있는 박테리아 세포에서 실험적으로 그 세포 속에 삽입된 다른 종의 DNA 조각의 자발적 재조합을 보고했다. 그러나 그 논문 자체가 대부분의 현대 과학 출간물처럼 일반 독자가 이해 가능한 것이 아니었기에, 그것은 일상 언어로 요약되어야 했고, 이는 과학자들 자신의 이해관계가 결과에 영향을 미쳤던 것으로 보였던 곳이다. 의원과 언론이 DNA 재조합이 자연 상태에서 꽤 흔히 일어난다는 것, 그것은 오랫동안 계속됐어야만 한다는 것, 그러므로 그것이 별로 위험할 수 없다는 것을 이해하게 되었다. ≪워싱턴 포스트Washington Post≫(1977년 9월 28일)는 "어머니 자연은 지금 과학자들이 세포 안에서 할 수 있는 것을 이미 오래전부터 감당할 수 있었던 것입니다"라고 코언이 말한 것으로 인용했고, 상원의원들은 이 노선을 되풀이해서 듣게 되었다. 그러나 코언-창의 실험이 자연 상태에서 DNA가 언제나 임의로 재조합한다는 점을 증명하지는 못했다. DNA 조각들이 인공적으로 다른 세포 안으로 도입되면, 그것들이 거기서 결합**할 수도 있다**는 것을 보여주었을 뿐이다. 자연에서 DNA 파편들이 세포벽을 통과할 수 있다는 아무런 직접적 증거가 존재하지 않았다. 그렇지만 "나는 이것이 자연 방식에 역행하는 것이라고 생각했기 때문에, 서로 다른 유기체로부터 나온 유전자들을 결합시키는 실험에 대한 준종교적 적의"를 처음에는 품고 있었다고 말했던 르네 뒤보René Dubos와 같은 이조차도 "유전자 교환은 자연적 조건에서 흔히 일어난다"라는 것과, 박테리아는 "그들이 그 안에서 살고 있는 동물과 식물에서 나온 DNA 파편들을 합체시킬 수 있을 수 있다"라는 것을 깨닫게 되었다(1974, 238).

코언은 그 상황이 코언의 이해관계에 봉사한다는 몇몇 잘못된 표현에 의해 비난받았다. 앨라배마 대학 미생물학 교수였던, 로이 커티스 3세 박사Dr. Roy Curtiss Ⅲ(안전성 논쟁의 시초에 가장 유의하던 이들 가운데 있었지만, 그럼에도 불구하고 나중에 견해를 수정했던)는 코언을 "내가 알고 있는 과학자 중 가장 오만하고, 비열한 정치학의 조각"(Lear 1978, 242에서 인용)이라고 묘사까지 할 만큼 멀리 나갔다. 잘못된 정보가 무엇이었든 간에, 이 사건으로 제기된 일반적 우려는 분자 생물학자들이 그들이 원했던 바를 하려고, 즉 법적 제한 없이 그들의 연구를 추구하려고 정치가에게 영향을 끼치려는 그런 방식으로 과학적 결과를 해석했다는 점이다. 과학자는 더 이상 공평무사한 진리 추구자가 아니다. 그들은 과학, 정치, 사업 안에서 권력 게임의 선수가 되었다. 카발리에리 Cavalieri(1981)는 이 전체 일화를 "진리에서 권력으로"라고 딱지 붙였다.

생물과학의 정치적, 법적, 윤리적 얽힘

제약 회사 일라이 릴리 앤드 컴퍼니Eli Lilly and Company에 대한 캘리포니아 대학교University of California(UC)의 특허 소송은 오늘날 연구의 응용이 큰 사업이 될 때 생명과학 연구에 영향을 미치는 문제의 몇몇을 예증해 준다. 그 소송은 릴리가 인간 인슐린을 만드는 방법에 관한 UC의 특허를 예우하길 거부했다고 비난했다. 수천만 달러가 걸려 있었다. UC 연구자들은 쥐의 전체 유전자 서열을 파악해 내는 일에서 최초로 성공했는데, 그것이 인간 인슐린 유전자의 서열을 파악하는 일을 비교적 쉽게 해주었다. 1977년 당시, 연방 가이드라인이 인간 DNA 사용을 금지했기 때문에 그들은 인간 DNA 대신에 쥐를 연구해야 했다. 1979년에 이르러 인간 유전자가 복제되었고 세균 안에 삽입되었는데, 그러고 나서 그것은 인슐린을 생산할 것이다. 특허 신청 10년 후인 1987년 UC는 인슐린 생산에 대한 상업적 권리를 받았다.

그러나 UC는 릴리에 대한 소송에서 패했는데, 릴리는 UC 과학자들이 그들의 인슐린 자료의 기원을 미국 특허국에 잘못 제시했으며 유전자 복제에 대한 국립보건원NIH의 지침을 위배했다고 논의했다. 샌프란시스코 소재 UC의 과학자들은 경쟁자인 하버드의 월터 길버트Walter Gilbert가 개발한 방법의 몇몇을 사용했으며, 릴리는 인슐린 화학의 전문성을 UC 팀과 공유했었다. 릴리는 1982년 합성된 인간 인슐린을 시장에 내놓기 시작했다. 딜린Dillin 판사는 (릴리의 고향인 인디애나폴리스Indianapolis의 재판에서) UC의 쥐 유전자 특허는 그 유전자의 서열이 릴리가 사용했던 인간 유전자의 서열과 달랐기 때문에 부당하다고 판결했다. 이에 더해, 판사는 NIH에 의해 안전 승인을 받지 않은 금지된 벡터 플라스미드vector plasmid를 사용한 것을 비난했는데, 이 효과에 관한 길버트의 전문가 증언을 받아들였다. 후자의 혐의는 항소심에서 뒤집혔지만, 소송이 1997년 종결되었을 때, UC는 특허 로열티로만 수백만 달러를 버는 대신에 법률 비용 1200만 달러를 지불해야 했다.

과학자들을 정치적, 법적, 윤리적 쟁점에서 얽히게 했던 생물기술biotechnology의 또 다른 응용은 유전자 조작genetically modified(GM) 옥수수였다. 예를 들어, 해충에 저항하는 독성 물질을 생산시키기 위해 유전자가 옥수수 안에 삽입되어 왔는데, 이것이 외래 유전자는 알레르기와 같은 건강 문제를 일으킬 수가 있으며 환경에 나쁜 효과를 갖는다는 우려를 제기했다. 조작된 옥수수는 이익이 되는 곤충을 죽일 수도 있다. 옹호자들은 유전공학의 가망성 있는 이점을 지적했고 건강에 대한 아무런 위험도 과학적으로 증명되지 않았다고 논의했다. 나팔수선화daffodil와 세균에서 복제된 유전자가 더 많은 영양 성분을 갖는 잡종hybrid을 만들기 위해 쌀 안에 주입되었다. 그 유전자들은 베타카로틴beta carotene을 생산했는데, 이것이 개발도상국의 수백만 어린이에게 영양을 주는 비타민 A의 결핍을 경감시키는 것을 도와줄 수 있었으며, 그것들은 인산을 분해시키는 효소를 위한 염기 서열 처리를 함으로써 가용의 철을 풍부하게 해주는데, 인산은 식이 중 쌀에서 철의 흡수를 통상적으로 금지시킨다. 지지자들은 GM 쌀 생산이 GM 콩 수입 금지를 유럽 국가들로 하여금 고려하도록 재촉시킨 종류의 우려에 의해 지연될 수도 있다고 두려워한다.

그린피스Greenpeace는 소비자에게 생물기술을 사용해 생산된 모든 "프랑켄슈타인 식품"을 거부하라고 촉구했으며, 영국의 활동가들은 GM 곡물 들판 재배 시도를 파괴했다. 스코틀랜드 연구 과학자 아르파드 푸스타이Arpad Pusztai는 눈송이에서 통상적으로 발견되는 천연 살충제를 함유하도록 공학적으로 처리된 감자는 그것들이 쥐의 면역계를 억눌렀기 때문에 건강하지 않다고 그가 논의했을 때, 커다란 논쟁을 휘저어 일으켜 냈다. 왕립학회 소속 비평자들은 그의 주장을 쓰레기라고 거부했으며, 그는 애버딘Aberdeen의 로윗Rowett 농업 연구소에서 해고되었다. 그의 경우가 ≪랜싯The Lancet≫(1999년 5월)의 편집인 글에서 다루어졌는데, 이것은 몬산토Monsanto 회사와 같은 GM 곡물을 조장 하는 크고 강력한 회사의 동기에 의문을 나타냈고, 이타성보다는 이윤에 의 해 더 많이 동기를 부여받았다고 제안했던 것이다. 그 편집인 글은 또한 GM 식품의 안전성 시험에 충분히 우려하지 않은 데 대해 미국 식품 및 의약 행정 을 비판했다. 이들 사례에서 균형을 바르게 잡기가 지독히도 어렵다. 안정성 에 대한 몇몇 대중적 경고는 과장되었을 수도 있지만, 단기적 이윤과 편리에 대한 고려가 장기적으로 바람직하지 않은 가능한 부작용에 관한 걱정을 극복 할 것이라는 위험이 항상 존재한다.

인간 유전체 계획

분자 생물학 이야기의 거대한 새로운 위상이 인간 유전체 계획Human Genome Project(HGP)과 함께 열렸다. 대략 8만 개의 인간 유전자의 구조를 그려내려던 계획은 1985년 국가 프로젝트로 처음 제안되었다. 1990년, HGP는 인간 DNA를 이루는 모두 20억 개의 염기쌍을 판정하는 일에 위임된 국제적 프로젝트로 시작되었는데, 이것은 작동하는 유전자에 더해 95%의 "정크junk DNA"를 포 함한다. DNA의 A, G, C, T 알파벳을 사용하는 뉴클레오티드nucleotides를, 즉 인간 유전체의 완전한 서열을 써내는 일이 커다란 전화번호부 100권을 채울 것이다. 2005년이라는 목표 기일까지 이 아주 커다란 착수를 완성해 내 는 일은 연구팀의 국제적 집단에 의해 매일 생성되는 15기가바이트쯤의 자 료에 관한 분석을 요구할 것이다. HGP는 그 목표를 성취하는 데 필요한 기 술의 개발을 포함한다는 점에서 통상적이지 않다. 생물기술은 컴퓨터 혁신 을 사용해 그 과제까지 상승했으며, 그 프로젝트는 사실상 몇 년 일찍 완성 될 수도 있다.

놀랍게도, 이 야심 찬 계획은 미래 자신들의 연구 직업의 보장을 염려하며 방사선 피해를 연구하는 것으로부터 보다 긍정적인 어떤 것으로의 전환을 제안했던 로스앨러모스 핵무기 실험실의 물리학자 집단에 의해 처음으로 제안되었다. 1985년, 산타크루즈 소재 캘리포니아 대학 학장이 된 신샤이머는 과학 지도 위에 그의 대학을 위치시키는 것을 돕기 위해 몇몇 큰 계획을 찾고 있었다. 약 30억 개의 인간 유전자 부호의 "문자"를 판독하고 서열을 파악하기 위한 새 연구소 건립을 토의하기 위해 세계의 몇몇 주도적 분자 유전학 전문가를 초청했기 때문에, 그는 유전공학에 대한 그의 초기 두려움을 극복했어야 했다. 많은 과학자가 실행 불가능하다고 생각했지만, (우리가 8.2에서 보았듯이) 월터 길버트는 그 계획에 충분히 인상을 받아 그의 사적인 지놈 코퍼레이션Genome Corporation과 함께 그 계획에 착수한다고 제안했다. 그는 그 프로젝트를 "인간 생물학 연구에서 기념비적 단계—"너 자신을 알라"는 명령에 대한 궁극적 대답……"으로 그려보았다. "우리는 다음 세기를 위한 새로운 생물학을 창조하고 있을 것이다. …… 그것은 엄청나게 강력할 것이다"(McKie 1988, 110).

의회는 "인간 생명이라는 책을 읽기"로 서술될 수 있을 과학적—의학적 발의로서 그리고 다가올 수년 동안 생물기술에서 미국의 주도권을 유지하는 일을 도울 수 있을 어떤 것으로서 인간 유전체 계획에 관심을 갖기 시작했다. 1988년, 의회는 이 계획을 완성하기 위해 15년의 기간 동안 지출될 30억 달러를 할당했다. 제임스 웟슨은 자신이 쟁점의 바로 그 중심에 있음을 알았고, 미국 국립 보건원 내 인간 유전체 활성 연구소 소장직을 받아들임으로써, 다시 한번, 그는 사회적 우려로 명백히 족쇄 채워지지 않은 과학 연구에 대한 그의 위임을 증명했다. 그는 HGP를 인간을 달로 보내는 1961년의 임무에 비교했다. "우리는 우리 미래가 달에 있다고 생각하곤 했다. 이제 우리는 그것이 우리 유전자 안에 있음을 안다." 생물기술회사 주식과 연루된 이익 충돌에 대한 진술들 사이에서 그 책임자로서의 사임은 HGP가 정확히 어떻게 윤리적으로 그리고 정치적으로 충만해졌는지에 관한 더 나아간 증거를 제공한다.

이때 HGP가 과학 기금의 가장 광범위한 사용을 대표하는 선택인지 아닌지에 대한 문제가 제기되었다. 예를 들어, 데이빗 볼티모어David Baltimore는 돈이 더 작은 규모의 의학 연구 프로젝트에 더 낮게 소모될 수도 있다는 데에 저항했다. 질병의 숙주와의 전투를 위한 유전자 요법의 거대한 약속에도 불구하고, 인간 유전학 지식의 가능한 사용에 관한 논쟁은 계속된다. 주요한 우려는 유전자 검열의 사용인데, 이것이 바람직하지 않은 형질을 표현할 수 있는 그들 운반 유전자에 반대해 차별할 수도 있다. 신샤이머는 이미 과학 진보의 신속성에 대한 두려움을 표시했다. "우리는 유전 공학을 얼마나 멀리까지 발전시키기를 원할 것인가? 우리 자신의 목적을 위해 새로운 생명 형태를 발전시키기 위해 이 지구상의 생명체에 대한 기본적 책임을 가정하길 우리는 원하는가? 우리는 우리 자신의 미래 진화를 우리 손안에 건넬 것인가?"(1975, 151).

인간 유전체 계획에서 얻은 지식은 인간 본성 그 자체의 기초를 만지작거리는 힘을 우리에게 준다고 약속(위협)한다. 그러한 지식에 대한 태도는 강한 양가 가치를 나타낸다. 한편으로, 미지의 위험에 대한 보수적 두려움은 제지를 조언하지만, 모험을 향한 충동인, 호기심과 모든 가능성을 시도해 보려는 과학적 그리고 기술적 재촉은 몇몇 사람에게 계속 압박하라고 명령한다. 한 과학자가 일정한 문제는 적어도 한동안 모르는 채 남겨두는 일이 최선이라고 생각하기는 어려운 일이다.

윗슨은, 어떤 이가 기대할 수가 있는 것처럼, 케블스Kevles와 후드Hood의 『부호들의 부호The Code of Codes』(1992)에 관한 그의 기고에서 "나는 생명이 어떻게 작동하는가를 배울 기회를 놓치고 싶지 않다"(165)라고 말하면서, 열성적이었다. 영국의 텔레비전 과학 프로그램 〈수평선Horizon〉과의 인터뷰에서, 윗슨은(매체가 유도하는 경향이 있는 웅변으로) "그것은 너무도 흥미롭습니다. 답을 얻기 위해서, 그것은 모성을 옹호해 논의하는 것과 같습니다. 나는 당신이 그것을 알고 싶어 한다는 것을 의미합니다. 왜냐하면, 그것—DNA—은, 아다시피, 우리 인간 존재를 위한 프로그램이기 때문입니다. 그러므로, 정말로 우리 자신을 이해하기 위해, 우리는 정말로 DNA를 이해해야 할 것입니다"라고 말했다. 유사한 노선을 따라, 『부호들의 부호』도 "성배의 시각A Vision of the Holy Grail"이라는 제목의 길버트의 기사를 포함시켰다. 비록 "성배의"라는 구절은 편집자들에 의해 삽입되었음에도 불구하고(그러나 길버트에 의해 거부되지 않았음이 인정되어야 한다—Mueller-Hill 1993, 406을 볼 것), 몇몇 이는 그러므로 이 과장된 주장이 다소 교란을 일으키는 것이라고 주장한다. 어떤 의미에서 유전학의 분자 처리에 관해 더 많이 배우는 것이 인간 존재의 의미와 가치는 언급할 필요 없이, 정말로 우리 자신을 이해하는 데 도움을 줄 수 있는가? 그 계획에 대한 비판들은 인간 유전체에 대한 완전한 서열 파악이 이루어진다고 하더라도—상당한 비용으로—진정한 연구는 그것의 해석에 있다고 논의한다. 생식 세포 DNA로부터 성체 발생은 청사진을 따르는 것처럼 단순하지가 않다. 유전자들과 그것들이 "부호화"하는 형질들 사이의 관계는 복잡한, 일반적으로 수많은 상이한 유전자와 환경 요인 사이의 상호 작용과 연루된다.

약속된 치료 결과를 성취하는 데서의 기술적 어려움 외에도, 많은 윤리적 쟁점이 제기되어 왔다. 몇몇 관찰자는 연구와 응용이 상업적 이해관계에 의해 지나치게 영향을 받을 것이라고 우려했다. 우리가 보아왔듯이, 이해 충돌의 논점은 1992년 윗슨이 NIH 인간 유전체 활성 사무국 책임자에서 사직한 요인이었다. 다른 이들은 그들 자신의 유전적 특성에 관한 통제를 획득하는 인류의 가능성으로 교란되었다(2.2의 리프킨의 견해에 대한 우리의 언급을 볼 것). 한스 요나스Hans Jonas는 그 계획을 "인간 이미지의 보전에 대한 위협"으로 보았다. 예측할 수 없는 귀결을 갖는 미지 영역으로의 진입을 두려워하면서, 그는 과학자들이 "판도라의 상자를 열려는 프로메테우스적 충동"(1985, 337)에 저항할 것을 변론했다. 인간 유전체 계획에 대한 아홉 가지 연구를 비평하면서, 하버드 대학 개체군 생물학자 리처드 르원틴Richand Lewontin은 그 계획이 어떻게 쓰일 것인가에 대해 깊은 회의를 표현했다. 그는 윗슨과 길버트가 표현한 그 계획에 관한 열정의 종류 속에 숨어 있는 "생물학적 결정론의 이데올로기"(1991, 72)를 본다.

그 계획은 이제 유전자의 기능과 구조에 관한 지식이 유전병과 암 및 다른 질병에 관한 유전적 소인의 통제로 이끄는, 의학 혁명에 대한 약속에 의해 대중에게 팔리고 있다. 윗슨과 쿡-디건Cook-Deegan은 "인간 유전체 계획의 주된 목표는 질병을 급습하는 생명 의학 연구자를 원조하는 것이다"(1990, 3322)라고 진술했다. 유전 "공학"이 "유전자 치료법"으로 해석될 때, 그것은 훨씬 덜 위협적으로 들리는데—H. 바스큰 아포시안Vasken Aposhian이 제안했듯이 말이다(1970, 106). 그저 하나의 사례에 대한 고려도 인상적이다. 최근에 위치 파악된 한 단일 유전자가 이 유전자를 갖고 있는 85%의 여성에서 유방암을 일으킨다고 이야기되었다. 모든 여성 중 10%가 그 유전자를 보유하고 있다고 산정되고 있기 때문에, 미국에서만 아마도 50만 명의 여성이 조기 경고로 이익을 볼 수도 있을 것이다. 유전자 치료법이 이미 시도되어 왔다. 1990년, 희귀한 유전적 혈액 질환으로 고통받고 있던 네 살 난 어린이가 바이러스 벡터를 수단으로 유전 물질을 주입함으로써 그의 면역계에 없던 효소를 제공받았다. 그러나 과학자들이 인간 유전체 계획을 추구하는 지혜에 대해 서로 불일치할 때, 일반인(그리고 일반 여자)은 당연히 혼동된다. 이익과 위험에 관한 대중의 관념은 유전학이 작동하는 방식에 대한 총체적으로 부적절한 개념에 종종 기초를 둔다. 1986년 해리스 여론 조사에서, 미국 인구 거의 2/3가 생물 기술에 관해 거의 모르거나 아예 모른다고 고백했다. 그럼에도 불구하고, 44%가 미래에 아이들을 더 똑똑하게 하거나 스포츠를 더 잘하게 만들기 위해 그들의 유전적 특성을 변경하는 프로젝트를 인정했다. 그 모든 과학적 정치(精緻)함과 약속된 이익에도 불구하고, 인간 유전체 계획은 이미 어려운 몇몇 사회적인 그리고 의학적인 쟁점을 훨씬 더 복잡하게 만들고 있는 것처럼 보인다.

최근 HGP는 사적 원천들에서 나오는 더 많은 경쟁에 직면했다. 이전에

NIH에 고용되어 있었던 생화학자 J. 크레이그 벤터^{Craig Venter}는 1995년 HGP에 앞서 인간 유전체의 서열을 파악해내기 위해 유전체연구소를 형성하고 있다고 선언했다. 그는 한 박테리아(하에모필루스 인플루엔자에^{Haemophilus influenzae}, 이것이 뇌막염을 일으킨다)의 전체 서열을 출간한 첫 번째 사람이었기에 그의 도전은 가볍게 여겨지지 않았으며, 그는 계속해 몇 가지 더 많은 박테리아의 유전체 서열을 파악하는 일을 했다. 그는 "전-유전체 산탄총 복제^{whole-genome shotgun cloning}"라는 새로운 기법을 사용했는데, 이것은 지놈에 대한 직접적 서열 그리기를 건너뛰고 대신에 수백만 개의 중첩되는 임의 조각들로 깨트린다. 조각들의 서열을 결정한 이후에, 그 유전체의 전체 서열을 재창조하기 위해 자료들을 합쳐 맞추는 데 컴퓨터가 사용된다.

의회의 몇몇 구성원은 그 일이 사적 자본으로 더 빨리 이루어질 수 있다면 왜 HGP가 공적 자금으로 기금이 마련되어야 하는 것인지 의아해했다. 그렇지만 HGP 지지자들은 벤터가 HGP에 의해 요구된 것만큼 정확하게 전체 유전체에 대한 서열 파악을 산출해 낼 수 있을지에 대해 회의적이었다. 그는 그의 데이터베이스에 대한 접근권을 판매함으로써 이윤을 얻길 희망했는데, 그것은 HGP와는 달리 개인들 간의 변이에 관한 정보를 포함할 것이며, 의사로 하여금 환자의 필요에 대한 맞춤 치료를 허용해 준다. 월터 길버트처럼, 벤터는 유전자—인간 지놈 자체가 아닌—특허 내기가 과학의 진보를 위협하지 않는다고 논의한다. 그것은 단지 자료가 공적으로 사용 가능하다는 점을 보장할 뿐이라는 것이다.

10.3 생태학과 운동하는 과학자

생태학은 유기체들과 그것들의 환경과의 상호 작용에 관한 연구이다. "새로운 생태"(시스템 생태학)은 생태계 속 단위들 간의 기능적 관계를 강조하는데, 한 환경 속에서 함께 살아가는 큰 수의 상호 의존적 개체군들로 구성된다. 이 분야의 과학은 최근에야 두드러졌는데, 그럼에도 불구하고 그것은 다윈의 연구에 뿌리를 둔다. 그것은, 개별 유기체 내부의 하위 부분과 과정을 연구하는 생리학과 분자 생물학에 반대되는 것으로서, 한 환경 속의 유기체들이 어떻게 크고 복합한 전체를 이루고자 상호 작용하는지를 조사한다.

생태학적 연구에서, 종 또는 생태계에 관한 객관적, 공평무사한 기술과, 그것의 보존과 기능에 대한 관심의 표현 사이에서 분명한 선을 긋기가 종종 힘들다. 우리 모두는 무엇이 인간 개인(또는 사회)을 안정되고 건강하게 하는지에 대한 관념을 갖고 있고, 우리가 식물과 동물의 기능을 연구할 때, 생물학 밖에서 그런 가치 판단을 유지하기는 거의 불가능하다. 생태학자와 동물행동학자는 그들의 주제의 보존, 즉 생태계 및 그를 구성하는 생물 종 보존 캠페인을 펼치는 경향을 전형적으로 나타내 왔다. 이 관심사는 단순히 차세대를 위한 환경의 경제적 가치를 유지하기 위해 그것을 보존하자는 것일 수도 있다. 하지만, 오늘날 많은 환경주의자는 "심층 생태학deep ecology"이라는 관념을 촉진하고 있다. 자연의 체계들은 그저 인간의 사용을 위한 자원으로서가 아니라 우리에 대한 그들의 관계와 독립적으로 내재적 가치를 갖는 것으로서 여겨져야 한다. 예를 들어, 영국 텔레비전 생태학자 데이빗 벨라미David Bellamy(방송 매체가 인기 끄는 그의 재능을 발견하기까지, 이전에는 더럼Durham 대학 식물학 강사)는 태즈메이니아Tasmania의 독특한 생태계를 위협하는 댐 건설을 막아 체포 위험에 처하게 된 것으로 알려졌으며, 아프리카 고릴라 서식지에서 그들의 행동을 연구하고 있었던 미국 행동생물학자 디언 포시Dian Fossey는 산악 고릴라에 대해 아주 보호적인 입장이어서 그녀의 지역민들과 소원해졌고 살해되었다.

전문직 생태학자와 행동생물학자가 환경에 관심을 보이고 대중적 캠페인에 연루된 유일한 과학자들은 아니었다. 9.2에서 보았듯이, 러시아 물리학자 안드레이 사하로프Andrei Sakharov는 대기 중 수소 폭탄 시험으로 산출된 방사선을 우려했고, 정치 거물들에게 그것을 중지하도록 용감하게 압력을 넣기 시작했는데 이는 그를 소련의 사회 경제 체제에 관한 더 광범위한 비판으로 이끌었다. 우리는 이제 서구에서 과학자들이 펼친 그러한 환경 운동의 몇몇 예를 보게 될 것이다.

카슨: 생명의 그물

레이철 카슨Rachel Carson(1907-1964)은 1960년대에 시작된 환경 운동의 어머니로 묘사될 수 있다. 그녀의 책『침묵의 봄Silent Spring』(1962)은 살충제의 무분별한 사용의 위험성에 관한 대중적 관심을 일깨웠으며 그럼으로써 환경적 쟁점에 대한 일반적 관심을 자극했다.

카슨은 1932년 존스홉킨스 대학에서 메기 신장의 발생학에 관한 논문으로 해양 생물학 석사 학위를 받았다. 그녀는 과학 연구를 하고 싶어 했지만, 여성으로서, 대학, 사기업, 또는 정부 어디서든, 과학 쪽의 알맞은 자리를 구하는 데서 당시의 통상적 어려움에 직면했다. 결국 미국 어류관리국U.S. Bureau of Fisheries(후에는 어류 및 야생생물 관리소Fish and Wildlife Service)에 가까스로 자리를 얻었고, 작가로서 그녀의 재능은 그녀로 하여금 정보 서비스 편집장 직을 맡도록 이끌었다. 그녀는 부업으로 그녀 자신 및 어머니의 부양을 돕기 위해 부업으로 글을 쓰기 시작했다. 카슨은—바다 생태계의 아름다운 묘사와 더불어—『우리 주변의 바다The Sea Around Us』가 1951년 《뉴요커The New Yorker》에 연재되었을 때 상당한 문필 명사가 되었다. 이것에『바다의 가장자리The Edge of the Sea』가 이어졌는데, 이는 1955년 자연의 균형을 지탱해 주는 뒤얽힌 상호 작용을 생생하게 해주었다. 카슨의 글쓰기는 최상의 문학 문화와 과학 문화의 결합의 우수한 예다.

1962년 《뉴욕커》에 연재되었던『침묵의 봄』에서 DDT라는 살충제의 제약받지 않은, 파괴적 사용에 관한 그녀의 열정적 항의로 논쟁의 폭풍을 불러일으켰다. 그녀는 DDT가 조류 개체군에 끼치는 황폐화하는 영향에 관한 보고로 책을 쓰는 쪽으로 이동해 갔다. DDT는 제2차 대전에서 말라리아를 일으키는 모기를 근절하고 농업에서 다양한 해충을 통제하기 위해 효과적으로 사용되었다. DDT는 세계로부터 해충을 제거할 기적의 화학 물질이리라는 희망이었다. 미국 농무부는 전시 화학전 연구의 부산물인 다양한 독극물과 함께 DDT 사용을 열심히 권장했다. 약간의 관찰자만이 그러한 화학 물질의 무제한 사용에서 위험을 보았다. 1945년 DDT가 환경에 미치는 효과에 관한 글을 ≪리더스 다이제스트≫에 싣자는 카슨의 제의는 거절당했다. 하지만, 그녀는 살충제가 자연환경에 미치는 해악에 관한 증거를 수집하는 데 4년을 보내면서 그녀의 탐구를 추구했다. 그녀의 주제는 "자연 속에서 어떤 것도 홀로 존재하지 못한다"(Carson 1962, 51)라는 것이었다. 무제한적 살충제 사용에 반대하는 그녀의 강한 수사(修辭)는 살충제 사용이 결과적으로 수많은 포유류와 조류에 독 주입을 귀결시킨 일리노이 주 풍뎅이에 분무한 사건에 관한 그녀의 논평으로 예화된다. 그러한 사례들은 "과학적인 것뿐만 아닌 도덕적인 문제를 제기한다. 이는 어떤 문명이 자신을 파괴함이 없이, 그리고 문명화되었다고 불릴 권리를 잃음이 없이 생명에 대한 잔인한 전쟁을 수행할 수 있느냐의 여부이다"(99). 그녀는 자연에 대한 교전으로서 살충제의 무제한 사용을 전쟁에 묘사했는데, 자연이 인간의 편리를 위해 존재한다는 전통적 관념을 거부했다.

농화학 산업은 그 존립에의 위협으로 감지된 바에 격렬히 대응했다. 카슨은 다름 아닌 히스테리에 걸린 여자, 전문직 자격 증명서 없이 농업 경제를 난파시키려는 감상적 자연 애호가라고 비난받았다. 1963년 CBS 보도에서, 살충제 제조업체 대변인들은 『침묵의 봄』을 "그 분야의 과학적 실험 증거 및 일반적인 실천적 경험에 의해 완전히 지지되지 않은, 실제 사실에 대한 중대한 왜곡"이라는 죄를 범한 것으로 비난했다(McCay 1993, 81). 그러나 그녀의 수사가 살충제의 무차별적 사용의 몇몇 가능한 귀결을 과장한 것으로 비판받을 수도 있음에도 불구하고, 카슨의 특수한 논증은 결코 논박되지 않았다. 그녀는 결코 그것들의 모든 사용을 반대하지는 않았으나 그것들의 복잡하고 때로 매우 파괴적인 효과에 대한 민감성 결여를 공격하고 있었다.

『침묵의 봄』으로 동기 부여된 대중적 압력이 1963년에 케네디 대통령의 과학 자문 위원회에 의한 살충제에 관한 보고서를 제출하도록 이끌었으며, 이것은 그녀의 주장 대부분을 지지했다. 카슨의 아름답고 설득력 깊은 글쓰기는 이전에는 상대적으로 소수의 환경 보호론자들에게 국한되어 있었던 환경적 우려에 대한 대중적 관심을 일깨웠다. 그녀의 경종은 환경 보호 입법을, 특히 환경보호청Environmental Protection Agency(EPA)의 설립을 초래하는 데 도움을 주었다.

커머너와 에를리히의
환경 운동

배리 커머너Barry Commoner(1917-)와 폴 에를리히Paul Ehrlich(1932-)는 그들의 전문 직업적 연구의 많은 부분을 오염과 인구 과잉 문제에 대한 대중적 관심을 끄는 데 바친 두 미국 생물학자이다. 커머너는 (이리호Lake Erie의 죽음과 같은 특수한 사례를 조심스럽게 문서화했음에도 불구하고) 어떤 특수 생태계만이 아니라 전체로서 생태권ecosphere을 위한 대중 운동가가 된 초기 과학자 중 하나였다. 그는 생화학자로 훈련받았고 정통적 방식으로 그의 경력을 시작했는데, 기능하는 살아 있는 세포의 화학적이고 물리적인 기초를, 그리고 담배 모자이크 바이러스tobacco mosaic virus의 생합성을 연구하고 있었다. 그러나 그가 세인트루이스에 있는 워싱턴 대학교 자연 시스템 생물학 센터의 책임자가 되었을 때, 그는 세상을 바꾸는 십자군이라 기술될 수가 있는 바를 위해—또는 적어도 전 세계적인 사회적이고 경제적인 실천을 변화시킬 필요성으로 향하도록 모든 이의 주의력에 경보를 울리기 위해—그의 직위를 플랫폼으로 활용했다. 커머너는 과학자란 모든 이가 자신의 양심을 발휘할 필요가 있는 "지식의 수호자"로서 "정보를 대중에게 가져다줄"(1971b, 181) 책임이 있다고 논의했다.

『과학과 생존Science and Survival』(1966), 『닫히는 원: 자연, 인간, 기술The

Closing Circle: Nature, Man and Technology』(1971a)을 포함해 대중을 위해 쓴 일련의 저서에서, 그는 우리 생태권의 체계적 오용으로 야기되는 인류 복지와 생존에 대한 증가하는 위협을 문서화했다. 그는 제3세계의 환경 오염과 인구 과잉 문제가 경제적 착취의 전 세계적 체계의 쌍둥이 증후군이라고 본다.

전 세계적 생태계 안에서 실제로 발생하는 바에 대한 과학적 분석으로부터 변화될 필요가 있는 바에 대한 급진적인 정치경제적 진단으로 (아마도 미심쩍게) 부드러운 전이가 있는 것처럼 보인다. 커머너는 "인류 문명의 현재 경로는 자살적이다"(1971a, 295)라고 논했고, 그는 오직 두 가지 선택지를 볼 수 있었다. 즉 (1) "지구 자원 이용과 분배의 합리적인 사회적 조직화"(중앙 정부 통제를 요구하는) 또는 (2) "새로운 야만주의"(298). 그의 우려는 그의 독자를 어떤 특수한 정당 안으로 충원시키려는 것이라기보다는 오히려 모든 이에게 그 문제를 경고하려는 것이었다. 그러나 충분히 당연하게도, 그는 사회적, 법률적, 정치적 행위에 연루되었다. 그는 세인트루이스 원자력 정보 위원회를 설립했는데, 대중의 목소리가 핵발전소 부지 선정 조사에 들렸는지 확실하게 하려 했다. 나중에 이 집단은 환경 정보 위원회가 되었으며, 잡지 ≪환경Environment≫을 출간했고 미 육군이 대서양에 쏟아붓자고 제시한 신경가스가 그 대신에 안전하게 독성 제거될 수 있음을 보여주도록 도왔다. 커머너는 또한 공공 정보를 위한 과학자 연구소Scientists' Institute for Public Information 책임자 위원회 의장으로 봉사했으며 미국 원자력 위원회Atomic Energy Commission가 그것의 제안된 고속 증식형 원자로의 환경 효과에 관한 정보를 노출하도록 강제하는 성공적 입법 행위에 연루되었다.

커머너가 따라왔던 논의의 길은 "닫히는 원"이라는 은유로 잘 지시된다. 그가 주장하기로, 우리는 "생명의 원을 깨고 나왔다"(12). 그는 우리를 베이컨적 시각으로부터 지구의 "집사역"을 쥐고 있는 인류와 더불어 자연 존중으로 전환시키기 위한 노력 속에서 "생태학의 법칙들"을 선언했는데, 베이컨적 시간 안에서는 우리 자신의 이용을 위해 우리에 의해서 정복되거나 노예화되어야 할 무언가가 존재한다. 커머너의 생태학의 첫 번째 법칙, "모든 것은 그 밖의 모든 것과 연결되어 있다"라는 자연에 대한 그의 전일론적 시각을 표현한다(33). 그 제안은 만일 우리가 자연의 체계들을 교란시킨다면, 그것들이 붕괴할 위험이 있다는 것이다. 미국 보존의 초기 지도자 알도 레오폴드Aldo Leopold (1887-1948)는 그의 책 『모래군 연감A Sand Country Almanac』 속 "대지 윤리The Land Ethic"라고 이름 붙인 유명한 장에서 자연의 가치에 관한 훨씬 더 멀리 다다르는, 전일론적 시각을 표현했다. "어떤 것은 그것이 생명 공동체의 통합, 안정성, 아름다움을 보존하려는 경향이 있을 때 올바르다. 그것이 여타의 경우인 경향이 있다면 그릇된 것이다"(1949, 262).

대중적 환경 논쟁은 일반적으로 과학적 담화 안에서 수행되지 않는다. 그 호소는 오히려 감정적 호소를 갖는 상징들을 수단으로 하는 감정에 관한 것이다. 실제적 행동에 동기 부여하기 위해 우리는 그러한 상징들을 필요로 하는 것으로 보인다. 예를 들어, 미국 북서부 점박이 부엉이의 서식지 벌목이 단축된다면 일자리 상실보다 그것의 가능성 있는 멸종 이 더 악화될지의 여부에 관한 대단히 대중화된 논쟁에서, 부엉이는 그 서식지 보존을 소망하는 이들에 의해 전반적 환경 붕괴, 야생 서식지의 파괴, 감소하는 생물 다양성의 상징으로 보인다.

많은 환경주의자에 의해 주장되는 전일론적 시각은 그들로 하여금 때로 정책에 관한 전부 아니면 전무 관점을 취하도록 하는 경향이 있다. 예를 들어, 제초제, 살충제, 비료의 사용을 전면 금지하는 것과 더불어 미국의 연방 소속 처녀림에서 모든 벌목을 금하는 것을 옹호하는 논변에서, 토착림 위원회 회장 팀 허맥Tim Hermach은 다음과 같이 유비를 사용했다. "당신은 암 환자의 생명을 그의 몸에서 암을 점진적으로 제거함으로써 구할 수 없다. 당신이 가서 악성 종양을 100% 제거하든가 환자가 죽든가이다"(Letto 1992, 26). 대중에게 환경 문제에 관해 정보를 주는 일의 일반적 문제는 관심을 효과적으로 일깨우는 일—우리가 행위에 착수하는 데 실패할 경우의 귀결에 대한 무서운 시나리오를 개략적으로 묘사함으로써 위험을 극적으로 표현하는 일과 연루될 수가 있는—과, 최상의 지식을 전달하는 일, 가능한 위험을 지적하는 일, 상대적 위험성, 비용, 편익에 관한 몇몇 지적과 더불어 정책의 개요를 그려주는 일 사이에서의 균형이다.

환경보존의 유일한 동기 부여가 자기 이익에의 호소라면, 「공유지의 비극tragedy of the commons」(Hardin 1968) 문제가 나타날 수도 있다. 공유 자원—공동 목초지와 같은—에의 접근이 제한받지 않는다면 사람들이 그것을 과도하게 사용하도록 유혹받을 수도 있는데, 그리하여 그 자원을 파괴하게 된다(과도 방목으로 목초지가 황폐해질 수가 있는 것처럼). 역설적으로, 그들의 이익을 극대화하려는 ("합리적" 이기주의자들로서) 개인들의 바로 그 기도들이 모든 이의 손해로 이끈다. 하딘Hardin은 이를 비용은 공유되지만 이익은 사유되는 모든 곳에서 만연해 있는 문제라고 보았다. 예를 들어, 환경의 전반적 오염은 "합리적 인간이 공유지 안에 그가 부리는 폐기물 비용의 그의 몫이 그것들을 방출하기 전에 정화 처리하는 비용보다 적다는 것을 알 때"(1968, 1245) 결과될 수가 있다. 하딘의 해결책은 "상호 동의한 상호 강제"인데, 말하자면, 폐기물 생산 제한에 동기 부여하게 될 오염세를 부과함에 의거하는 것이다.

스탠퍼드 대학 생물학 교수, 에를리히는 나비 연구로 과학적 평판을 얻었고, 그 연구에서 그는 그들의 생식 생물학과 그것의 유충의 먹이 식물과의 관계는 물론 그들의 형태 특성 및 분류를 조사했다. 그러나 그는 이 행성의 미래를 염려하는 데 개체군 생물학에 관한 그러한 학문적 연구를 급속히 확장했고 커머너처럼 대중 운동가가 되었다. 에를리히는 아내 앤Anne과 공동으로 쓴 『인구 폭탄The Population Bomb』(1968)과 『인구 폭발The Population Explosion』(1990) 같은 책에서 인구 문제를 문서화하는 데 전공을 살렸다. 그는 제로 인구 성장Zero Population Growth으로 불린 활동 단체를 설립했고, 전성기 때 연간 100회만큼 많이 대중 강의를 그리고 더 많이 라디오와 텔레비전 방송을 하고 있었다. 그는 관심을 불러일으키려고 일부러 기근과 전쟁의 운명의 날 시나리오들을 그려냄으로써 그의 사례를 과장하는 경향이 있었다. 몇몇 그의 예견은 목표를 훨씬 벗어나 왔는데 과학적 기초를 지닌 예측이라기보다는 예언의 성격을 더 띠었다. 물론, 우짖는 늑대의 위험은 그 우짖는 것이 신뢰 가능성을 잃고 그의 메시지의 중요성을 놓칠 수 있다는 것이다.

에를리히는 이른바 녹색 혁명을 궁극적으로 일을 더 나쁘게 만드는 사회 문제에 대한 "기술적 궁지technological fix"의 패러다임적 사례로 보았다. 유전학자들은 밀과 쌀이라는 주요 곡물의 새 품종을 배양하는 데 성공했는데, 이는 증가하는 세계 인구를 먹이는 문제를 돕는다고 기약했다. 이들 새 곡물의 경작은 제3세계에서 그들의 소출을 크게 증가시키는 데 성공했다. 그러나 여러 문제가 의도치 않은 귀결에서 일어났는데, 이는 당신은 "한 가지만 할 수는 없다"라는 격언을 예증한다. 이들 더 유효한 곡물들이 더 많은 화학 비료를 필요로 했고, 이는 더 집중된 에너지인 것만이 아니고 생물상biota에 영향을 미치는 강과 바다로의 흘러 들어감과 더불어, 오염 문제도 결과시킬 수 있다. 더 유효한 생산을 위한 선별 과정에서, 유전적 다양성은 감소했고, 새 품종은 곤충과 병에 덜 저항적인 경향이 있었다. 그러므로 그것들의 사용이 인간과 생태계에 잠재적 위험을 지니는 화학 비료의 더 큰 사용을 결과했다. 경제적으로, 녹색 혁명은 농업 관련 사업의 이익에 봉사했고, 이는 부익부 빈익빈을 만들어낸 큰 사유지로 인도했다. 이 모든 땅을 소유했던 이들은 국내 소비보다는 수출을 위한 고수익 환금 작물 재배가 더 이익을 줄 수 있음을 알았고, 자국 내 인구에게 더 적은 식량을 남겼다. 그 결과는 뒤얽힌 것이었다. 식량 생산은 증가했지만 의도치 않은 부작용이 없지 않았다.

과학자 스스로 사회 문제를 푸는 데 더 유의해야 하는가? 과학자는 마법의 공식을 갖고 있는 마술사라는 대중적 편견은 우리로 하여금 우리의 문제를 연구하고 해결책을 내도록 하는 것이라고 제안할 수도 있다. 의식적으로 계획하기 위해서, 우리는 지식을 필요로 한다. 그러나 개별 유기체에서 생태계에 이르는 복잡한 체계들은 커다란, 아마도 정복할 수 없을, 정확한 과학적 분석과 예측에서의 어려움을 제기한다. 신기술의 귀결을 예측하는 일에서 과학자(와 비과학자)의 기록은 아주 고무적이지는 못했다. 워런 위버Warren Weaver는 1955년 미국과학진흥협회 회장 연설에서, 살아 있는 자연을 연구하는 일이 물리과학에서 매우 인상적이었던 종류의 분석을 산출하지는 못한다는 몇몇 이유를 인용했다. "물리적 자연은…… 우리는 전체적으로 '느슨하게 짝을 이룬' 것으로, 즉 단순한 물리적 체계들은 한때에 두세 가지 고립된 변수에 초점을 두고 분석해 들어갈 수 있는 것으로, 그리고 우리는 유용한 정보를 얻기 위해 종종 선형 근사linear approximations를 사용할 수 있는 것으로 보인다. 이와 대조적으로, 유기체들은 고도의 복잡하게 짝을 이룬 체계들이고, 그러므로 인간 또는 바이러스를 기술하는 것은 많은 변수를 취한다"(1955, 1258).

커머너와 에를리히의 선구적 시절 이래, 많은 과학자가 생태학적 캠페인을 계속 벌여왔다. 최악의 시나리오들이 실체화되지 않았지만, 오염과 인구 문제들은 명확히 해결된 것과는 거리가 매우 멀다. 대중적 의식, 입법, 산업의 실천에서 몇몇 변화(정부의 "환경 부서"에 무장을 명하거나 TV 광고에 "녹색" 주제를 도입하는 것과 같은 요식 행위적 변화는 셈하지 않고)가 이루어졌다. 추정컨대, 그에 대한 몇몇 공적은 이들 초기의 운동하는 생태학자에게 가야 하지만—그럼에도 불구하고 사회 현상 사이의 인과적 연결에 관해 확신하기는 매우 어렵다.

예리한 책『과학 지식과 그 사회적 문제Scientific Knowledge and Its Social Problems』(1971)의 끝을 향해 가면서, 제리 라베츠Jerry Ravetz는 국가 또는 산업의 큰 힘에 의해 자금을 지원받고 감독되는 지금의 더 전형적인 과학적 연구 형식인 "산업화된 과학"과 반대되는 것으로서 그가 "비판적 과학critical science"이라 부르는 것의 모형으로 커머너의 업적을 환호로 맞이했다(1.4를 볼 것). "비판적" 과학자는 그러한 권력 있는 회계 주임에 의해 통제받지 않는 이다. 그들은 재정적 그리고 정치적 독립성이 있으며 대중적 관심사에 적절한 사안이 될 수도 있겠으나 권력자들이 인정해야 하거나 공개했어야 하기에는 매우 불편할 수가 있는 다양한 사실(예를 들면 오염이나 산업적 혹은 군사적 위험)을 과학적으로 전문적인 방식으로 문서화할 수 있다. 그리고 결과가 대중에게 알려지는 것이 아닌 한 이 일을 할 목적이 별로 없으므로, 비판적 과학은 정치의 요소를 물론 연루시킬 것이다. 희망은 행동이 분석에서 자연스럽게 따라 나오게 될 것이라는 점이다.

최근의 예는 제러미 레겟Jeremy Leggett이다. 런던 대학교 지질학자이면서, 그는 지하 핵실험이 신뢰할 만하게 탐지 가능하지 않다는 공식적 논증의 오류를 드러내는 데 약간의 시간을 바쳤다(당시, 국방부는 영국 정부의 포괄 핵실험 금지 조약에 대한 반대 입장을 정당화하려 하고 있었다). 레겟은 그 이래로 학계 직업을 떠났으며 지구의 친구들Friends of the Earth이라는 운동 단체의 주임 과학자가 되었다. 전문 직업적인 비판적 과학의 시대가 도래했다.

▪ 더 읽기 제안

10.1

Blumberg, A., and G. Owens. 1976. *Energy and Conflict: The Life and Times of Edward Teller.*
Easlea, B. 1983. *Fathering the Unthinkable: Masculinity, Scientists and the Nuclear Arms Race.*
Jungk, R. 1958. *Brighter Than a Thousand Suns: A Personal History of the Atomic Scientists.*
Michelmore, P. 1969. *The Swift Years: The Robert Oppenheimer Story.*
Pais, A. 1991. *Niel Bohr's Times in Physics, Philosophy and Polity.*

10.2

Cavalieri, L. F. 1981. *The Double-Edged Helix*(especially ch. 7).
Kevles, D. J., and L. Hood, eds. 1992. *The Code of Codes: Science and Social Issues in the Human Genome Project.*
Krimsky, S. 1982. *Genetic Alchemy: The Social History of the Recombinant DNA Controversy.*
Lear, J. 1978. *Recombinant DNA, The Untold Story.*
Lowrance, W. W. 1986. *Modern Science and Human Values* (ch. 5).
Lyon, J., and P. Gorner. 1996. *Altered Fates: Gene Therapy and the Retooling of Human Life.*

McKie, R. 1988. *The Genetic Jigsaw: The Story of the New Genetics.*

Watson, J. D., and J. Tooze. 1981. *The DNA Story: A Documentary History of Gene Cloning.*

Yoxen, E. 1983. *The Gene Business.*

10.3

Carson, R. 1962. *Silent Spring.*

Commoner, B. 1966. *Science and Survival.*

_____. 1971. *The Closing Circle: Nature, Man and Technology.*

Dixon, B. 1973. *What Is Science For?*

Ehrlich, P. 1968. *The Population Bomb.*

Ehrlich, P., and A. Ehrlich. 1990. *The Population Explosion.*

McCay, M. A. 1993. *Rachel Carson.*

Merchant, C. 1992. *Radical Ecology: The Search for a Livable World.*

Ravetz, J. 1971. *Scientific Knowledge and Its Social Problems.*

Tobias, M., ed. 1985. *Deep Ecology.*

인간에 적용된 과학

11.1 행동과학의 출현

17세기 과학혁명은 "인간에 관한 과학"이라는 전망을 일깨웠는데, 이것은 인간에게 새로운 과학적 방법의 적용을 확대하는 것이었다. 인간 본성에 관한 과학적 탐구를 제안한 최초 인물 중 하나는 데이빗 흄David Hume이었다. 1739년, 그는 그의 『인간 본성에 관한 논고Treatise on Human Nature』를 "추론의 실험적 방법을 도덕적 주제들 안으로 도입하려는 시도"로서 제공했다. 흄은 어떤 다른 것보다 "확실성에서 열등하지 않을" 그리고 "효용에서 훨씬 우월할" 과학을 수립하고자 했다. 그는 나중에 "철학자(뉴튼!)가 …… 행성의 회전을 지배하고 방향 지우는 법칙과 힘을 결정하듯" 우리도 그렇게 "그에 의해 인간 정신이 작용 면에서 활성화되는"(1955, 24) 비밀스러운 원천과 원리를 발견할 수도 있을 것이라고 논의했다. 흄이 발전시킨 이들 원리의 하나는 관념의 연합association of ideas이었다. 흄의 작업은 철학에서 많은 토론을 자극했지만, 데이빗 하틀리David Hartley가 심리학에서 연합론associationism의 선구자로 여겨진다.

그의 저작 『인간에 관한 관찰Observations on Man』(1749)에서, 하틀리는 그의 심리학의 기초로서 연합의 원리를 제창했다. 흄과 독립적으로, 하틀리는 뉴튼적 메커니즘에서 영감을 받아 감각 작용을 일으키는 신경계 안에서 작은 입자의 진동을 개념화했다. 그는 정신적 관념과 뇌 과정의 병행론을 제안했는데, 뇌 속 진동은 "관념의 생리학적 상대물"(Boring 1950, 196)이라고 선언했다. 그의 연합 원리는 감각 작용의 반복된 발생이 대응하는 관념과 함께 정신 속에서 그 관념을 흥분시켜 내는 "능력"을 그 감각 작용에 부여할 수 있다고 이야기한다. 예를 들면 도덕적 성질에 관한 일반적 관념은 단순한 관념들의 복합에 의해 일어난다. 하틀리의 연합 원리는 제러미 벤덤Jeremy Bentham과 제임스 밀James Mill과 존 스튜어트 밀John Stuart Mill(아버지와 아들)에게 영향을 주었으며, 독일에서 1800년대 후반에 발전된 의식심리학에 인계되었다.

심리학은 다윈의 진화론에서 새로운 자극을 받았는데, 그것은 인간 행동의 생물학적 기초를 제안했다. 다윈 자신은 그의 이론을 『인간의 계보Descent of Man』(1871)와 『인간과 동물의 감정 표현The Expression of the Emotions in Man and Animals』(1872)에서 인간 본성에 적용했다. 심리학이라는 학문의 시작은 독일에서 19세기에 생의학 과학에서 출현했다. 신학과 의학의 배경에서 나온 테오도어 페흐너Theodor Fechner는 그의 『심리물리학 원리Elements of Psychophysics』(1860)에서 "육체와 정신 간 의존의 기능적 관계에 대한 정확한 과학"을 정식화하고자 했다. 그는 심리학적 법칙으로서 물질적 자극을 정신적 감각 작용과 관계 짓는 방정식을 제안했다. 그렇지만 심리학자라고 불리게 된 최초 과학자는 빌헬름 분트Wilhelm Wundt(1832-1920)였다. 그는 실험심리학을 위한 최초 실험실을 기초했는데, 이것은 심리학적 문제의 실험적 취급에 바쳐졌다. 그의 작업은 철학과 의학적 생리학에서 분리된, 뚜렷한 학문으로서 심리학의 시작을 표시한다. 분트는 심리학자로서 시작했지만 그러고 나서 그의 주의를 자기 관찰self-observation을 사용해 의식적 사고로 전환했다. 미국에서 동일한 시기의 윌리엄 제임스William James처럼, 분트는 그리하여 내성introspection에서 나오는 자료를 모으는 데 의존했다.

심리학은 그때 이래로 자연과학과 생물과학과는 좀 다르게 전개되었다. 그것은 종종 어떤 공통의 패러다임을 결여한 것으로 보이는 많은 학파─정신분석적, 행동주의적, 신경 생리적, 사회적, 실존주의적, 인지적 등등─로 조각나는 경향이 있었다. 아마도 진화심리학evolutionary psychology이라는 가장 최근의 물결이 이 학제의 통일로 이끌 수도 있겠지만, 아직까지는 별로 그렇지 못했다.

사회과학은 질문을 계속 제기한다. 과학의 한계는 무엇인가? 인간에 관한 과학이 존재할 수 있는가? 과학은 그것이 물리적 체계를 예측하고 설명하는 방식으로 인간 행동을 예측하고 예측할 수 있는가? 자연과학은 인과적 설명을 추구한다. 그러나 우리는 인간의 사고, 감정, 행위를 그 인과적 기원의 측면에서 적절히 이해할 수 있을까? 행동과학behavioral science이라는 바로 그 관념에 대한 저항이 계속 존재한다. 물리학자가 다음과 같이 결코 묻지 않은 데 비해, 사회과학 문헌은 과학으로서 그것의 지위에 관해 종종 민감하다. 나의 연구는 정말로 과학인가? 어떤 이는 그것이 좋은 과학인지 흥미로운 과학인지 물을 수도 있겠지만, 그것이 도대체 과학인지는 묻지 않을 것이다.

심리학자 에드윈 보링Edwin Boring은, 자연과학과 생물과학 속 법칙과 비교할 만한 정신과 행동에 관한 근본 법칙을 발견한다는 그 선구자들의 희망에 답할 만큼 살아내지 못한 심리학의 실패를 심사숙고하면서, "위대한 심리학자는 없었다"라고 결론 내렸는데, 어떤 뉴튼 또는 어떤 다윈 또는 어떤 아인슈타인에 근접한 이는 없었다는 것이다. 물론 많은 저명한 심리학자가 있어 왔지만, 그들 이름에 이를 만큼 정말로 살아낸 이는 없다. 프로이트Freud는 일반적으로 "위대하다"고 여겨지지만, 그의 과학적 지위는 동의를 이루는 것과 거리가 멀다. 인간 행위를 어떻게 설명하고, 예측하며, 또는 통제하느냐를 묻는 일에서 사람들이 확신을 느끼는 보편적으로 인정받는 전문가란 심리학에서 없어 보인다. 심리학에서 야심 찬 이론이 결여되어 오지는 않았으나, 그것 가운데 어느 것도 증거적 입증과 실제적 적용에서 물리학의 이론과 라이벌이 될 수는 없었던 것이다.

몇몇 사람은 사회과학과 행동과학이 행동을 통제하는 방식을 발견하는 일에서 너무나 성공적이게 될 수도 있음을 오히려 우려한다. 인간에 관한 권위 있는 지식을 향한 그러한 과학들의 가정은, 인간 본성과 인간에 관한 이해를 제공하기 위한 종교적 그리고 문화적 전통의 권위에 도전한다. 다음 절들에서 토의된 프로이트와 스키너Skinner 양자의 심리학적 설명에서, 이성, 신앙, 영성spirituality은 인간 행동을 동기 지우는 일에서 아무런 토대적 역할을 못 한다. 이것은 인간 본성을 과학적으로 연구하려는 기도가 예술, 문학, 종교에 표현된 본질적인 인간적이고 영적인 가치를 위협한다는 공포를 일으켰다. 그러한 우려에 반응해, 에이브러햄 매슬로우Abraham Maslow와 칼 로저스Carl Rodgers 등등이 이끈 그 자체를 "인간성의 심리학humanistic psychology"이라고 부른 운동이 1960년대에 일어났다. 프로이트 심리학과 행동주의 심리학에 더한 "제3의 힘"으로서, 인간성의 심리학은 자유로운 선택, 창의성, 개인의 자아실현이라는 가치를 결합시키는 독특한 인간 경험의 전 영역을 연구할 것을 제안한다. 그런 가치와의 과학의 관계에 대한 논쟁 몇몇은 마지막 장인 "과학과 가치"에서 거론될 것이다.

11.2 프로이트: 자칭 감정의 과학자

심리학의 한 가지 매우 영향력 있는 모형이 지크문트 프로이트Sigmund Freud (1856-1939)에 의한 정신분석의 창립과 함께 출현했다. 그는 20세기 사상의 한 거인이다. 그의 저술은 100만 단어 이상을 포함하며, 그의 관념을 인용하고 토론하는 방대한 문헌이 존재한다. 프로이트는 그의 작업을 인간 정신에 관한 과학적 이론으로 보며, 그는 모든 시대에 가장 영향력 있는 과학자로 분류될 수도 있을 것이다. 많은 이가 그를 과학자보다는 철학자로 또는 문학적 인문학자로 여긴다는 점을 제외하고서 말이다.

프로이트는 초기에 과학에 관심을 보여주었는데, 처음에는 화학을 공부하고자 했고, 이어 생리학과 해부학으로 옮겨 갔다. 그는 당시 빈 대학에서 유행하던 진화적 관념에서 특히 인상을 받았다. 그는 다윈이 사람의 본성을 생명의 더 낮은 형태로부터 진화해 온 인류라는 관점에서 이해하는 일을 제기했던 도전에 끌렸던 것이다. 22세 때 프로이트의 첫 과학적 출간물은 원시 어류의 척수 구조에 관한 것이었다. 그는 수컷 뱀장어에서 고환을 찾고자 한 기획에서 지칠 줄 모르는 연구 역량을 보여주었다. 많은 초기 노력이 실패했으나, 그의 고집은 400회의 절개 후에 보상받았다.

프로이트는 과학 연구를 추구한다는 희망 속에서 빈 대학에서 의학을 연구했다. 그는 몇 년간 생리학 실험실에서 작업했으며, 이어 정신의학 진료소에서 뇌 해부학을 공부했다. 의과 대학 이후에 그는 신경병학을 전공했는데 뇌 손상의 원인을 연구해 왔다. 1885년, 프로이트는 파리에서 프랑스 신경병학자 장 샤르코Jean Charcot 밑에서 연구하는 동안 결정적 전환을 했는데, 샤르코는 최면 암시를 사용하며 히스테리아hysteria를 가진 여성들을 치료하고 있었다. (그 당시, 사회적 규범 바깥에서 이상하게 행동한 여성들은 특히 히스테릭하다는 딱지가 붙여졌다.) 그가 빈으로 돌아왔을 때, 프로이트는 "신경병" 분야로 개업했으며 빈의 외과의 요제프 브로이어Josef Breuer가 히스테리성 마비를 치유했다고 주장한 한 사례에서 커다란 인상을 받았다. 그는 그 여성(베르타 파펜하임 Bertha Pappenheim, "아나 오Anna O"로 알려졌는데, 나아가 그녀는 여권의 챔피언이 된다)을 최면 아래 그녀의 죽어가던 아버지를 간호하던 동안 일으켜진 트라우마적 죄, 히스테리아를 출발시킨 죄를 재연하도록 유도했다. 그저 말함으로써 치유가 이루어진 것으로 보였던 사실이, 프로이트에게 그가 생리학적 원인보다는 심리학적 원인을 보도록 제안해 주었다. 그는 이 말하기를 그 여성의 정신이 적극적으로 억압되었던, 단순히 잊히지 않았던 스트레스를 주는 기억을 벗겨 드러내는 것으로 해석했다. 이 착상은 그의 카타르시스 요법에 영감을 주었는데, 그 요법 안에서 트라우마적 경험에 대한 기억이 의식으로 불려내어질 때 환자의 정신은 교란을 일으키는 감정에서 정화된다. (그가 나중에 프로이트에게 말했듯이) 브로이어는 그녀의 문제의 성적 기원을 인식했으나 수용할 수 없었기 때문에, 그 사례는 브로이어에게 트라우마적이었다. 프로이트는 나중에 최면술을 자유 연상free association으로 대체했고 환자의 꿈을 해석함으로써 무의식적 사고를 들춰 올려내는 더 나아간 기법을 도입했다.

사후까지 출간되지 않았던 그의 한 초기 연구 「과학적 심리학을 위한 기획 Project for a Scientific Psychology」에서, 프로이트는 심리학적 과정에 관한 생리학적 기초를 찾고자, 그리고 정신을 일종의 기계로 모형화하고자 했다. 정신은 항상 "불쾌"를 최소화하도록, 즉 흥분을 축소하도록 작용한다는 원리에 의해, 그 활성activity은 통제되었다. 그는 "자연과학적 심리학을 갖추려는, 즉 정신적 과정을 특정할 수 있는 물질적 입자의 정량적으로 결정된 상태로서 표상하려는"(1895, 359) 그의 의도를 진술했다. 프로이트는 그가 임상 중 만났던 정신적 교란의 다수가 유기적 기원을 갖지 않는다고 확신하게 되었을 때 심리학적 이론을 뇌의 생리학 위에 기초하려던 이 기획을 포기했다.

프로이트는 그의 정신분석을, 그가 이 요법을 칭하기 시작하면서, 그의 환자들의 신경질환을 경감시키기 위해 적용한다. 유년기 경험은 개인이 갖도록 허용될 수 없는 성적 욕망에 연루되기 때문에 무의식 속으로 억압되어 왔던 그런 유년기 경험에서 신경증이 기원한다고 그는 가설화했다. 그는 그의 환자 다수가 어린이로서 트라우마적 성적 경험을 보고했음에 주목했는데, 그런 성적 경험은 종종 가족 성원을 연루시켰다. 그는 성이 신경증에서 중심적 역할을 한다고 믿기 시작했다. 처음에 그는 실제로 발생했던 것으로서 유년기의 유혹에 관한 환자의 설명을 수용했으나, 나중에 그는 그것들이 대부분 환상화된 경험이었다고 믿게 되었다. 프로이트 스스로가 자신의 가족 안에서 (아마도 상상화된) 성적 장난에 의해 당혹을 겪었다. 부분적으로 그 자신의 신경증적 문제를 경감하기 위해 그리고 정신분석적 요법을 더 잘 이해하기 위해, 1897년 그는 2년의 자기 분석을 시작했다. 자유 연상을 그 스스로에 적용하는 일의 어려움 때문에, 그는 그의 꿈을 분석하는 일로 전환했다. 매일 아침 그는 전날 밤 그의 꿈을 써 내려갔고 이어 나중에는 기록한 것을 가지고 자유 연상을 했다.

프로이트의 최초 주요 저작 『꿈의 해석The Interpretation of Dreams』은 1900년에 나타났다. 그 안에서 그가 그의 가장 위대한 발견이라고 여겼던 바를 드러냈다. 모든 꿈은 무의식적 소망, 특히 성적 욕망의 표현이라는 것이다. 그는 우리 모두가 우리 안에 잠들어 있는 무법적 야수 본성을 갖고 있다고 주장했다. 그의 저작 앞에 달린 라틴어 표어는 느슨하게 "만일 내가 하늘을 구부릴 수 있다면, 나는 지옥을 들어 올릴 것이다"로 번역된다. 꿈은 만일 어떤 이가 그것의 암호를 풀 수 있었다면 무의식의 가면을 벗기는 왕도를 제공했다. 모든 또는 심지어 대부분의 꿈이 소망 충족이라는 점은 확실히 그렇다고 보이지 않지만, 프로이트는 그것이 억압된 소망의 위장된 충족이라고 논의했다. 숨겨진 의미를 드러내는 일은 정신분석에 의한 일종의 탐정 작업을 필요로 한다. 프로이트의 작업은 꿈의 유의미성을 과학적으로 해명하려는 최초의 체계적 기도였는데, 더 앞서 있던 전통은 일반적으로 꿈을 미래에 대한 전망, 신에게서 온 전갈, 또는 정신의 이해할 수 없는 변덕으로 해석해 왔다.

다윈의 진화론에서 영감을 받아, 프로이트는 자기 보존과 성적 재생산이라는 추동력을 인간 행동을 정하는 데 결정적인 것으로 보았다. 인격은, 그가 가설화한바, 출생으로부터 표현된 성적 특성과 함께 단계 속에서 전개된다. 구순 단계oral stage에서 신생아의 만족은 먹여줌에 의해 이루어진다. 항문 단계anal stage는 화장실 훈련으로 형성된다. 만일 "항문 정체(停滯)" 단계에서 고정이 있으면, 그 개인은(성인으로서), 프로이트가 주장하건대, 질서와 청결에 관해 인색하고 법석을 떠는 경향을 보인다. 아주 어린 나이에 소년은 어머니에 대한 성적 끌림을 발전시킨다. 그는 이것을 고대 그리스의 오이디푸스Oedipus 신화를 좇아서, 오이디푸스 콤플렉스complex라 불렀는데, 오이디푸스는 모르고서 아버지를 죽이고 어머니와 결혼했다. 남편의 가장 위험한 경쟁자가 그의 아이일 수도 있는 것이다. 프로이트가 어린아이의 인격 발달의 중심 요소로서 성적 특성을 그들에게 부여한 것은 당시에 아주 독창적이었고 충격적이었다.

프로이트의 이론의 한 근본 개념은 원초적 욕망의 저수지로서 "무의식unconsciousness"이다. 우리는 인간 행동을 추동하는 진짜 동기를 종종 의식하지 못한다. 정신분석의 기법에 의해서만, 그가 논의하기로, 꿈, 자유 연상, 농담, 말실수(프로이트적 미끄러짐)에서 표현된 억압된 욕망을 해석함으로써 우리의 숨겨진 동기들로의 접근을 얻어낼 수 있는 것이다. 정신분석가는 많은 것을 성적 상징으로 보아왔다. 예를 들어, 시가는 남근 상징으로 여겨져 왔다. 한 학생이 프로이트에게 그의 시가 흡연이 그에게 어떠한 상징적 유의미성을 지니느냐고 한때 물었다. 연기를 훅 내뿜으면서 그가 말했다. "때로 시가는 그냥 시가일 뿐입니다."

프로이트는 정신을 충돌하는 힘들의 동적 싸움터라고 생각했는데, 그의 나중 이론(1920년대)에서 이드id("그것")와 에고Ego("나")로 개념화되었다. 이드는 근원적인 생물학적 추동력, 특히 성적 충동, 즉 리비도libido("열망"에 해당하는 라틴어)를 나타낸다. 이드는 "쾌락 원리pleasure principle" 위에서 작동하는데, 결과에 대한 고려 없이 **당장**의 만족을 추구한다. 이드는 어떠한 수단-목적 논리를 결여하므로, 생존하기 위해 우리는 이드와 환경 사이에서 매개하는 의식적 에고를 필요로 한다. 우리는 "현실 원리reality principle" 위에서 작동하는 에고 체계를 발전시키는데, 이것은 행동의 귀결을 고려하며, 이드의 욕망을 만족시키기 위해 수단을 선별한다. 이드의 욕망을 억제하면서, 에고는 의식을 억압하는 방어를 수립시킨다. 그러나 방어 기제 자체는 무의식적인 것이다. 숨김 자체가 숨겨지면서, 정신 질환의 바닥에 있는 충돌들의 가면을 벗기는 일은 정신분석가의 탐정 작업을 요한다. 프로이트는 더 나아가 할 것과 하지 말 것에 관한 일종의 도덕적 양심의 목소리로서 슈퍼에고Superego를 가정했다. 슈퍼에고는 어린이의 행동에 대한 어버이의 구속과 사회적 구속에서 유도된 도덕적 기준을 내면화한다. 슈퍼에고는 금지 사항이 위배되었을 때 어떤 이로 하여금 죄책감을 느끼게 만든다. 그의 정신분석 요법의 목표는 "정신의 부분들 사이의 조화로운 균형을 복원하는 것"이 되었다.

프로이트에 대한 최초의 학문적 인정은 그가 미국의 클락 대학교Clark University에서 초청을 받아 강연한 때인 1909년에 나왔다. 그는 일군의 제자를 모았으며 정신분석가 국제 조직을 결성했다. 그가 전 생애에 걸쳐 환자들에게 정신분석을 행했음에도 불구하고, 그의 막대한 에너지의 많은 것을 정신분석 운동을 인도하는 데 그리고 글쓰기에 바쳤다. 그의 견해는 시대정신과 부합하는 것으로 보였으며, 특히 미국에서, 그의 인기와 영향은 증가되었는데, 미국은 정신분석가의 최대 숫자를 갖게 되었던 것이다. 그는 1924년 ≪타임Time≫ 표지 위에 오른 올해의 인물이었다. 미국 수필가 조지프 우드 크러치Joseph Wood Krutch는 1926년 ≪뉴욕타임스≫에 프로이트는 "아인슈타인이라는 가능한 예외와 더불어, 아마도 오늘날 살아 있는 가장 많이 이야기되는 과학자이리라"(Gay 1988, 459)라고 썼다. 그는 노벨 문학상에의 희망을 갖고 있었다. 이 상은 결코 실현되지 않았으나, 그는 1930년 갈망했던 괴테상을 받았다. 그의 영향은 법정에서 정신 능력을 판단하기 위한 정신의학자의 활용에까지 확장되었다. 프로이트 정신분석은 1950년대에 최고점에 달했고 주제로 정신분석을 삼은 헐리웃 영화로 전형화되는데, 예를 들어 (초현실주의자 달리Dali에 의해 설계된) 그레고리 펙Gregory Peck의 꿈을 해석하는 잉그리드 버그만Ingrid Bergman이 나오는 〈스펠바운드Spellbound〉가 그것이다.

프로이트적 개념들이 우리의 언어와 믿음에 끼어들게 되었다. 그것은 예술, 문학, 대중문화에 스며들어 왔다. 예술가, 시인, 극작가, 비평가 모두 프로이트적 전문용어를 사용했다. 문학비평가 해롤드 블룸Harold Bloom은 프로이트가 "우리 시대의 정신의 역할을 강탈했으며, 그래서 그의 사후 40년 이상 그가 우리에게 준 것을 제외하고는 정신에 관한 연구를 토론하기 위한 아무런 공통 언어도 갖고 있지 않다"(1982, 63)라고 결론 내렸다. 프로이트의 관념에 작가와 예술가가 끌린 한 가지 이유는 그의 엄청난 창의적 상상력이었다. 그의 글쓰기는 때로 아주 사적인 것이었다. 실제로, 그의 이론은 부분적으로 그 자신의 소망과 꿈에 관한 분석에 의해 영감을 받았다. 프로이트의 연구는 매력, 기지, 몇몇 지혜, 상당량의 교조로 가득하다. 그는 그의 관념에 대한 장인적 해설자였고 그의 몇몇 업적은 알려진 대로라면 과학적인 그의 이론이 거부될지라도 문학 고전으로 남을 것이다. 그 스스로 그의 사례사(史)의 몇몇은 심각한 과학이라기보다는 좀 더 단편 소설처럼 읽혀야 한다고 사고했다. 그러나 대부분의 소설 쓰는 이와 달리, 프로이트는 그의 관찰들을 포괄적 정신 이론 안에 체계화하려 했다.

인간의 정신에 관한 프로이트의 폭로를 향한 매력 및 저항에의 반성은 성장해 온 농담의 커다란 비축인데, "분석의 반은 항문적이다"(Byrne 1988, 328에 수록된 마티 인딕Marty Indik의 글)와 같은 몇몇 가공할 말장난을 포함한다. 프로이트는 농담에 관한 최초의 심각한 연구『농담과 그것의 무의식과의 관계 Jokes and Their Relations to the Unconsciousness』(1905)에서 농담은 에고가 개방적으로 인정하지 않은 무의식적 소망을 방출하기 위한 안전밸브로서 복무한다고 제안했다.

> 마흔! 그리고 포기된 한 아내.
> 그녀는 삶을 향해 꿈틀거리는 오래된 충동을 느꼈다.
> 그녀는 헤나(henna)가 담길 사발에 그녀의 자물쇠를 살짝 담갔다.
> 그리고 빈으로 가는 뱃길을 예약했다.
> 그의 육중한 책이 의미했던 비를 증명하기 위해
> 그녀는 교수에게 큰 보수를 지급했다.
> 되돌아와서, 그녀는 성 프로이트의 복음을
> 그 실직자에게 설교했다.

쉰에 "요기Yogi가 된" 이후에 그리고 예순에 "옥스퍼드 그룹에 스스로 침잠한" 이후에, 교훈은 분명하다.

> 그녀의 얼굴에서 일흔이 그녀를 응시할 때
> 그녀는 은총의 몇몇 여타 상태를 찾게 되었을 것이다.

무함마드가 아마도 그녀의 주님이자 주인이었을 수도 있고,

아니면 제우스, 아니면 미트로스Mithros, 아니면 조로아스터가 그랬을 수도 있다.

왜냐하면 한 숙녀가 나쁘게 성적으로 흥분되었을 때

신은 어떤 신이 그다음에 올지 알기 때문이다.

말년의 삶에서 프로이트는 인간 본성과 행동과 모든 예술, 문학, 종교의 바닥에 깔려 있는 무의식적 동기를 설명하는 데로 계속 움직여 갔다. 1차 대전이 유럽에서 진보에 대한 일반적 믿음을 흔들었던 이후에, 프로이트는 인간 본성의 비합리적 기초를 강조하기 시작했다. 그는 리비도라는 삶의 본능과 충돌하는 공격의 원천으로서 죽음의 본능이라는 개념을 도입한다. 그의 이론에 따르면, 정신 속 서로 다른 힘들의 충돌로부터 생겨나는 인간 존재의 좌절들은 제거될 수 없다. 우리 모두는 병들어 있고, 그것은 적응의 서로 다른 정도의 문제이다. 공격은, 프로이트가 믿게 된 바로는, 인간 본성의 타고난 본능적 성향이었다. 문명은 우리의 잔인한 본능에 대한 억압에 의존한다. 그렇지만 억압은 정신적 교란을 야기한다. 그는 기본적 인간 본능에 관한 아주 고상한 관념을 갖지 못했는데, 이렇게 진술하고 있다. "인간 본성에 관해 좋은 것을 별로 발견하지 못했다. 내 경험으로는 그것은 대부분 쓰레기이다"(Byrne 1988, 194에서 인용).

프로이트는 종교의 친구가 아니었는데, 그럼에도 불구하고 정신분석 운동은 종교적 숭배와 조금 닮은 점이 있다. 영국 작가 G. K. 체스터튼Chesterton은 정신분석을 환자가 일종의 자연화된 원죄를 인정함으로써 범죄 열망을 초월하게 되는 "사면 없는 고백"(≪런던 옵저버London Observer≫, 1934년 12월 9일)이라고 불렀다. 프로이트는 죄를 범죄와 동일시하지 않았다. 그는 종교를 "가장 원시적인 본능에서 유도되는 것"인 "보편적인 편집적 신경증"(1964, 71)으로 진단한다. 종교의 필요성은 의지할 데 없음에 대한 유아의 감각에서 기원하는데, 보호를 향한 욕망에 답하는 이상화된 아버지로서 신과 함께 그러하다.

그는 신비주의를 경멸했는데, 무경계, 무한, 혹은 세계와 더불어 하나인 것이라는 신에 관한 어떤 종교적 경험을 결코 느끼지 못했다고 선언했다. 그는 그러한 "대양적" 느낌을 유아가 세계의 나머지로부터 그의 에고를 구별해 내지 못하는 일에 대한 억압이라고 보았다. 그는 종교는 "집단 환상"이라고 결론 내렸다. 프로이트는, 그렇지만 신이 존재하지 않는다고 직접적으로 논의하지는 않았다. 그가 비신앙인이었음에도 불구하고, 종교적 믿음의 진리 혹은 허위와 관련된 질문을 그것의 심리학적 기원과 분리했다.

프로이트적 개념들은 종교에서 교육에 이르는, 시에서 광고에 이르는 거의 모든 것에 대한 새로운 이해를 제공하는 것으로 보였다. 현대적 삶의 어떤 영역도 손대이지 않은 채 남아 있질 않았다. 그는 사회, 종교, 예술, 문학의 기원에 관한 설명을 제공했는데, 그의 정신적 폭로를 전 범위의 인간사에 적용했던 것이다. 문화는, 그가 논의하기로, 승화sublimation의 산물이다. 신화, 종교, 도덕은 모두가 현실에서 결여된 만족에 대한 보충을 찾으려는 기도이다. 예술 작품은 "무의식적 소망의 상상적 만족"(1961, 44)이다. 예술적 창의성은 궁극적으로 예술가가 진정으로 원하는 것, 즉 성적 만족에 의해 동기를 부여받는다. 만일 그가 성적으로 채워지지 않으면, 예술가는 그의 환상적 삶에 관한 소망하는 구성물을 창조해낸다. 그러므로 프로이트에게 예술은 일종의 대리 만족이다. 만일 예술가가 그의 "신경증"에서 치료되었다면, 그는 그의 창의성을 상실할 수도 있다. 과학적 호기심 역시 승화된 성적 호기심에서 기원한다고 가정되었다.

가치에 대한 프로이트의 사적 감각은 그가 성장했던 빅토리아 시대 중간 계급의 도덕을 반영했지만, 그의 작업은 전통적 인간 가치에 도전하는 것으로 보였다. 그는 "가치에 대한 인간의 판단은 행복을 향한 그의 소망을 직접적으로 따른다고, 이에 따라서, 그것은 그의 환상을 논증으로 지지하려는 기도"(1961, 92)라고 논의했다. 그는 공개된 어두운 비합리적 추동력을 인간 본성의 기저에 가져다 놓았는데, 이것은 과학적 합리성에의 계몽주의 신조에 대한 낭만적 반동에서 예고된 것이었다. 그의 이론은 인간 행동을 비합리적 충동에 의해 궁극적으로 결정되는 것으로서 제시한다. 이성은 이드의 시종인데, 이드는 "열망의 들끓는 큰 솥이며, 맹목적으로 만족을 추구하는"(1933, 74) 것이다. 이드의 원초적 충동은 문명사회의 제한과 계속적으로 충돌하고 있다. 모든 가치, 도덕, 종교, 예술은 성과 공격에 대한 무의식적 욕망에서 궁극적으로 솟구쳐 나온다.

하지만 프로이트는 사람들을 정신적으로 더 행복하고 더 건강하게 만들기 위해 그의 관념을 제한 없는 성적 자유를 지지하는 데 사용하는 것을 인정하지 않게 되었다. 그는 "문명 속 진보의 대가는 행복을 몰수당하는 것으로 지불된다"(1961, 62)라고 믿었다. 도덕적 성숙은 무의식으로부터 끓어오르는 비합리적 충동에 대한 에고의 통제를 강화하는 데 있다. 정신분석의 목표는 소크라테스의 격언, 너 자신을 알라를 떠오르게 한다. 프로이트는 환자에게 "당신 자신의 영혼의 깊이를 들여다보고 먼저 자신을 아는 것을 배우라"(1917, 143)라고 조언했다. 그렇지만 그는 자기 지식self-knowledge에 관한 참신한 수단을 제안했다. 그리고 어떤 이가 자신에 관해 이해하게 되는 바는 소크라테스적 논제 "덕이 지식이다"를, 즉 참된 이해가 자연스럽게 덕으로 이끈다는 점을 전혀 제안해 주지 않는다. 프로이트는 오히려 생존하고 생식하기 위한 진화적 추동력이 뿌리내린 무의식의 어두운 심연에 관한 폭로를 제공한다. 그는 삶에 대한 비극적 견해 또는 적어도 금욕적 견해를 갖고 있었다. 그는 개인적으로든 사회에 대해서든 아무런 구제의 메시지를 제공하지 않았다. 그는 철학에서 아무런 위안도, 종교에서 아무런 희망도 보지 못했다. 그는 신경증적 비참함을 일상적 불행으로 변환시킬 것만을 주장했다. 마리 보나파르트 Marie Bonaparte에게 보낸 한 편지에서, 이때 그가 81세였는데, 프로이트는 "한 남자가 삶의 의미와 가치에 관해 질문한 순간 그는 아픈데, 둘 중 어느 것도 아무런 객관적 존재를 갖고 있지 않기에 그러하다"(Freud 1960, 436)라고 선언했다.

그의 후반부 삶에서, 프로이트는 정신분석 운동의 커다란 국제적 성공과 더불어 많은 사적 고난을 경험했다. 그는 1917년에 입과 턱이 암에 걸렸고 32회의 고통스러운 수술을 겪었다. 그의 삶의 마지막에 이르러, 그는 상존하는 고통 속에 있었다. 나치가 1938년 빈으로 행진해 들어왔을 때, 그의 재산은 몰수되었고 그는 영국으로의 망명을 강요받았다. 오직 국제적 압력과 보나파르트 공주에게서 나온 2만 파운드의 몸값에만 반응해, 그들이 그를 가게 하기 전에 잘 대우받아 왔다는 진술서에 서명해야 했다. 그러나 프로이트가 비꼬아서 "나는 마음으로 게슈타포를 누구에게나 추천한다"라고 덧붙였다는 (어니스트 존스Ernest Jones의 전기에서 처음으로 관련된) 종종 인용되는 이야기는 진실이 아니다. 그 문서가 제2차 대전 이후에 나타났을 때, 그것은 단순히 프로이트의 서명을 갖고 있었을 뿐이다(Ferris 1997, 393). 프로이트는 마지막까지 연구했다. 그는 그의 마지막 저작, 『모세와 일신교Moses and Monotheism』를 썼는데, 이때 그는 80세였다. 그는 83세로 죽음에 이르기 며칠 전까지 서신 왕래를 계속했다. 그의 아들 에른스트Ernst는 아버지가 어떤 편지에 대해서도 답장 쓰는 데 실패하지 않았으며, 보통 하루 안에 썼다고 주장했다. 1939년, 암으로 죽어가면서, 프로이트는 그의 의사에게 그의 삶은 "고통일 뿐이고 더이상 의미가 없으며, …… 아나Anna에게 말해, 그녀가 그것이 옳다고 생각한다면, 끝내"(Ferris 1997, 397)라고 말했다.

프로이트의 관념은 항상 정신분석 운동의 내부와 외부 모두에서 커다란 논쟁의 주제가 되어왔다. 그는 그의 제자들이 그의 기본적 교의에 관해 질문하는 것을 허용하길 거부했다. 그의 교의에의 절대적 충성에 대한 그의 요구는 그의 과학적 객관성에 관해 잘 말해주지 못한다. 과학 안에서, 제자는 스승의 관념을 자유롭게 비판하도록 이상적으로 가정되지만, 그럼에도 불구하고 이것이 물리과학에서조차도 항상 참인 것은 아니다. 프로이트의 많은 초기 제자가 그들 자신의 심리학 학파를 세우기 위해 떠나갔다. 알프레트 아들러Alfred Adler는 한때 프로이트의 빈 정신분석가 내부 서클 구성원이었는데 1911년에 제명당했고 스스로를 정신분석가로 부르는 것조차 금지당했다. 그는 유아의 성적 발달이 인격을 정하는 데 결정적이라는 프로이트의 주장에 감히 질문을 했던 것이다. 프로이트는 나중에 아들러를 난쟁이라고 그리고 그의 추종자를 익살 광대라고 언급했다. 스위스인 칼 융Carl Jung은 한 단계에서 프로이트의 계승자로 보였다. 프로이트는 그를 기름 부어 성별(聖別)된 그의 아들이라고 말했다. 대부분이 유대인인 빈 정신분석가 서클의 외부에서 정신분석을 더욱 호소력 있게 만들기 위해 기독교도이고 매우 아리아인다운 융이 선택되었다고 가정되어 왔다. 그러나 사이가 틀어졌고, 융은 떨어져 나가 그 자신의 영향력 있는 심리학 학파를 발전시켰다. 융은 꿈이 주로 성적 추동력이 아니라 창조적 원형archetype을 드러낸다고 논의했으며, 또한 오이디푸스 콤플렉스 Oedipus complex의 중심적 역할에 문제를 제기했다. 융과 프로이트 간의 적대성과 관련된 호기심을 불러일으키는 이야기가 아일랜드 소설가 제임스 조이스James Joyce 전기 안에 관계되어 있다. 조이스는 프로이트에게 영향받았으나, 그를 과학인으로서 좋아하지는 않았다. ("나는 어떤 과학도 믿지 않는다"라고 그는 선언했다.) 융은 『율리시즈Ulysses』 독일어판 서문을 써달라고 편집자로부터 의뢰받았다. 그는 들어주었지만 그 소설을 멸시하는 식으로 썼다. 조이스는 한 친구에게 왜 융이 그에게 그토록 무례하냐고 물었다. 그 친구는 "당신 이름을 독일어로 번역해 봐요"[joy=Freude](Ellmann 1959, 641)라고 응답했다. 사람들이 그와 그의 작업을 칭송하고 욕하는 방식을 판단할 때, 프로이트는 여러 얼굴을 가진 사람이었다. 그는 빛나게 독창적이었고, 드문 천재였으며, 자칭 정신의 과학자, 예술가, 도덕주의자로 불려왔다. 그러나 그는 경솔했고, 강박적인 편집증 환자, 거짓말쟁이, 마녀 의사, 엉터리, 사기꾼으로도 불려왔다. 그가 일깨운 아첨과 적대는 인간의 조건을 건드리는 깊이 자리 잡은 가치가 걸려 있음을 제안해 준다. 그는 다음의 모순어법들, 즉 보수적 혁명가, 무신론자 예언자, 낭만적 기계론자, 과학적이고 문학적인 인문주의자로 가장 잘 특징지어지는 것으로 보인다. 유전학자 J. B. S. 홀데인J. B. S. Haldane

은 프로이트 이론을 과학과 인문학의 경계에 양다리 걸친 "반쪽 과학Half-science"
이라고 언급했다. 정신분석은 인격에 관한 이론이며 치료의 기법이며, 그것
은 삶의 철학을 제안한다.

정신분석은 여러 혐의를 받아왔다. 정신분석 요법은 기술적 전문용어를
빼고는 원시 사회의 주술사와 의료인이 오랫동안 실행해 온 방법일 뿐이라고
이야기된다. 프로이트의 이론은 부도덕하고, 순전한 발명이며, 거짓이거나
공허하고, 반증 불가능하다고 이야기된다. 그는 자신의 꿈의 몇몇을 환자의
것으로 돌렸으며 그의 이론에 부합할 종류의 반응을 끌어내게 될 환자에게
유도 질문을 했다고 고발되었다. 분석 경험에 관한 그의 기억에의 의존—왜냐
하면 그는 결코 기록을 하지 않았기 때문에—은 왜곡을 끌어들일 수도 있는 것이
었다. 프로이트는 그를 추종한 많은 정신분석가처럼, 반대자들을 그들의 동
기를 정신분석함으로써 공격하는 일에 의지했다. 그는 그의 제자들의 반란을
그들의 아버지의 죽음을 바라는 아들의 소망에서 동기 부여받았다고 진단했
다. 물론, 몇몇 비판가는 프로이트 자신을 상담 소파 위에 놓았고, 그의 이론
은 단지 그 자신의 억압과 콤플렉스의 산물이라고 진단했다. 프로이트와 그
의 모든 작업에 관한 20개의 물어뜯는 비판물 모음집에서, 프레더릭 크루스
Frederick Crews는 "그 책은 정신분석이 자라나서는 사기가 되어버린 실수였음
을 보여준다"(1998, ix)라고 결론 내린다.

프로이트의 독창성은 종종 도전받아 왔다. 그는 철학자 쇼펜하우어Scho-
penhauer에 의해 예고된, 억압의 발견에서 그의 우선권이 그가 폭넓은 독서가
가 아니었던 덕분이었다고 진술했지만, 그의 글쓰기는 철학과 문학 속 광범
위한 독서를 드러내준다. 그의 독창성은 관념의 파악에 있는데, 그것의 다수
는 더 앞서 있던 사상가들에 의해 모호하게나마 예고되었던 것이며, 그것을
정신에 관한 포괄적 이론으로 연결 지었다. 프로이트의 정신 관념에 대한 초
기 예고가 "나는 나 자신의 행동을 이해하지 못합니다. 왜냐하면 나는 내가
원하는 바를 행하는 것이 아니라 내가 싫어하는 바를 행하기 때문인데 ……

그러므로 그것을 행하는 것은 더 이상 내가 아니고 내 안에 거하는 죄인 것입니다"(로마서 7:15)라는 성 바울St. Paul의 말 속에 있는 충동하는 힘들에 의해 제기되었음을 볼 수 있다. 무의식의 발견자로 환호받았을 때인 그의 70세 생일을 축하하면서, 프로이트는 그 칭호를 부인하면서, "시인과 철학자가 무의식을 발견했고, 내가 발견한 것은 무의식을 연구할 수 있는 과학적 방법이었다"라고 논평했다. 그는 그의 기여가 시인과 철학자의 통찰을 "몇 가지 심리학적 공식"(Trilling 1950, 34)을 사용해 체계화한 데 있다고 보았던 것이다.

그의 이론의 진리를 위한 또는 그의 요법의 유효성을 위한 프로이트의 증거는 무엇이었나? 그는 심리학 이론에 귀납적으로, 그의 환자에 관한 자료로부터 그리고 자기 분석self-analysis으로부터 일반화해 도달했다고 주장했지만, 이런 종류의 증거는 불충분하다. 의과학에서 치료의 유효성은 통제된 연구를 요구하는데, 특히 위약 효과placebo effect의 문제가 존재할 때 그러하다. 한 가지 연구는 사람들이 그저 정식분석 치료를 기다린 후에 더 나아졌다고 느꼈음을 보여주었다(≪타임The Time≫, 1979년 4월 2일). 아돌프 그륀바움Adolf Grunbaum (1984)은 프로이트주의자들이 억압된 기억과 나중의 신경증 사이의 또는 정신분석적 치료와 정신병의 치료 사이의 인과적 연결을 증명하는 데 실패했다고 길게 논의했다. 프로이트의 꿈 이론을 논박하기 위해, 그륀바움은 반증하는 증거를 들여다보았다. 억압된 소망은 꿈의 궁극적 원인이라고 추정되므로, 만일 프로이트의 이론이 참이라면, 정신분석 치료는 꿈의 빈도를 줄일 것이다. 그러나 꿈의 빈도는 줄어들지 않는다. 따라서, 프로이트의 이론은 거짓이다. 급속 안 운동rapid eye movement(렘REM)이 있는 동안의 뇌 과정에 관한 최근 연구는, 프로이트에 반해, "꿈은 그것이 신경증에 가깝다기보다는 규칙적인, 내부적으로 정당화된 섬망delirium에 더 가깝다"(Leonard 1998, 63)라고 제안한다. 뇌의 렘 상태는 태아 발생 초기에 시작된다. 그것은 뇌 경로를 수립하려는 기능을 가질 수도 있다. 그럼에도 불구하고, 렘 상태의 원인에 관한 생리학적 분석은 프로이트가 동반되는 꿈 이미지와 이야기에 돌렸던 유의미성을 필연적으로 배제하는 것은 아니다.

행동의 바닥에 놓여 있는 "진정한" 의미는 외견상의 표면 의미와 반대된다는 관념이 합리적 과학 정신을 분개시키고 있다. 그것은 마치 만일 우리가 p임과 p가 아님 둘 다를 가정할 수 있다면 우리는 어떤 것도 증명할 수 있다는 것으로 보인다. 칼 포퍼Karl Popper는 프로이트주의자에 의해 해석된 것으로서 정신분석 이론은 반증 불가능하기 때문에 그것은 과학적이지 않다고 결론 내렸다. 그는 정신분석에 대한 도처에 존재하는 가짜 입증을 점성술에 대한 그것에 비유했다. 몇몇 정신분석적 해석은 정말로 좀 멀리 나간 것으로 보인다. 반유대주의는, 프로이트가 선언했기로, 할례에 대한 이교도의 무의식적 공포의 표현이다. 기독교는 하나의 오이디푸스적 소망 성취인 아들에 의한 아버지 권좌의 탈취에 관한 잠복해 있는 내용을 갖고 있다. 처칠의 화장실 훈련은 그가 영국을 비축과 연합된 항문 보유인 황금 본위로 되돌려 놓은 일을 설명해 준다고 인용되어 왔다. 프로이트는 1911년 논문에서 고전학자 에른스트 오펜하임Ernst Oppenheim과 함께 "민담에서는 꿈속에서 황금은 가장 애매하지 않은 방식으로 분변의 상징이 되는 것으로 여겨져 왔다"(1911, 187)라고 논의했다.

프로이트의 연구에 대한 가장 심각한 고발의 하나는 제프리 메이슨Jeffrey Masson에 의해 제기되었는데, 그는 한동안 프로이트 문서고의 소장이었다. 그는 『진리에 대한 맹공The Assault on Truth』(1984)에서 프로이트가 잘못해 어린 시절 성적 학대에 관한 환상적 기억을 양친의 한쪽과의 성관계에 대한 유아적 소망이라는 그의 초기의 "유년기 유혹childhood seduction" 논제를 포기했다고 논의했다. 그는 원래 어린이로서 성적으로 학대당하는 일에 관한 환자의 보고를 문자 그대로 참이라고 받아들였지만, 1896년 그는 대부분의 그러한 보고가 억압된 유아기 성적 소망에 대한 환상이라고 결론 내렸다. 이 결론은 정신의 내부 작용에 초점을 맞추는 것으로 그의 사고를 결정적으로 전환하는 결과에 이르렀다. 메이슨은 이 반전 속에서 "정신분석의 오늘날의 엄격성의 뿌리"(1984, 144)를 본다. 그는 유혹 이론에 대한 프로이트의 폐기가 아동 학대의 많은 실제의 그리고 비극적인 사례로부터 주의를 다른 데로 돌렸다고 주장한다. 프로이트를 옹호해, 그는 발생했던 실제의 다양한 정도의 성적 장난을 의심치 않았다고, 그러나 나중의 중심적 교란을 일으키는 데 유관되는 것은 어린이의 환상화하는 반응이지 실제의 사건이 아니라고 논의되어 왔다. 아동 학대라는 문제는 무엇이 사실이고 무엇이 환상이냐를 결정하는 문제를 넘어가는 어려운 문제를 제기한다. 범죄성 또는 불멸성에 관한 판단은 전체 육체적 사건만이 아니라 해석, 맥락, 의도도 포함하는 것이다.

여자에 관한 프로이트의 개념화는 여성주의자에게 인기가 없다. 예를 들어, 그는 음경 선망penis envy이 여자의 심리적 발달에서 지배적 역할을 한다고 생각했다. 그는 여자를 거세된 남성이라고 중상했는데, 이는 얼마간 "해부 구조는 운명이다"라는 그의 경구의 문학적 예가 된다. 프로이트의 견해에서 여자는 그들의 완전한 성숙에 달할 수 없으므로 남자보다 열등하다. 그들은 공허하고, 자기중심적이고, 정의감을 결여하고 있으며, 그들은 "도덕적으로 열등하다." 이 견해는 여자의 본질적 성격을 기술한다기보다는 프로이트의 사회 속 여자의 위치를 반영하는 것으로 보인다. 소녀의 심리학적 발달에서 음경 선망의 중요성에 관한 프로이트의 개념과 관련해, 글로리아 스타이넴Gloria Steinem은 여성주의자인 여자는 "남자들의 해부 구조를 선망했던 것이 아니라 그들의 남자 단독 돈벌이 능력을 선망했다"(1992, 117)라고 진술했다. 삶의 후기에, 그의 친구이자 후원자인 마리 보나파르트 공주에게 보낸 한 편지에서, 프로이트는 여자에 대한 그의 견해에 몇몇 의혹을 보여주었던 것 같다. 그는, 절반은 심각하게, "전혀 답하지 않은 그리고 내가 결코 답할 수가 없었던 커다란 질문은, 여성의 영혼에 대한 나의 30년의 연구에도 불구하고, 여자는 무엇을 원하느냐이다"라고 고백했다. 여러 가지 점에서 부르주아적 빅토리아 성차별주의자였던 그가 그의 가장 어린 딸 아나 프로이트(1895-1982)를 그의 지적 상속자로 지목했던 일은 주목할 만한 일일 것이다. 그녀는 그의 여섯 아이 중에서 정신분석을 추구한 유일한 이였는데, 그녀 스스로 명성의 척도를 성취해 냈고, 특히 어린이 치료에 종사했다. 그녀는 어린이의 행동에 관한 실제의 관찰을 이뤄내는 데 개방적이었고, 이는 그녀의 아버지가 결코 하지 못했던 어떤 것이었다.

어떤 이가 프로이트를 과학으로서 읽는다면, 실망할 가능성이 있다. 그의 이론이 예측할 수 있는 또는 행동을 수정하기 위해 사용될 수 있는 단단한 증거는 아주 적다. 프로이트는 때로 그의 과학적 엄격성의 결여를 예시할 수 있는 주장을 했다. "분석의 적용은 항상 또한 그것의 입증인 것이다"(『표준판 Standard Edition』, 22:146). 그의 실천이 종종 좋은 과학에는 못 미쳤음에도 불구하고, 그는 과학이 인간 조건에 관한 계몽으로 가는 유일한 길을 제공한다고 믿었다. "과학이 우리에게 줄 수 없는 것을 우리가 다른 곳에서 찾을 수 있다고 가정하는 일은 망상일 것이다"(1964, 92). 과학이 안쪽을 향해 인간 본성을 밝히고자 전환할 때, 자기 반성적 지식이 생겨난다. (빈의 풍자가 칼 크라우스 Karl Krauss는 "정신분석은 그것이 고치고자 하는 병이다"[Zohn 1990, 171]라고 진술했다.) 어떻게 아는 자가 그 자신의 주관성을 객관적으로 알 수 있을까? 어떻게 우리는 간접적으로 알려진 바의 관점에서 가장 상세히 알려진 바를 설명할 수 있을까? 제한된 성공과 더불어, 프로이트는 경험된 바를 경험되지 않은 바의 관점에서 설명하는 일에 대해 과학의 흔한 패턴을 따르고자 했다. 최종적 판단이 그것의 과학적 가치의 측면에서 무엇이 되든 간에, 그의 많은 연구는 지속되는 수용을 성취해 냈다. 아주 사실적인 무의식적 충동들에 대한 그의 누설, 즉 우리는 종종 우리가 원하는 바에 관해 자신을 속인다는 점, 너 자신을 알라는 소크라테스적 충고를 따르는 것이 얼마나 어려운가라는 점 말이다. 프로이트의 관념은 우리 내부의 경험에서 공명을 이룬다. 그의 정신 이론은 "삶의 경험에, 따라서 현재 작동 중인 어떤 다른 체계보다 상처받음의 경험에 더 밀접해 있다고 느껴진다"(≪타임≫, 1933년 11월 29일) 그의 작업을 상상적 문학의 관점에서 해석하는 일은 왜 그가 그토록 흔히 "학술적 인문주의자들에게 흥분을 준다고 판명 났는지"(Crews 1998, xxvi)를 설명하는 데 도움이 될 수도 있겠다. 프로이트가 행동의 바닥에 깔려 있는 원인을 발견했다고 주장함에도 불구하고, 우리의 느낌 및 직관과 공명하는 관념의 연합 안에서 의미 있는 주제들을 드러낸 것으로서 더 잘 설명될 수도 있을 것이다. 이 관점에서, 그는 인과적인 과학적 분석에 반대되는 것으로서 우리의 정신적 삶에 대한 해석적 이해를 제공한다. (과학에 반하는 것으로서의 "해석학적 활동"으로서 프로이트 심리학에 대해서는 Habermas[1971]을 볼 것.) W. H. 오든Auden의 "지크문트 프로이트를 기억하며"는 20세기 문화에서 그의 위치를 잘 표현한다.

> 만일 종종 그가 틀렸고 때로 어리석었다면
> 우리에게 그는 더 이상 개인이 아니라
> 이제는 의견의 전체적 기후인 것이다.

정신분석에 관한 그의 대중 강연에서, 프로이트는 과학사에서 그의 업적의 위치를 인간의 덧없음에 대한 "세 번째 강타"로 묘사했다. 첫째, 인간 종은 코페르니쿠스에서 뉴튼으로 통하는 새로운 과학에 의해서 우주의 중심에서 치워졌다. 이어 다윈은 우리의 동물 기원을 드러내주었다. 마지막으로, "아마도 가장 많이 다치게 한" 강타인, 프로이트의 무의식 발견은 "에고가 자신의 집에서 주인이 아니다"(1952, 296)라는 점을 보여주었다. 그는 무의미하지 않은 과학자가 되길 원했으나, 그는 오히려 사변적 낭만주의자가 되었다. 그는 항상 그의 정신분석 이론이 과학적이라고 주장했음에도 불구하고, 그는 그의 인성이 과학자라는 역할에 들어맞았는지에 대한 의혹을 표현했다. 그는 1900년 그의 동지인 빌헬름 플리스Wilhelm Fliess에게 편지를 썼다. "내가 진정으로 과학인은 아닙니다. …… 나는 기질상 정복자인데 그 유형의 개인이 속하는 호기심, 대담성, 끈덕짐과 함께하는 ……"(Fliess 1997, 169) 지식의 새로운 영역을 정복하기 위한 알려지지 않은 미지 속으로의 모험은, 그럼에도 불구하고, 과학의 위대한 남자와 여자의 두드러진 동기이다. 그가 죽기 바로 전, 영국 망명 중, 프로이트는 왕립학회의 명부에 서명하도록 초청받았다. 그는 한 편지에서 그의 서명은 아이적 뉴튼과 찰스 다윈과 좋은 동료를 이루도록 가입하는 것이었다고 자랑스럽게 진술했다. 그의 지적 모험에서, 그는 그들과 대등하다. 과학적 성취 면에서, 그가 그렇지는 않다.

11.3 자칭 행동의 기술자

버루스 프레더릭 스키너Burrhus Frederick Skinner(1904-1990)는 행동주의 전통 behaviorist tradition의 가장 영향력 있는 심리학자이며 프로이트 이후 가장 많이 알려지고 가장 많이 토론된 심리학자의 하나이다. 그는 프로이트와의 흥미로운 대조를 나타낸다. 그 둘은 매우 다른 배경을 갖고 있었고 인간 본성에 관한 사뭇 다른 개념화를 발전시켰지만, 그들은 인간 행동의 참된 원인을 드러내게 될 과학적 심리학을 전파하려는 맹렬한 야심을 공유했다.

스키너의 초기 관심은 과학이 아니라 음악과 문학에 중심을 두었다. 그의 과학적 이력을 함축해 줄 수도 있을 젊은이로서 대략적인 유일한 특징은 사물이 어떻게 작동하느냐에 대한 커다란 호기심이었다. 어린 시절부터, 그는 작은 기계 장치를 발명해 내는 일을 좋아했다. 그가 초기에 가장 영향을 받은 이는 매리 그레이브스Mary Graves였는데, 그로 하여금 인문학에 끌리게 한 교양 있는 고등학교 그리고 주일학교 교사였다. 그가 8학년 문학 수업에서 프랜시스 베이컨이 셰익스피어 희곡의 진짜 저자였다는 그의 아버지의 진술을 언급했을 때, 그레이브스 양은 그가 그 문제를 탐구하도록 도서관으로 보냈다. 그는 베이컨에 관심을 갖게 되었고, 나중에 그는 베이컨주의자가 되었으며 "지식은 힘이라는 영속적 원리"(Bjork 1993, 24)를 채택했다고 진술했다.

남자 교양 대학liberal arts school인 해밀턴Hamilton 칼리지에서 스키너는 그의 문학적 관심을 추구했다. 대학을 나와서 그는 1년간 작가가 되고자 했다. 그는 최종적으로 그가 "말할 게 아무 것도 없다"고 깨달았을 때 그는 그것을 포기했다. 그는 대학원에 들어가기 전 해를 그의 "어두운 해"라고 언급했는데, 그리니치 빌리지Greenwich Village와 파리에서 보헤미안의 삶을 사는 데 보낸 시간이었다. 심리학에 관한 그의 관심은 "윗슨Watson 박사의 행동주의behaviorism는" 전통적 철학에 대한 "공격의 선봉"이라는 버트런드 러셀Bertrand Russell의 진술과 우연히 마주침으로써 점화되었다. 러셀은 나중에 그가 윗슨에 대한 스키너의 관심을 촉발했다는 데 놀라움을 표시했다. "나는 내가 행동주의를 분쇄했다고 생각했다"(Wiener 1996, 24).

존 윗슨(1878-1958)은 그의 논문 「행동주의자가 보는 것으로서 심리학」과 더불어 1913년에 심리학의 행동주의 운동을 개시한다. 그는 내성introspection에 반대했는데, 심리학은 의식이 아니라 관찰 가능한 행동을 연구해야 한다고 요구했다. 윗슨은 동물의 조건 반응에 관한 러시아 생리학자 이반 파블로프Ivan Pavlov의 연구에서 인상을 받았다. 가장 잘 알려진 예에서, 파블로프는 소리와 음식 제공을 연합시킴으로써 개로 하여금 종소리에 침을 흘리게 만들었다. 종소리는 개의 침 흘리기라는 "조건 지워진 반응"을 일으킨 "조건 지워진 자극"이었다. 윗슨은 파블로프의 조건 반사라는 패러다임paradigm을 관념의 연합에 대한 대체물로 삼았다. 행동주의는 정신적 관념이 아니라 신체적 반응과 함께하는 환경적 자극과 연합된다. 그는 동물을 연구하는 데 사용된 기법을 어린이를 조건 지우는 실험에 적용했다. 그의 악명 높은 주장은 다음과 같았다.

건강한 10여 명의 유아와 그들을 데려와서 키울 나 자신의 특정된 세계를 내게 달라, 그러면 임의로 어떤 하나를 취하고 그를 그의 재능, 경향, 능력, 소명, 그의 조상의 인종과 관계없이 내가 선택할 수 있을 어떤 종류의 전문가—의사, 변호사, 예술가, 상인 우두머리, 그리고 물론 심지어는 걸인과 도둑—로 훈련시킬 수 있다고 보장할 것이다(Watson 1924).

윗슨은 사회적 문제를 풀기 위해 공학의 효율성을 가져오길 원했으나, 심리학자로서 그의 학문적 이력은 1920년의 추문에 의해 짧게 끝났다. 그는 인간의 성적 반응에 관한 몇몇 출간되지 않는 연구를 수행했는데, 자신과 한 여성 대학원생을 연구 주제로 삼았던 것이다. 그의 아내가 알아챘을 때, 그녀는 이혼 소송을 제기했다. 그는 존스홉킨스 대학의 그의 자리에서 해고되었으며 그의 실험실 전임 조교였던 그의 새로운 아내를 부양하기 위해 광고 쪽 직업으로 전환해야 했다. (그의 성 연구는 알프레드 킨지Alfred Kinsey의 훨씬 나중의 연구를 간접적으로 촉진시켰는데, 킨지는 윗슨의 한 학생이었던 칼 래슐리Karl Lashley에게서 인간의 성에 대한 과학적 연구를 행하는 착상을 뽑아냈던 것이다.) 윗슨은 심리학에서 글쓰기를 계속했으나 행동주의를 통한 사회공학social engineering이라는 전망의 더 나아간 발전은 B. F. 스키너에게 남겨졌다.

사고, 감정, 욕망 또는 어떠한 정신 상태에 대한 어떤 준거도 피하기 위해 스키너는 윗슨의 비난을 따랐다. 그는 뇌를 암흑 상자black box로 취급했는데, 거기서 우리는 입력과 출력은 관찰할 수 있으나 내부에서 우리는 무슨 일이 있는지를 관찰할 수 없다. 우리가 뇌 상태를 직접 볼 수 없기 때문에, 스키너는 스스로를 자극 입력과 출력 반응 사이의 기능적 관계를 찾는 데 국한시켰다. 그는 협소하게 통제된 조건 아래서 조건 지우기를 연구하는 데 여러 해를 보냈다. 그는 쥐 또는 비둘기가 단순한 반응을 할 수 있는 작은 우리인 "스키너 상자"를 사용했다. 지레가 눌리거나 창이 부리로 쪼일 때, 알로 된 먹이가 실험자의 재량으로 방출되었다. 보상이 있는 자극(알로 된 먹이를 얻음)과 연합되었을 때 (지레를 누르는 것과 같은) 반응의 빈도가 증가했을 때 "긍정적 강화 enforcement"가 발생했다. 스키너는 강화의 서로 다른 계획의 효과를 세부적으로 연구하는 데 여러 해를 보냈다. 예를 들어, 그는 만일 강화가 15분 간격보다 1분 간격 안에 오면 비둘기 행동의 강화에서 큰 차이를 만들어낸다는 것을 알아냈다.

그는 동물을 훈련시키는 데 달인이었다. 그는 비둘기가 탁구를 하게 하거나 색다른 춤에 춤을 추게 할 수도 있었다. 그는 바다표범을 잠수함 "감시견"으로 훈련시키도록 해군에 의해 채용되었다. 동물이 복잡한 과업을 수행하도록 훈련시키기 위해, 그는 소망한 행동에 대한 잇따른 근접을 강화시킴으로써 방출된 반응을 "형성시켰다". 그는 학습이 우연히 발생할 수 있음을 발견했다. 알로 된 먹이의 나타남에 즉각적으로 그 어떤 행동도 반복되는 경향을 띠었다. 이것이 그가 비둘기를 복잡한 춤을 추도록 가르친 방법이었다. 운동선수나 도박사가 그들에게 행운을 주도록 특별한 의식을 행하는 일과 같은 미신을 설명하기 위해 이런 종류의 조건화에 호소했다. 그들이 경쟁에 앞서 우연히 어떤 일을 하게 되었다면, 그 행동은 강화되었고 의식儀式화되었다.

행동주의에 대한 스키너의 주요한 기여는 작동자 조건 지우기operant conditioning라는 개념이었다. 그는 "작동자operants"—행동을 강화시킬 수도 있을 귀결과 함께 환경에 작용하는 유기체의 행동—를 연구했다. 그는 시행착오에 의한 학습과 관련된 에드워드 손다이크Edward Thorndike의 "효과의 법칙law of effect"을 세련화했다. 보상이 주어지는 반응은 반복되는 경향이 있다는 것이다. 스키너에게 강화란 그것에 따르는 반응의 확률을 증가시키는 그 무엇이므로, 반응이란 단순히 일종의 강화된 행동인 것이다. 작동자 조건 지우기는 파블로프의 조건 지우기와 달리, 우리의 행동에 보상을 줌으로써 그것을 선별해 낸다. 행동은 그러한 환경이 당신을 지금 행하도록 자극하는 바에 대한 반사적 반응이 아니라 그것은 환경이 과거에 당신에게 했던 바의 귀결인 것이다.

작동자 조건 지우기는 다윈적 자연 선택natural selection에 대한 유비로 이해될 수 있는데, 이는 스키너 자신이 강조했던 비교이다. 소박한 목적론teleology과 대조적으로, 유기체의 적응적 특성은 그것이 유기체의 생존하려는 그리고 생식하려는 필요에 봉사하기 때문에 생겨난다. 다윈은 적응적 특성의 존재를 과거에 그 특성을 갖고 있는 유기체가 더 큰 숫자로 생존했다는 사실로 설명했다. 마찬가지로, 미래의 목표가 반응을 끌어당기는 것처럼, 강화가 특수한 앞선 반응을 증강시키지는 않는다. 오히려, 강화는 과거의 반응을 선별하는

데, 이 반응이 미래의 유사한 조건에서 유사한 반응의 확률을 증가시키는 것이다. 스키너는 왜 닭이 길을 건넜는가에, 목표를 참조해서가 아니라 어떻게 과거에 건넘이 강화되었는가를 참조해서, 답할 것이다. 그는 조언한다. 만일 당신이 당신 자신의 목적을 알고자 한다면 당신의 행동의 귀결을 지켜보라.

삶의 후기에 그의 작업에 영향을 준 것을 묻자, 스키너는 다음과 같이 응답했다. "우리는 모두 어느 정도 프로이트주의자인데―내가 아직도 어느 정도 장로교도인 것처럼 말이다. 어느 쪽도 경탄할 만하지만 어떤 주어진 역사 이후에 그저 불가피하다고 나는 생각하지 않는다"(Wiener 1996, 177). 스키너의 관점에서, 과학적 심리학에 대한 프로이트의 진정한 기여는 우연적이고 따라서 해명할 수 없는 행동의 많은 특성이 개인의 역사 속 상황과 연관될 수 있음을 보여주고 있었다. 예를 들어, 프로이트는 아나 오의 마시기를 꺼려함은, 심지어 목마를 때조차도, 그녀가 어떤 개가 그녀의 숙녀 여자 친구의 물잔에서 물을 마시는 것을 보았을 때의 한 경우에 대한 잊힌 역겨움으로 설명했다. 스키너가 프로이트에게서 발견한 가장 소중한 것은 그의 "개인의 환경적 그리고 유전적 역사에서 이제껏 주목받지 못한 외적 원인들에 대한 지적"(1956, 79)이었다.

그의 행동주의 원리들이 쥐와 비둘기에 관한 연구에서 주로 발전되었음에도 불구하고, 그것들은 인간에 대해서도 일반화된다고 주장했다. 어떤 이는 긍정적 강화의 힘을 시험할 수 있으며 전적으로 명백하지는 않은 결과를 볼 수 있다. 예를 들어, 일군의 학생은 한 선생님에게 그녀가 몰라도 통제를 작용시킬 수 있다. 만일 그녀가 강의 중에 이리저리 움직이면, 학생들이 그녀가 방의 한쪽에 있을 때 더 웃으면, 그녀는 웃음을 끌어내는 쪽으로, 그녀가 이렇게 하는 것을 의식하든 못 하든, 움직일 것이다. 특정한 행동 유형을 수정하는 데, 스키너의 방법들은 오히려 효과가 있는 것으로 종종 입증되었다. 만일 여러분이 중독, 불면증, 강박증, 공포증에 문제가 있다면, 행동주의 요법은 프로이트의 정신분석보다 더 효과적이고, 더 빠르며, 더 쌀 수 있다. 스키너

요법에 부합하는 실천적 모토는 행동의 새로운 길로 향하는 어떤 이의 방식을 생각하는 것보다 생각의 새로운 길로 향하는 어떤 이의 방식을 행동하는 것이 더 쉽다는 점이다.

스키너는 처벌로 행동을 통제하는 것에 반대했는데, 곤봉보다는 당근이 더 낫다는 것을 알아냈다. 바랐던 행동의 긍정적 강화는 그것이 더 효과적이기 때문에 처벌보다는 선호된다. 부정적 강화는 자극의 철회에 의해 행동을 강화한다(어떤 이가 당신을 때리는 일을 멈추면 좋게 느껴진다). 그러나 나쁜 행동을 소멸하기 위해 아이를 때리는 일은 잠정적 억압으로 종종 이끌 뿐이다. 처벌은 개인으로 하여금 특수한 적절한 행동을 유도하기보다는 오히려 그 처벌을 피하게 하도록 원인을 준다. 그것은 모든 행동을 금지하는 경향을 띠는데, 그 개인이 철회하게 이끈다. 쥐는 일정한 방식으로 행동하도록 충격을 받을 때 "얼어붙는다". 처벌은 폭력적 행동을 가르치는 부정적 부작용 또한 가질 수가 있는데, 개인을 더 공격적으로 만드는 것이다. 최고의 동물 조련사들은 스키너의 관념의 가치를 인정하고 처벌을 좀처럼 사용하지 않는다. 부모는 자녀를 훈육함에 종종 그다지 사려 깊지가 않다. 스키너는 심지어 학생의 논문에 관한 비판적 언급의 온화한 부정적 강화조차도 학생의 연구의 최상 측면에 관해 긍정적으로 언급하는 것보다 글쓰기 기술을 개선하는 데 덜 효과적이라고 논의했다. 교육을 위한 그의 모토는 이것이다. 긍정적인 것을 강조하라! 그는 그의 행동주의적 기술이 종종 "거짓된 학습 이론들에 의해 [그리고] 러다이트들Luddites이며 이것[새로운 기술]이 그들로부터 그들의 일을 박탈하리라고 두려워하는 교사 노조에 의해 우리의 학교들에서 배제되었다"(Bjork 1993, 187)라는 실망감을 표현했다.

소설가가 되려는 그의 초기 몇몇 야심을 이행하면서, 스키너는 『월든 투 Walden Two』(1948)를 썼는데, 이것은 그의 조건 지우기 원리들에 기초한 유토피아 공동체 속 삶이 무엇과 같은 것인지를 묘사한다. 선을 베푸는 용감한 신세계에 관한 그의 시각은 월든 투 이후의 공동체를 모형화하려는 많은 수의 시도를 촉진했다. 그것들은 문화를 재설계하기 위한 그의 관념의 실생활 적용에서 발생할 수 있을 무수히 많은 문제의 몇몇을 초래시키는 데 봉사했다. 대부분의 공동체는 짧게 생존했는데, 두 개인만이 살아남았다. 트윈 오크스Twin Oaks는 1967년 버지니아주 루이자Luisa에 설립되었다. 그것은 『월든 투』에서 묘사된 행동적으로 "공학화된" 유토피아의 이상들을 실현하리라고 추정되었다. 행동주의적 원리들에 의해 영감을 받았음에도 불구하고, 트윈 오크스는 스키너에게 "시험을 견딘" 실천적 원리를 사용함으로써 "그럭저럭 버티기"(Wiener 1996, 110)를 보여준 것으로 보였다. 스키너의 원리들 위에 공동체를 수립하려던 두 번째 견뎌낸 기도는 로스 호르코네스Los Horcones("기둥들"—새로운 사회의)였는데, 멕시코의 소노라Sonora에 설립되었다. 한 멕시코인 커플이 20명의 정신지체자이고 자폐증 환자인 어린이를 데리고 있었다. 스키너는 아이들이 바뀐 방식에서 감명을 받았다. "그들은 …… 을 처벌하지 않으려 노력하고 그것은 …… 을 보여준다. 나는 일군의 아이들이 그토록 진정으로 사랑하고 그토록 협동적인 것은 결코 본 적이 없다"(Wiener 1996, 111).

인간 행동이 어떻게 조건화되는지를 이해함으로써, 스키너가 그렇게 논의했던바, 우리는 사회의 모든 문제를 풀 수 있을 것이다. 과학적 기술이 사람을 달 위에 놓을 수 있다면, 왜 그것이 공공 학교에서 교육을 개선할 수 없겠는가? 그는 사회를 개혁하는 일의 전망에 대해 낙관주의자였다. "나는 우리 자신이 황금기에 도달하는 것을 단지 이해해야 한다고 생각하지만", 그것은 "인간에 관한 시대에 뒤진 이해"를 극복한 이후에만 된다. 우리는, 그가 주장하기로, 우리가 효과적 행동 기술을 적용할 때에만 유토피아적 사회에서 새로운 종류의 인간을 창조할 수 있을 것이다. 그러나 작동자 조건 지우기 기술을 적용하기 위해서, 우리는 개인의 자유, 도덕적 책임, 인간의 존엄에 대한 망령들을, 그것들이 목표를 성취하는 데 작용할 것들에서 주의를 흐트러뜨리기 때문에, 포기해야 한다.

스키너에게 동물 행동은 물론 인간 행동을 결정하는 그뿐인 요소들은, 조건 지우기에 대한 유전적 성향, 과거의 강화 역사, 현재의 환경이다. 그는 자유 의지라는 바로 그 관념을 물활론적인 것—마치 육체적 인간이 실행하는 결과를 의지해 내는 정신 속 내부 인간이 존재하는 것과 같은—으로 거부했다. 우리는 그렇다면 최초의 내부 인간 내부에서 더 나아간 "내부 인간"을 고려해야 하는 것인가? 그는 의식, 사고, 느낌을 그저 부수 현상epiphenomena으로 보았다. 그것들은 조건 지우기의 효과로서 일어나며 인간 행동을 결정하는 데 아무런 역할도 하지 않는다. 그는 심리학이 의식적 경험의 과학이라면 그것은 정말로 특수한 방법론을 요구할 것이라고 논의했다. 그러나 오직 공적으로 관찰 가능한 행동을 연구하는 어떤 심리학은 실제로 생물학의 일부이며 생물과학에 적절한 방법을 사용해야 한다. 우리가 여하튼 정신의 내부적 상태들 또는 뇌 상태들을 관찰할 수 있을지라도, 스키너는 우리가 여전히 그의 조건 지우기 이론 위로 다시 떨어져야 하게 되리라고 주장한다. 정신적 상태 또는 뇌 상태에 대한 참조는 만일 우리가 특수한 행동과 연관된 뇌 상태의 환경적 원인들을 그리고 나서 식별해 낼 수 있다면 어떻게 행동이 수정될 수 있느냐를 이해하는 일에만 유용할 것이다. 스키너는 전체 도덕을 조건 지우기에 의한 통제로 환원하려 했다. 책망과 칭찬 둘 다 환경에 속하므로, 개인은 "책임이 없으며 …… 그를 칭찬하거나 비난하는 것은 쓸모가 없다"(1965, 448). 그는 우리가 옳고 그름 사이에서 선택을 할 능력이 안 되므로 "어떤 종류의 법체계, 어떤 종교적 믿음, 어떤 도덕적 코드에 대한 토대는 그것이 무엇이든 간에 존재하지 않는다"고 결론 내렸다. 그는 인간 행동에 관한 그의 과학적 해명 안에서 "행위의 참된 기원자 또는 개시자로서의 자아"(1974, 225)를 위한 자리를 발견하지 못했다. 그의 자아 개념에 대해 존재하는 모든 것은 반응 경향들 response tendencies의 모음이었다. 우리는, 그가 조언하기로, 우리가 모든 우리의 행동이 궁극적으로 항상 우리의 환경에 의해 통제된다는 점을 단순히 인정하다면, 우리는 더 행복한 삶을 살 것이다. 우리가 우리 자신의 행동을 선택하는 것이 아니라, 행동이 선택하는 것이다.

비판자들은 공학화된 유토피아에 관한 스키너의 관념은 인간을 단단하게 조건 지운 동물의 수준으로 환원한다고 반대한다. "조각가가 점토 덩어리를 모양 지우듯 작동자 조건 지우기가 행동을 모양 지운다"(1953, 91)는 것과 같은 진술은 자유와 존엄의 가치를 인정하는 인문주의자에게 그가 사랑받지 못하게 했다. 스키너의 관념은 거의 프로이트의 것만큼이나 많은 경멸과 가열된 비난을 일깨웠다. ≪라이프Life≫에 실린 한 비평은 『월든 투』에 표현된 가치들은 "핵물리학자들과 생화학자들이 결합된 것보다"(Bjork 1993, 155) 서구 문명에 더 큰 위협이라고 선언했다. 저술인 에인 랜드Ayn Rand는 『자유와 존엄을 넘어Beyond Freedom and dignity』를 "프랑켄슈타인의 괴물: 철학, 다윈주의, 실증주의, 언어 분석의 폐차장에서 나온 너트, 볼트, 나사로, 흄Hume에 의한 몇몇 못, 러셀Russell에 의한 실, 뉴욕 포스트New York Post에 의한 접착제"(Rand 1984, 137)로 누덕누덕 기운 송장과 연결 지었다. 정신의학 교수 토머스 사스Thomas Ssasz는 리드 칼리지Reed College의 한 심포지엄에서 발언하면서 매우 격노해 스키너를 예술, 자유, 인간의 모든 이상을 단순한 행동으로 환원시킴으로써 사람들로부터 의미 있는 삶을 박탈한 "살인자"라고 불렀다. 시인 스티븐 터너Stephen Turner는 그의 연구를 "눈물 없는 파시즘"이라고 언급했다. 비판에 대한 그 자신의 반응은 일반적으로 온화했음에도 불구하고, 런던의 ≪타임스 문학 보유Times Literary Supplement≫에 실린 한 비평은 활발한 옹호를 제시했는데, 스키너는 "선의의 교훈의 실천으로의 번역에 관한 어떤 사유 없이 그것들의 끊임없는 반복과 함께하는 공허하고 척추 없는 인문주의에 대해서만 적"(Hall 1972, 68)일 뿐이라고 선언했다. 어떤 이는 그가 미국인문주의학회American Humanist Association에서 (반대를 넘어서서) 1972년 올해의 인문주의자 상을 받은 것에서 아이러니를 발견했다. 스키너는 "인문주의가 사적 자유와 존엄의 극대화된 이상을 의미하지 않는다면, 나는 인문주의자가 아니었다. 만일 그것이 인간 종을 구원하려는 시도를 했다면, 나는 인문주의자였다"(1984, 343)라고 선언했다.

인간 본성을 환경적 조건들의 집합으로 환원하려는 허세는 대부분의 사람에게 웃기고도 모욕적인 것으로 보인다. 그러나 스키너는 몇몇 설명적 타당성을 갖는 통찰력을 제공했다. 예를 들어, 그는 도박 중독을 다양한 비율의 강화의 일정으로 설명했는데, 보상이 임의적으로 올 때, 심지어 드물지라도, 가끔씩 보상을 따라온 행동을 소멸시키기는 어렵다. 간헐적 강화(다양한 비율의 일정을 늘이기) 아래서 그의 비둘기들은 보상을 받기 전에 1000번 모이를 쪼도록 인도될 수 있는 것이다. "당신이 처음에는 성공하지 못할지라도, 가끔씩 성공한다면, 시도하고, 다시금 시도하라"라는 원리가 인간을 포함해 동물들에 대한 조건 지우기 프로그램 안에서 수립되는 것으로 보인다. 그는 또한 여기서 반복된 실패에도 불구하고 한 문제를 계속 연구하기를 고집하는 과학자들의 행동에 대한 설명을 제공한다. 불규칙한 일정 속에서, 가끔씩 강화된 행동은 소멸에 저항한다. 이것이 이야기의 일부가 족히 될 수도 있겠지만 의지력이나 성격이 과학자들의 연구 속에서 그들의 유명한 끈덕짐과는 어떤 관련이 없다는 스키너의 결론을 좀처럼 정당화하지 못한다.

스키너가 인간의 언어조차도 사회 환경에 대한 조건 반사로 이루어졌음을 과감히 보여주려 했을 때, 너우엄 촘스키Noam Chomsky는 "하찮은 것 또는 비일관성으로 용해되는 무책임한 주장"을 한다고 그를 비난했다. 촘스키는 그의 변형 문법transformational grammar으로 언어학의 혁명을 촉발했는데, 스키너의 『언어 행동Verbal Behavior』에 대한 통렬한 서평을 썼으며 『자유와 존엄을 넘어』에 대한 나중의 서평에서 "B. F. 스키너에 반하는 사례The Case Against B. F. Skinner"(1971)를 정교화했다. 촘스키는 언어 행동을 환경적 조건 지우기의 산물로 설명하려는 스키너의 프로그램은 공허하다고 논의했다. 스키너는 그의 용어로 아이가 언어를 습득하면서, 말할 능력을 갖게 되면서 배우는 바가 무엇인지는 규정할 수 없었다. 그는 언어의 요소들에, 어떻게 이 요소들이 구조화되는지에, 어떻게 전에는 전혀 경험되지 않았던 새로운 문장들이 이해될 수 있는지에 대응하는 행동을 규정하면서, 수신호 이상을 부여하지 못했다. 촘스키는 언어 능력을 본유적 인간 성질로 놓았다. 모든 언어의 바닥에 놓여 있는 기초적 문법 구조는 학습되는 것이 아니라 인간 뇌에 유전적으로 프로그램되는 것이다.

인간 행동에 대한 스키너의 설명에서 가장 눈에 띄는 틈은 인간 행동에 영향을 주는 추론적 또는 합리적 설득을 위한 어떤 자리도 전혀 찾지 못하고 있다는 것이다. 그는 행동에 동기를 부여하는 인식의 어떤 역할도 보지 못한다. 정보 처리는 사람들이 상황을 해석하는 방식에서 중요하다. 작동자 조건 지우기의 역사에서 더해, 사람들은 인지적 학습을 나타내며 체계적, 논리적 추론을 한다. 스키너는 연역을 단지 "훨씬 더 긴 언어 역사에 의존하는 오래된 것에서 …… 새로운 이유들을 유도하는 것"으로 보았다. 그러나 우리는 어떻게 더 잘 학습할 수 있는지를 배우는 데 일반적 원리들을 사용할 수 있다. 언어에 의해 매개되는 추론을 고려하지 않으면서, 그는 무엇이 **호모 사피엔스**의 행동을 다른 동물의 행동과 가장 잘 구별해 내는지를 놓친다.

우리의 소망이 광고나 선전에 의해 유도된다면 우리가 우리의 소망을 표현할 때 우리는 진정으로 자유로울까? 스키너는 그가 "사람들이 우리가 지금 느끼는 것보다 더 자유롭다고 느끼기를 원한다"고 말했지만 이를 성취해 내기 위해서는 "우리가 자유와 존엄으로 의미하는 바를 우리가 이해해야만 한다"(Hall 1972, 65)라고 덧붙였다. 누가 통제자를 통제하는지를 말해달라고 그는 종종 도전받았는데, 누가 그의 유토피아 세계 설계자를 설계하게 될 것인가? 그의 통상적 답은 이렇다. 우리의 환경에 의해, 처벌, 동료의 압력, 광고의 두려움에 의해 "우리 모두는 통제하고, 통제당한다". 누가 좋은 사회의 기준을 세우고 기준의 원천은 무엇인가? 환경을 통제할 환경적 변화를 도입하려는 동기는 어디로부터? 어떤 끝을 행해서? 여기서 그의 시각은 단순히 공동체의 생존으로서 궁극적 목표와 함께 멈춰버린다. 그리고 어떤 기준이―유전적, 문화적, 또는 정치적―공동체를 판정하는가? 스키너의 답이 만족스럽다고 보는 이는 별로 없지만, 대안적 답들은 도덕철학 및 정치철학의 복잡하고 논쟁적인 사안들로 이끈다.

인간 스키너는 민감하고, 학식 있고, 아이디어로 차 있는 복잡한 인성으로서 인터뷰하는 이를 일반적으로 덮쳤다. 이성이 인간 행동을 안내하는 데서 아무런 역할도 하지 않는다는 그의 주장에도 불구하고 그가 그의 삶을 조심스럽게 사유한 계획으로 인도했고 합리적 사회를 설계하길 원했다는 것은 아이러니이다. 그의 이론에 따르면, 이성도 감정도 우리의 행동을 형성시키지 않는다. 그것은 모두 환경적 조건 지우기이다. 그가 자유라는 바로 그 개념을 거부했음에도 불구하고, 그는 자신과 다른 이를 위한 강요받지 않을, 자발적 결정과 함께하는 자율성을 높게 쳤다. 그는 늘 그의 관념을 자신의 사례에 적용하려 했다. 「시를 '갖는 것'에 대해서^{On 'Having' a Poem}」라고 이름 붙인 한 논문에서, 그는 거위가 그것이 낳는 알을 공로로 삼는 것 이상으로 시인은 시를 공로로 삼을 수 없다고 논의했다. 그래서 나이든 스키너가 심리학자의 한 회합에서 경의를 부여받았을 때, 전형적인 겸양의 오만으로 그는 그의 업적에 대한 칭송을 기각했다. "내가 그런 천재인 것은 내 잘못이 아닙니다. 나는 그냥 내 환경의 산물일 뿐입니다."

▪ 더 읽기 제안

Bjork, D. W. 1993. *B. F. Skinner: A Life.*

Boring, E. G. 1950. *A History of Experimental Psychology.*

Crews, F. ed. 1998. *Unauthorized Freud: Doubters confront a Legend.*

Ferris, P. 1997. *Dr. Freud: A Life.*

Gay, P. 1989. *Freud: A Life for Our Time.*

Grunbaum, A. 1984. *The Foundations of Psychoanalysis: A Philosophical Critique.*

Robinson, P. 1993. *Freud and His Critics.*

Sulloway, E. J. 1991. *Freud, Biologist of the Mind: Beyond the Psychoanalytic Legend.*

Wiener, D. N. 1996. *B. F. Skinner: Benign Anarchist.*

12 과학과 가치

2장에서 과학의 다양한 대조되는 이미지에 관한 우리의 토의는 사람들이 과학을 향해 보여준 주목할 만한 양면 가치를 반영한다. 그것은 매이지 않은 낙관주의 또는 심오한 비관주의, 희망 또는 공포, 아첨 또는 질색의 주제 혹은 원천이 될 수 있다. 때로 과학은 풍부한 여신 같기도 하고 때로 더 악마 같다. 몇몇 사유자에게, 그것은 모든 가치를 훼손하는 비개인적이고 무자비한 것으로 보이지만, 다른 사유자에게, 그것은 뚜렷하게 인도주의적 가치를 촉진하는 영향력을 대표한다.

흔한 인간적 경향은 특히 우리의 가치와 감정이 연루된 곳에서 흑백논리로 생각하는 것이다. 과학과 인간 가치에 관한 미묘한 질문들은 더 차별성 있는 응답의 가치가 있다. 하지만 대부분의 사람은 복잡하고, 미묘한, 독단적이지 않은, 일시적인, 열린 목적의 대답으로 대처하는 것이 힘듦을 알게 된다. 아마 우리 중 누구도 우리의 느낌, 태도, 믿음을 극화시키는 것을 전적으로 피할 수 없을 테지만—우리는 과학과 과학의 선용 및 오용에 관한 몇몇 어려운 질문에 대한 이해를 풍부하게 하려 노력할 수 있다. 이 책은 바로 그것을 하기 위한 격려로 그리고 연장으로 설계되었다. 이 결론 장에서, 우리는 2장에서 우리가 개관했던 과학 및 과학자에 대한 그들 다양한 이미지를 더 비판적으로 바라볼 것이다.

12.1 과학의 성과—낙관주의와 비관주의

2.1에서 논의된 과학에 관한 베이컨적 낙관주의나 2.2의 프랑켄슈타인적 비관주의에 만족해 쉴 수 없음은 이제 명백하다. 그것들의 단순한 형태 안에서, 두 태도 모두 진실의 한 부분에 초점을 두나 총체적 그림의 여타 결정적 측면은 무시한다. 과학의 응용은 이미 여러 방면에서 인간 이익을 산출해 왔는데—그 잠재력은 더 많은 것을 향해 존재한다. 그러나 과학은 또한 많은 부정적이고 파괴적인 목적을 향해 놓여 왔고, 전쟁과 무기에서 가장 명백하지만, 또한 의도치 않은 방사성 및 많은 다른 종류의 오염의 1차적 및 2차적 효과에서 그랬다. 하지만 겉으로 보기에 부정적인 경우조차도 전체적 비용-편익 결과는 명백한 것과 거리가 있다. 몇몇 이가 우리가 핵무기의 전쟁 억제 효과를 갖지 **않았다면** 1945년 이래 전쟁은 훨씬 더 파괴적이었을 것이라고 또는 우리의 환경을 또한 오염시킨 그들 산업의 생산물을 우리가 갖지 **않았다면** 우리 삶의 표준은 훨씬 더 낮아졌으리라고 논의했다면, 우리는 그들이 잘못됐다고 증명할 수 있는가?

2.5에서 개략적으로 본, 산업화가 가난한 사람의 희망이고 과학적 기술이 대중의 조건을 일반적으로 더 낫게 했으며 이 방향에서 더 나아간 진보를 이루는 유일한 길이라는 스노의 주장에 대해 몇몇 전통적인 인문주의자가 조소한다. 우리는 산업 혁명 초기 노동력 착취 공장과 어린이 노동의 바로 그 진정한 사악함을 개탄할 수 있음에도 불구하고, 우리는 사람들이 덜 사악함으로서 그런 직장을 찾으려 시골에서 몰려왔다는 사실에도 주목해야 한다. 1725년 대니얼 디포우Daniel Defoe의 일지에서, 18세기 말 이전 영국 속 대다수 남자, 여자, 어린이가 살았던 종종 야만적이었던 조건에 대한 일별을 얻을 수 있다. 그리고 우리는 산업화한 서구에서 지난 2세기 동안 영양, 건강, 수명의 평균적 기준이 실질적으로 올라갔는지를 기억해야 한다. 오염으로 야기된, 현재의 문제들이 중세 마을의 납 작업과 쓰레기 처리에 수반됐던 건강 위험성보

다 평균적 사람에게 더 나쁜지를 우리가 물을 수가 있을 것이다. 과학 이전 문화 속 삶의 향수를 표현하는 이들은 그들이 노동자나 농노가 아니라, 특권 엘리트의 일원이었을 것으로 가정하는 경향이 있다.

조사해 보면, "전통적인 인문주의적 가치로 돌아가자"는 외침이 정말로 무엇을 의미하는지 아주 명백하지는 않다. 과학 바깥의 전통적 문화에 의해 제공된 지식이 평균적 사람의 운을 개선했을까? 우리는 역사상 가장 거대한 잔학 행위의 몇몇이 과학적 가치를 인정한 이들에 의해서가 아니라 전통 종교에 충실하다고 주장했던 이들에 의해서 행해져 왔음에 주목해야 한다. 아즈텍인 자신의 대량 학살은 물론 신대륙 정복자에 의한 아즈텍인 집단 희생과 여타 미국 원주민 대량 학살, 종교 재판에 의한 이교도 화형, 1915년 터키에서 아르메니아인 대량 학살 말이다. 근래 대규모 가증스러운 행위가 과학의 영향력을 거의 반영하지 않은 정치적 이데올로기라는 이름으로 자행되었다. 스탈린의 소련에서 수백만 명의 우크라이나인 아사와 나치의 죽음의 수용소의 상상하기 힘든 공포가 그것이다. 과학 이전 역사의 잔혹과 살육은 주목을 좀처럼 끌기 어려울 만큼 너무도 많다. 그렇지만, 우리 자신의 시대의 과학과 기술이 최악의 인간 본성이 가공할 방식으로 그 자체를 나타나는 것을 막지 못했다는 점을 뉴스 게시가 규칙적으로 우리에게 상기시킨다.

비평가 라이어늘 트릴링Lionel Trilling은 전통적 문화literacy culture가 대체로 "서양 세계를 경영한다"라는 스노 주장이 "어리둥절케 하는" 것임을 알게 되었다(1962, 465). 이것이 전통적, 비과학적 문화로 하여금 "서양 세계의 모든 반칙, 어리석은 일, 죄악에 대해 답변할 수 있도록 하는가"(468). 스노가 정말로 이것을 말하지는 않았지만, 그럼에도 불구하고 그는 전통 문화가 힘이 있는 이들의 어리석은 일과 죄악을 방해하는 데 별로 기여하지 못해 왔다고 제안했다. 또 다른 문학 비평가 F. R. 리비스Leavis는 "사회적 희망"이 있다는 스노의 "메시지, 그의 지혜의 총합"을 비웃었다.

각 개인의 탈출 불가능한 비극을 초월하고, 취소시킬 수 있고 혹은 무관심하도록 만드는 사회적 희망이란 무엇인가? 개인에게 있지 않다면, 희망된 바가 …… 어디에 위치해 있단 말인가? …… [D. H. 로런스Lawrence]는 그의 최고 소설, 『사랑에 빠진 여인Women in Love』에서 [스노의 혼동을] 삶이란 오직 살아 있는 개인에게만 존재하며, 개인적 삶은 어떤 식으로 합쳐지거나, 같아지거나, 양적으로 다뤄질 수도 없다는 진실에 대해 [주장하면서] 진단한다(1962, 38-39).

리비스의 비판에 반응해, 스노는 개인 삶의 적어도 몇몇 측면은 정량적으로 다뤄질 수 있다고 논의할 수 있었을 텐데—사회과학에서 이루어지는 것처럼 말이다. 그리고 확실히 우리는 개인의 한정된 수명을 넘어 그녀에 대해 "사회적 희망"의 몇몇 의미를 미래의 세대를 위한, 또는 적어도 그녀 자신의 자손을 위한 전망에의 참여에 관한 느낌 속에서 만들어낼 수 있다.

그렇다면 2.4에서 언급된 인간성이 상실된 반유토피아anti-utopias는 어떻게 되는가? 그러한 억압적인 반이상향dystopia이 정말로 과학적 사회의 정신을 나타내지는 않는다고 논의할 수도 있을 것이다. 우리가 3.1에서 보았듯이, 과학은 본질적으로 세계에 관한 이론과 믿음에 적용되고 있는 비판적 질문하기라는 태도—그것들을 관찰 증거로 시험하고, 발전시키고, 수정하며, 필요하다면 심지어 그것들을 급진적으로 변화시키려는 기꺼이 하는 마음과 연루된—에 의존한다고 할 수 있다. 과학은 그러한 지적 진보에 열려 있어야 한다. 그렇지 않다면, 널리 보급되어 있는 이론은 단지 정통적 믿음 체계가 될 뿐이며, 제대로 된 과학은 존재하길 그친다. 어떤 이는 몇몇 종류의 사회적 안정성의 유지조차도 외견상 명백히 덜 안정적인 민주주의들에 의해 더 효과적으로 이루어질 수 있다고 논의할 수도 있을 텐데, 이들 민주주의는 정부와 관념 둘 다에서 변화를 허용한다. 모든 정치적 또는 지적 변화를 억압하려 시도하는 정권은 한동안 성공할 수는 있겠으나, 변화가 결국 올 때, 그것은 폭력적인, 통제 불가능한, 혁명적인 것으로 판명 날 가망이 있다.

우리는 과학의 유익한 응용과 해로운 응용 둘 다 존재할 수 있다는 불편한 사실과 더불어서 뿐만 아니라 어느 것이 어느 것인지를 판별하기가 종종 어렵다는 훨씬 더 불편한 생각과 더불어서 사는 것을 배워야 할 것이다. 그렇지만 될 대로 되라는 그리고 우리가 그에 대해 할 수 있는 건 아무것도 없다는 식의 회의적인 또는 희망 없는 정적(靜寂)주의적 태도로 빠져들 필요는 없다. 우리가 열린, 그러나 비판적 태도를 유지하는 것은 완전히 가능하며 확실히 가장 인간적으로 합리적인 것이다.

1. 우리는 과학과 기술이 제공할 수 있는 이익을 환영해야 하는데, 한편 이른바 모든 이익이 보이는 것만큼 문제가 없는 것은 아님을, 그리고 가장 잘 계획된 기술조차도 예기치 않은, 의도하지 않은, 원치 않은 귀결을 가질 수 있음을 의식하고 있다.

2. 우리는 또한 세상에는, 개인에서든 단체에서든 둘 다에서 항상 강제력들(힘)이 존재할 것임을 의식해야 하는데, 그것들은 그 자체의 목적으로 그것들이 어떤 것이든 간에 그리고 필연적으로 인간의 이익을 위한 것만은 아니게끔, 과학의 힘을 이용하는 경향이 있을 것이다.

어떤 특정한 기술 발달이 가치가 있는지 혹은 없는지에 대한 평결은 그러므로 영원히 일시적이어야 하며 새로운 증거에 비추어 재평가하는 데 열려 있어야 한다. 이런 식으로, 어떤 항구적 답도, 과학 이론 자체의 진리에 관한 질문 어떤 이상으로, 과학의 사용에 관한 질문에 부여될 수 없을 것이다.

우리가 과학자들의 동기 부여에 관해 고려해 볼 때, 우리가 이 역시 뒤얽히고, 복잡하며, 단순한 흑백논리 평가에 열려 있지 않게 될 것임을 인식할 준비가 되어 있는 게 낫다. 이 책의 중심적 장들 속 사례 연구들 각각에서 나타나는 패턴이 이 점을 예증한다. 그것들 모두에서, 우리는 작동하고 있는 하나

이상의 동기를 찾을 수 있다. 보답에 대한 생각 없이 진리 추구 속에서 인내하는, 헌신적인, 부패하지 않는 연구자로서 과학자에 관한 시각은 사라져 갔는가? 우리는 4장과 5장에서 언급된 멘델, 마리 퀴리, 아인슈타인 같은 몇몇 고전적 과학자에게서 거의 완전히 실현된 순수한 호기심이라는 이상을 발견했다. 그러나 과학자는 인간일 뿐이다. 그들이 나타내는 다른 더 세속적인 동기를 인정하지 않는 것은 비현실적이다. 생계비를 벌어야 할 필요성, 채용, 승진, 보조금, 상에 대한 경쟁, 주제 개발에 영향력을 미치려는 야망, 발명 특허를 얻거나 상업 회사를 설립해 큰 돈 벌려는 유혹, 더 넓은 국제 사회 속 지위, 명성, 영향력, 권력에 대한 매력 말이다. 우리는 이 모두를 6장부터 10장까지 살펴봐 왔다.

소수의 과학자는 프랑켄슈타인적 이미지로 표현된 강박적, 공격적, 파괴적 경향을 나타낼 수가 있는데—더 넓은 사회에서 몇몇 사람(대부분 남자?)이 하는 것처럼 바로 그렇게 말이다. 그러나 그런 인격 특성의 과학자와의 어떤 일반적 연합을 믿는 데는 좋은 이유가 없어 보인다. 무언가 있다면, 그 역이 그 경우인 것으로 보인다. 순수한 호기심에 대한 동기 부여, 지식 그 자체에 대한 욕망, 다른 과학자의 관찰 증거와 합리적 논증에 대한 당연한 존중이 여전히, 특히 (심지어 필연적으로) 가장 창조적인 과학자들 사이에, 존재한다. 물론, 과학자는 항상 다양한 동기 부여를 나타내 왔다. 그러나 몇몇 관찰자는 과학이 산업화와 더불어(1.4를 볼 것) 과학 연구가 현행적으로 수행되고 자금 조달을 받는 방식 때문에 과학의 목적이 이들 전통적 이상으로부터 빠르게 옮겨 가고 있다고 우려하는데, 이는 12.6에서 더 추구된 주제이다. 그렇지만 많은 유보 사항에도 불구하고, 성찰 중인 대부분의 사람은 과학적 진보를 믿는 경향이 있는데, 시카고 대학교의 모토에서 확언되듯이 말이다. "Crescit scientia, vita excolatur"—"인간의 삶이 풍부해지도록 지식을 자라게 하라."

12.2 과학이 인간 가치를 손상하는가?

과학이 전통적 가치를 손상한다는 비난은(2.3에서 제기된) 어떤가? 많은 이가 이 비난의 목소리를 냈다. 대항문화counterculture 역사가 시어도어 로잭Theodore Roszak은, 과학적 시각이 우리 각각에게 "우주적 어리석음이 되는 경험, 목적, 연속성, 또는 혈족 관계가 없이 우주 안으로 끼어들게 된 창조물이 되는 경험"(Roszak 1972, 154)을 제시한다고 논의하는, 블레이크의 "신이시여! 우리를 단일한 시각과 뉴튼의 잠으로부터 계속 멀리 있게 해주소서!"라는 간절한 부탁을 정교화했다. 철학자 한스 요나스Hans Jonas는 "신성한 것의 범주"를 "과학적 계몽에 의해 가장 철저히 파괴된 것"으로 본다(1984, 23). 영국의 과학 저널리스트 브라이언 애플야드Bryan Appleyard는 과학이 "예술에 필요한 신화, 형이상학, 환상"을 인간으로부터 빼앗음으로써 인간을 초라하게 만들었기 때문에 "과학의 겸허화"를 요구했다(1992, 170). 애플야드는 과학이 "가치를 갖지 않는 기제 속의 허약하고, 구석에 몰린 동물로서 인간에 관한 시각"을 창조했으며(112) 이 "공허한 기계적 시각이…… 이제 우리를 파괴하려고 위협한다"(248)라고 불평했다.

그렇지만 몇몇 이는 꽤나 그 반대로 논의했다. 미국 물리학자 이시도어 라비Isidor Rabi는 "20세기 물리학의 철학적이고 사회적인 함의"라는 컬럼비아 대학교 강연에서 과학은 "전체 인간의 모험에 안내를 부여하는 유일하게 타당한 바닥에 놓여 있는 지식"이라고 선언했다. "과학에 친숙하지 못한 사람은 이 시대에 필수적인 기초적 인간 가치를 소유하지 못한다"(≪타임Time≫, 1967년 5월 26일에서 인용). 야콥 브로노프스키Jacob Bronowski가 "과학은 우리의 가치들을 인간화했다. 과학 정신이 인간 사이에 퍼져가면서, 그들은 정확히 자유, 정의, 존중을 요청했다"(1965, 90)라고 논의했을 때, 그는 가치에 대한 과학의 긍정적 효과에 관해 더 온건한 견해를 표현했다.

물론, 더 많은 것이 이 커다란 쟁점에 관해 우리가 이와 같은 책에서 기도할 수 있는바 이상으로 이야기될 수도 있을 것이다. 철학자들은 2000년 이상 가치의 본성에 관해 논쟁해 왔으며—오늘날 이 주제에 관한 출판물의 폭발이 존재한다. 그러나 이 문제에 관한 반성이 시작될 때, 만일 우리가 과학 이론이 몇몇 의미에서 우리에게 세계에 관한 진리를 제공한다는 것에 동의한다면, 우리는 실재에 관한 **아무런** 다른 확실한 관점도 존재하지 않는다는 견해를 받아들일 필요가 없음을 깨달아야 한다. 그러한 "과학주의scientism"는, 즉 과학적 방법으로 얻을 수 있는 지식이 모든 지식을 망라한다는 견해에 대한 경멸적 딱지는 과학을 넘어 먼 데까지 간다. 과학 이론 안에서 언급되지 않은 것은 그것이 무엇이든 간에 존재하지 않는다거나 단지 종속적인, 2차적 종류의 실재를 갖는다고 환원론적 주장으로 해석될 때 과학주의는 고도로 의심스러운 철학적 논제이다.

1차 성질과 2차 성질을 구별하는 것이(2.3에서 설명된) 우리가 후자가 존재하지 않는다고 말하도록 이끌 필요는 없다. 색은 물리학 이론 안에서 언급될 필요가 없거나, 만일 그렇다면, 그것은 빛의 다양한 파장의 차별적 반사의 관점에서 설명될 수 있다. 그러나 그것이 우리가 사물을 색을 가진 것으로 계속해 묘사하는 것이 참이 아니거나, 그르다거나, 오해의 여지가 있음을 보여주지 않는다. 다른 2차 성질, 즉 소리, 열과 한기, 맛과 냄새에서도 마찬가지이다. 세상의 물리적 구조 속의 무엇이 X를 발생하게 하느냐의 관점에서 왜 X가 그런지를 설명하는 일이, X는 결국 설명될 것으로서 정말로 거기에 존재하지는 않았던 것인 양 X를 설명해 **없애버리는** 것은 아니다.

과학은 한 사건을 그것의 몇몇 속성과 다른 사건의 속성 사이의 일반적 연결을 나타냄으로써 그것을 설명한다. 한 주어진 속성과 다른 속성을 그렇게 **관련시키면서**, 과학적 설명은 우리에게 그 속성에 관한 새로운 이해를 줄 수가 있지만, 그것이 그것의 실재를 제거하지는 않는다. 많은 동일한 논증이 더욱 명백하게 가치와 연루되는 많은 다른 성질에 적용될 수 있다. 미적 가치를 고려해 보라. 우리는 색이나 소리의 일정한 조합을 조화로운 또는 조화롭지 않은, 흥분을 일으키는 또는 재미없는, 행복하거나 불행한, 진부하거나 독창적인 것으로 묘사한다. 이들 가치가 실린 용어는 우리가 그렇게 기술하는 바가 빛이나 소리의 파장과 진폭과 같은 물리적 속성으로 기술될 수 있다는 사고에 의해 손상되는가? 물리적 이야기의 진리를 수용하는 것이 미적 반응 및 평가에 관한 어떤 정당화도 없음을 함축하지는 않는다.

창의적 과학자는 종종 다른 사람이 따분하거나 위협적이라고 여기는 바에서 영감과 커다란 아름다움을 찾아낸다. 물리학자 리처드 파인먼Richard Feynman은 어떤 이를 "사물을 시인의 심상 작용과 과거의 꿈들보다 무한히 더 경이롭게 상상하도록"(1958, 262) 이끌 수 있는 과학적 세계관에서 위대한 가치를 보았다. 그는 공간과 시간의 방대함, 분자의 운동, 생명의 진화 등에서 많은 영감을 얻었다. 파인먼에게, 과학은 "거대한 모험"의 전율을 의미한다. 또한 자연의 경외와 신비는 그에게서 과학적 지식에 의해 더욱 심화되었다. 과학이 아닌 쪽 사람이 과학에 대한 그의 느낌을 공유한다고 별로 보이지 않음에 주목하면서, 그는 시인과 예술가가 과학의 세계를 다루려 드물게 시도하기 때문에 "이 시대는 아직 과학 시대가 아니다"라고 애석해했다(262). 더 많은 사람이 과학 칭찬을 노래하지 않고 있는 이유는, 그가 추측하기로, 그들이 악보를 읽을 수 없다는 것이다. 파인먼의 진술은 과학이 미적 가치를 손상한다고 보는 이들이 그가 과학의 세계를 관조하면서 찾아낸 가치들을 평가하는 데 실패한다고 제안한다. 그러나 그는 과학에서 발견될 미적 가치들이 대부분의 사람이 미술, 음악, 문학에서 찾는 가치들을 대체할 수 있느냐의 질문을 제기하지 않았다. 대부분의 사람은 과학의 실제적 결과에 관심이 있고, 응용 뒤의 바로 그 관념에는 관심이 없다.

진화생물학자 리처드 도킨스Richard Dawkins는 키츠가 그의 시 "마녀"(2.3을 볼 것)에서 "뉴턴이 무지개를 프리즘 색깔로 환원시킴으로써 그것에 대한 모든 시를 파괴했다"라고 믿으면서 "좀처럼 더 잘못되기는 어려웠을 것이다" (1998, x)라고 논의한다. 그렇지만 우리는 키츠가 딱 어떤 방식에서 잘못되었는지를 조사할 필요가 있다. 무엇이 무지개의 외양을 일으켰는지에 관한 과학적 설명에 대한 도킨스의 정교화는, 키츠가 우리의 무지개 지각에 관한 과학적 분석에 의해 위협받는다고 본 경외와 아름다움에 대한 그 느낌을 별로 일으키지 않는다. 우리가 두 관점 모두의 가치를 인정할 수 있음에도 불구하고, 하나가 다른 것을 대체하지 못하며, 우리는 그것들을 단일한 경험 안으로 통일시킬 수 없다. 우리가 말해야 하는 바는 자연에 대한 과학적 기술과 예술적 지각 사이의 경쟁은 우리가 그것들의 연결에 관해 추론을 해낼 때 일어날 뿐이라는 것이다.

많은 비평가가 과학에 결여되어 있다고 보는 바는 "궁극적 설명ultimate expla-nations", 즉 목적이라는 관점에서의 설명이다. 이탈리아 인문주의 학자 지암바티스타 비코Giambattista Vico(1668-1744)는 『새로운 과학The New Science』이라는 저서에서 우리는 과학을 통해 외부 세계를 정말로 알 수는 없다고 주장했다. 우리는 우리 자신의 동기와 목적 같은 "우리 안에서부터" 친숙한 것을 알 뿐이라는 것이다. 그래서 우리는 자연을 알 수는 없는 방식으로 인간사를 파악한다. 비코에 따르면, 신만이 자연을 알 수 있는데, 왜냐하면 그가 그것을 창조했고, 만들어낸 이만이 진실로 그것을 이해하기 때문이다(1982, 198). 그러므로 예술과 문화에 대한 참된 지식은 개인 경험 속 특정 사물에 대한 직접적이고, 즉각적인 지각이다. 유사한 논의가 시인 아치볼드 먹라이시Archibald Macleish에 의해 제기되었는데, 그는 문학만이 제공할 수 있는 지식의 종류를 규정하려 시도했다. 그는 "**알려질 수 있는 것은 그 무엇이든 간에 과학을 수단으로 알려질 수 있다**"라는 과학주의에 대한 러셀의 진술을 강하게 거부했다(1945, 834). 먹라이시는 "시는 지식을 …… 과학이 해낼 수 없는 종류의 지식을 또한 해낼 수 있다"라고 주장했다. 그는 과학을 "추상에 의해" 지식을 우리에게 주는 것으로 보았다. 시는 추상화하지 않는다. 그것은 오히려 "사물을 사물 자체로 표현하며" (영국 시인 매튜 아늘드Matthew Arnold에 따르면) "그것에 대한 꽉 찬, 새롭고, 친밀한 의미"(Maceish 1956, 49-50)를 우리에게 준다.

과학적 "환원주의"를 거부하려는 욕망은 고대 그리스 사변적 자연철학자들에 대한 소크라테스의 반응에서 벌써 발견될 수 있는 것이다. 플라톤의 『파이드로스Phaedrus』에서 일정한 신화를 믿느냐고 질문받았을 때 그는 대답했다.

내가 과학적 해명을 제시하는 데로 나아갈 수도 있겠다. …… 만일 얼마간 유치한 과학을 가진 우리의 회의론자가 전설들의 모든 하나하나를 개연성이라는 기준으로 환원시키려고 한다면, 그는 그에 대해 많은 시간이 필요할 것이다. 나 스스로는 그 일을 위한 시간이 확실히 없다. …… 델피Delphi에 있는 비문이 명하듯이, 나는 이제껏 '나 자신을 알' 수 없었으며, 무지가 남아 있는 한 외생적 문제를 탐구하는 것이 내게 우스워 보인다(1961, 229C).

플라톤의 대화편 『파이드로스』에서 소크라테스는 진술했다.

내가 한번은 어떤 이가 아낙사고라스Anaxagoras의 책을 읽은 내용을 이야기하는 것을, 그리고 질서를 산출하는 것과 모든 것의 근원이 되는 것은 정신이라고 주장하는 것을 들었다. 이 설명은 …… 기쁘게도 내 가슴 뒤에 있던 아낙사고라스 안에서 인과 작용에 대한 권위를 찾아냈다고 나로 하여금 가정하게 만들었다. …… 내가 계속 읽어가면서 나는 이 사람이 정신을 사용하지는 않았지만 …… 공기와 물과 다른 많은 불합리한 것들과 같은 원인을 예로 제시하고 있음을 발견했다. 소크라테스가 행하는 모든 것에 대한 이유는 정신이라고 누군가 말하게 되는 것만큼이나 그는 그저 대략 비일관적이었다고 내게는 보였는데—그리고 다음으로, 나의 몇 가지 행위를 설명하려 하면서, 먼저 내가 여기에 지금 왜 누워 있는지의 이유는 내 몸이 뼈와 힘줄로 구성되어 있고, 뼈들이 단단하며 …… 뼈는 관절에서 자유롭게 움직이므로 이완과 수축으로 내가 여하튼 구부릴 수 있게 해주며, 그것이 내가 구부린 자세로 여기에 앉아 있는 이유라고 말했다(1961, 97b).

소크라테스의 관심사는 대부분의 인간 행위의 몇몇 이유는 단지 생리학적 인과 작용의 문제가 아님을 강조하는 것이었다. 그는 정의의 근원을 찾는 윤리학과 정치학에 관한 철학적 탐구를 선호해 생리학적 탐구를 포기했는데―예를 들면, 정의의 본질적 성격을 찾는 것이다. (과학철학자 칼 포퍼Karl Popper(1963)는 서양 철학이 여기서 그릇된 선회를 한다고 보았고 자연 세계와 함께하는 소크라테스 이전 관심사로의 복귀를 충고했다.) 소크라테스적 희망은 "미덕이 지식이다virtue is knowledge"는 격언 속에 표현되었는데, 그럼에도 불구하고 이는 자연과학에 의해 제공된 종류의 지식은 아니었다.

우리는 그렇다면 과학에 비추어 윤리적 가치와 사회적 가치에 관해 무엇을 만들게 될까? 몇몇 의미에서 인간의 신체와 뇌의 작용을―추정컨대 생리학과 세포 생물학과 아마도 또한 유전학과 분자 생물학의 어휘로―묘사하고 설명하는 것이 원리상 가능할 수가 있음을 우리가 수용한다고 가정하라. 이것이 몇몇 태도와 행위는 다른 것보다 더 낫다고, 감탄, 존경, 경쟁, 장려를 받을 만한 가치가 더 있다고 하는 평가를 부당하게 하는가? 다시 한번, 한 가지 수준의 서술 가능성이 다른 것의 합리성이나 이해 가능성을 손상시킬 필요는 없다. 실제로 때로 "과학적 태도"로 불리는 바의 가장 콧대 높은 대표적 인물조차도 그 자신의 그리고 다른 사람의 행동을 합리성, 윤리, 또는 정치적 지혜의 관점에서 평가 내리는 일을 피할 수 없는 것이다. 우리가 여러 사례 연구에서 보았듯이, 과학자들도 스스로 그 밖의 다른 사람처럼, 확실히 이런 식으로 서로를 평가한다.

우리가 2.4에서 주목했듯이, 몇몇 이는 과학에서 인간의 자유에 대한 위협을 본다. 과학의 진보는 결정론의 일반적 논제, 즉 인간 행위를 포함하는 모든 사건은 원인들에 의해 결정되고 이 원인들은 자연 법칙에 지배된다는 점을 입증해 주는 것으로 보였다. 만일 인간 행동이 그리고 나서 원리적으로 예측 가능하다면, 자유로운 선택을 위한 어떤 여지가 존재하는가? 자유 없이 도덕적 책임이 존재할 수 없으므로, 그러면 무엇이 도덕이 되는 것일까? (양자역학의 도래는 사건의 비환원적인 확률적 결정을 제시하며, 이것은 자유 의지의 문제를 단지 과장하는가?—만일 선택이 우연에 의해 일어난다면 어떤 종류의 자유가 존재하는 것인가?) 이 염려에 대한 고전적 답은 인간 행위의 원인들을 구별하는 것이다. 자유로운 행위는 일으켜지지 않은 것이 아니라 강제되지 않은 것이다. 행위들은 그것들이 우리 자신의 욕망을 표현하는 정도에 따라 자유로운데—J. S. 밀Mill이 "자유는 어떤 이가 욕망하는 바를 하는 데 있다"(1936, 549)라고 제시하듯이 말이다. 이 의미에서, 과학 지식의 성장은 만일 그것이 우리의 목표를 얻는 데서 장애를 어떻게 극복할지를 우리에게 보여줌으로써 우리의 욕망을 깨닫는 데 사용된다면 인간의 자유를 억제하기보다는 향상시킬 것이다. 이 분석 위에서 자유는 정도의 문제인데, 그럼에도 불구하고 도덕적 판단과 법적 판단 속에서 우리는 행동을 단순히 자유로우냐 아니냐로 종종 범주화한다. 자유에 대한 남아 있는 진짜 위협은 과학 지식이 몇몇 사람에게 다른 이에게 통제를 가하도록 제공하는 역량에 있다. 과학이 인간 행동을 예측하는 역량을 증가시키는 한, 그것은 사람의 행동을 타인의 이익에 봉사하도록 조작하는 데 사용될 수가 있다. (마르쿠제가 칭했던 것으로서) "가짜 필요", 몇몇 방식에서 개인의 적절한 또는 자연스러운 욕망과 상반되는 필요를 창조하기 위해 선전, 광고, 조건 지우기를 사용할 필요성과 더불어 미묘한 문제가 발생한다. 비판가들이 사회공학을 위한 스키너의 프로그램에서 가장 불길하다고 찾아내는 것은 우리의 바로 그 소망과 행동하려는 경향을 형성시키는 일이다.

　11장에서 토론된 인간 행동의 원인에 관한 심리학적 이론들은 인간의 자유에 관한 더 나아가는 질문을 제기한다. 프로이트와 스키너 둘 다 행위의 경로를 자유롭게 선택하는 일에 대한 우리의 상식적인 직관적 느낌을 허황된 것으로 본다. 프로이트는 의식 자체가 무의식, 즉 이드의 본능적 충동에 봉사할 수 있을 뿐이라고 주장했다. 스키너는 결정을 이뤄내는 어떤 정신적 자아도 그가 인정할 수 없었기에 때문에 자유로운 자아가 존재한다는 것을 부정했다. 그는 우리의 선택은 우리가 통제력을 갖고 있지 못하는 환경적 원인들로 거슬러 올라가는 조건 지우기에 의해 지배된다고 논의했다. 이와 대조적으로, 인문주의적 심리학은 우리의 선택을 안내하는 욕망을 합리적 반성으로 통합시킬 수 있는 창발적 자아 안에 우리의 자유 감각, 즉 우리 행동의 자기 방향성을 위치시킨다. 어떤 이 자신의 동기 부여에 관한 증가된 지식은 이 견해 위에서 인간의 자유를 향상시킬 수 있다. 이 모든 해명 안에서 우리는 발생론적 오류genetic fallacy를, 어떤 것인 바를 그것의 인과적 기원으로 환원시키는 일을 경계해야 한다. 이 오류는 수학적 진리의 사례에서 명확하다. 우리의 뇌 안의 그 어떤 인과적 과정들이 5 + 7 = 12라는 우리의 계산에 대응한다고 알려지게 되더라도, 그것들은 그 방정식의 진리가 될 수 없다.

12.3 과학은 가치중립적인가?

우리가 2.6에서 보았듯이, 과학이 어떻게 가치에 관계되는가라는 질문에 대한 한 가지 표준적 응답은 그것이 근본적으로 그리고 필연적으로 가치중립적이라고 말하는 것이다. **순수** 과학이 우리에게 제공하는 자연 법칙에 관한 이론과, 인간이 다양한 욕망 또는 목표를 충족시키려 세계를 조작하고 변화시키는 **응용**과학이나 기술 사이에는 차이가 있다. 이론은 지식의 문제로 생각되지만, 사람들이 실제 행위에 의해 진척시키려는 가치들은 순수하게 주관적인 문제이며 지식의 주제가 아닌 것으로 종종 가정된다. 우리는 과학의 가치중립성value-neutrality에 대한 이 믿음 안에서 세 가지 구별되는 논제를 판정했다. 우리는 그것들을 역순으로 비판적으로 숙고하기로 한다.

　과학의 응용은 종종 반복되는 문구, 즉 "사회가 결정하게"를 사용하는 것이다. 그러나 과학 지식을 어떻게 응용할지에 관한 결정이 어떻게 사회에 의해 만들어질 수 있는가? 과학 연구와 기술적 적용이 최종적으로 그에 대해 지불하고 그에 의해 영향을 받는 시민의 민주적 통제 아래 있을 수 있는가?

　그러한 결정을 하는 "사회"와 같은 그러한 작인은 없다. 즉, 사회는 결정에 도달할 수 있는 존재자^{entity}가 아니며, 적어도 모든 시민이 함께 만나 무엇을 해야 할지를 숙고할 가능성이 존재하지 않을 때는 아니다. 사회의 결정은 실제로 다양한 제도—정부, 법정, 회사, 은행, 대학, 교회, 정당, 압력단체 등등—의 결정이며 또한 물론 개인들의 결정이다. 민주주의에서, 몇몇 부류의 결정이 개인적으로 표현된 선호의 덩어리 안에서 추출되는 선거—그리고 몇몇 나라에서, 특수한 쟁점에 대한 국민 투표—절차가 존재한다. 그러나 이 종류의 기제는 정부를 선택하는 데 그리고 헌법의 변화를 이루는 데 소중하고 정말로 본질적일 수가 있겠지만, 과학의 응용에 관한 모든 세부화된 문제들에 관한 결정을 산출하는 데 명백히 실제적인 이유로 실질적으로 사용될 수 없다.

시민의 민주적 통제 아래 현대 과학 연구와 그 기술적 응용이 얼마나 멀리 진척되고 있는지 (또는 있을 수 있는지) 생각해 볼 좋은 이유들이 있다. 많은 치명적 연구가 군사적 또는 산업적 기밀의 조건 아래 현재 수행되고 있다. 그러한 연구 결과가 대중적으로 알려질 때에 이르러 어떤 이가 그 노력과 자원을 그 밖의 다른 곳을 향하게 했더라면 더 나았을 수가 있다고 논의하는 것은 너무 늦다. 막후에서 진행되어 온 기술 계획에 관한 요약을 듣고 있는 새로 선출된 정치인을 마주하는 일이 그러한 상황이 될 수 있다. "전문가"는 그에게 "이것은 이미 많은 것이 소요된 계획인데 곧 결실에 이를 것이며, 이 늦은 단계에서, 우리가 막 경쟁자보다 더 많은 이익을 얻으려는 때에 포기하는 것은 광기일 것이다"라고 조언할 것이다. 아주 많은 현대 과학 연구와 기술의 산업화된 본성은 개발을 위한 장기간의 선행 시간과 특수화된 전문 지식을 지닌 커다란 수의 사람들과 한 귀결로서 상당량의 돈을 요구한다. 결과적으로, 과학 프로젝트는 어떤 외부적 힘, 명백한 주류의 여론조차 중단시키는 데 어려움을 만나게 될 그 자체의 추진력을 얻게 된다.

연구를 감독하는 책임을 맡은 이들에게 유리한 또 다른 요소는 그들은 그 연구의 바로 그 기술적 성격과 그를 둘러싼 기밀 때문에 그 문제가 어떻게 대중에게 제시되어야 할 것인지를 보통 결정할 수 있다는 것이다. 대충 매체의 방식에 숙련된 이들의 도움으로, 여론은 "형성"될 수 있다. 예를 들어, 어떻게 전략 방위 구상 계획(10.1을 볼 것)이 〈스타워즈Star Wars〉로서 미국 대중에게 제시되었으며, 그리하여 그것을 교묘한 기술로 선인이 악인을 물리치는 영화와 대중의 마음속에서 연합시키는지를 한번 생각해 보라. SDI에 누가 동의하지 않을 수 있겠는가?

과학의 가치중립 개념에 대한 두 번째 관점, 즉 과학자가 가치를 인정하는 유일한 것은 그 자체를 위한 지식이라는 주장을 고려하기로 한다. 그녀는 성공이 가져다줄 수 있는 영향력과 보상은 말할 것도 없고, 자기의 선행을 감추고, 과학적 평판과 전문 직업적 출세에 조금도 신경 쓰지 않은 정말로 아주 "순수한" 과학자가 되어야 할 것이다. 우리가 토의해 온 과학자 중 이 의미에서 아주 소수가 순수하다고 여겨질 것이다. 그러나 자금, 지위, 승진, 명성, 보상이 발견될 영역은 개별 과학자의 통제 밖 사회적 힘에 의해 결정된다. 과거에는, 아마도, 그 결정하는 요소가 단순히 그의 동료의 전문 직업적 판단이었으며, 연구에 필요한 자원은 평균적 대학 실험실에 의해 제공되었을 수가 있을 것이다. 그러나 과학의 여러 영역에서 그 그림은 엄청나게 변했는데—우리가 1.4에서 주목했던 것처럼 "거대과학big science"의 시대가 왔다. 연구와 개발의 주도적 경계는 이제 그것을 앞으로 밀어줄 큰 팀과 비싼 장비를 요구한다. 그러므로, 이제 연구의 방향과 자금에 관한 힘든 선택에 직면해야 한다. 연루된 막대한 비용 때문에, 연구의 더 큰 단위로의 집중과 큰 기관에 의한 그것의 통제는 불가피해 보인다. 정부가 점증적으로 이 과정에 연루되었기 때문에, 정치적 요소가 이제 심지어 가장 순수한 과학 연구에 대한 결정에 들어간다. 과학이 사업이 되어가고 있다. 특히 의과학은 이제 종종 의료 산업의 일부로서 이야기된다. 1973년 포퍼는 허버트 스펜서Herbert Spencer 강연에서 "너무 많은 돈이 너무 적은 착상일[을 좇을]" 때 발생하는 과학 정신의 변화에 우려를 표현했다. 그는 "거대과학이 위대한 과학을 파괴할 수도 있다"라고 경고했다(1975, 96).

그러므로 심지어 과학자들이 그들의 유일한 전문 직업적 책무는 인간 지식을 증가시키는 것이라고 말하고 싶어 할 수가 있을지라도, 그들의 연구를 위한 자금이, 가능한 응용에 밀착된 눈과 함께, 그것이 군, 산업, 의료, 혹은 그 무엇이든 간에, 아마도 부여될 것이라는 점을 이제 인정해야 하게 될 것이다. 이들 조건 아래 연구하는 일이 결코 가치중립적이라고 이야기될 수는 없다. 일정한 출처에서 온 자금을 받음으로써―그리고 그들 자금 제공자에게 그들의 연구 결과가 유용하도록 하는 데 동의함으로써―과학자는 지식이 그리고 그에 따라 권력이 다른 이들에게보다 오히려 산업체, 방위 부서, 또는 국립 보건 연구 기관과 같은 일정한 사회 집단에게 제공되는 사회적 과정에 참여하고 있다. 그들은 이런 조건에서 그들의 연구를 해야 할지 전혀 하지 말아야 할지 사이에서 어려운 선택을 해야 할 수조차 있을 것이다. 그들이 실질적으로 제도화된 것으로서 그 사회적 과정에 참여한다면, 그 제도들의 가치에 대한 암묵적 수용을 나타내는 것이다.

　프랑켄슈타인적 이미지는 평균적 과학자에게 결코 그럴 법하지 않다(그리고 드문 열광적 개인은 꽤 쉽게 통제된다). 우리가 훨씬 더 우려해야 할 바는 과학 연구와 그 응용을 점증적으로 감독하는 제도, 즉 연구 심의회, 상업 회사, 부유한 사설 재단, 군, 정부 부서의 권력이다. 그런 단체들이 합당하게 좋은 뜻을 지닌 개인으로 이루어질 수가 있고, 그들의 각각이 생계비를 얻고 그들이 그들의 임무에 대해 생각하는 것처럼 그들의 임무를 행할 수가 있지만, 그 제도들은 사회적 귀결과 관계없이 권력이나 이익을 추구하면서 집합적 프랑켄슈타인처럼 행동할 수 있다. 두려움은 더 심오한 과학 지식이 이미 힘이 있는 이들과 그것을 충분히 남용할 수도 있는 사람의 손에 더 많은 권력을 놓아주는 경향이 있게 될 것이라는 점이다. 정부, 군, 산업체는 우리의 생활 방식, 음식, 건강, 환경에 영향을 미칠 (좋게든 나쁘게든) 훨씬 더 큰 역량을 획득할 수가 있다.

　마지막으로, 과학의 가치중립성에 대한 관례적 그림에서 첫 번째 요소인

과학은 가치가 아니라, 객관적 사실만을 다룬다는 것을 다시 숙고하기로 한다. 사실과 가치 사이의 날카로운 구분은 그것을 매우 과장했던 실증주의와 실존주의 철학에서만이 아니라, 훨씬 일상적인 사고를 조건 지우는 배경 가정으로서 20세기 사상에서 상식적인 것이었다. 이 구분은 우리가 12.2에서 이미 건드린 심오한 철학적 쟁점—그리고 고도로 논란이 되는 쟁점—을 제기한다. 모든 도덕적 (그리고 정치적) 가치가 주관적이라는 널리 퍼진 가정은 확실히 질문 없이 통과가 허락되어서는 안 된다. 그러한 관점은 의미, 지식, 형이상학의 이론에서 주요 주장—과학적 주장을 지배하는 기준과 윤리적 주장을 지배하는 기준 사이에 다리를 놓을 수 없는 갈라진 틈이 놓여 있다는—을 나타낸다.

우리의 가치들은 과학 지식에서 분리되어야 하는가? 가치들은 과학적으로 연구될 수 없는가? 가치들에 관한 참된 믿음은 없는가? 과학 지식을 쫓아내는 것이 도움이 될 수도 있으리라는 비합리적 공포에서 많은 악이 가지 쳐 나온다. 실제로, 과학 지식은 우리의 도덕적 민감성을 재정의하는 경향이 있었다. 인간 본성을 더 잘 이해함으로써, 진정한 인간의 차이와 상식적인 공유된 진화를 더 연구함으로써, 서로 다른 문화에서 표현된 가치들을 조사함으로써, 불관용과 증오가 종종 기초해 있는 거짓된 믿음을 쫓아낼 수 있을 것이다. 과학의 비판적 사고는 예를 들어 노예제, 인종주의, 성 편견을 정당화하는 데 사용된 합리화를 지능의 열등성에 대한 믿음이 거짓임을 보여줌으로써 쓸어낼 수 있을 것이다. 생명 존중은 일반적으로 환경 보존을 지지해—실용적 귀결에 더해—인간 생명의 살아 있는 자연의 나머지와 더불어 공통의 진화적 기원을 이해함으로써 향상된다.

우리는 여기서 적어도 소크라테스 시대 이래로 계속되어 온 가치의 객관성에 관한 논쟁을 확정하려 하지 않을 것이다. 그러나 과학의 독특한 객관성이 **두 가지** 상이한 방식으로 공격을 받을 수도 있음은 주목할 만하다. 과학 자체가 그것에 흔히 돌려지는 종류의 객관성을 진정으로 갖고 있지 않다고 제안될 수가 있거나, 가치에 관한 토의는 과학 담론이 흔히 여겨지는 만큼 원칙적으로 객관적일 수 있다고 주장할 수가 있다. 후자의 종류의 논의 예는 위르겐 하버마스Jurgen Habermas의 작업에서 찾을 수 있는데, "과학주의"라고 부른 것에—무엇이 지식으로 여겨져야 하는지에 대한 우리의 바로 그 기준은 자연과학의 용어로 정의되어야 한다는 실증주의적 논제에 그가 의문을 던졌다. 그는 우리 행위의 목적에 대한, 그리고 특히 우리가 과학 지식에서 만들어내고자 고려할 수가 있는 응용에 대한 "반성reflection"을 권했다. 지식, 의견, 논증에 관해 의사소통의 조건이 이상적이라면, 가치에 대한 논의는 일상적으로 과학에서 흔히 인식되는 합리성의 기준에 접근할 수 있다는 것이 그의 희망인 것처럼 보인다. 우리는 다음으로 합리적으로 가치문제를 확정하는 한 제안된 방식인 비용-편익 분석cost-benefit analysis을 살펴볼 것이다.

12.4 수치적 사고와 생태적 사고

새로운 기술을 창조하는 일을 도움으로써 사람이 사는 방식을 변화시키는데 더해, 과학은 사람이 어떻게 사고하고, 어떻게 결정을 이뤄내며, 어떻게 사회 정책이 만들어지느냐에 영향을 끼쳐왔다. 오늘날 정부 기관에 의해 정책 결정에서 흔히 적용되는 경제적 비용-편익 분석의 종류는 과학적 이성을 사회 정책에 적용하려는 기도에서 진화되었다. 영국 저술가이며 법 개혁자 제러미 벤덤Jeremy Bentham1748-1832은 무엇이 옳은 결정을 이루느냐에 관한 공리주의적utilitarian 관점으로 불리게 된 것을 진전시켰다. 그는 "모든 행위를 그것이 그 누구의 이익이 문제가 되느냐에 관해 행복을 증가시켜야 하거나 감소시켜야 하는 것으로 보이는 경향에 따라 승인하거나 승인하지 말라고" 우리에게 명하는 효용의 원리를 제안했다(1962, 2). 그의 관념은 행위 과정이 "최대 다수의 최대 행복"으로 인도한다면, 그것은 옳다는 것이었다(142). 벤덤은 인간을 "인간 행위의 근원", 즉 쾌락의 추구와 고통의 회피에 의해 동기가 부여되는 것으로서 보았다(1). 그러므로 자비심 많은 입법자는 그 사회에서 개인들 이익의 총합으로서 일반 복지를 최대화하는 목표로 정책을 공식화해야 한다.

현대 결정 이론에서, "합리적 선택"은 그녀의 선호와 믿음이 주어졌을 때, 그 행위자의 효용을 최대화하는 혹은 사회적 정책 결정의 사례에서 사회에 대한 효용을 최대화하는 행위의 과정이 되어야 하는 것으로 흔히 여겨진다. 합리적 정책은 잠재적 비용보다 무게가 더 나가는 편익을 사회에 산출한다. 위험이 연루되었다면, 혹은 좋거나 나쁜 귀결이 다양한 확률로 발생한다고 추정된다면, 그러한 요소들도 고려될 것이다. 효용을 최대화한다는 원칙은 우리에게 최대 효용을 갖는 행위의 경로를 선택하도록 명하는데, 거기서 효용은 그것의 귀결에 대한 확률과 정량적 값의 총계로서 계산된다. 결정 내리기의 이 접근법에서, 과학은 대안적 행위 경로의 효과와 관련된 정보를 그 확률들과 함께 제공한다고 가정된다.

일단 정량적 값이 다양한 귀결에 놓이면, 계산은 자동적으로 행해질 수 있고, "합리적" 결정을 산출한다. 그 과정은 다음과 같다.

1. 문제를 판정하고 목표를 공식화하라.

2. 대안적 행위 경로의 집합을 명세화하라.

3. 결과에 대한 여러 확률(위험 요소)을 할당하라.

4. 일관성 있고, 체계적인 방법으로 각 결과에 값(효용의 수치적 척도)을 부여하라.

5. 각 행위 경로의 효용, 즉 결과의 확률값 산출의 총계로서 순수 비용-편익을 계산하라.

6. 최대 효용을 갖는 행위 경로를 선택하라.

합리적 선택을 만드는 이 절차가 다음에 나오는 아주 단순한 예에 의해 설명된다. 당신이 100만 달러를 받을 수 있는 경연에 들어갈지 말지가 문제라고 가정하라. 입장자 양식이 당신에게 1000만 명의 예상 입장자가 있고 각 입장자는 동일한 승률을 갖는 것으로 추정한다고 말해준다면, 당신의 입장 승률은 1000만 분의 1이다. 입장 비용이 단순히 우푯값, 즉 0.33달러로 취해진다면, 그 경연에 들어가는 것에 대한 기대 순이익은 그 합이다. 1000만 분의 1 곱하기 100만 달러 빼기 0.33달러, 또는 0.10달러 − 0.33달러=-0.23달러인데, 기대 순손실이다. 당신의 목표가 당신의 기대 이익을 최대화하는 것이라면, 그것은 합리적 걸기가 아니다. 이는 승리를 모험하는 어떠한 즐거움의 가치나 들어가는 시간 비용을 고려하지 않는다.

확률이 정확히 알려지지 않고 비용과 편익이 쉽게 정량화되지 않는 곳에서 결정을 위한 계산은 훨씬 더 어렵다. 예를 들어, 당신은 독감 주사를 맞아야 하는가? 합리적 선택은 당신의 나이, 당신의 건강 상황, 산정된 위험과 같은 요소에 의존한다. 독감 주사에 대한 합리적인 사회적 정책은 사회에 대한 전반적 비용과 편익에 의존한다.

결정 내리기에 관한 그러한 "과학적" 접근 방법은 많은 합리적 덕목을 갖고 있다. 그것은 선택에 내재하는 가치 판단을 더 의식하도록 해준다. 그것은 우리로 하여금 다양한 대안과 그들의 귀결을 고무한다. 그리고 마지막으로 그것은 위험을 명확한, 정량적 용어로 고려할 수 있도록 해준다. 합리적 결정의 옹호자는 우리에게 수치적으로 되라고 요청한다. 단순하게 어떤 것이 안전한지 아닌지에 관해 묻지 말고, **얼마나** 안전한지 물으라. 개인적 편익이 개연적 비용보다 무게가 더 나가는가? 일단 우리가 이러한 질문을 제기하면, "순수한 음식과 약물 행위에 대한 딜레이니 수정 조항the Delaney Amendment to the Pure Food and Drug Act"은 비합리적으로 보이는데—**어떤** 농도에서 **어떤** 부분에서 **어**

떤 설치류에게 암을 일으킨다고 증명된 **어떤** 인간 식품 첨가물에 대한 전면 금지를 요구하므로 "과학적으로 방어 불가능"하다고 하던Hardin(1985, 42)이 진술했듯이 말이다. 우리는 항상 위험에 직면하며, 그래서 우리는 최선의 균형을 이루려 시도해야 한다. "객관적" 위험은 그 귀결의 확률과 엄격성에 달려 있다. 그러므로, 비행의 합리적 두려움이 고속도로에서 차를 운전하는 두려움보다 일반적으로 덜 해야 한다. 1950년에 이르러, 미국에서 천연두로 죽을 위험성이 예방 접종으로 죽을 가능성보다 적었고, 그래서 그것은 더 이상 "합리적"이지 않았다.

과학의 제도화는 정책 만들기에 위험-비용-편익 분석의 합병을 고무했다. 그러한 분석은 EPA와 같은 정부 기관들에 의한 위험성의 규제 속에서 법으로 요구되고 오늘날에는 대안적 의료 절차를 평가하는 데 흔히 사용된다. 위험-비용-편익 분석은 또한 법정에서 정부의 규제를 판결하는 데 사용되어 왔다. 1989년, 환경 보호청은 배관이나 지붕과 같은 다양한 생산품의 석면 사용을 금지했다. 연방 법원은 그 금지가 1년에 평균 하나 이하의 생명을 구제하면서 수백만 달러의 비용을 들인다고 논의하면서, 금지령을 때려눕혔다. 재판관 스티븐 브라이어Stephen Breyer는 사고로 삼키는 데 기인해 1년에 약 1명의 죽음을 야기하는 가는 이쑤시개가 석면보다 더 큰 위험성을 제기한다고 주목했다.

비용-편익 분석의 "객관적 합리성objective rationality"이 모든 이에게 호소력이 있는 것은 아니다. 노먼 커즌스Norman Cousins(1979)는 몇몇 문학적 인문주의자가 느낀 반감을 표현했다. "세계는 [T. S. 엘리엇Eliot의 시 「속 빈 사람들The Hollow Men」에서처럼] 마약 주사로 망하는 것도 아니고 흐느낌으로 망하는 것도 아니라 그들 영혼 속에 시흥이 없는 소인에 의해 '비용-편익 비율'에 관한 귀에 거슬리는 고함으로 망할 것이다. 그들의 잣대는 정말로 중요성을 지니는 일에 적용될 만큼 충분히 크지 않기 때문에 무의미해질 것이다"(1979, 8). 생물학자 루이스 토머스Lewis Thomas(1973)는 "비용-편익 분석이 호수, 초원, 둥지 트는 북양 가마우지, 혹은 심지어 대양 전체에 대해서까지도 깔끔하게 행해질 수 있음을 배우는 일은 여하튼 성미에 맞지 않는다. 앞에 놓인 환경적 선택지에 직면하는 것은 무척 힘든 일이며, 그 힘든 선택들은 가격표가 매우 가시적일 때 훨씬 더 힘들어진다"(1973, 121)라고 주목하면서, 환경 정책에서 비용-편익 계산의 점증하는 사용에 더 온화하나 우려 섞인 반응의 목소리를 높였다.

비용-편익 연구가 어떻게 이루어지고, 그들이 정말로 우리에게 무엇을 말해주며, 결정 만들기에서 그들의 적절한 역할이 무엇인지에 대해 심각한 질문들이 제기될 수 있다. 귀결의 어떤 범위가 고려되어야 하고, 미래 얼마나 먼 시점까지 고려되어야 하는가? 우리는 미래 가치를 위해 얼마나 수락을 이뤄내야 하는가? 우리는 미래 세대에게 우리의 가치 판단을 부과할 권리가 있는가? 인간의 삶에 가격을 매기는 데서 또는 어떤 종의 멸종을 예방할 가치를 평가하는 데서 일정한 가치를 정량화한다는 바로 그 관념에 문제가 있다. 우리는 도덕적 인간 행위자가 "가격을 넘어서는 존엄"을 지닌다는 직관—철학자 칸트가 그의 윤리학을 구성했던 것처럼—을 갖고 있다.

> 목적의 영역에서 모든 것은 가격을 갖거나 존엄을 갖는다. 가격을 갖는 그 무엇이든 그것과 같은 가격의 그 외 어떤 것으로 대체될 수 있다. 한편, 모든 가격 위에 있는, 그리고 그에 따라 어떤 동등 가격도 인정하지 않는 그 무엇이든 존엄이 있다. 일반적 인간의 기호와 필요에 관련되어 있는 것은 시장 가격이 있다. …… 무언가가 그 자체의 목적이 될 수 있는 조건을 구성하는 것은 그저 상대적 가치, 즉 가격을 지니는 것이 아니라 본질적 가치 즉 존엄을 가진다(1959, 534-535).

한스 요나스Hans Jonas(1984)는 "자격 제한 없는 거부권을 가진 신성함에 대한 경외만이"(1984, 23) 공리주의적 윤리학의 계산을 넘어 무엇이 옳고 그른지에 대한 무조건적 정언 판단으로 간다고 주장할 때 칸트의 견해를 표현한다.

우리는 종종 불확실성의 상황 속에서 결정을 내려야 하며, 그 속에 인간의 실수와 악의를 포함해 연루될 수가 있는 예측 불가능한 요인들 때문에 몇몇 귀결의 확률을 평가하기 위한 어떤 믿을 만한 방법도 존재할 수 없다. 이런 유형의 상황(예를 들면, 핵발전이나 유전공학의 안정성에 관한)은 과학과 기술이 나아가는 한 다시 또다시 재발할 것이다. 권력자들—정부, 산업, 혹은 과학자 자신이든 간에—은 새로운 기술을 사용하는 데 관심을 가질 수 있으며, 그들은 그들의 전문가 의견으로 위험성은 매우 작다고 말함으로써 대중을 안심시키려 함에도, 위험의 기회가 전혀 없음을 그들이 증명할 수 있을 것 같지 않다. 만일 몇몇 전적으로 무서운 재앙의 작은 위험성이 있다면, 그런 위험성을 받아들일 만한지의 여부를 결정할 사람은 누구인가? 가치들이 공동 통화로 산술적으로 현금 지불될 수 있다는 것이 희망이지만, 그 수를 누가 계산할 것이며, 사람들이 그들에 동의하지 않는다면 어떻게 되는 것인가? 위험-비용-편익 분석은 논쟁 없이 그 질문들을 확정할 수 없다. 그것들은 필연적으로 판단의 문제이며 상이한 사람은 종종 아주 상이한 판단을 내릴 것이다. 그래서 그 해결책은 그렇게 하는 권력을 가진 이들에 의해 부과되거나, 그 쟁점은 정치의 문제가 될 것이다. 비용과 편익의 분배와 관련해 공정의 문제가 일어날 수가 있다. 위험성이 떠맡을 가치가 있는지 없는지를 결정해야 하는 이는 실질적으로 그 위험을 떠안을 이들—어떤 일이 잘못되어야 할 때 불리하게 영향받는 이들—이라고 말할 때, 강한 윤리적 논증이 이루어질 수 있다. (이는 의료 시험에서 고지된 동의informed consent의 윤리학의 일부이다.) 대중이 전체적으로 영향받을 때, 쟁점은 정치적인 것이 되어야 한다. 그것이 단순히 수리적인 계산으로 해결될 수가 없는 것이다.

비용-편익 분석은 우리가 위험성을 알고 가치에 대한 합의에 도달할 수 있을 때 결정적일 뿐이다. 그럼에도 불구하고, 정책 결정을 할 때, 귀결들이 무엇인지, 그것들을 우리가 어떻게 평가할지를 묻는 것은 현저히 합리적인 것처럼 보인다. 생태학자 개럿 하딘Garrett Hardin(1985)은 정책 결정에서, 우리는 경제학적 비용-편익 분석의 "수치성numeracy"과, 인간의 오류 가능성과 우리의 지식 한계를 인식하면서, 큰 그림을 보고 귀결들에 대한 장기적 관점을 취하는 "생태성ecolacy" 둘 다를 필요로 한다고 제안했다.

12.5 과학은 객관적인가?

우리는 이제 대부분의 사람이 과학이 갖고 있다고 생각하는 종류의 객관성을 지닌 과학에 반대하는 몇몇 논의를 살펴보기로 한다. 객관성은 전통적으로 과학의 중심적 덕목으로 여겨져 왔다. 결국, 과학은 공적 지식으로 가정된다. 그것의 발견물은 자격을 갖춘 어떤 관찰자에 의해 시험될 수 있다. 그러나 우리가 여러 사례 연구에서 보아왔듯이, 과학자들은 다양한 사적 동기 부여를 나타낸다. 그렇다면 어떻게 과학은 사적 편향 없이 지식을 추구한다고 주장할 수 있을까? 과학은 과학자들이 그들의 연구에 감정적 관심을 갖는 것을 금지함으로써 진보되지는 않았다. 과학 방법론은 연구 발견물과 가설들을 수용하기 위한 엄격한 기준을 지지함으로써 사적 편향을 교정했다. 과학자들을 연구하게 추동하는 다양한 가치들을 실험적 발견물과 이론적 주장들을 수용하거나 거부하는 과정에서 과학자 사회 내부에서 표현된 가치들과 구별해야 한다. 과학자는 가설을 다양한 이유로 강력하게 지지할 수가 있는데, 예를 들어, 그것이 그에게 직관적으로 옳아 보이거나 심지어 그것이 그를 기분 좋게 만들기 때문이다. 그럼에도 불구하고, 그가 과학자 사회에 가설을 제안할 때, 그는 그것의 진리와 유관된 설득력 있는 증거를 제시해야 한다.

그러나 몇몇 비평가는 더 깊은 수준에서 과학의 소문난 객관성에 의문을 제기했다. 그들은 과학을 여러 가지 중 단지 하나의 이데올로기로 본다. 파울 파이어아벤트Paul Feyerabend(1978)는 급진적인 상대주의적 관점을 채택했는데, 그에 따르면 과학은 고대나 원시 세계관과 다양한 종교적 또는 정치적 믿음 체계와 같이 다른 많은 것 중 하나의 "전통"이다. 그의 결정적 주장은 진리나 합리성에 대한 모든 그러한 판단은 하나의 전통 안에서만 이루어질 수 있으므로, 이 다양한 "전통"이 합리적으로 진리에 관해 비교될 수 없다는 것이다. 진리에 관련한 이 상대주의를 따라, 파이어아벤트는 "정치적 상대주의 political relativism", 즉 모든 전통이 교육과 여타 권력 있는 위치에 대한 평등한 권리와 평등한 접근을 부여받는 "자유 사회"를 추천했다. 그는 이것을 대부분의 서구 민주주의 국가 속 종교와 국가 사이에서 현재 인정되는 것처럼, 과학과 국가 사이의 엄격한 분리를 연루시키는 것으로 본다. 그는 초기 근대 과학이 "해방과 계몽의 도구였다"는 것을 인정하지만, 그는 오늘날의 과학이 "사유의 자유를 억제한다"(1975, 157-158)라고 믿는다. 그의 우려의 일부는 현대 과학 연구의 특별한 성격이다. "오늘날 대부분의 과학자는 착상을 결여하고 있고, 두려움으로 차 있으며, 그들이 지금 여러 영역에서 '과학적 진보 scientific progress'를 구성하는 어리석은 논문들의 흐름에다 덧붙일 수 있는 몇몇 가치 없는 결과를 산출하려는 의중을 갖고 있다"(165).

과학적 방법의 최상의 합리성에 관한 관례적 지혜에 대한 이 빛나도록 도발적인 도전은 우리가 여기서 부여하는 공간보다 더 유의해서 답할 가치가 있지만, 다음에 따라 나오는 문제를 그의 입장과 함께 고려해 보라. 만약 파이어아벤트가 한 전통 속에서 경쟁하는 이론들의 비교와 전통들 자체 사이에서의 비교를 구분할 권리가 있고, 전통들 사이의 어떤 비교도 불가능하다고 주장한다면, 그는 소위 이 전통에 대한 판정 기준을 분명히 표현하는 것이 더 나을 것이다. 그는 언제 개념과 믿음의 변화가 단지 한 전통 **내부에서의** 변화인지 그리고 언제 그것이 한 전통으로부터 다른 전통으로의 변화를 이루는지에 대해 우리에게 말해줄 수 있어야 한다. 예를 들어, 그는 천문학에서 코페르니쿠스 혁명에 대해, 또는 진화론의 등장이나 상대성 물리학 relativity physics 의 등장에 대해, 또는 정신병에 대한 유기체적 설명과 정신 역학적 설명 사이의 차이점에 대해, 어떤 묘사를 적용할 것인가? 우리에게 그러한 의문들에 답하기 위한 원칙을 갖춘 방식의 제공 없이는, 합리성에 관한 판단들은 전통들 내부에서만 적용되어야 한다는 파이어아벤트의 주장은 명백한 내용을 갖지 않는다.

　파이어아벤트처럼, 객관적 진리의 개념을 거부하는 사람들은 미끄러운 경사의 오류slippery slope fallacy를 범했다고 비난받을 수 있다. 과학자든 다른 사람이든, 누구도 이론에서 자유로운 관찰이나 가치에서 자유로운 해석을 성취할 수 없다는 의미에서 완전히 객관적일 수 없다는 사실로부터, 객관적 진리의 개념이 공허하다는 것이 따라 나오지 않는다. 과학이 편향된 것—예를 들어, 가부장적 가치를 선호하는 일처럼—이라고 비판하는 몇몇 이는, 우리로 하여금 과학적 판단을 왜곡하는 암묵적 가정에 대해 의식하도록 만듦으로써, 진실로 객관적인 과학을 성취할 수 있길 희망할 수가 있다. 그러나 편견과 왜곡시키는 가치에서 자유로운, 제대로 된 과학이 개념화될 수 있다면, 우리는 편향이나 왜곡으로 위반된 객관성에 대한 몇몇 기본적 개념을 우선 가져야 할 것이다.

　1960년대 급진 운동에서 그의 사상이 잠깐 유행하게 되었던 헤르베르트 마르쿠제Herbert Marcuse는 과학적이고 기술적인 합리성과 그것의 사회적 결과에 대해 파이어아벤트의 공격보다 훨씬 더 급진적인 공격을 퍼부었다. 그는 "과학적-기술적 합리성과 조작이 새로운 형태의 사회적 통제 안으로 용접된" 방식은 단지 과학의 특수한 사회적 적용의 결과가 아니라 이미 "순수 과학에 내재적"이었던 것이라고 주장했다(1964, 146). 그는 "자연에 관한 과학은 잠재적 도구성, 통제와 조직화의 재료로서 자연을 투사하는 기술적 **아프리오리**technological a priori에서 발전한다"(153)라고, 그리고 "과학은 **그 자체의 방법과 개념에 의해** 자연에 대한 지배가 인간에 대한 지배와 연결된 채 남아 있는 그러한 우주를 기획했고 진전시켰다"(166)라고 덧붙였다. 하지만 그는 나아가 과학은 여하튼 급진적으로 달라질 수도 있다고 주장한다. "그것의 가설들은 그것들의 합리적 특성을 잃지 않고도 본질적으로 다른 실험적 맥락(평화로워진 세계라는 맥락) 상황 속에서 발전할 것이다. 결과적으로, 과학은 자연에 대한 본질적으로 다른 개념에 이를 것이며 근본적으로 다른 사실들을 확립할 것이다"(166-167).

현재 인정된 개념 및 사실과 다른 것들을 확립할, 과학의 대안적 형태에 관한 마르쿠제의 시각은 또한 매우 도식적이고 철학적으로 방비 불가능해 보인다. 그는 과학이 취할 수 있을 그 어떤 형태에서든 그가 무엇을 과학에 대해 결정적인 것으로 보는지에 대한, 그리고 그가 생각하기로 오늘날의 과학의 어떤 모습이 바뀔 수 있고, 어떻게 그런지에 대한 해명을 우리에게 빚지고 있다. 그가 이것에 대해 몸짓 이상의 것을 하는지는 (그의 특수 용어가 만연된 산문에서) 불명확하다. 물론, 연구는 재정, 사회적 필요, 군사적 압력, 윤리적 금지, 또는 과학적 유행의 이유로 다른 영역보다는 몇몇 영역에서 추구될 수가 있을 것이다. 그러나 마르쿠제의 논제는 주어진 주제에 대해서조차 과학을 하는 대안적 방식이 세계의 본성에 대한 상이한 이론들을 산출시킨다는 것으로 보인다. 추정컨대 그는 단순히 동일한 현상(빛의 파동 이론이나 입자 이론과 같은)에 대한 상보적 이론이 있을 수 있다는 것을 단순히 뜻하지는 않을 것이다. 그에게 그러한 차이들은 과학을 하는 "지배적" 방식 안으로 떨어지는 것으로 보이는데, 이에 대해 그는 급진적 대안을 제안하고 싶어 한다. 만약 그가 "존재", "로고스", "에로스"와 같은 추상화보다 더 명확한 용어로 이 대안을 특징지을 수 있지 않은 한, 우리는 그가 제공할 어떤 유의미한 대안을 갖고 있는지 아닌지 의아해할 수가 있을 것이다.

이 급진적 견해들은 그들이 현재 적용되고 있는 과학의 방식에 관해 문제를 지적하기 때문에, 그리고 과학의 그리고 일반적으로 지식의 본성에 대한 상식적인 철학적 가정에 도전하기 때문에라는 두 점 모두에서 언급할 가치가 있다. 그러나 도발적 질문을 하는 것은 하나의 일이며 그것들에 훌륭한 답변을 주는 것은 또 다른 일이다. 만일 과학의 현재적 적용에 관한 지혜와 자연 세계에 관한 진리를 발견하는 방식으로서 과학적 방법의 타당성 둘 다가 질문받는다면, 어떻게 과학에 대한 이 두 종류의 비판이 연결되는가? 파이어아벤트나 마르쿠제가 옹호할 일관된 입장을 갖고 있는지의 여부는 불분명하다.

12.6 과학을 안내하는 가치

12.3에서 우리는 과학이 가치중립이라는 관례적 지혜에 의문을 제기했다. 과학자가 그 자체를 위한 지식을 획득하기 위해 오로지 동기 부여받았을지라도, 몇몇 가치 판단은 단순히 연구에 참여하기 위해 이루어져야 한다. 연구 계획이 선택되었을 때, 그 선택은 무엇이 알 만한 가치가 있는지에 대한 결정을 반영하며 그러므로 비명시적 가치를 드러낸다. 과학자는 단지 임의적으로 어떤 사실을 수집하지 않는다. 해변에서 채취한 모래 벌레의 평균 무게 또는 모래 벌레의 크기가 산정될 수도 있겠지만, 그러한 사실이 몇몇 더 폭넓은 지질학이나 생물학의 이론을 시험하는 일과 유관하다고 생각되지 않는 한, 그런 본질적으로 지루한 일을 하면서 누가 시간을 성가시게 허비하고 싶어 하겠는가? 구름의 유형이나 하늘에서 별의 위치나 물고기 화석의 뼈 구조처럼 이론적 관심 또는 실제적 관심이 더 그럴듯해 보이는 곳에 있는 주제에 대해서조차, 그런 사안에 얼마나 많은 시간과 노력을 기울일 만한 가치가 있느냐고 묻는 것이 합당하다.

왜 어떤 이는 무언가를 알고 싶어 해야 하는가? 무슨 이유로, 무슨 목적을 위해, 특수한 연구 프로젝트에 착수하는가? 이러한 질문들은 분명히 가치를 연루시킨다. 가치 있다고 보이는 어떤 목표를 갖지 않고서는, 누구도 시간, 노력, 또는 자원을 지출하지 않는다. 모든 의도적 인간 행위—과학 행위성이 포함된—는 어떤 종류의 목표나 욕망을 연루시킨다. 그러면 왜 어떤 이는 자연의 내적 작동에 대해 배우려 해야 하는가? 사람은 때로 아무런 명백한 이유 없이 사물에 호기심이 있다. 어린이는 전형적으로 "왜?"라는 질문을 하며, 성인 역시 달은 왜 여러 가지 모양을 우리에게 보여주는가, 왜 조수는 하루에 두 번 돌아오는가, 또는 왜 삼색 털 얼룩 고양이는 꽤 다른 색깔의 새끼를 낳는가라는 의문을 품을 수가 있다. 누군가가 "그냥 호기심"이 있다면, 그 지식을 원하는 데 대한 동기 부여는 단순히 인간의 일시적 기분을 충족시키려는 것이다. 그러나 과학 연구는 그것이 한가한, 정보를 제공받지 않은 호기심으로부터 시작할 수 있음에도 불구하고, 호기심 이상의 것에 의해 동기 부여된다. 발견은 그 이론적 관심 혹은 그 응용―또는 둘 다―때문에 추구된다. 우리는 그러므로 과학자가 무언가를 알고 싶어 하는 세 가지 기본적 이유를 구별할 수 있다.

1. 더 나아간 이유 없이, 탐구가 시작될 수 있는 **단순한 호기심**

2. 다른 현상을 이해하고 설명하는 문제와의 유관성에 기초한 **이론적 흥미**

3. 인간의 몇몇 실제적 목적을 성취하기 위한 **잠재적 유용성**

이들이 과학자가 한 프로그램을 선호해 제안하는 명백한 종류의 이유이다. 그러나 일정한 연구와 더불어 나아가는 데 **반대하는** 이유 또한 있을 수 있다. 어떠한 과학적 탐구에 대해 또한 질문할 수 있다. 알아내는 비용이 얼마인가? 다양한 **종류**의 비용이 한 항목의 지식을 얻는 데 연루될 수가 있는데, 그들 모두가 금전적인 것은 아니다.

1. 어떤 과학 연구는, 아무리 하찮을지라도, 누군가의 시간과 노력을 취한다. 19세기 시골의 한 사제조차도 평일에 식물에 대해 연구하면서, 왜 자신은 교구민의 필요를 섬기기보다는 기분 전환으로 스스로에게 헌신했을까라고 합당하게 질문받아 왔을 수 있다. 찰스 다윈의 가족은 그의 개인적 수입이 튼튼했음에도 불구하고, 왜 그가 그들과 시간을 더 보내는 대신에 그토록 꽤 많은 노력을 그의 화석과 논문에 바쳐야 했는지 충분히 의아해했을 수가 있다 (6.1, 8.1을 볼 것).

2. 연구가 하찮은 자원들 이상을 필요로 할 때는 언제든, 그것들이 과학 내부든 외부든 다른 곳에 사용되는 것이 더 나았을 수도 있을 것이라는 데 대해 질문이 명백히 제기될 수 있다. 라부아지에는 18세기 프랑스에서 그저 과학적 호기심을 충족시키느라 국립 병기 공장의 감독권을 부여받지 못했다(그럼에도 불구하고 그것에 의해 제공된 기회의 이점을 충분히 취했다). 프랑스 정부는 그가 군사적 목적에 유용할 것이라고 명백히 기대했다(8.1을 볼 것). 1911년 카이저 빌헬름 연구소를 설립하기 위해 돈을 내놓은 독일 은행가와 사업가는 이 투자가 그들과 독일에 유용하다는 것을 증명할 수 있다고 판단 내렸다(7.2를 볼 것). 현대의 많은 연구는 노동력, 기술, 에너지, 따라서 돈이라는 아주 상당한 자원을 필요로 한다. 우리는 이제 훨씬 더 강력한 가속기를 세움으로써 입자 물리학의 최전선에 큰 자원을 바쳐야 하는지의 여부가 국내외적 논쟁 사안인 단계에 이르렀다.

3. 때로 과학 연구 자체의 과정에 인간적 비용이 존재한다. 위험한 장소에서 자료를 모으는 일 또는 방사성, 독, 바이러스, 세균, 또는 미생물로 실험하는 일은 과학 탐구자를 명백한 위험에 노출시킨다. 예를 들어, 몇몇 유해물이나 독이나 전염이 탈출하게 되어 환경 속으로 들어가면, 더 광범위한 대중에게 또한 위험성이 있을 수가 있다. 그런 위험성을 합리적으로 평가하는 일에 관한 주요 문제는 그것들이 연구 결과 자체에 앞서 종종 현실적으로 평가될 수 없다는 것이다. 예를 들어, 우리가 10.2에서 숙고했던, 1970년대 유전 공학의 새로운 기법에 대한 논쟁을 숙고해 보라.

4. 동물권 운동은 생의학 연구에서 동물 사용에 관한 제한 요소를 육성했다. 극단주의자들은 과학 연구에서 모든 동물 사용을 종결시키기를 요구했다. 컴퓨터 모델링과 같은 기술은 종종 동물 사용에 대한 대안을 제공하지만, 백신 개발과 같은 몇몇 사례에서, 동물 시험이 정부 규제에 의해 요구된다.

사람들은 인간에 대한 원숭이의 유사성에 관해 더 많이 배우면서 그들의 사용에 특히 민감해졌다. NIH는 에이즈 연구에서의 사용을 위해 침팬지를 1986년 기르기 시작했지만, HIV에 감염된 침팬지가 좀처럼 에이즈의 증후를 발전시키지 않음이 발견되었다. 실험실용 침팬지 개체 수 과다가 전개되었을 때, 안락사—아마도 초기에는 문제 제기 없이 사용되어 왔는—는 비윤리적이라고 거부되었다. 그 대신에, NIH는 침팬지의 여생을 위해 1000마리의 침팬지를 지원하고 쉼터를 제공하기 위해 "은퇴 프로그램"을 개발했다. 과학자들이 불필요한 고통은 회피되어야 한다는 데 일반적으로 동의하지만, 그들은 동물 고통의 대가를 인간 생명을 구제하는 이익과 비교해 숙고해야 한다고 논의한다. 과학자들은 오늘날 대중적 지원을 유지하기 위해 동물을 "연구 속 파트너"로서 존중을 가지고 다루는 긍정적 이미지를 육성할 필요성을 점증적으로 의식하고 있다.

5. 때로 연구는 기본적인 윤리적 원리를 위배할 수가 있다. 사람에 대한 실험은, 그 결과가 과학적으로 매우 흥미로울 것으로 생각될 수도 있지만 수행하기에는 전적으로 비윤리적인 것이 될 것이다. 예를 들어, 어린이에게서 다양한 면모의 정상적 양육과 사회적 자극을 박탈하는 일은 문화적으로 가변적이라는 데 반대되는 것으로서 어느 정도로 인간 행동이 타고나고, 유전적으로 결정되는지를 발견하는 데 도움이 될 수도 있을 것이다. 그러나 어린이에 대한 어떤 그러한 의도적 박탈은 윤리적으로 배제된다. 우리는 나치의 의사들만이 그런 일을 했을 것으로 생각할지도 모르지만, 1940년대와 1950년대를 통해 미국 대중 구성원에게 동의 없이 수행된 방사능 효과에 관한 실험에 대한 최근 폭로는 우리로 하여금 과학의 이름으로 윤리의 한계를 무너뜨리려는 계속적 유혹에 관해 의식하도록 만들어야 한다.

다른 사례에서, 과학 연구의 내재적 관심과 가능한 편익이 특별한 사례들에서 윤리적 원리를 짓밟는지에 관한 과학자와 일반 대중 둘 다 사이에서의 의견 불일치가 있을 수 있다. 인간 배아에 관한 연구, 새로운 약이나 의료 과정의 임상적 시도에 연루된 인간 환자에 대한 공정성의 쟁점, 사회 심리학에서 대상자 속이기의 쟁점, 개인에 관한 사적 자료의 사생활권 위배가 예가 될 것이다.

연구 프로젝트의 목하 비용과 편익과 도덕성에 관한 질문에 대답이 있을 때조차도, 어떻게 지식이 사용될 것이냐에 관한 더 나아간 걱정이 일어날 수가 있다. 제안된 연구 **절차**가 받아들여질 수가 있지만, 그 성공의 귀결에 상이한 고려 사항의 집합이 적용될 수가 있다. 무엇이 새로운 지식의 가망성 있는 이용과 오용일까?

1. 몇몇 사례에서, 의도된 사용은 유익할 수가 있지만, 의도하지 않았던 불이익이 있을 수가 있다. 새로운 약은 일정한 병을 고치고 누그러트리기 위해 설계될 수가 있지만, 일이 여러 방식으로 잘못될 수도 있다. 그것은 항상 예고될 수 없는 불쾌한 부작용을 가질 수가 있다. 만일 한 약의 특허권이 만료될 무렵이라면, 새로운 버전을 생산하고 특허 내는 일은 그 개량이 어떠한 의학적 편익이 있느냐의 여부와 무관하게 회사의 재정적 관심에서일 수가 있다. 개인에게 효과적인 의학의 광범위한 사용은 어떤 이의 기대를 넘어 인구학적 효과를 가질 수 있다. 유아 사망률을 낮추는 일이 인구 과잉에 기여할 수 있다는 사실은 (그 귀결로 생기는 기아와 함께) 우리로 하여금 그 아기들을 구제하려는 노력을 제한하도록 이끄는가?

2. 과학자는 그 자체의 내재적 관심과 이로운 응용 가능성 두 가지 모두 때문에 무언가를 알고 싶어 할 수가 있겠지만, 제도적 혹은 사회적 상황은 그녀가 새로운 지식의 가망성 있는 오용에 심각한 우려를 가질 수가 있는 그런 것일 수 있다. 우리는 정부나 산업이 그들 자신의 목적을 위해 새로운 발견을 사

용할 것이라고 기대할 수 있는데, 이에 개별 과학자가 동의하지 않을 수도 있다. (실라르드와 같은 물리학자는 원자 폭탄의 가능성을 가져가서 미국 당국이 주목하게 하려고 처음에는 투쟁했는데, 몇 년 뒤 그들은 군대의 새로운 무기 사용에 영향력을 행사할 수 없음을 알아냈을 뿐이다—10.1을 볼 것.) 일정한 새로운 기법이 한 사회에서 대중적으로 이용 가능하게 된다면, 어떤 이가 심각한 도덕적 가책을 가질 수 있는 방식으로 그것이 사용될 것이라고 예측할 좋은 이유가 때로 있을 수 있다. 매우 정서 불안한 사람을 진정시키는 데 효과가 있는 습관성 신경 안정제가 환자들을 빨리 퇴원할 수 있도록 해야겠다는 의사의 과도한 부담 때문에 무차별로 사용된다. 태아의 성감별은 남아 선호 사상이 뚜렷한 국가에서 여아 낙태의 증가를 초래했다.

3. 우리가 **특정한** 오용을 염두에 두는 건 아닐지라도, 단순히 과학적 이해의 더 나아간 진전에 의해 우리에게 강요될 수가 있을, 전반적으로 우리가 직면하는 것을 선호하지 않을 수도 있을 사회적 선택이 있을 수가 있다. 예를 들면, 인간 유전학의 기제들이 과학적으로 흥미로울지라도, 우리 자손의 유전적 특성을 결정하는 기회를 부여받길, 그리고 그 책임을 부여받길 우리는 정말로 원하는가? 또, 고용주와 보험 회사가 사람들의 특정한 유전자 집합에 관한 출력물로 보인 것으로서 그들의 유전적 성향에 따라 그들을 분류할 수 있는 기술의 가능성을 우리는 환영할 것인가? 이는 "사회"가 결정할 일이라고 이야기될 것이다. 사회 속 **누가**? 그러한 결정이 우리에게 강제로 안길 필요성을 우리가 원하는가? 결정과 사회적 행위를 위한 긴급한 일들이 있을 때, 우리의 정당과 입법부가 일군의 그런 가능성을 위한 복잡한 정책과 법을 틀 지워야 하는 일로 수렁에 빠지길 우리가 원하는가?

그러므로 과학 연구 과정은 가치 고려에서 자유로울 수 없다. 그 일반적 이유는, 인간의 어떠한 여타 활동처럼, 과학 연구가 어떻게 시간, 에너지, 자원을 소모할 것이냐의 선택을 연루시킨다는 것이다. 그 특별한 이유들은 20세기 말에 일어난 그리고 미래에 가속을 약속하는 과학 연구의 고비용, 제도적 통제, 사회적 적용 가능성에 대해 고유하다. 거대과학의 시대에, 점증적으로 외부의 경제적이고 정치적인 힘에 의해 결정되는 과학자의 임명, 승진, 보상의 체계와 함께, 과학이 첫째로 그 자체를 위한 자연에 관한 진리를 향한 단순한 추구에 의해 추동되고 있는지 의심스럽다.

이런 모든 이유로, 오늘날 과학적 기획에 관한 전문 직업적인 철학적 탐구는 물론 대중을 위한, 과학 지식의 편익은 물론 그 수단, 목표, 비용, 위험성의 토론을 위한 절박한 필요성이 존재한다. 전형적으로 연루된 모든 충돌하는 이익을 판결할 과학의 행위에 관련된 가치 판단을 어떻게 이룰지에 관해서는 보편적 동의가 결코 이루어질 것 같지 않다. 이들 질문은 과학적이고 기술적인 발전에 관한 정책 결정에서 통상적으로 참작할 필요가 있는 고려할 필요가 있는 안내역으로 봉사할 수 있을 뿐이다. 확실히 그것은 바람직할 것이며, 그러한 결정으로 영향받는 모든 이―과학자, 기술자, 산업가, 정부 관리, 정치가 물론 일반 대중―가 그들의 가치 가정들을 명백하게 만들어서 그들의 열린 정치적 과정에서 도전받고 논쟁될 수가 있다면, 과학 전통 자체 속 중심적 덕목으로부터 단서를 취하게 될 것이다.

▪ 더 읽기 제안

Antony, L., and C. Witt, eds. 1993. *A Mind of One's Own: Feminist Essay on Reason and Objectivity.*

Bloor, D. 1978. *Knowledge and Social Imagery.*

Bronowski, J. 1965. *Science and Human Values.*

Feyerabend, P. K. 1978. *Science in a Free Society.*

Habermas, J. 1971. *Knowledge and Human Interests.*

Hardin, G. 1985. *Filters Against Folly.*

Lehrer, K. ed. 1987. *Science and Ethics*.

Lowrance, W. W. 1976. *Of Acceptable Risk: Science and the Determination of Safety*.

Wilson, E. O. 1998. *Consilience: The Unity of Knowledge*.

Woolgar, S. 1988. *Knowledge and Reflexivity: New Frontiers in the Sociology of Knowledge*.

참고문헌

Andrade, E. N. 1954. "Isaac Newton." In *The World of Mathematics*, vol. 1 Edited by J. R. Newman. Simon and Schuster.

Antony, L., and C. Witt, eds. 1993. *A Mind of One's Feminist Essays on Reason and Objectivity*. Westview Press.

Aposhian, H. V. 1970. "The Use of DNA for Gene Therapy—The Need, Experimental Approach, and Implications," *Perspectives in Biology and Medicine* 14:90-108.

Appleyard, B. 1992. *Understanding the Present: Science and the Soul of Modern Man*. Pan Books.

Aristotle. 1984. *The Complete Works of Aristotle*. Edited by J. Barnes. Princeton University Press.

Asimov, I. 1982. *Asimov's Biographical Encyclopedia of Science and Technology: The Lives and Achievements of 1510 Great Scientists from Ancient Times to the Present Chronologically Arranged*, 2nd ed. Doubleday & Co.

Bacon, F. 1870. *The Works of Francis Bacon*. Edited by J. Spedding, R. L. Ellis, and D. D. Heath. Longman's Green.

Baier, K., and N. Rescher, eds. 1969. *Values and the Future*, The Free Press.

Barnes, B., 1985. *About Science*. Blackwell.

Belloc, H. 1931. *Essays of a Catholic Layman in England*. Sheed & Ward.

Ben-David, H. 1971. *The Scientist's Role in Society*. Prentice-Hall.

Bentham, J. 1962. *The Works of Jeremy Bentham*. Edited by J. Bowring. Russell & Russell.

Berg, P., et al. 1974. "Potential Biohazards of Recombinant DNA Molecules." *Science* 185:303.

Berg, P., and M. Singer. 1976. "Seeking Wisdom in Recombinant DNA Research." *Federation Proceedings* 35:2542-2543.

Berman, M. 1981. *The Reenchantment of the World*. Cornell University Press.

Bernal, J. D. 1965. *Science in History*. Hawthorne Books.

Bernstein, J. 1978. *Experiencing Science*. Basic Books.

_____. 1992. "The Farm Hall Transcripts: The German Scientists and the Bomb." *The New York Review*, August 13, 47-53.

_____. 1993. *Cranks, Quacks, and the Cosmos: Writing on Science*. Basic Books.

Bethel, E. R., ed. 1995. *AIDS: Readings on a Global Crisis*. Allyn and Bacon.

Beveridge, W. I. B. 1957. *The Art of Scientific Investigation*. Vintage Books.

Beyerchen, A. D. 1977. *Scientists Under Hitler: Politics and the Third Reich*. Yale University Press.

Bhatia, S. 1992. "The Man Who Holds Iraq's Nuclear Secrets." *The Observer*, May 17.

Bishop, J. E. 1993. "Cold Fusion." *Popular Science*(August): 47-51, 82.

Bjork, D. W. 1993. *B. F. Skinner: A Life*. Basic Books.

Blackett, P. M. S. 1933. *The Craft of Experimental Physics*. Cambridge University Studies.

Blake, W. 1969. *Blake: Complete Writings*. Edited by G. Keynes, Oxford University Press.

Bloom, H. 1982. *The Breaking of the Vessels*. University of Chicago Press.

Bloor, D. 1976. *Science and Social Imagery*. Routledge & Kegan Paul.

Blumberg, A., and G. Owens. 1976. *Energy and Conflict: The Life and Times of Edward Teller*. G. P. Putnam's Sons.

Boring, E. G. 1950. *A History of Experimental Psychology*. Appleton-Century-Crofts.

Bowlby, J. 1990. *Charles Darwin: A New Life*. W. W. Norton.

Bradley, D. 1967. *Count Rumford*. Van Nostrand.

Brewster, D. 1965. *Memoirs of the Life, Writings, and Discoveries of Sir Isaac Newton*. Johnson Reprint Corporation.

Broad, W. J., and N. Wade. 1982. *Betrayers of the Truth*. Simon & Schuster.

Bronowski, J. 1965. *Science and Human Values*. Harper & Row.

Burke, J. 1978. *Connections*. Little, Brown.

Burrt, E. A. 1932. *The Metaphysical Foundations of Modern Science*. Doubleday.

Burt, C. 1955. "The Evidence for the Concept of Intelligence." *British Journal of Educational Psychology* 25: 158-177.

Bury, J. B. 1932. *The Idea of Progress: An Inquiry into Its Origin and Growth*. Macmillan.

Butterfield, H. 1957. *The Origins of Modern Science*. 2d ed. Macmillan.

Carson, R. 1962. *Silent Spring*. Houghton Mifflin.

Carter, R. 1965. *Breakthrough: The Saga of Jonas Salk,* Trident Press.

Cassidy, D. C. 1992. *Uncertainty: The Life and Science of Werner Heisenberg*. W. H. Freeman.

Cavalieri, L. F. 1981. *The Double-Edged Helix*. Columbia University Press.

Chain, E. B. 1970. "Social Responsibility and the Scientist." *New Scientist* 22: 166-170.

Chalmers, A. F. 1982. *What Is This Thing Called Science?*2nd ed. University of Queensland Press.

Cherfas, J. 1982. *Man-Made Life: A Genetic Engineering Primer*. Blackwell.

Chomsky, N. 1971. "The Case Against B. F. Skinner: Review of Beyond Freedom and Dignity." *New York Review of Books*, December 31.

Clark, R. W. 1971. *Einstein: The Life and Times.* Thomas Y. Crowell.

_____. 1980. *Freud: The Man and the Cause.* Random House.

Clifford, W. K. 1888. *The Common Sense of the Exact Sciences.* Kegan Paul, Treich, Truber & Co.

Close, F. 1990. *Too Hot to Handle: The Race for Cold Fusion.* Princeton University Press.

Cohen, I. B. 1985a. *Revolution in Science.* Harvard University Press.

_____. 1985b. *The Birth of a New Physics.* Rev. ed. W. W. Norton.

Cohen, R. 1974. "Ethics in Science." In *Science, Technology and Freedom*, edited by W. H. Truitt and T. W. G. Solomens. Houghton Mifflin.

Cole, K. C. 1998. *The Universe and the Teacup: The Mathematics of Truth and Beauty.* Harcourt Brace.

Collins, H. 1992. *Changing Order: Replication and Induction in Scientific Practice.*

Commoner, B. 1966. *Science and Survival.* Viking Press.

_____.1971a. *The Closing Circle: Nature, Man and Technology.* Alfred A. Knopf.

_____.1971b. "The Ecological Crisis." In *The Social Responsibility of the Scientist*, edited by M. Brown. The Free Press.

_____. 1990. *Making Peace with the Planet.* Pantheon.

Conant, J. B. 1951. *On Understanding Science.* Yale University Press.

Cornelius, D. K., and E. St. Vincent. 1964. *Cultures in Conflict: Perspectives on the Snow- Leavis Controversy.* Scott, Foresman & Co.

Coulson, T. 1950. *Joseph Henry: His Life and Work.* Princeton University Press.

Cousins, N. 1979. "*The Fallacy of Cost-Benefit Ratio.*" *Saturday Review* 6:8.

Crews, F.C., ed. 1998. *Unauthorized Freud: Doubters Confront a Legend.* Viking.

Crowther, J. C. 1941. *The Social Relations of Science.* Macmillan.

Cummings, E. E. 1991. *Complete Poems, 1904-1962.* Edited by G. T. Firmage. Liveright.

Curie, E. 1937. *Madame Curie.* Translated by V. Sheean. Heinemann.

Darwin, C. 1871. *The Descent of Man, and Selection in Relation to Sex.* Appleton.

_____. 1872. *The Expression of the Emotions in Man and Animals.* Murray.

Darwin, F. 1899. *The Life and Letters of Charles Darwin.* Appleton.

Davies, P. 1993. "A Window into Science." *Natural History* 102(July): 68-71.

Davis, P. C. W., and J. Brown. 1988. *Superstrings: A Theory of Everything?* Cambridge University Press.

Dawkins, R. 1998. *Unweaving the Rainbow: Science, Delusion and the Appetite for Wonder.* Houghton Mifflin.

DeRopp, R. S. 1992. *The New Prometheans: Creative and Destructive Forces in Modern*

Science, Dell.

Descartes, R. 1955. *The Philosophical Works of Descartes.* Translated by E. S. Haldane and G. R. T. Ross. Dover Publications.

Desmond, A., and J. Moore. 1991. *Darwin: The Life of a Tormented Evolutionist.* Warner Books.

d'Holbach, Baron. 1868. *The System of Nature; or, the Laws of the Moral and Physical World.* Boston.

Dickenson, H. W. 1936. *James Watt.* Cambridge University Press.

Dixon, B. 1973. *What Is Science For?* Collins.

Dostoyevsky, F. 1960. *Notes from Underground.* Edited and translated by R. E. Matlaw. E. P. Dutton & Co.

Drake, S. 1978. *Galileo at Work: His Scientific Biography.* University of Chicago Press.

Dubos, R. J. 1950. *Louis Pasteur.* Little, Brown.

_____. 1961. *The Dreams of Reason. Columbia* University Press.

_____. 1974. *Of Human Diversity.* Clark University Press.

Easlea, B. 1983. *Fathering the Unthinkable: Masculinity, Scientists and the Nuclear Arms Race.* Pluto Press.

Edwards, P., ed. 1967. *The Encyclopedia of Philosophy.* 8 vols. Macmilan.

Ehrlich, P. 1968. *The Population Bomb.* Ballantine Books.

Ehrlich, P., and A. Ehrlich. 1990. *The Population Explosion.* Simon & Schuster.

Einstein, A. 1950. *Out of My Later Years.* Philosophical Library.

_____. 1954. *Ideas and Opinions.* Crown.

Eisenstein, E. L. 1979. *The Printing Press as an Agent of Change.* Cambridge University Press.

Ellmann, R. 1959. *James Joyce.* Oxford University Press.

Epstein, S. 1996. *Impure Science: AIDS, Activism, and the Politics of Knowledge.* University of California Press.

Evlanoff, M., and M. Fluor. 1969. *Alfred Nobel: The Loneliest Millionaire,* The Ward Ritchie Press.

Farrington, B. 1949. *Greek Science: Its Meaning for Us.* Penguin Books.

_____. 1966. *The Philosophy of Francis Bacon.* Phoenix Books.

_____. 1969. *Francis Bacon: Pioneer of Planned Science.* Praeger.

Fauvel, J. et al, eds. 1988. *Let Newton Be!* Oxford University Press.

Fechner, T. 1860. *Elements of Psychophysics.* Holt, Rinehart and Winston.

Ferris, P. 1997. *Dr. Freud: A Life.* Random House.

Feuer, L. S. 1992. *The Scientific Intellectual: The Psychological & Sociological Origins of Modern Science.* Transaction Publishers.

Feyerabend, P. K. 1975. "How to Defend Society Against Science." In *Scientific Revolutions,* edited by I. Hacking(1981). Oxford University Press.

_____. 1978. *Science in a Free Society*. New Left Books.

_____. 1988. *Against Method*. Rev ed. Verso.

Feynman, R. P. 1958. "The Value of Science." In *Frontiers in Science,* edited by E. Hutchings. Basic Books.

Fisher, R. A. 1936. "Has Mendel's Work Been Rediscovered?" *Annals of Science* 1:115-137.

Florman, S. C. 1981. *Blaming Technology: The Irrational Search for Scapegoats*. St. Martin's Press.

Freud, E. L., ed. 1960. *Letters of Sigmund Freud*. Basic books.

Freud, S. 1895. *On the Origins of Psycho-analysis*. Vol. 1 of *Standard Edition of the Complete Psychological Works of Sigmund Freud*. Hogarth.

_____. 1905. *Jokes and Their Relation to the Unconscious*. Vol. 8 of *Standard Edition of the Complete Psychological Works of Sigmund Freud*. Hogarth.

_____. 1917. "A Difficulty in the Path of Psychoanalysis." Vol. 17 of *Standard Edition of the Complete Psychological Works of Sigmund Freud*. Hogarth.

_____. 1952. *A General Introduction to Psychoanalysis,* Washington Square Press.

_____. 1955-1975. *Standard Edition of the Complete Psychological Works of Sigmund Freud*. 24 vols. Translated by James Strachey et al. Hogarth.

_____. 1961. *Civilization and Its Discontents,* W. W. Norton.

_____. 1964. *The Future of an Illusion*. Anchor Books.

_____. 1965. *The Interpretation of Dreams*. Avon.

Freud, S., and E. Oppenheim. 1911. "Dreams in Folklore." Vol. 12 of *Standard Edition of the Complete Psychological Works of Sigmund Freud*. Hogarth.

Fuller, R. B. 1969. *Utopia or Oblivion: The Prospects for Humanity*. Bantam Books.

Galilei, Galileo. 1957. *Discoveries and Opinions of Galileo*. Translated by S. Drake. Doubleday Anchor Books.

Gardner, M. 1981. *Science: Good, Bad and Bogus*. Oxford University Press.

Gay, P. 1988. *Freud: A Life for Our Time*. W. W. Norton.

Geison, G. 1995. *The Private Life of Louis Pasteur*. Princeton University Press.

Gendron, B. 1977. *Technology and the Human Condition*. St. Martin's Press.

Gibbs, F. W. 1965. *Joseph Priestley: Adventures in Science and Champion of Truth*. T. Nelson.

Gibbs, W. W. 1998. "Monstrous Moonshine Is True." *Scientific American* 279: 41-41.

Gillispie, C. C., ed. 1970-1980. *Dictionary of Scientific Biography*. 16 vols. Charles Scribner's Sons.

Gjertsen, D. 1989. *Science and Philosophy*. Penguin Books.

Goethe, J. W. 1840. *Theory of Colours*. Translated by C. L Eastlake. John Murray.

Goodchild, P. 1980. *J. Robert Oppenheimer*. BBC.

Goran, M. 1967. *The Story of Fritz Haber*. University of Oklahoma Press.

Gould, S. J. 1998. "The Sharp-Eyed Lynx Outfoxed by Nature." *Natural History*, June, 23-27, 69-73.

Greene, B. R. 1999 *The Elegant Universe: Superstrings, Hidden Dimensions, and the Quest for the Ultimate Theory*. W. W. Norton.

Groves. L. R. 1963. *Now It Can Be Told*. Andre Deutsch.

Grunbaum, A. 1984. *The Foundations of Psychoanalysis: A Philosophical Critique*. University of California Press.

Habermas, J. 1971. *Knowledge and Human Interests*. Beacon Press.

Hacking. I., ed. 1981. *Scientific Revolutions*. Oxford University Press.

_____. 1983. *Representing and Intervening*. Cambridge University Press.

Hall, A. R. 1962. *The Scientific Revolution, 1500-1800*. Beacon Press.

Hall, E. 1972. "Will Success Spoil B. F. Skinner?" *Psychology Today*, November, 65-72.

Hall. S. S. 1987. *Invisible Frontiers: The Race to Synthesize a Human Gene*. Microsoft Press.

Hama, N. 1993. "The 21st Century from and Economic Perspective." In *Visions for the 21ˢᵗ Century*, edited by S. Moorcroft. Praeger.

Hason, N. R., 1958. *Patterns of Discovery*. Cambridge University Press.

Hardin, G. 1968. "The Tragedy of the Commons." *Science* 162: 1243-1248.

_____. 1985. *Filters Against Folly*. Books.

Harding, S. 1986. *The Science Question in Feminism*. Cornell University Press.

_____. ed. 1993. *The "Racial" Economy of Science: Toward a Democratic Future*. Indiana University Press.

Hare, R. 1970. *The Birth of Penicillin*. George Allen & Unwin.

Harman, W. 1993. "The Second Scientific Revolution." In *Visions for the 21ˢᵗ Century*, edited by S. Moorcroft. Praeger.

Hartley, D. 1749. *Observations on Man, His Frame, His Duty, and His Expectations*. London.

Hearnshaw, L. S. 1979. *Cyril Burt, Psychologist*. Cornell University Press.

Heilbron, J. 1986. *The Dilemmas of an Upright Man: Max Planck as a Spokesman for German Science*. University of California Press.

Helmholtz, H. von. 1893. *Popular Lectures on Scientific Subjects*. 1st Series. Appleton.

Hempel, C. G. 1960. "Science and Human Values." In *Social Control in a Free Society*, edited by R. E. Spiller. University of Pennsylvania Press.

_____. 1966. *Philosophy of Natural Science*. Prentice-Hall.

Herek, G. M., and E. K. Glunt. 1988. "An Epidemic of Stigma." *Ameriacan Psychologist*, 43:11.

Hippocrates. 1952. *Hippocratic Writings.* In *Great books of Western World,* 10. Edited by M. J. Adler. Encyclopedia Britannica.

Holton, G. 1986, *The Advancement of Science, and Its Burdens.* Cambridge University Press.

Huizinga, J. R. 1993. *Cold Fusinon: The Scientific Fiasco of the Century.*

Hull, D. 1988. *Science as a Process: An Evolutionary Account of the Social and Conceptual Development of Science.* University of Chicago Press.

———. 1989. *The Metaphysics of Evolution.* State University of New York Press.

Hume, D. 1863. *The History of England from the Invasion of Julius Caesar to the Abdication of James the Second, 1688.* Phillips Sampson.

———.1955. *An Inquiry Concerning Human Understanding.* Bobbs-Merrill.

Huxley, J. 1957. *Knowledge, Morality, and Destiny.* New American Library.

Huxley, L. ed. 1900. *Life and Letters of Henry Huxley.* Vols. 1 and 2. Macmillan.

Huxley, T. H. 1964. *Science and Education.* The Citadel Press.

Irvine, W. 1955. *Apes, Angels, and Victorians.* McGraw-Hill.

Jonas, H. 1984. *The Imperative of Responsibility: In Search of an Ethics for the Technological Age.* University of Chicago Press.

———. 1985. "Ethics and Biogenetic Art." In *Taking Sides: Clashing Views on Controversial Bioethical Issues,* 3d ed., edited by C. Levine. Duskin.

Joravsky, D. 1970. *The Lysenko Affair.* Harvard University Press.

Joseph, S. C. 1992. *Dragon Within the Gates: The Once and Future AIDS Epidemic.* Garroll & Graf.

Judson, H. F. 1980. *The Search for Solutions.* Hutchinson.

Juenger, F. G. 1956. *The Failure of Technology.* H. Regnery.

Jungk, R. 1958. *Brighter Than a Thousand Suns: A Personal History of the Atomic Scientists.* Harcourt Brace.

Kamen, M. D. 1984. *Radiant Science, Dark Politics: A Memoir of the Nuclear Age.* University of California Press,

Kamin, L. J. 1974. *The Science and Politics of I. Q.* Harmondsworth.

Kant, I. 1956. *Critique of Practical Reason,* Translated by L. W. Beck. The Bobbs-Merrill Company.

———. 1959. *Foundations of the Metaphysics of Morals.* Translated by L. W. Beck. Macmillan.

Kearney. H., ed. 1964. *Origins of the Scientific Revolution.* Longman's Green.

Keller, E. F. 1983. *A Feeling for the Organism: The Life and Work of Barbara Mc-Clintock.* W. H. Freeman.

Kenney. M. 1986. *Biotechnology: The University-Industrial Complex.* Yale University Press.

Kepler, J. 1981. *Mysterium Cosmographicum: The Secret of the Universe*. Translated by A. M. Duncan, commentary by E. S. Aiton, Abaris Books.

Kevles, D. J., 1988. *The Baltimore Case: A Trial of Politics, Science, and Character*. University Chicago Press.

Kevles, D. J., and L. Hood, eds. 1992. *The Code of Codes: Science and Social Issues in the Human Genome Project*. Harvard University Press.

Keynes, G. 1966. *The Life of William Harvey*. Clarendon Press.

Kinsman, F. 1993. "Business to the Rescue." In *Visions for the 21ˢᵗ Century*, edited by S. Moorcroft. Praeger.

Klein, A. E. 1972. *Trial by Fury: The Polio Vaccine Controversy*. Charles Scribner.

Kluger, A. E. 1972. "Will We Follow the Sheeps?" *Time*, March 10, 70.

Koestler, A. 1960. *The Watershed: A Biography of Johannes Kepler*. Doubleday & Co.

Koyre, A. 1973. *The Astronomical Revolution*. Methuen & Co.

Krimsky, S. 1982. *Genetic Alchemy: The Social History of the Recombinant DNA Controversy*. MIT Press.

Krutch, J. W. 1929. *The Modern Temper*. Harcourt, Brace & World.

Kuhn, T. W. 1962. *The Structure of Scientific Revolutions*. University of Chicago Press.

_____. 1977. *The Essential Tension: Selected Studies in Scientific Tradition and Change*. University of Chicago Press.

La Farge, O. 1965. "Scientists are Lonely Men." In *The New Treasury of Science*, edited by Harlow Shapely et al. Harper & Row.

LaFollette, M. C. 1990. *Making Science Our Own: Public Images of Science 1910-1955*. University of Chicago Press.

Langone, J. 1978. *Human Engineering, Marvel or Menace?* Little, Brown.

Latour, B. 1988. *The Pasteurization of France*.

_____. 1996. *Aramis, or the Love of Technology*. Harvard University Press.

Latour, B., and S. Woolgar. 1979. *Laboratory Life: The Social Construction of Scientific Facts*. Sage.

Lear, J. 1978. *Recombinant DNA, The Untold Story*. Crown.

Leavis, F. R. 1962. "Two Cultures? The Significance of C. P. Snow." In *An Essay on Sir Charles Snow's Rede Lecture*, edited by F. R. Leavis and M. Yudkin. Pantheon Books.

Lehrer, K, ed. 1987. *Science and Ethics*. Rodopi.

Leonard, J. 1998. "Unleashing the Genies in the Sleeping Mind." *Harvard Magazine*, May/June, 58-68.

Leopold, A. 1949. *A Sand County Almanac*. Oxford University Press.

Letto, J. 1992. "One Hundred Years of Compromise." *Buzzworm* 4(March/April): 26-32.

Levins, R., and R. C. Lewontin. 1976. "The Problem of Lysenkoism." In *The Radicalisation of Science*, edited by H. Rose and S. Rose. Macmillan.

Lewontin, R. C. 1991. *Biology as Ideology: The Doctrine of DNA*. Harper Collins.

———. 1992. "The Dreams of the Human Genome." *The New York Review*, May 28, 31-39.

Lloyd, G. E. R. 1987. *The Revolutions of Wisdom*. University of California Press.

Losee, J. 1980. *A Historical Introduction to the Philosophy of Science*. 2nd ed. Oxford University Press.

Love, A., and J. Childers, eds. 1965. *Listen to Leaders in Science*. Van Rees Press.

Lowrance, W. W. 1976. *Of Acceptable Risk: Science and the Determination of Safety*. William Kaufmann.

———. 1986. *Modern Science and Human Values*. Oxford University Press.

Lyon, I., and P. Gorner. 1996. *Altered Fated: Gene Therapy and the Retooling of Human Life*. W. W. Norton.

MacFarlane, G. 1984. *Alexander Fleming: The Man and the Myth*. Hogarth Press.

Mackay, A. L. 1991. *A Dictionary of Scientific Quotations*. Institute of Physics Publishing.

MacLeish, A. 1956. "Why Do We Teach Poetry?" *Atlantic Monthly* (March): 48-53.

Magie, W. F. 1963. *A Source Book in Physics*. Harvard University Press.

Marchant, J. 1916. *Alfred Russell Wallace: Letters and Reminiscences*. Harper & Brothers.

Marcuse, H. 1964. *One-Dimensional Man*. Routledge & Kegan Paul.

Marks, J. 1983. *Science and the Making of the Modern World*. Macmillan.

Marshall, E. 1997. "A Bitter Battle Over Insulin Gene." *Science* 277:1028-1030

Marx, L. 1964. *The Machine in the Garden: Technology and the Pastoral Ideal in America*. Oxford University Press.

Mason, S. F. 1962. *A History of the Sciences*. Macmillan.

Masson, J. 1984. *The Assault on Truth: Freud's Suppression of the Seduction Theory*. Fontana.

Matson, F. W. 1966. *The Broken Image: Man, Science and Society*. Anchor Books.

McCay, M. A. 1993. *Rachel Carson*, Twayne.

McClennan, J. E., and H. Dorn. 1999. *Science and Technology in World History*.

McConnell, J. V. 1985. "John B. Watson: Man and Myth." *Psychological Reports* 56:683-705.

McGrayne, S. B. 1998. *Nobel Prize Women in Science: Their Lives, Struggles, and Momentous Discoveries*. Citadel Press.

McKie, D. 1952. *Antoine Lavoisier: Scientist, Economist, Social Reformer,* Henry Schuman.

McKie, R. 1988. *The Genetic Jigsaw: The Story of the New Genetics*. Oxford University Press.

McLuhan, M. 1962. *The Gutenberg Galaxy*. University of Toronto Press.

McMurry, L. O. 1981. *George Washington Carver: Scientist and Symbol.* Oxford University Press.

Medawar, P. B. 1972. *The Hope of Progress.* Methuen.

_____. 1984. *The Limits of Science.* Oxford University Press.

Medvedev, Z. 1969. *The Rise and Fall of T. D. Lysenko.* Columbia University Press.

Merchant, C. 1980. *The Death of Nature: Women, Ecology, and the Scientific Revolution.* Harper & Row.

_____. 1992. *Radical Ecology: The Search for a Livable World.* Routledge.

Merton, R. K. 1949. *Social Theory and Social Structure.* The Free Press.

Michelmore, P. 1969. *The Swift Years: The Robert Oppenheimer Story.* Dodd, Mead & Co.

Mill, J. S. 1936. *A System Of Logic.* Longmans, Green.

Monod, J. 1971. *Chance and Necessity: An Essay on the Natural Philosophy of Modern Biology.* Knopf.

Moore, R. 1967. *Niels Bohr: The Man and the Scientist.* Hodder & Stroughton.

More, L. t. 1934. *Isaac Newton.* Charles Scribner's Sons.

Mott, N., and R. Peierls. 1977. "Werner Heisenberg." *Biographical Memoirs of Fellows of the Royal Society* 23:213-251.

Mueller-Hill, B. 1993. "Science, Truth and Other Values." *The Quarterly Review of Biology* 68:399-407.

Nash, O. 1935. *Verse from 1929 On.* Little, Brown.

Newman, J. R. 1961. *Science and Sensibility.* Simon & Schuster.

Newton, I. 1962. *Principia.* Vols. 1 and 2. Rev. ed. Edited By F. Cajori. University of California Press.

Newton-Smith, W. 1981. *The Rationality of Science.* Routledge and Kegan Paul.

Nicolson, M. 1956. *Science and Imagination.* Cornell University Press.

Olson, R. 1990. *Science Deified & Science Defied: The Historical Significance of Science in Western Culture.* Vols. 1 and 2. University of California Press.

Oppenheimer, J. R. 1986. "Physics in the Contemporary World." In *The Sacred Beetle and Other Great Essays in Science,* edited by M. Gardner. New American Library.

Otto, M. C. 1940. *The Human Enterprise.* F. S. Crofts.

Pais, A. 1991. *Niel Bohr's Times in Physics, Philosophy and Polity.* Oxford University Press.

Pascal, B. 1954. *Pensees.* Translated by W. F. Trotter. E. P. Dutton.

Passmore, J. 1974. *Man's Responsibility for Nature: Ecological Problems and Western Traditions.* Charles Scribner's Sons.

Peirce, C. S. 1877. "The Fixation of Belief." *The Popular Science Monthly* 12:1-15.

Perutz, M. F. 1989. *Is Science Necessary? Essays on Science and Scientists*. Barrie and Jenkins.

Pirsig, R. 1974. *Zen and the Art of Motorcycle Maintenance: An Inquiry into Values*. Bantam Books.

Planck. M. 1936. *The Philosophy of Physics*. W. W. Norton.

Plato. 1961. *The Collected Dialogues of Plato*. Edited By E. Hamilton and H. Cairns. Bollingen Foundation.

Plutarch. 1864. *The Lives of the Noble Grecians and Romans*. Edited by A. H. Clough. Random House.

Poincaré, H. 1952. *Science and Method*. Dover Publications.

Popper, K. R. 1963. *Conjectures and Refutations*. Harper & Row.

_____. 1975. "The Rationality of Scientific Revolutions." In *Scientific Revolutions,* edited by H. Hacking. Oxford University Press.

Powers, T. 1993. *Heisenberg's Wars: The Secret History of the German Bomb*. Knopf.

Price, D. de Solla. 1962. *Science Since Babylon*. Yale University Press.

_____. 1963. *Little Science, Big Science*. Columbia University Press.

Putnam, H. 1981. *Reason, Truth and History*. Cambridge University Press.

_____. 1990. *Realism with a Human Face*. Harvard University Press.

Rand, A. 1984. *Philosophy: Who Needs It?* Signet.

Ravetz, J. 1971. *Scientific Knowledge and Its Social Problems*. Oxford University Press.

Redner, H. 1987. *The Ends of Science: An Essay in Scientific Authority*. Westview Press.

Reid, R. W. 1969. *Tongues of Conscience: War and the Scientist's Dilemma*. Constable.

Rhoads. S. E., ed. 1980. *Valuing Life: Public Policy Dilemmas*. Westview Press.

Rifkin, J. 1981. *Declaration of a Heretic*. Routledge & Kegan Paul.

_____. 1991. *Biosphere Politics: A New Consciousness for a New Century*. Crown.

Robinson, E. 1993. *Freud and His Critics*. University of California Press.

Root-Bernstein, R. 1989. *Discovering*. Harvard University Press.

Rossi, P. 1970. *Philosophy, Technology and the Arts in the Early Modern Era*. Harper & Row.

Roszak, T. 1972. *Where the Wasteland Ends: Politics and Transcendence in Postindustrial Society*. Doubleday.

Rouzé, M. 1965. *Richard Oppenheim: The Man and His Theories*. Eriksson.

Russell. B. 1903. "A Free Man's Worship." *The Independent Review* (December). Reprinted in *Mysticism and Logic* (1917). Allen & Unwin.

_____. 1945. *A History of Western Philosophy*. Simon and Schuster.

Sakharov, A. 1990. *Memoirs*. Knopf.

Salmon, W. C. 1975. *The Foundations of Scientific Inference*. Pittsburgh University Press.

Sarton, G. 1927-1948. *An Introduction to the History of Science.* 3 vols. Williams and Wilkins.

_____. 1936. *The Study of the History of Science.* Dover Publications.

_____. 1962. *The History of Science and the New Humanism.* Indiana University Press.

Sayre, A. 1975. *Rosalind Franklin and DNA.* W. W. Norton.

Schofield, R. E. 1966. *A Scientific Autobiography of Joseph Priestley, 733-1804.* MIT Press.

Shapin, S. 1996. *The Scientific Revolution.* University of Chicago Press.

Shapely, H. et al., eds. 1965. *The New Treasury of Science.* Harper & Row.

Shelley, M. W. 1816. *Frankenstein.* Oxford University Press.

_____. 1994. *Frankenstein(Or, the Modern Prometheus.)* Quality Paperback Book Club.

Shrader-Frechette, K. S. 1985. *Risk Analysis and Scientific Method.* Reidel.

Singer, C. 1958. *From Magic to Science.* Dover.

Sinsheimer, R. L. 1975. "Troubled Dawn for Genetic Engineering." *New Scientist* 68:148-151.

_____. 1976. "On Coupling Inquiry and Wisdom." *Federation Proceedings 35:*2540-2542.

Skinner, B. F. 1948. *Walden Two.* Macmillan.

_____. 1953. *Science and Human Behavior.* Macmillan.

_____. 1956. "Critique of Psychoanalytic Concepts and Theories." In *Minnesota Studies in the Philosophy of Science.* Vol. Ⅰ, edited by H. Feigl and M. Scriven. University of Minnesota Press.

_____. 1965. *Science and Human Behavior.* Free Press.

_____. 1971. *Beyond Freedom and Dignity.* Knopf.

_____. 1974. *About Behaviorism.* Knopf.

_____. 1984. *A Matter of Consequences.* Knopf.

Snow, C. P. 1959. *The Two Cultures and the Scientific Revolution.* Cambridge University Press.

Sootin, H. 1959. *Gregor Mendel: Father of the Science of Genetics.* The Vanguard Press.

Steinem, G. 1992. *Revolution from Within.* Little, Brown.

Sylvester, E. J., and L. C. Klotz. 1983. *The Gene Age.* Charles Scribner's Sons.

Teller, E. 1955. "The Work of Many People." *Science* (February), 121:267-275.

_____. 1960. *The Reluctant Revolutionary.* University of Missouri Press.

Thomas, L. 1973. "Natural Man." In *The Lives of a Cell: Notes of a Biology Watcher.* Viking Penguin.

Thompson, D. 1989. "The Most Hated Man in Science." *Time,* December 4, 102-104.

Tobias, M., ed. 1985. *Deep Ecology.* Avant Books.

Trilling, L. 1950. *The Liberal Imagination.* The Viking Press.

_____. 1962. "Science, Literature & Culture: A Comment on the Leavis-Snow Controversy." *Commentary,* 33:461-477.

Turnbull, H. W. 1951. *The Great Mathematicians*. Methuen & Co.

Van der Waerden, B. L. 1961. *Science Awakening*. Oxford University Press.

Vico, G. 1982. *Vico: Selected Writings*. Edited and translated by L. Pompa. Cambridge University Press.

Wald, G. 1976. "The Case Against Genetic Engineering." *The Sciences*, 16:7-10

Watson, J. D. 1968. *The Double Helix: A Personal Account of the Discovery of the Structure of DNA*. Atheneum.

_____. 1980. *The Double Helix*. Norton Critical Edition. Edited by G. S. Stent. W. W. Norton.

Watson, J. D., and R. M. Cook-Deegan. 1990. "The Human Genome Project and International Health." *Journal of the American Medical Association* 263:3322-3324.

Watson, J. D., and J. Tooze. 1981. *The DNA Story: A Documentary History of Gene Cloning*. W. H. Freeman.

Weaver, W. 1955. "Science and People." *Science* 122:1255-1259.

Weinberg, S. 1977. *The First Three Minutes: A Modern View of the Origin of the Universe*. Basic Books.

Weintraub, S. 1963. *C. P. Snow: A Spectrum*. Charles Scribner's Sons.

Wernick, R. 1993. "The Worlds of Jefferson at Monticello." *Smithsonian* 24:80-93.

Westfall, R. S. 1980. *Never at Rest: A Biography of Isaac Newton*. Cambridge University Press.

Wheale, P., and R. McNally. 1988. *Genetic Engineering: Catastrophe or Utopia*. Harvester.

Wheeler, L. P. 1962. *Josiah Willard Gibbs*. Yale University Press.

White, M., and J. Gribbin. 1994. *Einstein: A Life in Science*. Dutton.

Whitehead, A. N. 1925. *Science and the Modern World*. Macmillan.

Wiener, D. N. 1996. *B. F. Skinner: Benign Anarchist*. Allyn and Bacon.

Wiener, P. P. 1973. *Dictionary of the History of Ideas*, vol. 3. Charles Scribner's Sons.

Wightman, W. P. D. 1950. *The Growth of Scientific Ideas*. Oliver & Boyd.

Wilson, C. 1972. "How Did Kepler Discover His First Two Law?" *Scientific American* (March): 92-106.

Wilson, E. O. 1998. *Consilience: The Unity of Knowledge*. Knopf.

Woolgar, S. 1988. *Knowledge and Reflexivity: New Frontiers in the Sociology of Knowledge*. Sage.

Woolpart, L., and a. Richards. 1988. A *Passion for Science*. Oxford University Press.

Yoxen, E. 1983. *The Gene Business*. Pan Books.

Ziman, J. 1968. *Public Knowledge: The Social Dimension of Science*. Cambridge University Press.

Zohn, H. 1990. *In These Great Times: A Karl Kraus Reader*. University of Chicago Press.

찾아보기

인명

주제어